KINDHEIT HEUT

KINDHEIT HEUTE

Differenzen und Gemeinsamkeiten

herausgegeben

von

Johannes Werner Erdmann, Georg Rückriem und Erika Wolf

KLINKHARDT

1996

VERLAG JULIUS KLINKHARDT · BAD HEILBRUNN

Die Deutsche Bibliothek – CIP-Einheitsaufnahme

Kindheit heute : Differenzen und Gemeinsamkeiten / hrsg. von
Johannes Werner Erdmann ... - Bad Heilbrunn : Klinkhardt,
1996
ISBN 3–7815–0840–4
NE: Erdmann, Johannes Werner [Hrsg.]

Gesamtherstellung: WB-Druck GmbH & Co. Buchproduktions-KG, Rieden
Printed in Germany 1996
Gedruckt auf chlorfrei gebleichtem alterungsbeständigem Papier
ISBN 3–7815–0840–4

Inhaltsverzeichnis

Editorial

Kindheit heute – Wege ins Leben

Elf Autoren stellen eine Folge von Beiträgen zum Thema „Kindheit heute" vor, einem schwer faßbaren Gebiet, das seit Jahren vielfach kartographiert und mit einer Reihe von Schlagwörtern erschlossen wird: „Großstadt-Kindheit", „Einkind-Kindheit", „Medienkindheit", „Bedrohungs-Kindheit".

Mit dem vorliegenden Band werden interdisziplinär Sichtweisen nebeneinandergestellt und bausteinartig zusammengeführt, die Bedingungen und Probleme der kindlichen Entwicklung in der Gegenwart aufnehmen und daraus Herausforderungen an eine zeitgemäße Pädagogik ableiten.

Ausgangspunkt der Betrachtungen ist die Hypothese, daß Kinder „Symptomträger" sind. Demnach spiegeln sie der Gesellschaft ihre Beschädigungen, sie spiegeln die Selbstdefinition der Gesellschaft in ihren Lebensformen und -orientierungen. Die Gesellschaft aber erkennt sich nicht in diesem Spiegel. Sie analysiert kindliches Verhalten nicht in seinen Ursachen, sondern bekämpft es in seinen Symptomen als normabweichend. Von dieser Hypothese aus erhält das Stichwort „Generationenkonflikt" Leitmotivcharakter in vielen Beiträgen.

Die Autoren sind in der Lehrerbildung tätig, sie wenden sich besonders an Lehrer, Eltern, Studenten, Referendare. Ihr Ziel ist nicht die Reproduktion isolierter Theorievorgaben, fertiger Einzelergebnisse oder die Weitergabe von Geltungs- oder Wahrheitsansprüchen, sondern die Sicht auf empirisch ermittelte und wissenschaftlich analysierte Befunde, auf notwendige praxisbezogene Folgerungen und – darauf aufbauend – reflektiertes und reflektierendes pädagogisches Handeln.

An dieser Stelle möchten wir uns herzlich bei Ulla Hennig, Marion Kuka und Stefan Schneider bedanken, die uns bei der redaktionellen Bearbeitung, Textkorrektur, Satz und Layout unterstützten.

Johannes Werner Erdmann, Georg Rückriem & Erika Wolf

Georg Rückriem

Kinder als Symptomträger?

Was wir von der Pädologie lernen können

> *„Mehr als in anderen Zweigen der Psychologie zeigt sich in der Kinderpsychologie, wenn man ihren Wurzeln und Ursprüngen nachspürt, der Geist der Zeiten in der Einstellung zu Mensch und Leben. Von daher werden uns gerade heute wieder diese Ursprünge interessant und lebendig, weil auch heute wieder im Zusammenhang einer Neuorientierung unserer Einstellung zu Mensch und Leben die Kinderpsychologie eine Rolle spielt."* [1]

Das Bemühen um ein besseres Verständnis der Kindheit ist nicht neu. Mit „Pädologie" – wörtlich: Wissenschaft vom Kind – bezeichnete sich gegen Ende des 19. Jahrhunderts ein großer Teil der in allen entwickelten Industriegesellschaften weltweit nahezu gleichzeitig und „fast schlagartig" (HÖHN 1959, S. 22) einsetzenden systematischen Kinderforschung. Daß wir von dieser heute weitgehend unbekannten und in der Geschichte der Pädagogik wenig beachteten „Bewegung" für die Beschäftigung mit der aktuellen Situation unserer Kinder etwas lernen können, ist nicht nur wegen der erheblichen zeitlichen Entfernung jener „Bewegung" von uns, sondern vor allem wegen der offensichtlichen und gravierenden Unterschiede in den gesellschaftlichen Bedingungen unserer Kinder heute eine auf den ersten Blick schwer nachvollziehbare Behauptung. Andererseits muß auffallen, daß das Zusammentreffen von gesellschaftlichen Umbruchsituationen und sprunghaft wachsendem öffentlichem Interesse an

1. BÜHLER, Charlotte/ HETZER, Hildegard: Zur Geschichte der Kinderpsychologie, in: Festschrift zu Karl Bühlers 50. Geburtstag, Jena 1929, S. 204.

Kindern und Kindheit nicht zufällig ist. Dies verleiht unserer Behauptung zumindest eine gewisse Plausibilität. Um sie diskutierbar zu machen, ist es erforderlich,

- sie zunächst anhand einiger zusätzlicher Thesen zum Zusammenhang von Kindheit und Gesellschaft bzw. zum Stellenwert der Kinderforschung in der Entwicklung moderner Gesellschaften zu erläutern und so die Metapher vom Kind als Symptomträger nachvollziehbar zu machen;
- mit einigen Überblicksdaten zu ihrer internationalen und nationalen Entwicklung die erhebliche Bedeutung der Pädologie und des Kindeswohls als ihrem zentralen Kriterium für die Bewältigung der Modernitätsprobleme ihrer Zeit darzustellen;
- die Ambivalenz dieses Kriteriums und seine soziale und politische Funktion für den tatsächlichen Ablauf der Modernisierung herauszuarbeiten, und schließlich auf der Basis dieser Ergebnisse
- in einer systematischen Analyse die Aufgaben, aber auch die Risiken herauszuarbeiten, mit denen die Erforschung und vor allem die Gestaltung der „Kindheit heute" konfrontiert ist.

Die Erwartung, von der Pädologie lernen zu können, intendiert keine unmittelbar praktischen Hilfestellungen für den schwierig gewordenen Umgang mit Kindern heute. Sie geht vielmehr von der These aus, daß an der Pädologie und ihrer Entwicklung gezeigt werden kann, daß die Kinderforschung überhaupt und ihre Art und Weise insbesondere eine wichtige politische Funktion hatte und welche problematischen Konsequenzen es bedeutete, daß die auf der Basis der Kinderforschung entwikkelten Modelle für die Bewältigung der gesellschaftlichen Modernisierungskrise als einziges Kriterium die Orientierung auf „das Kind" benutzten, Konsequenzen, die wir heute vermeiden könnten, wenn wir aus der Geschichte lernten.[2]

---

2. Es bleibt zu erwähnen, daß ich bei meiner Darstellung den methodologischen, historiographischen und disziplingeschichtlichen Auffassungen Heinz-Elmar TENORTHS zur Bildungsgeschichte im allgemeinen und zur Reformpädagogik im besonderen stärker verpflichtet bin, als in den direkten Zitaten und Verweisen zum Ausdruck kommt, daß aber andererseits das Fehlen ausdrücklich formulierter kritischer Vorbehalte, alternativer Positionen bzw. einer expliziten Auseinandersetzung keineswegs mit einer vollständigen Übereinstimmung gleichzusetzen ist. Vgl. TENORTH 1985, 1989a, b, c; 1992, 1994.

1. Der Zusammenhang von Kinderforschung und Gesellschaft

Symptome sind Krankheitszeichen. Ein Symptomträger ist also jemand, der die Zeichen einer Krankheit aufweist, die möglicherweise auch bereits viele andere befallen hat, vorzugsweise aber an ihm in besonderer Weise sichtbar wird. Die Thesen, die ich mit Hilfe dieser Metapher verdeutlichen will, lauten:

- An der Wirklichkeit der Kinder zeigt sich die „Krankheit" einer Gesellschaft, also die Konflikte, Spannungen und Auseinandersetzungen, die durch Modernisierungsschübe in der Struktur der Gesellschaft, aber vor allem im Gefüge der Generationen verursacht werden und die die allgemeine Wirklichkeit einer Gesellschaft bestimmen, auch wenn die Erwachsenen dies nicht sehen oder wahrhaben wollen.
- Am Verständnis der „Kindheit" und am Begriff vom „Kind" zeigt sich die Vorstellung einer Gesellschaft von ihrer „Gesundheit", d.h. von gesellschaftlicher Normalität, vor allem aber die Vorstellung, die eine Gesellschaft von ihrer eigenen Entwicklungsperspektive hat bzw. die sie der nachfolgenden Generation einräumt, mit anderen Worten ihr Gattungsverständnis.
- An der Art und Weise, wie eine Gesellschaft ihre Symptomträger „behandelt", d.h. an den pädagogischen Strategien von Erziehung und Bildung, vor allem aber an der gesellschaftlichen Institutionalisierung dieser Strategien, insbesondere der Schule, zeigt sich ihre Generationenpolitik, mit anderen Worten, das politische Selbstverständnis und die politische Qualität einer Gesellschaft.

In der Konsequenz dieser Thesen erweist sich die Beschäftigung mit der Kindheit heute in dreifacher Hinsicht als zentral:

- Kindheit ist ein äußerst aktueller Kristallisationspunkt für die Analyse der Modernisierungsprobleme unserer gesellschaftlichen Wirklichkeit heute.
- Kindheit ist ein vorzüglicher interdisziplinärer Integrationspunkt von Erziehungs- und Gesellschaftswissenschaften und zugleich der Krisenpunkt im Prozeß der Reformulierung der gesellschaftlichen Funktion des pädagogischen Wissens und der Erziehungswissenschaft angesichts der gegenwärtigen Modernitätsprobleme entwickelter Industriegesellschaften.
- Kindheit ist ein unverzichtbares Kern- und Schwerpunktthema in der Ausbildung von Lehrerinnen und Lehrern als den Praktikern dieser Funktion, die intensive Beschäftigung damit eine Grundvoraussetzung für ihre Handlungsfähigkeit und ihr Selbstverständnis.

Mit der gewählten Metapher läßt sich aber noch mehr verdeutlichen. Ob eine bestimmte körperliche Erscheinung auf diese oder aber jene Krankheit hinweist oder ob sie womöglich überhaupt kein Krankheitszeichen ist, das zu entscheiden hängt durchaus von der Sichtweise des behandelnden Arztes ab, kann aber auch in der Medizin insgesamt strittig sein. Ein Symptom ist kein absolutes Indiz, sondern kontextabhängig. Eine bestimmte Erscheinung ist ein Symptom für einen Ausnahmezustand im Kontext eines Verständnisses vom Normalzustand, d.h. einer Auffassung vom psychophysischen Gesamtzusammenhang des Menschen. Solche Auffassungen sind historisch; sie ändern sich, wie wir heute wissen, in Abhängigkeit vom Verständnis von „Gesundheit" und von dem Stellenwert, den „Gesundheit" im öffentlichen Bewußtsein hat.

Für unser Thema bedeutet dies nicht nur und auch nicht einmal in erster Linie, daß es höchst unterschiedliche Auffassungen darüber gibt, was man überhaupt an Kindern sehen kann, wie Kinderforschung zu organisieren ist oder wie die jeweiligen Ergebnisse in ihren Konsequenzen für die Schule bzw. Grundschule einzuschätzen sind. Viel wichtiger ist vielmehr die Tatsache der Diskrepanz darüber, was „Kindsein" im Unterschied zu „Erwachsensein" heute bedeutet, ob es „Kindheit" überhaupt noch gibt, was damit im Unterschied zu früher gemeint sein könnte und welche Bedeutung „Kindheit" gegebenenfalls für Erwachsene bzw. für entwickelte Industriegesellschaften im Unterschied zu traditionalistischen Gesellschaften hat bzw. haben könnte. Denn der Dissens der gegenwärtigen Kindheitsforschung beginnt nicht erst bei der Diskussion der Forschungsergebnisse über Kindheit, sondern bei der Kategorie selbst und bei der gesellschaftlichen Funktion, die der Kinderforschung im gesellschaftlichen Kontext zukommt. In diesem Dissens kommt aber mehr noch als die Fähigkeit oder Unfähigkeit der deutschen Kinderforschung zur „Entromantisierung" (CHISHOLM 1992) ihre tiefgreifende Unsicherheit gegenüber einer Entwicklung zum Ausdruck, die Norbert ELIAS als Globalisierungsprozeß, Ulrich BECK als Individualisierungsschub und Wilhelm HEITMEIER als Zerfall der Sozialisationsinstanzen beschreiben. Nicht zuletzt das Gewaltphänomen ist für diese Autoren Indiz dafür, daß die gesellschaftlichen Strategien zur Regelung der Generationenfolge ihre Tragfähigkeit verlieren und die Generationenpolitik insgesamt in Schwierigkeiten geräten. So scheint auch das Bildungswesen zunehmend ungeeignet, den sozialen Status oder das politische bzw. ganz allgemein soziale Verhalten zu kontrollieren, und in wachsendem Maße auch unfähig, das gesellschaftlich notwendige Wissen zu vermitteln. Erziehung und Schule sind für viele nicht mehr der wichtigste Faktor bei der Gestaltung der Zukunft, ja nicht einmal mehr bei der Kontrolle der Gegenwart und schon längst nicht mehr das gesellschaftlich institutionalisierte System von Aufgaben, in dem sich die Kultur reproduziert, erneuert und die Menschheit höherbildet.

Eine solche Diagnose hätte, müßte sie bestätigt werden, weitreichende Konsequenzen auch für die Erziehungswissenschaft. Sie bedeutete zum Beispiel das nunmehr unwiderrufliche Ende einer geisteswissenschaftlichen Pädagogik, „in der die historischen Ausprägungen von Erziehungsformen als gesellschaftlich erzeugte Varianten eines universellen Problems zu verstehen sind, das in der Erziehungswirklichkeit sein Fundament, in der ‚Kultur' seinen Gegenstand und in der Idee des Kindes zugleich sein zwar historisch entstandenes, aber nun universal gewordenes Funktionskriterium hat." (TENORTH 1989a, S. 147). Damit verbunden wäre aber auch das Ende der Erziehungswissenschaft als Reflexionsinstanz bzw. als Deutungs- oder Sinnstiftungsdisziplin überhaupt, also das Ende für jeden Versuch, „ein System bewahrenswerten Wissens und der Auslegung der Welt in pädagogisch-professioneller Reflexion zu bewahren oder gar erst zu stiften." (TENORTH 1989a, S. 151). Es sieht so aus, als sei die Pädagogik heute darauf reduziert, die Sinnsysteme nur noch abzuholen mit der Konsequenz für die Typik des pädagogischen Wissens, sich auf die Lieferung von Handlungsentwürfen für vorgegebene Ziele zu beschränken. Die rückläufige Entwicklung der Bildungsforschung, die Kürzung erziehungswissenschaftlicher Lehrstühle, die Schließung pädagogischer Studiengänge oder ihre Verlagerung an Fachhochschulen, die Diskussion über die Möglichkeit der Privatisierung der öffentlichen Schule und die Reduzierung der Lehrerausbildung sprechen als Indizien für sich. Im Kontext der Modelle von ELIAS und BECK interpretiere ich diese Entwicklung als Verlust der Autonomie der Erziehung als eines strukturell eigenen Sozialsystems gegenüber den Strukturen der Sozialisation, mit dem, wenn er nicht durch neue, kommunikative Formen ersetzt wird, die Selbststeuerungsfähigkeit der Gesellschaft im Prozeß ihrer Modernisierung auf dem Spiel steht.

Die „Chiffre" für die Autonomie der Erziehung seit der Reformpädagogik „ist ‚das Kind', die personifizierte Generation, die immer neue Zukunft der Gesellschaft, die reale Utopie der Erziehung." (TENORTH 1994, S. 600). Das heißt umgekehrt, mit der Wiederaufnahme der Diskussion über „Kindheit heute" verhandeln wir nicht nur über Fragen der Grundschulpädagogik, nicht nur über die Typik des pädagogischen Wissens oder die Gestalt der Erziehungswissenschaft und nicht nur über die gesellschaftliche Funktion des Bildungswesens und die Form der Generationenpolitik, sondern letztlich über die Zukunft unserer Gesellschaft, deren Modernitätsgrundlagen – so die These – in der damaligen Auseinandersetzung mitbestimmt wurden. Schon in der Pädologie, also noch vor der „Reformpädagogik" – jedenfalls wenn man der

These TENORTHS folgt, daß „Reformpädagogik" erst die Leistung der Kreation der Kulturpädagogik Herman NOHLS und seiner Schule ist[3] –, wurde über „den neuen Menschen" und „das werdende Zeitalter", damit zugleich über eine neue Typik des pädagogischen Wissens, eine neue Gestalt des Bildungswesens und eine neue Regelung der Generationenfolge verhandelt und dabei eine Erfahrung dokumentiert, deren Nutzen für heute bei weitem nicht ausgeschöpft ist.

2. Die historische Kinderforschung am Beispiel der Pädologie

2.1. Die internationale Entwicklung im Überblick[4]

Vertieft man sich in die Geschichte der wissenschaftlichen Beschäftigung mit Kindern, so stößt man unweigerlich auf die Pädologie. Als „Wissenschaft vom Kinde" (MEYERS LEXIKON, Bd. 8, 1940, S. 799) – der Große Herder bezeichnet sie als „Lehre von der Ganzheit des kindlichen Wesens" (Bd. 7, 1955, S. 2), das Lexikon der Psychologie als „Gesamtwesenlehre vom Kind" (Bd. 2, 1980, Sp. 1542); für die Große Sowjetische Enzyklopädie ist sie „a sum of psychological, anatomical, physiological, biological and sociological conceptions about child development, a field of study not presenting a comprehensive theory" (GSE Bd. 19, 1974, S. 386); J. F. VOS nennt sie eine „Sammelwissenschaft" (VOS 1979, S. 126-127), der Große Brockhaus dagegen schlicht eine „Kinderkunde" (Bd. 8, 1955, 678) – verstand sie sich selbst bei aller Differenz in der begrifflichen Definition (vgl. DE VROEDE 1977, S. 161 ff) als „integrale Wissenschaft" (JONCKHEERE 1909) und „integrierende Synthesis"

3. „Reformpädagogik, das ist seit etwa 1900 faktisch, aber verselbständigt und reflektiert seit der Weimarer Republik, vor allem Anspruch und Thema einer kommunikativen Konstruktion pädagogisch legitimer Welten – und es sind die Theoretiker im Umkreis der Nohl-Schule, die diese Konstruktion bewußt inszenieren und kreativ durchsetzen." (TENORTH 1994, S. 594).

4. Eine erste ausführliche und zusammenfassende Darstellung, die, soweit ich sehe, fast alle zur Zeit greifbaren Quellen ausschöpft, legt Marc DEPAEPE mit seiner 1993 auch in deutscher Sprache erschienenen Habilitationsschrift vor, die ich daher im wesentlichen meiner folgenden Darstellung der Entwicklung zugrundelege. Die für eine umfassende Behandlung der Pädologie in der SU erforderlichen Archive sind allerdings erst gerade geöffnet worden; vgl. dazu die unveröffentlichte Dissertation von Vera PFEIFFER, Zur Geschichte der Vorschulerziehung in der SU zwischen 1918 und 1929, Berlin 1995. DEPAEPE berücksichtigt allerdings weder PETROVSKIJ 1978 noch VAN DER VEER/ VALSINERS (1991) Arbeit über VYGOTSKIJ mit einem ausführlichen Kapitel über die Pädologie in Rußland und in der Sowjetunion.

(SCHUYTEN 1911), vor allem aber als neue Form einer Pädagogik „vom Kinde aus" und neue Typik des pädagogischen Wissens und zugleich als Grundlage für eine neue Form der gesellschaftlichen Regelung des problematisch gewordenen Generationenverhältnisses. Dieser explizite Reformanspruch gegenüber aller traditionellen pädagogischen Praxis und Theorie bestimmte ihr Verständnis sowohl ihres Gegenstandes wie ihrer Methoden.[5]

Dabei deutete sich eine spezifische Blickverengung der Pädologie bereits in ihrer Namengebung an. Der Terminus, mit dem sie ihren Gegenstand – und insofern auch ihr Selbstverständnis – bezeichnete, das Wort „pais", stammt aus dem Griechischen und bedeutet wörtlich „Knabe". Die Wissenschaft, die den damals neuen und kritischen Anspruch erhob, sich vorurteilslos mit der Erforschung der Wirklichkeit aller Kinder zu befassen, bezeichnete sich selbst mit einem Wort, das die Hälfte aller dieser Kinder ausschloß. Mit anderen Worten, schon in der begrifflichen Bezeichnung ihres Gegenstandes unterwarf sich die Pädologie von Beginn ihres Bestehens an einem der gesellschaftlichen Konflikte ihrer Zeit, dem Herrschaftsverhältnis zwischen Mann und Frau, und signalisierte damit, daß sie diesen Konflikt in ihrer wissenschaftlichen Analyse der Wirklichkeit der Kinder nicht reflektieren konnte.[6]

Aber nicht nur das ist es, was wir von der Pädologie und ihrer Entwicklung lernen sollten, die in vielerlei Hinsicht interessant ist, in der Geschichte der Pädagogik in Deutschland aber bisher kaum systematisch erforscht worden ist.[7] Obwohl sich die Pädologen international in der größeren Nähe zur Pädagogik sahen, die sie z.B. als

5. Vgl. dazu vor allem die bei De VROEDE (1977) bzw. DEPAEPE (1993) dokumentierte Diskussion.

6. DEPAEPE berichtet vor allem für die USA von „häufig sexistisch bestimmten" Resultaten der Kinderforschung, die, wie er am Beispiel der Publikationen von G.S. HALL konkretisiert – zu dem Schluß führten, die Männer hätten „größere geistige Kapazitäten und müßten demnach auch die immer komplexer werdende Gesellschaft führen, während andererseits die Frau mit ihrer Seele und ihrem Körper ideal für die Mutterschaft geeignet sei", eine These, „die fast selbstverständlich auch eine Verurteilung jeder Form von Koedukation einschloß." (DEPAEPE 1993, S. 152).

7. DE VROEDE hat als erster auf den Beitrag aufmerksam gemacht, den die Pädologie für „die Anfänge der wissenschaftlichen Pädagogik in Belgien" geleistet hat. Eine entsprechende Einschätzung der Pädologie für die Geschichte der Erziehungswissenschaft in Deutschland steht noch aus. Vgl. allenfalls die wichtigen Vorarbeiten von TENORTH über MEUMANN und die experimentelle Pädagogik (TENORTH 1989b).

„angewandte Pädologie“ oder „Pädotechnie“ verstanden[8], wird die Pädologie in Deutschland als Synonym für „Kinderforschung“ behandelt[9] und findet daher allenfalls Erwähnung im Lexikon der Psychologie (1980, Bd. 2, Sp. 1542) oder in Arbeiten zur Geschichte der Kinder- oder Entwicklungspsychologie.[10] In allen neueren Auflagen pädagogischer Lexika oder der Arbeiten zur Geschichte der Pädagogik fehlt auch nur das Stichwort.[11] Anders als z.B. in Belgien wird die Pädologie in Deutschland wohl im Rahmen der Disziplingeschichte der Psychologie, nicht aber als Form des pädagogischen Wissens wahrgenommen. Trotz ihres expliziten Reformanspruches und selbst in ihrer unbestritten wissenschaftlichen Form – wie der experimentellen Pädagogik Ernst MEUMANNS – wird sie bei uns bis heute aus der „Reformpädagogik“ und auch aus der Disziplingeschichte der Erziehungswissenschaft ausgeschlossen.[12] Um sie von dem Odium der Exotik zu befreien und ihre enorme zeitgenössische Geltung nachvollziehbar zu machen, sollen daher noch vor der Einschätzung ihrer Bedeutung für unser Thema einige der wichtigsten Daten ihrer Entwicklung nachgetragen werden.

Als Ursprungsdatum der Pädologie gilt üblicherweise das Jahr 1896.[13] In diesem Jahr promovierte an der Philosophischen Fakultät der Universität Jena der Amerikaner Oscar CHRISMAN – ein Schüler von Granville Stanley HALL, der selbst 1884 bei Wilhelm WUNDT in Leipzig promoviert hatte – mit einer Dissertation unter dem Titel „Paidologie. Entwurf zu einer Wissenschaft des Kindes.“ Drei Jahre später

8. Vgl. dazu die von DE VROEDE dokumentierte Diskussion über die Abgrenzungen und Zuordnungen von Pädologie und Pädotechnie in der belgischen Literatur, in: DE VROEDE 1977, S. 160 und 168, Anm. 18.

9. So z.B. bei GROOS 1908 bzw. MEUMANN 1914.

10. So z.B. bei DORSCH u.a. 1987 oder EWERT 1979.

11. Das Lexikon der Pädagogik von 1914 enthält zwar noch das Stichwort „Pädologie“ (Sp. 1095), verweist aber auf „Kinderpsychologie“. Dort schreibt DYROFF: „Pädologie endlich (...) besagt eigentlich nichts anderes [als Kinderforschung], wird aber zuweilen im Sinne von Kinderpsychologie verwandt.“ (1914, Bd. III, Sp. 1219).

12. Vgl. den meines Wissens bisher einzigen Versuch einer Rehabilitierung der „experimentellen Pädagogik“ MEUMANNS und LAYS bei TENORTH 1989b, der aber auf die Verbindung zur Pädologie nicht eingeht.

13. So jedenfalls DE VROEDE 1977, S. 161. Zum Streit über die historische Priorität vgl. DEPAEPE 1993, S. 118. Vgl. dazu aber die erstmals von DEPAEPE (1993, S. 412) nachgewiesene ein Jahr frühere Schrift von CHRISMAN in englischer Sprache, die den Terminus bereits benutzt, sowie DEPAEPEs Hinweis auf die Zeitschrift „Fortschritte der Pädologie“ von 1860, DEPAEPE 1993, S. 161, Anm. 1.

taucht der Begriff – und zwar unabhängig von CHRISMAN, wie jedenfalls DEPAEPE vermutet (DEPAEPE 1993, S. 163) – in einem Artikel des Franzosen Eugène BLUM auf (BLUM 1898/99 und 1901). Tatsächlich besaß die Pädologie zu dieser Zeit bereits eine verblüffende Internationalität.[14] Im selben Jahr (1899) erschien in den USA die von CHRISMAN herausgegebene Zeitschrift „The Paidologist“ und führte Medard SCHUYTEN, der Leiter des inzwischen bereits etablierten Pädologischen Dienstes mit einem angeschlossenen pädologischen Labors in Antwerpen, Kurse für Pädologie an der Université nouvelle in Brüssel durch. Ein Jahr später (1900) wurde das Pädologische Institut in Prag eröffnet, ein weiteres Jahr später (1901) richtete die Moskauer Gesellschaft der Pädagogen eine pädologische Abteilung ein und weitere fünf Jahre später gründete Vladimir M. BECHTEREV in St. Petersburg das Psychopädologische Institut zum Studium vor allem des Säuglingsalters und der frühen Kindheit, das nach der Revolution in „Pädologisches Institut“ umbenannt wurde. Im selben Jahr (1906) begannen die „Ungarische Gesellschaft für Pädologie“ und die „Österreichische Gesellschaft für Kinderforschung“. Schon 1902 hatte der bereits erwähnte SCHUYTEN, seit 1900 Herausgeber des „Paedologisch Yaarboek“ in Antwerpen, die „Algemeen Paedologisch Gezelschap“ gegründet, die ein eigenes „Bulletijn“ herausgab. Diese Gesellschaft verstand sich als Bindeglied zwischen der wissenschaftlichen Kinderforschung des Pädologischen Laboratoriums und der pädagogischen Praxis in den Schulen der Gemeinden. Ihr zunächst lokaler Einfluß weitete sich jedoch bald aus.[15] 1910 entstand in Madrid das „Instituto National de Pedologia“. 1911 startete das „Pädologische Museum“ in Budapest, das spätere, ganz ähnliche Institutionen in der UdSSR anregte und 1913 einen „Kongreß für Pädologie“ organisierte. Ebenfalls 1911 gründete Van WAYENBURG, seit 1906 Privatdozent für Pädologie, die „Amsterdamer Pädologische Gesellschaft“, die 1913 einen „Kongreß für Kinderforschung“ durchführte und ab 1916 mit der Herausgabe der Zeitschrift „Kinderstudie“ begann (VAN WAYENBURG 1916).[16]

---

14. Zu Einzelheiten vgl. DEPAEPE 1993, S. 84ff.

15. Zwischen 1906 und 1907 wurde die Pädologie Pflichtfach an den Lehrerseminaren in Mons, Bergen, Charleroi und Brüssel und dort jeweils in engem Zusammenhang mit den städtischen pädologischen Laboratorien gelehrt. Leiterin dieser Laboratorien war die Exilpolin Josefa JOTEYKO, die 1909 das „Seminaire de Pédologie“ aufbaute, das sich vor allem auf die Fortbildung für Lehrer und Ärzte konzentrierte.

16. Erste zusammenfassende Darstellungen der praktischen Arbeit veröffentlichten die Polin JOTEYKO (1907/08), der Franzose PERSIGOUT (1908), der Holländer VAN HERREWEGHE (1905) und der Belgier SCHUYTEN (1911).

Eine ähnliche, ebenfalls auf Privatinitiative beruhende Verbindung von pädologischer Forschung und pädagogischer Praxis wie in Belgien, entstand 1908 in Petersburg: die Gesellschaft „Detskij trud i otdych“ (Kinderarbeit und Erholung), die unter der Leitung von Stanislav T. ¤ACKIJ bis 1917 pädologische Forschung und Aus- bzw. Fortbildung betrieb und 1918 in das Pädologische Institut Petrograd umgewandelt wurde. Diese Gesellschaft stand, wie Vera PFEIFFER (1995) berichtet, mit Maria MONTESSORI bereits in regelmäßigem Briefwechsel, als sie in Rußland sonst noch niemand kannte. 1912 fuhr T. L. SUCHOTINA, die Tochter TOLSTOJS und Mitglied der Gesellschaft, nach Rom, um bei MONTESSORI zu studieren, und 1913 folgte ihr ¤ACKIJ, der Leiter der Gesellschaft. Im selben Jahr erschien die erste russische Übersetzung von Büchern MONTESSORIS.

Im Vorwort des ersten Bandes seiner international rezipierten „Vorlesungen zur Einführung in die experimentelle Pädagogik und ihre psychologischen Grundlagen“ resümiert Ernst MEUMANN den bis 1906 bereits erreichten Stand:

> *„In den Vereinigten Staaten, [...] in Österreich-Ungarn, in Frankreich, Belgien, Italien, Norwegen, Schweden, Rußland und Japan, in Argentinien und Chile gibt es psychologisch-pädagogische und pädologische Laboratorien. Das kleine Belgien ist sogar durch die rastlose Tätigkeit von M. C. Schuyten in Antwerpen zu einem Mittelpunkt der neuen pädagogischen Bestrebungen geworden.“* (MEUMANN 1907, XII)[17]

Obwohl es in Belgien nicht gelang, die Einrichtung der Pädologie als Pflichtfach in der Lehrerausbildung generell durchzusetzen, wurde doch erreicht, daß das Ministerium für Wissenschaft und Kunst im Jahr 1909 das „Institut national belge de pédologie“ gründete, das unter der Leitung des renommierten Psychologen Jules Jean van BIERVLIET auf der Basis eines angeschlossenen Laboratoriums, einer eigenen Bibliothek und eines eigenen, von van Biervliet herausgegebenen Publikationsorgans – den „Annales pédologiques“ – die pädologische Forschung und Fortbildung organisieren und koordinieren sollte. Die erste umfassende bibliographische Übersicht, die sich gleichzeitig „als systematische Analyse der Themen und Methoden der Pädologie präsentierte“ (DEPAEPE 1993, S. 177), legte Schuyten pünktlich zum ersten internationalen Kongreß vor (SCHUYTEN 1911).

17. Eben diesen M. C. SCHUYTEN hatte Ernst MEUMANN zwei Jahre zuvor in das Herausgebergremium der von ihm zusammen mit Wilhelm August LEY herausgegebenen Zeitschrift „Experimentelle Pädagogik“ berufen.

Das wachsende internationale Interesse an der Pädologie fand seinen Ausdruck in der Gründung eines „Comité International pour l'Organisation des Congrès internationaux de Pédologie" (DEPAEPE 1987), und die besondere Anerkennung der von MEUMANN bestätigten Avantgardefunktion der belgischen Pädologen kam in der Tatsache zum Ausdruck, daß der von JOTEYKO und SCHUYTEN organisierte und von Ovide DECROLY geleitete „1. Internationale Pädologische Kongreß" (1911) in Brüssel stattfand (JOTEYKO 1912). Die bekanntesten unter den sieben Deutschen im Vorbereitungskomitee des Kongresses waren Georg KERSCHENSTEINER, Ernst MEUMANN und William STERN. Dieser Kongreß wurde von ca. 1.300 Teilnehmern besucht, „darunter die offiziellen Vertreter von 13 europäischen, sieben amerikanischen und zwei asiatischen Staaten; gelehrte Vereinigungen sechs anderer europäischer Staaten hatten Delegierte abgesandt." (VROEDE 1977, S. 159). Bei der Eröffnung des Kongresses waren 71 Mitglieder des internationalen Komitees anwesend, die bei dieser Gelegenheit sieben neue Mitglieder, darunter Maria MONTESSORI, aufnahmen. (DEPAEPE 1993, S. 126).[18]

Der auf diese Weise institutionalisierte internationale Austausch machte es möglich, daß ein Jahr nach dem Kongreß, also im selben Jahr, in dem Edouard CLAPARÈDE in Genf das pädologische „Institut Jean Jacques Rousseau" gründete, in Brüssel eine „Faculté international de Pédologie" entstehen konnte, die sich als eine selbständige Hochschule der pädologischen und psychologischen Wissenschaften verstand und auch ein eigenes Organ – „Le Paedologium" – herausgab. Diese, auf Betreiben von JOTEYKO zustande gekommene Privatinitiative reagierte auf den Umstand, daß trotz der wachsenden Zunahme an pädologischen Forschungs- und Fortbildungsanstalten noch keine institutionalisierte Ausbildung für das wissenschaftliche Lehrpersonal existierte. Dem sollte diese Hochschulgründung abhelfen. „Ihre Professoren kamen aus dem In- und Ausland. [...] Nach zwei Studienjahren wurde man Diplom-Pädologe, nach drei Jahren Doktor der pädologischen Wissenschaften. [...] Der ganze Lehrplan behandelte die Kinderforschung unter allen Aspekten." (DE VROEDE 1977, S. 166).

Damit war der Professionalisierungsprozeß der Pädologie – wenigstens in Belgien – durch alle Stufen hindurch erfolgreich vorangetrieben worden: Es gab Praxisfelder, Studiengänge und Berufsabschlüsse, Forschungsinstitute und Fortbildungsanstalten,

---

18. Eine detaillierte Chronologie der weiteren internationalen Entwicklung dokumentiert SCHUYTEN: De paedologische Wereldbeweging chronologisch saamtgevat tot einde 1912, in: Paedologisch Jaarboek, VIII (1913), S. 94 -108.

Publikationsorgane und Gesellschaften. Ganz ähnlich verlief die Entwicklung in vielen anderen Ländern (vgl. SCHUYTEN 1913, DEPAEPE 1993).

Es kann hier nicht untersucht werden, warum diese Bewegung, die sich derart schnell ausbreitete und bis 1914 einen so erstaunlich hohen Internationalisierungsgrad erreicht bzw. feste Kommunikationsformen etabliert hatte, in Westeuropa und den USA nach 1914 so abrupt abbrach und scheinbar spurlos verschwand, obwohl das Faktum interessant genug ist.[19] Wohl soll noch vor einer Beschäftigung mit der Entwicklung in Deutschland ergänzt werden, daß ein ganz ähnlicher Professionalisierungsprozeß auch noch nach 1914 – allerdings unter anderen politischen Bedingungen – ablief und das bis in die 30er Jahre hinein, der trotz seiner Besonderheiten gleichwohl die Allgemeinheit unserer Eingangsthesen bestätigt: die Pädologie in der UdSSR.[20] Eine Auseinandersetzung mit dieser Entwicklung[21] könnte m.E. TENORTHS allgemeine These verdeutlichen, daß politisch-gesellschaftliche Versuche der Ordnung des Generationsverhältnisses, die auf Autonomie verzichten und die Unterordnung der Pädagogik unter die Politik propagieren, „nicht auf Dauer Karriere machen“ können, und zwar weil ihre Schwäche nicht darin besteht, „daß sie ‚unpädagogisch‘ wären, sondern darin, daß sie vormodern sind“ (TENORTH 1994, S. 600). Die – jedenfalls für uns bis heute – offene Frage ist jedoch, ob das „Wohl des Kindes“ als Kriterium der Autonomie in diesem Verstande zureicht.

---

19. Neben den Auswirkungen des Ersten Weltkrieges nennt DEPAEPE als wahrscheinliche Ursache, die Pädologie sei „theoretisch und methodisch ausgezehrt“ gewesen (DEPAEPE 1993, S. 54). An anderer Stelle macht er die Unfähigkeit der Pädologen bzw. die methodologische Unmöglichkeit ihres Versuchs dafür verantwortlich, eine dem Anspruch auf "integrale" und „totale“ Erforschung des Kindes entsprechende spezifische Methode entwickeln zu können: „Das holistische, ganzheitliche, Paradigma der Pädologie, das in Wahrheit nie adäquat funktioniert hatte, platzte wie eine Seifenblase und heraus kam eine Reihe von atomistischen Teildisziplinen.“ (DEPAEPE 1993, S. 221) Ganz ähnlich hatte schon PETROVSKIJ geurteilt, daß „der Versuch, die Pädologie als Synthese der wesentlichen Resultate einzelner an der Kinderforschung beteiligter wissenschaftlicher Disziplinen zu präsentieren“, sich zwangsläufig „in eine einfache Kompilation“ verwandeln mußte: „Alle Versuche, einen Gegenstand der Pädologie zu finden, der sich nicht auf den Inhalt der von ihr faktisch aufgesogenen Nachbarwissenschaften hätte reduzieren lassen, hatten daher auch keinen Erfolg.“ (PETROVSKIJ 1978; eigene Übersetzung).

20. Vgl. dazu PETROVSKIJ 1974, 1977 und 1978, ANWEILER 1978, S, 311 - 317, PFEIFFER 1995 sowie VAN DER VEER/ VALSINER 1991 und die dort angegebene Literatur.

21. Zur Entwicklung der Pädologie in der UdSSR vgl. die ausführliche Fassung dieses Aufsatzes in: ERDMANN/ RÜCKRIEM/ WOLF (Hrsg.): Kindheit und Schule heute. Berlin 1994, insbes. die Seiten 20ff.

2.2. Die Entwicklung in Deutschland

Zunächst ist festzustellen, daß erstaunlicherweise bis heute keine Belege für eine auch nur annähernd vergleichbare Bedeutung der Pädologie aus Deutschland beigebracht werden konnten – jedenfalls, wenn man die Bedeutung einer Sache an der Häufigkeit ihrer sprachlichen Erwähnung mißt. Abgesehen von einem Hinweis auf ein „Pädologisches Institut" in Berlin im Archiv des NKP in Moskau[22] – offenbar gab es sogar einen regelmäßigen Kontakt und Informationsaustausch – scheint es in Deutschland keine der internationalen Entwicklung vergleichbare Verwendung des Terminus gegeben zu haben.

Die Tatsache, daß der Begriff „Pädologie" im deutschen Sprachgebiet wenig Anklang fand, identifizierte JOTEYKO schon 1911 und suchte die Ursache dafür in der Besonderheit der deutschen Sprache, die solche Begriffe wie „Kinderpsychologie", „Kinderforschung", „Kinderkunde", „Jugendkunde" oder „Entwicklungspsychologie" zur Verfügung habe, Begriffe also, „die in einem einzigen Wort ausdrücken, wofür andere Sprachen mehrere Wörter benötigen."[23] Ob allerdings tatsächlich lediglich sprachliche Eigentümlichkeiten oder vielmehr inhaltliche Differenzen und wissenschafts- bzw. disziplingeschichtliche Besonderheiten diesem unterschiedlichen Sprachgebrauch zugrunde liegen, muß hier zunächst dahingestellt bleiben.[24] Wenn auch der Begriff nicht Schule gemacht hat, so ist jedenfalls offensichtlich, daß aus seinem Fehlen nicht der Schluß gezogen werden darf, daß man in Deutschland kein oder auch nur geringeres Interesse an der Erforschung des Kindes gehabt bzw. die internationale Entwicklung der Pädologie ignoriert hätte. Eugène BLUM unterschied schon 1901 zwischen „der Idee, dem Wort und der Sache" der Pädologie und machte deutlich, daß das Anliegen der Pädologie – auch außerhalb Deutschlands – erheblich weiter verbreitet war als der Begriff.[25] Allerdings entwickelte sich dieses Interesse hier tat-

---

22. Vgl. PFEIFFER 1993. Die Existenz des erwähnten Berliner Instituts konnte bisher nicht verifiziert werden.

23. Zitiert nach VROEDE 1977, S. 169, Anm. 25.

24. Wenn ich recht sehe, hängt diese Spezialentwicklung mit den spezifischen Bedingungen und Unterschieden der Disziplingeschichte der Psychologie und der Erziehungswissenschaft in Deutschland zusammen, auf die hier jedoch nicht näher eingegangen werden kann. Vgl. zur Psychologiegeschichte etwa HILLEBRAND 1959, DORSCH 1963, HEHLMANN 1967, EWERT 1979, LÜCK u.a. 1984, ASH/ GEUTER 1985, LÜCK u.a. 1987. Zur Disziplingeschichte der Erziehungswissenschaft vgl. insbesondere ZEDLER/ KÖNIG 1989 und die dort notierte Literatur.

sächlich eher unter der Bezeichnung „Kinder-" bzw. „Entwicklungspsychologie"[26] oder „Kinder- und Jugendforschung".

Dabei wird das Gründungsdatum der Entwicklungspsychologie sogar noch früher gehandelt als das der Pädologie.[27] „Man hat sich daran gewöhnt," schreibt Elfriede HÖHN, „das Buch von Preyer ‚Die Seele des Kindes' aus dem Jahre 1882 als den Anfang einer wissenschaftlichen Entwicklungspsychologie zu betrachten." (HÖHN 1959, S. 21)[28] Kein geringerer als Otto RÜHLE, Verfasser des Buches „Die Seele des proletarischen Kindes", urteilte über dieses Buch, das 1900 bereits in der 5. Auflage erschien, es sei „für Jahrzehnte zu einer Fundgrube für die wissenschaftliche Kinderforschung der ganzen Welt" (RÜHLE 1925, S. 18) geworden. Tatsächlich entwickelte William Thierry PREYER, Inhaber des Lehrstuhls für Physiologie in Jena, mit diesem Buch, das den Untertitel „Beobachtungen über die geistige Entwicklung des Menschen in den ersten Lebensjahren" trug, die neue Methode der entwicklungspsychologischen Forschung auf der Grundlage systematischer Beobachtungen der eigenen Kinder, die später durch Jean PIAGET, William und Clara STERN, Charlotte und Karl BÜHLER (wie auch Maria und Karl GROOS oder das Ehepaar SCUPIN) berühmt und vielfach nachgeahmt worden ist und die mit der Arbeit von N. N. LADYGINA-KOTS international Aufsehen erregte, die ihren Sohn über ein Jahr lang zusammen mit einem gleichaltrigen Schimpansen-Säugling aufzog, um wissenschaftlich begründet

25. BLUM 1901. DE WITT übernimmt diese Unterscheidung für seine aktuelle Analyse: „Pedologie: een woord of een begrip?" (DE WITT 1982, S. 1).

26. Die terminologische Unsicherheit in der Unterscheidung von Kinder- bzw. Entwicklungspsychologie findet sich noch bei HÖHN 1959.

27. Auch die terminologische Unterscheidung von Pädologie und Kinderpsychologie bleibt noch lange fließend, so wenn z.B. FRITZSCH in seinem Aufsatz über die „Anfänge der Kinderpsychologie" Dietrich TIEDEMANN als „ein Glied in der großen Reihe der Forscher auf dem Gebiete der Pädologie in der zweiten Hälfte des 18. Jahrhunderts" einordnet. (FRITZSCH 1910, S. 14).

28. So auch noch JAEGER 1985. Rund 50 Jahre früher nannte man als Begründer der Kinderpsychologie „bekanntlich den Philosophen Dietrich Tiedemann" (KEMSIES 1902, S. 476). Allerdings bildete schon damals für STERN PREYERS Buch „zwar nicht das zeitlich erste Werk dieser Art, wohl aber das Anfangsglied einer Arbeitsepoche, die in wenigen Jahrzehnten eine ganze Bibliothek produziert hat." (STERN 1900, S. 420). Ich übergehe daher an dieser Stelle die üblicherweise als Beleg für diese oder jene Auffassung erwähnten, zahlreichen Vor- und Früharbeiten und verweise auf die bibliographischen Hinweise bei UFER 1897, DYROFF 1914, BÜHLER/ HETZER 1929, HÖHN 1959 oder HERRMANN 1982.

vergleichende entwicklungspsychologische Aussagen machen zu können (LADYGINA-KOTS 1935).

Die neue Disziplin nahm ein fulminantes Entwicklungstempo. Schon „10 Jahre nach Preyer“, schreiben BÜHLER/ HETZER, „war das Interesse an der Kinderpsychologie bereits ein derart allgemeines und internationales, daß in sämtlichen Kulturländern Zeitschriften und Forschungsinstitute eröffnet wurden, welche die Erforschung der seelischen Entwicklung des Kindes zu ihrem Gegenstand hatten.“ (BÜHLER/ HETZER 1929, S. 218). Anhand der Gründungsdaten der wichtigsten internationalen Zeitschriften und der bekanntesten Institute[29] dokumentieren die Autorinnen das Entwicklungstempo dieses neuen Interesses für die Kinderforschung. Vergleicht man die Daten der wichtigsten deutschen Vereine, Zeitschriften, Kongresse, Veröffentlichungen und Übersetzungen der einschlägigen Arbeiten des Auslands in Deutschland, so wird deutlich, daß das Entwicklungstempo hier eher noch höher war.[30] Parallel dazu boomen in Deutschland die Neugründungen der psychologischen Seminare und Institute an den Universitäten[31] und nimmt die Zahl der Dissertationen mit kinderpsychologischen Themen rasant zu.[32] Die ersten Gesamtdarstellungen zur Entwicklungs- und Kinderpsychologie erscheinen bereits ab 1890.[33] Das sich in dieser Entwicklung ausdrückende Interesse veranlaßt Karl MUTHESIUS noch vor der Wende zum 20. Jahrhundert und noch vor Ellen KEYS berühmt gewordenem Buch (KEY 1900, deutsch 1902) das „Jahrhundert der Kinderpsychologie“ anzukündigen (MUTHESIUS 1899).

---

29. Zeitschriften: 1891-1914 = 21 Neugründungen in 23 Jahren; Tabelle 3 (BÜHLER/ HETZER 1929, S. 219).
Institute: 1893-1915 = 26 Neugründungen in 22 Jahren; Tabelle 4 (BÜHLER/ HETZER 1929, S. 219-220).

30. Vgl. dazu die Chronologie von MEUMANN 1914, S. 21-24 sowie die Daten bei ASH/ GEUTER 1985, GEUTER 1986/87.

31. 1889 Psychologisches Seminar in München, 1894 Psychologisches Seminar in Berlin, Psychologische Abteilung in Breslau, 1896 Psychologisches Institut in Würzburg, 1898 Psychologisches Seminar in Kiel, 1905 Psychologisches Seminar in Frankfurt, 1906 Institut für angewandte Psychologie und psychologische Sammelforschung in Berlin, 1909 Bonn, 1913 Psychologisches Institut in München, Psychologische Abteilung in Marburg. Vgl. GEUTER 1986/87.

32. Vgl. GEUTER 1986/87.

33. Vgl. z.B. UFER 1897, LOBSIEN 1899, ROSS 1899, AMENT 1902 und 1907, SIKORSKI 1902, FRITZSCH 1906, GAUPP 1907, DYROFF 1911.

Ganz ähnlich verläuft die Entwicklung im Bereich der allgemeinen Kinder- und Jugendforschung, wie man auch hier an einigen wenigen wichtigen Gründungsdaten ablesen kann. 1896, also noch im Erscheinungsjahr der Dissertation von Chrisman, begann die Zeitschrift „Die Kinderfehler. Zeitschrift für pädagogische Pathologie und Therapie in Haus, Schule und sozialem Leben" sowie die Reihe „Beiträge zur Kinderforschung mit besonderer Berücksichtigung pädagogischer Zwecke". 1899 folgte die Gründung des „Allgemeinen deutschen Vereins für Kinderforschung" (Jena) und des „Vereins für Kinderforschung" (Berlin), der „Gesellschaft für pädagogische Psychologie" sowie der „Zeitschrift für pädagogische Psychologie", die innerhalb weniger Jahre eine Auflagenhöhe von über 2.400 Exemplare erreichte – nach DUDEK (1989, S. 157) „das Forum der wissenschaftlichen Jugendkunde" überhaupt. 1905 begann die von Ernst MEUMANN und Wilhelm August LAY herausgegebene Zeitschrift „Die experimentelle Pädagogik".[34] MEUMANN wurde schnell zum national wie international führenden Theoretiker, Protagonisten und Organisator der Kinder- und Jugendforschung. 1906 tagte der 1. Kongreß für Kinderforschung und Jugendfürsorge in Berlin, gründeten der Leipziger Lehrverein das Institut für experimentelle Pädagogik und Psychologie, William STERN und Otto LIPMANN das „Institut für angewandte Psychologie". 1907 erschien der erste Band der „Vorlesungen zur Einführung in die pädagogische Psychologie" von MEUMANN. 1908 gründeten u.a. MEUMANN, STERN und MUTHESIUS den „Bund für Schulreform" zur Unterstützung einer Reform der Schule „vom Kinde aus". 1911 wurde das Institut für Jugendkunde in Bremen als erstes einer Vielzahl von kommunalen oder provinzialen Instituten ins Leben gerufen. Im selben Jahr richtete MEUMANN ein psychologisches Laboratorium am Kolonial-Institut des Hamburger Vorlesungswesens im Rahmen der Lehrerausbildung ein (aus dem ab 1919 die Universität Hamburg hervorging). 1913 gründete er das Institut für Jugendkunde in Hamburg. William STERN, der 1912 den Begriff „Intelligenzquotient" geprägt hatte, veröffentlichte 1916 sein Buch „Die Jugendkunde als Kulturforderung".[35]

Natürlich sind die meisten Informationen dieses Überblicks für sich genommen bekannt. In ihrer Ballung aber vermögen sie den durchaus nicht so selbstverständlichen Eindruck von der überwältigenden Bedeutung zu vermitteln, die die Pädologen an der Spitze einer ganzen Bewegung der Beschäftigung mit „Kindheit heute" und

34. Der volle Titel lautet: „Die experimentelle Pädagogik mit besonderer Berücksichtigung der experimentellen Didaktik und der Erziehung schwachbegabter und abnormer Kinder".

35. Weitere Daten bei DUDEK 1989.

der Orientierung „vom Kinde aus" als zentralem Kriterium für die Bewältigung der Modernisierungskrise ihrer Gesellschaft beimaßen. Ob es jedoch in der Lage war, diese Erwartungen auch zu erfüllen, bleibt noch erst zu prüfen.

3. Das Denken „vom Kinde aus" – Ambivalenz eines Kriteriums

Der Originaltitel des Buches über die Pädologie von Marc DEPAEPE lautet: „Meten om beter te weten" (Messen um besser zu wissen). So zutreffend dieser Titel auch die Intention der Pädologen charakterisiert, so bezeichnet er doch nur die eine Hälfte: Sie wollten nicht nur besser *wissen*, sie wollten vor allem besser und anders *handeln*. Der zentrale Impuls ihres wissenschaftlichen Verständnisses war ursprünglich in allen funktionell differenzierten Gesellschaften auf gesellschaftliche Veränderungen gerichtet: auf die strukturelle Veränderung – und nicht bloß die Reform – der traditionalistischen Sozialisationsformen des Generationenverhältnisses im Sinne ihrer bewußten und allgemeinen Institutionalisierung und Organisation oder anders formuliert: im Sinne einer realen Utopie der Erziehung als einer eigenständigen und relativ autonomen Sozialstruktur als Bedingung für die Modernisierung und die Humanisierung der Gesellschaft. Deren qualitatives und historisch neues Kriterium im politischen Handeln wie im wissenschaftlichen Denken, auch und gerade in der damals erst sich entwickelnden empirischen Forschung, war die Orientierung „vom Kinde aus". Es bedeutet nichts anderes als die reale Akzeptanz dieser Utopie inclusive ihrer empirisch-methodischen Basis, wenn Karl MUTHESIUS 1899 das „Jahrhundert der Entwicklungspsychologie" und Ellen KEY 1900 das „Jahrhundert des Kindes" ausrufen.[36] Daß aber wiederum Ellen KEY, die vielleicht radikalste Vertreterin der „Natur des Kindes", zugleich den Prozeß der Rückwendung der veränderungsbereiten Pädagogen in den konservativen ideologischen Konsens anbahnt, dies nachzuvollziehen ist der eine Bestandteil dessen, was von den Pädologen zu lernen ist. Daß andererseits die sich ebenfalls auf die Natur des Kindes berufenden empirischen Pädagogen, die TENORTH – sicherlich zu Recht – als „die ‚Modernisten' innerhalb der Erziehungsbewegung des frühen 20. Jahrhunderts [...] und für Erziehungsfragen vielleicht sogar die Reformfraktion der neuentstehenden Human- und Sozialwissenschaften insgesamt" einschätzt (TENORTH 1989, S. 324), zugleich den Prozeß der Auslieferung der Veränderung an die politischen Herrschaftsverhältnisse in die Wege leiten, bezeichnet den anderen Bestandteil.

---

36. Dabei gilt das Interesse an der empirischen Grundlegung der Kinderforschung ausdrücklich auch für Ellen KEY, wie TENORTH in Erinnerung gerufen hat (TENORTH 1989b, S. 327).

Meine These ist daher, daß an der Pädologie gezeigt werden kann, wie das Verständnis des Autonomiekriteriums „vom Kind aus“ zugleich als Transmissionsriemen der politischen Neutralisierung wie der politischen Instrumentalisierung von Veränderungskonzepten des Generationenverhältnisses funktionierte und so die Problemstellung der Modernisierung insgesamt verfehlte bzw. zu deren Entwicklung in Richtung auf den Nationalsozialismus beitrug. Die Problemstellung bestand in der Entwicklung einer strukturellen Eigenständigkeit – also Autonomie – des Bildungswesens als der notwendigen neuen Form einer Generationenpolitik, die die neue Generation in die Gesellschaft eingliederte, ohne ihre – gesellschaftlich notwendig gewordene – Selbstbestimmungsfähigkeit zu schmälern. In eine Formel gekleidet: „Autonomie als Form der Gesellschaftlichkeit“ – das war der historisch-gesellschaftliche „Bedarf“ der Modernisierung. Die sich daraus herleitende Erwartung an die Pädagogik bestand darin, ein Kriterium zu finden, das beides sicherstellte: die Autonomie und die Gesellschaftlichkeit des Subjekts. Ich behaupte nun, daß das „Wohl des Kindes“ als Kriterium mit dieser Aufgabe überfordert war – damals wie heute. Damals jedenfalls ging die Dialektik von Autonomie und Gesellschaftlichkeit verloren und wurde aufgespalten in dualistische Positionen, die sich auf jeweils einen der beiden Pole konzentrierten. An zwei Beispielen kann das demonstriert werden, wenn auch nur im Sinne einer paradigmatischen Verdeutlichung der These und keineswegs schon mit dem Anspruch historisch abgesicherten Wissens. Es sind dies die Beispiele, die für Gisela WILKENDING die beiden zentralen Themen der Auseinandersetzung in der Generationenpolitik um die Jahrhundertwende in Deutschland waren: „Kinderschutz“ und „Schulreform“. (WILKENDING 1980).[37]

3.1. Das Beispiel „Kinderschutz“

Anlaß für die Beschäftigung mit Fragen des Kinderschutzes waren die erschütternden Zustände der Kinderarbeit und -ausbeutung sowie der Kindernot und -verwahrlosung einerseits, der Kinderselbstmorde andererseits. Dazu wenigstens einige Daten zur Erinnerung.[38]

---

37. Dabei vernachlässige ich allerdings an dieser Stelle – wie übrigens auch WILKENDING selbst –, daß die „Reformpädagogik“ nicht allein extern verursacht wurde, sondern „nahezu gleichgewichtig“ von innen heraus: „aus der Logik öffentlicher Erziehung und Bildung selbst“ (TENORTH 1900, S. 588).

38. Vergleiche zu Einzelheiten wie auch zur Gesamteinschätzung z.B. DANNMEYER 1897, SCHREIBER 1902, KUCZYNSKI 1968; ADOLPHS 1972; FELDKIRCHEN 1981.

1898 hatte der DLV eine Untersuchung zur Kinderarbeit angeregt, deren Ergebnisse der Berliner Lehrer und fortschrittliche Reichstagsabgeordnete Konrad AGAHD folgendermaßen zusammenfaßte:

> *„Kinder arbeiten bis zu vier Jahren herab, arbeiten von drei Uhr früh bis zu Beginn des Schulunterrichts, vom Nachmittag bis in die Nacht, immer nach Tausenden gezählt. Sie arbeiten neben den Schulstunden 30, 40, 50 bis 60, auch 72 Stunden die Woche, sie arbeiten in direkt gesundheitsgefährlichen und gesundheitsschädigenden Betrieben, Zehntausende haben keinen Sonntag, keine Zeit zum Spielen, zu wenig Schlaf. Die Arbeitsräume sind ‚Brutstätten der Tuberkulose', kurz – die gesundheitlichen Schädigungen sind entsetzlicher Art. Dazu kommen häufig sittliche Gefahren."* (AGAHD 1907, S. 81, vgl. AGAHD 1906).

Der ehemalige Lehrer und sozialdemokratische Reichstagsabgeordnete Otto RÜHLE präzisiert in seinem Buch über „Kinderelend" (1906) sowohl die in der Landwirtschaft noch weitaus schlimmeren Verhältnisse als auch deren Folgen:

> *„Körperliche Schäden wie Bleichsucht, Engbrüstigkeit, Kurzsichtigkeit, Rückgratverkrümmungen, Schiefwuchs, verkrüppelte Beine; geistige Verkümmerung aufgrund der durch völlige Übermüdung bedingten Unmöglichkeit, dem Unterricht überhaupt zu folgen oder überhaupt daran teilzunehmen; sittliche Verkümmerung, Verwilderung und Verwahrlosung bis hin zu Kinderkriminalität und Kinderprostitution."*[39]

Noch 1900 betrug die Zahl der arbeitenden Kinder mehrere Millionen. Etwa 1 Million von ihnen ist voll beschäftigt und kann wöchentlich bestenfalls 6-8 Stunden am Unterricht teilnehmen. Dabei wohnen viele von ihnen – in Berlin betrifft das 2 Drittel der gesamten Bevölkerung – mit durchschnittlich 7 Bewohnern in Wohnungen mit höchstens zwei heizbaren Räumen, wobei ca. 90.000 Schlafburschen und Schlafmädchen, die keinerlei Wohnmöglichkeit haben, tagsüber und oft auch nachts das Bett mit den Kindern teilen.

Die Selbstmorde bei Kindern unter 15 Jahren dokumentiert BAER (1901) über die Zeit von 1869 - 1898, d.h. über 29 Jahre und kommt für Preußen auf die Gesamtzahl von 1.708 Fällen, das sind knapp 60 Selbstmorde pro Jahr. Vier der Fälle betreffen Knaben unter vier Jahren (zit. nach WULFFEN 1913, S. 196). EULENBURG

---

39. RÜHLE, zit. nach WILKENDING 1980, S. 24/25; vgl. RÜHLE 1903.

untersucht ebenfalls für Preußen die Selbstmorde bei Kindern unter 15 Jahre für die Zeit von 1883 - 1903. Er registriert eine Gesamtzahl von 878, das sind durchschnittlich knapp 42 pro Jahr, davon allein 812 in Volksschulen (EULENBURG 1907, S. 176).[40]

Diese Auswirkungen des offenkundig brüchig gewordenen Generationenverhältnisses und die Hilflosigkeit seiner traditionellen Vermittlungsfunktionen – Familie und Schule – werden nun wahrgenommen, und man begreift, daß die Lösung der „Kinderfrage" eine der Überlebensfragen der Industriegesellschaft ist. Selbst die dominierenden bürgerlichen Schichten erkennen, daß eine Zerstörung der körperlichen und psychischen Gesundheit, die Behinderung der geistigen Entwicklung der in Landwirtschaft, industrieller und häuslicher Produktion ausgebeuteten Arbeiterkinder sich auf die Zerstörung gesellschaftlicher Arbeitskraft insgesamt auswirkt und daher Maßnahmen gegen die weitere Zunahme körperlicher und psychischer Krankheiten der Kinder und gegen die wachsende Unfähigkeit zu produktiver geistiger Tätigkeit dringend erforderlich sind. Es ist wohl weniger der unmittelbare ökonomische Bedarf als vielmehr die Wahrnehmung der unter anderem in solchen Zuständen erscheinenden Modernisierungskrise, die in Kultur und Gesellschaft die Überzeugung von der Notwendigkeit einer gesellschaftlichen Neuordnung des Generationenverhältnisses wachsen läßt und die sich in dem Boom der Kinderforschung wie auch den politischen Initiativen ausdrückt, die die Verabschiedung des Kinderschutzgesetzes vorantreiben, das 1904 in Kraft tritt.

Zwar bleibt die Zahl der erwerbsmäßig arbeitenden Kinder auch nach dem Wirksamwerden des Gesetzes, das übrigens die landwirtschaftliche Kinderarbeit unbehelligt läßt und durch zahlreiche Sonderklauseln viele Auswege offen läßt, nach Schätzungen von Agahd noch immer bei einer Million (AGAHD 1906). Für unseren Zusammenhang wichtiger aber ist, zu verfolgen, wie die ursprünglich auf gesellschaftliche Veränderung zielende Stoßkraft der Orientierung „vom Kinde aus" ihre Richtung ändert. „Das Wohl des Kindes" ist nicht mehr kritisches Maß für Autonomie und Gesellschaftlichkeit des Beitrags, den das Bildungswesen zur Modernisierung leisten soll, sondern verdinglichte Begründung und affirmative politische Zielvorstellung für den Aufbau bzw. die Wiederherstellung eines von den Schäden des gesellschaftlichen Lebens noch nicht voll bestimmten eigenen Entwicklungsraums für Kinder.[41] Auf diese Weise wird die Modernisierung zur Kulturkrise uminterpretiert und die Schule

40. Vgl. auch GURLITT 1908, GERHARDT 1909, LANDAUER 1921, SCHILLER 1992.

41. Vgl. SCHREIBER 1907, ERNST 1912, WULFEN 1913, GLÄSER 1920.

zum wichtigsten Instrument der Abmilderung ihrer unerwünschten Folgen erklärt. Aus FRÖBELS Aufruf „Kommt laßt uns den Kindern leben!“ macht Ellen KEY: „Kommt laßt uns die Kinder leben lassen!“ Unter Berufung auf dasselbe Kriterium – das „Wohl des Kindes“ – dringen so verstärkt retrograd utopisch gewendete Zielvorstellungen in die pädagogischen Veränderungskonzepte ein, die später „im Zusammenhang der ‚Entpolitisierung‘ der Pädagogik in Konzeptionen einer für Versuchsschulen entworfenen Pädagogik ‚vom Kinde aus‘ neutralisiert“ werden (WILKENDING 1980, S. 23ff.). So wird durch den Prozeß einer romantisierenden Interpretation „des Kindes“, der vor allem in und von pädagogischen Vorstellungen „vom Kinde aus“ vorangetrieben wird, die ursprüngliche Zielsetzung in Richtung auf Wiederherstellung des verlorenen „Kindheitsparadieses“ verändert und so die Rückwendung des politischen Reformaufbruchs vollzogen.[42]

Gisela WILKENDING resümiert: „Nachdem durch die Aktivitäten der im DLV organisierten Volksschullehrerschaft selbst die Einsicht in die traurige Lage des arbeitenden Kindes verbreitet worden ist, wird in theoretischen Konzepten ihrer Vertreter der gerade aufgedeckte Widerspruch zwischen der notwendigen Erhaltung der Kraft des Kindes und seiner tatsächlichen Zerstörung schrittweise wieder zugedeckt. Wie unterschiedlich auch in den dominierenden Reformvorstellungen dieser Jahre die Begriffe ‚Kind‘ und ‚Kindheit‘ interpretiert werden, in wie unterschiedlicher Weise auch den Bedürfnissen des ‚Kindes‘ oder ‚von Kindern‘ Rechnung getragen werden soll, auf die ‚alte Schule‘ wird die Hauptverantwortung für die Zerstörung der Kraft des Kindes projiziert, für deren Aufbau und Erhaltung die ‚neue Schule‘ eintreten will.“ (WILKENDING 1980, S. 27). Während unter diesen Bedingungen und unter Berufung auf die Rechte des Kindes als Träger der künftigen gesellschaftlichen Entwicklung die traditionellen Strukturen der vormodernen Gesellschaft immerhin, wenn auch nur ansatzweise, durchbrochen werden, „so beginnt doch im Zusammenhang der Mythisierung auch des Begriffes ‚Kind‘ in dieser Zeit zugleich die Zurücknahme gerade dieser Tendenz. Wo das Kind in der Pädagogik künftig als ein Wesen erscheint, das von den Widersprüchen der Gesellschaft noch nicht erreicht und das gegen diese Widersprüche abschirmbar ist, wird der Anspruch auf gesellschaftliche Emanzipation der Kinder erstickt.“ (WILKENDING 1980, S. 27).

Wenn also Ellen KEY überhaupt am Anfang einer Entwicklung gesehen werden kann, dann ist es die Entwicklung der Entpolitisierung und Neutralisierung einer Bewe-

---

42. Vgl. auch GLÄSS o.J., SCHONIG 1973, LARCHER 1975, KERBS 1977 und 1978, NEUKÄTER-HAJNAL 1977, GSTETTNER 1981, BENDELE 1984.

gung, die aufgebrochen war, um das im Zuge der turbulenten Modernisierungsprozesse problematisch gewordene Generationsverhältnis neu, d.h. im Rahmen des damaligen Verständnisses von Eigenrecht und Selbsttätigkeit, Selbständigkeit und Mitbestimmung des Kindes zu gestalten. Daß diese Neutralisierung gerade die Form der erwünschten Politisierung darstellte, wird bis heute allerdings nur selten gesehen. Entscheidend aber ist dieses: Die Pädologie löste die Aufgabe der Modernisierung – die Begründung der Dialektik von Autonomie und Gesellschaftlichkeit – mit einem Kriterium, das dieser Anforderung strukturell nicht entsprach, weder für die Seite der Autonomie noch für die Seite der Gesellschaftlichkeit. Es unterstellte einen allgemeinen Konsens, der so nur bestimmten gesellschaftlichen Schichten bzw. Klassen entsprach, wie u.a. KANITZ (1925) und RÜHLE (1925) kritisierten.[43] Es reproduzierte insofern nur die herrschenden Kulturnormen für „Kindgemäßheit“, für die weniger wichtig war, wie die Kinder unter allen gesellschaftlichen Bedingungen wirklich lebten und sich verhielten als vielmehr, wie sie sein sollten, um sie zu veranlassen, sich „kindgemäß“ zu verhalten. Es erforderte daher einen Staat als Garanten dieser Autonomie gegenüber allen partikularen Ansprüchen gesellschaftlicher Interessengruppierungen, der selbst Partei war. Die Reduzierung der Gesellschaftlichkeit auf Staatlichkeit begründete daher zwar eine „Autonomie“, aber so wie sie dem organisierten Kapitalismus in seiner imperialistischen Phase (WEHLER) entsprach und gestaltete die Modernisierung auf der Basis einer solchermaßen reduzierten Dialektik von Autonomie und Gesellschaftlichkeit in ähnlicher und zugleich ganz anderer Weise vormodern als in der UdSSR mit allen bekannten Konsequenzen.

3.2. Das Beispiel Schulreform

Auch die Beschäftigung mit der Schulreform hat ursprünglich objektive, keineswegs nur ideologische, Gründe: katastrophale Modernitätsrückstände.

Das bedeutete für das niedere Schulwesen, daß der Analphabetismus – jedenfalls soweit man den amtlichen Statistiken folgen kann – in Preußen zwar fast völlig verschwunden war, ausgenommen allenfalls die östlichen Gebiete, in denen die polnische Bevölkerung noch einen hohen Anteil stellt. Andererseits bedeutete dies nicht, daß das Niveau über die Fähigkeit, ein wenig lesen und den eigenen Namen schreiben zu können, weit hinausging. Der Schulbesuch war zwar als Folge der Maßnahmen zur Durchsetzung des Schulzwangs angestiegen, aber immer noch gab es zahlreiche Gemeinden ohne Schulen und immer noch wurden nur notdürftig oder

---

43. Vgl. dazu auch GSTETTNER 1981, S. 132 ff.

gar nicht ausgebildete Lehrer vorwiegend auf dem Lande eingesetzt. Infolgedessen bestand der Unterricht auch nach der Aufhebung der Stiehlschen Regulative vorwiegend in rein mechanischem Lernen hauptsächlich religiöser Inhalte. Die Versuche des Kultusministers FALK, die geistliche durch eine staatliche Schulaufsicht zu ersetzen, scheiterten, so daß trotz der einsetzenden Erhöhung der finanziellen Aufwendungen und der allmählichen Verbesserung der sozialen Lage der Lehrer die Klerikalisierung der Volksschule weiter fortschritt, bis mit dem Schulunterhaltungsgesetz von 1906 die Volksschule faktisch zur Konfessionsschule wurde.[44] Ihren autonomen Möglichkeiten im Rahmen einer Neuordnung der Generationenfolge waren damit enge Grenzen gesetzt.

Der Rückstand der höheren Schule am Ende des 19. Jahrhunderts lag zwar weniger auf dem Gebiet der Ausstattung oder der Besoldung der Gymnasial- und Oberlehrer als vielmehr in der fehlenden Anpassung des Berechtigungswesens. Bis zur preußischen Schulkonferenz von 1908 behielt das humanistische Gymnasium das Monopol sowohl für die Berechtigung zum „Einjährig-Freiwilligen-Dienst" als auch für die Zulassung zum Studium des Lehramts für höhere Schulen wie auch der Medizin und der Jurisprudenz, obwohl bereits im Zuge der durch die BISMARCKsche „Revolution von oben" eingeleiteten imperialistischen Periode des Kapitalismus die Phase der ersten Hochindustrialisierung begonnen hatte – die zweite begann um die Jahrhundertwende mit der rasanten Entwicklung der Chemie- und Elektroindustrie –, die zu einer völligen Veränderung der Leistungsbeurteilung zahlreicher Berufe und der entsprechenden Qualifikationen und Ausbildungsgänge geführt hatte. Diesem neuen Bedarf an naturwissenschaftlichen Kenntnissen kam der Staat im Bereich des höheren Schulwesens zwar mit der Einführung des Realgymnasiums und der Oberrealschule nach – wenn auch begleitet von heftigen Auseinandersetzungen vor allem mit den staatstragenden Schichten des Bürgertums –, ohne jedoch das Monopol des humanistischen Gymnasiums anzutasten. Dies führte zwangsläufig zu einer enormen Überfüllung und stofflichen Überbürdung der Gymnasien verbunden mit einer unerträglichen Zuspitzung des Konkurrenzkampfes um die Plätze und einer rigorosen Selektion und verschärfte den Widerspruch zwischen dem Anspruch auf humanistische Allgemeinbildung und der Realität seiner im wesentlichen der Aufrechterhaltung von Standesinteressen dienenden Realisierung.

44. Ein Modernitätsrückstand, der erst mit der Reichsschulkonferenz von 1920 wenigstens teilweise aufgeholt wurde. Die seit der Ära FALK, also seit den 80er Jahren des vergangenen Jahrhunderts zunächst vom DLV, dann und entschiedener von der SPD geforderte gleichartige und gleichwertige Bildung für alle Kinder scheitert jedoch auch jetzt.

In beiden Fällen betraf der Modernitätsrückstand des Bildungswesens nicht nur die Inhalte und Methoden, sondern vor allem die Formen, also die reale gesellschaftliche Verallgemeinerung und die Flexibilität der zur Verfügung stehenden Institutionen sowie ihren Autonomiespielraum. Die Bewältigung dieses Rückstands war ein Problem von erheblicher politischer Brisanz, wie der „Kaisererlaß" von 1889 bewies, der für die weitere Ausgestaltung des Schulwesens in Preußen vorschrieb, „die Schule in ihren einzelnen Abstufungen nutzbar zu machen, um der Ausbreitung sozialistischer und kommunistischer Ideen entgegenzuwirken" (zit. nach WILKENDING 1980, S. 13). Die SPD und die fortschrittliche Volksschullehrerschaft vor allem in Hamburg, Bremen, Berlin und Leipzig vertraten mit der Idee der Allgemeinen Volksschule als weltlicher unentgeltlicher Einheitsschule im Gegensatz dazu die Modernisierungsposition. Die Auseinandersetzung fand mit dem Schulunterhaltungsgesetz von 1906 und der damit verbundenen faktischen Zementierung des Status Quo ihr vorläufiges Ende. Die radikal-demokratischen Lehrer und der linke Flügel der SPD sahen von jetzt an in zunehmendem Maße die einzige Alternative in einer entschiedenen Kampfansage an die Öffentliche Volksschule bis hin zur Entwicklung einer eigenen sozialistischen Jugenderziehung und verließen damit die Linie der gesellschaftlich allgemeinen Modernisierung.

Die Pädologen und Kinderpsychologen waren in dieser Auseinandersetzung zunächst klar auf der Seite der Schulreform. PREYER war beispielsweise Gründungsmitglied des Allgemeinen Deutschen Vereins für Schulreform. Umgekehrt förderten die reformpolitisch orientierten Lehrerorganisationen die institutionalisierte Kinderforschung auch finanziell.[45]

---

45. Das 1913 von MEUMANN in Hamburg gegründete Institut für Jugendkunde wurde vom Lehrerverein unterstützt. Das 1906 vom Leipziger Lehrerverein gegründete Institut für experimentelle Psychologie wurde „fast vollständig durch Subventionen lokaler, regionaler und reichsdeutscher Lehrerverbände unterhalten." Das Psychologische Institut in Jena wurde zwar durch eine Schenkung der Firma Zeiss ermöglicht, veränderte sich unter dem Entwicklungspsychologen Wilhelm PETERS jedoch „zum Projekt der Koalitionsregierung der sozialdemokratischen und kommunistischen Parteien in Thüringen", die im Gegensatz zu den Plänen der Firma Zeiss „eine wissenschaftliche Unterstützung für ihre Schulreformpläne suchten." (ASH 1985, S. 60-61). Ähnliches gilt für das Wiener Institut des Experimental- und Entwicklungspsychologen Karl BÜHLER, der 1922 nur mit räumlicher und vor allem finanzieller Unterstützung durch den Präsidenten des Stadtschulrates und Begründer der Schulreformbewegung in Wien, Otto GLÖCKEL, zustandekam, der neben dem Ehepaar BÜHLER u.a. auch Alfred ADLER dafür gewann, entwicklungspsychologische Grundkenntnisse an die Lehrerschaft zu vermitteln und sie so für die Schulreform zu gewinnen. (ASH 1985, S. 60-61).

Die Wissenschaftlichkeit der Kinderforschung bzw. die empirisch-experimentellen Methoden der Pädologen fungierten in den Auseinandersetzungen ausdrücklich als Legitimation ihrer politischen Reformvorstellungen. Von einer an der methodischen Strenge der Naturwissenschaften orientierten möglichst objektiven Forschung erwarteten sie die allen ideologischen Auseinandersetzungen enthobenen Grundlagen nicht nur ihrer bildungspolitischen Reformpläne, sondern sogar auch ihrer Gesellschaftskritik. Daß diese – aus heutiger Sicht: naive – Wissenschaftsgläubigkeit, dieses Vertrauen in das „positive Wissen", eine ideologisch bedingte Illusion war, wissen wir heute. Den unbezweifelbaren reformpolitischen Impetus der Pädologen auf bloße Ideologie zu reduzieren, wäre jedoch historisch unzutreffend. Zwar gelang es ihnen nicht, ihre weitreichenden Schulreformpläne durchzusetzen; jedoch wird man anerkennen müssen, daß ihre Methoden und Ergebnisse die entscheidenden Instrumente der Kritik an der alten Lernschule waren, ja wohl auch, daß ihnen die Modernisierungsproblematik ihrer Zeit bewußt war. In den Selbsteinschätzungen der Pädologen wird beides deutlich sichtbar. Bekanntestes und klarstes Beispiel dafür ist MEUMANN, den BLONSKIJ neben HALL als einen der „Väter der Pädologie" (vgl. ANWEILER 1978, S. 313) bezeichnete und der sich selbst sowohl als experimenteller Pädagoge wie auch als Pädologe verstand[46] und deshalb ausführlicher zu Wort kommen soll: [47]

> *„Es ist eine der größten Neuerungen, die die pädagogische Reformbewegung zu erreichen sucht, daß wir uns abwenden von der außerordentlichen Wertschätzung ein für allemal festgelegter Unterrichts- und Erziehungsmethoden, die noch von Pestalozzi, Herbart und Ziller als ein Hauptpunkt der Didaktik angesehen wurden und daß sie an Stelle aller starren Methodik die Forderung größerer Lehr- und Lernfreiheit erhebt. Hierin liegt, genauer betrachtet, eine zweifache Neuerung, denn wir fordern einerseits größere Bewegungsfreiheit des Lehrers und Erziehers, und als Gegenstück dazu Freiheit in der Entfaltung der Persönlichkeit des Kindes. Der Lehrer soll womöglich der Schöpfer seiner eigenen ‚Methode' sein, er soll versuchen, sich*

---

46. *„Nicht ‚Kinderseelenkunde' (Kinderpsychologie), sondern Jugendforschung (Pädologie)", überschreibt Meumann den ersten Abschnitt des ersten Hauptteils seines „Abriss der experimentellen Pädagogik", in welchem er das Begründungsverhältnis behandelt, in dem die Pädologie als die Erforschung der ganzen, Kindheit und Jugend umfassenden Entwicklungszeit des Menschen zur empirischen Pädagogik in seinem Verständnis steht, und er erläutert seine lediglich terminologisch begründete Abgrenzung: „Dabei ziehe ich die deutsche Benennung dem griechischen Worte Pädologie (Kinderlehre) vor, weil sie unsre Aufgabe deutlicher zum Ausdruck bringt."* (MEUMANN 1914, S. 31).

47. Das zweite Zitat bei MEUMANN petit. Hervorhebungen von MEUMANN wurden ausgelassen.

von Stunde zu Stunde den Schülern (der Eigenart der Klasse und womöglich des einzelnen Schülers) anzupassen, ja der augenblicklichen Interessenrichtung und Stimmung der Klasse gerecht zu werden; er soll ferner aus eigener Erfahrung entscheiden dürfen, ob er für seine Klasse und deren Begabungsstufe die eine oder die andere Methode für zweckmäßiger hält; andererseits soll der Schüler zu möglichst freier Entfaltung seiner Kräfte, seiner Interessen, seiner Individualität und der individuellen Form seiner Begabung gelangen." (MEUMANN 1934, S. 216).

„*Die Bedeutung, welche sowohl die Begabungsforschung als die moderne Forderung der ‚Bewegungsfreiheit' für den Lehrer und den Schüler im Zusammenhang der historischen Entwickelung der Pädagogik besitzt, ist eine außerordentlich große. Sie kann wohl zweifellos als eine der größten Reformideen angesehen werden, die jemals in der Geschichte des Erziehungswesens aufgetreten sind. Denn die ganze bisherige Entwickelung der Pädagogik hält als eines der größten Ideale fest die Aufstellung einer ein für allemal gültigen Unterrichtsmethode, einer Art von Idealmethode, die man aus der Natur des Kindes und seiner Entwickelungsgesetze abzuleiten hoffte und die den Gang der Lehrtätigkeit womöglich so fest und sicher vorschrieb, daß auch jeder Laie nach ihr unterrichten könne. [...] Die moderne Forderung der methodischen Bewegungsfreiheit für den Lehrer und der freien Selbstentfaltung des Schülers beseitigt dies alte pädagogische Ideal ein für allemal. Wir wissen jetzt, daß es keine solche ‚eine' Idealmethode gibt, sondern daß jedes einzelne Unterrichtsziel auf verschiedenen, unter sich gleichwertigen Wegen zu erreichen ist, daß jeder Stoff seine eigenartige methodische Behandlung verlangt, die sich nicht in ein festes Stufenschema fügt.*" (MEUMANN 1934, S. 218f).

Trotzdem haben die Pädologen nicht verhindern können, daß die Modernisierungsproblematik der Schulreform letztlich verfehlt wurde, ja in gewissem Maße haben sie dazu beigetragen, daß jene Entwicklungsprozesse und Strukturen in der Schule und im außerschulischen Bildungswesen dominant wurden, die die zurückblickende Kritik mit gewissem Recht als „Zurichtung der Subjekte" bezeichnete,[48] die aber auch innerhalb der Pädologie selbst als Instrumentalisierung des Kindes verurteilt wurden und die Teile der Pädologie veranlaßte, sich als „Revolte gegen den Positivismus" (vgl. DEPAEPE 1994, S. 28) zu begreifen.

Auch hier sehe ich einen Grund für das Scheitern in der Ambivalenz des Kriteriums vom Kindeswohl selbst. Das war wohl auch eine Frage des Begriffs. Nirgends gelang

48. So etwa SCHONIG 1973, KERBS 1977, GSTETTNER 1981, BENDELE 1984, JAEGER 1985.

der Pädologie, eine eindeutige Gegenstandsbestimmung, die ihrem Anspruch auf Ganzheit auch wirklich entsprach.[49] Allen Beteuerungen zum Trotz war das Ergebnis ihrer Analysen eine letzten Endes additive Anhäufung physischer, psychischer und sozialer Aspekte. Auch ihre Definition des Kindes als einer „biopsychosozialen Einheit"[50] änderte nichts am Eklektizismus dieser „Einheit", deren Bestandteile nach wie vor aus den verschiedensten Wissenschaften stammten, wie schon die Zeitgenossen monierten.[51] Aber hinter den Schwierigkeiten der Gegenstandsbestimmung lagen andere, wichtigere.

Die Ambivalenz kam auch darin zum Ausdruck, daß die Pädologen zwar das Sozialisationskonzept der traditionalistischen Gesellschaft mit seinem mechanistischen Verständnis von Erziehung und Unterricht ablehnten und mit Emphase die Spontaneität und Selbsttätigkeit des Kindes dagegen setzten, zugleich aber nicht vermeiden konnten, mit der „Natur" des Kindes einen neuen Mechanismus einzuführen. In ihrem Verständnis blieb das Kind Objekt im Schnittpunkt zweier Determinismen: Als Naturwesen war es Objekt des biologischen, als Gesellschaftswesen Produkt des soziologischen Determinismus. Die Substanz des Verständnisses von der „Selbsttätigkeit" des Kindes konnte dieser Ambivalenz nicht entkommen. Daran ändert auch Meumanns Vorschlag nichts, die Selbsttätigkeit des Kindes als „geistige Arbeit" zu verstehen und als zentrale Kategorie zu nutzen, deren Wesen weniger Anpassung als vielmehr Spontaneität sei.[52] Auch er endete schließlich im Naturdeterminismus – so, wenn er sein Verständnis von experimenteller Pädagogik als der „Ökonomie und Technik des geistigen Arbeitens" unter anderem mit der Aufgabenstellung erläuterte, kritisch zu prüfen, ob die gegebenen Ziele eines Zeitalters „der Natur des Kindes, sei-

---

49. Außer bei L.S. VYGOTSKIJ, dessen Verständnis der Einheit in seiner Auffassung vom „systemhaften Aufbau" der höheren geistigen Funktionen und von der Spezifik ihrer Entwicklung begründet ist. Vgl. VAN DER VEER/ VALSINER 1991.

50. Ein Begriff, den nicht erst die Wissenschaftler der DDR, sondern – nach DEPAEPE (1993, S. 169) – bereits Georges PERSIGOUT in seinen Schriften von 1908 bzw. 1919 prägte.

51. Vgl. die von DE VROEDE 1977, PETROVSKIJ 1978 oder PFEIFFER 1995 dazu zitierte Literatur.

52. „Die Entwickelung des Kindes ist daher zum geringeren Teile Anpassung, in ihrem Kern ist sie Spontaneität, eine spontane Reaktion und eine individuelle Verarbeitung und Umformung der Umgebungseinflüsse. Entwickelung ist nicht bloße Adaptation an die Umgebung, sondern vielmehr individuelle Transfomation der Umgebung." Den Zwang der Umgebungseinflüsse „nimmt die Persönlichkeit des Kindes nicht passiv auf, sondern sie verarbreitet in originaler Weise die Einflüsse, mit denen der Erwachsene seine natürliche Entwickelung in eine Erziehung verwandelt." (MEUMANN 1914, S. 424).

nen Bildungsmöglichkeiten" entsprächen (MEUMANN 1914, S. 9). Daß diese Konsequenz aber auch dann unvermeidbar war, wenn man sich für die Anpassung entschied, zeigt das Beispiel BINET, der auf die Frage nach dem pädagogischen Kriterium erklärte, „daß jedes menschliche Sichbetätigen einem allbeherrschenden Gesetz unterworfen ist, nämlich dem der Anpassung des Individuums an seine Umgebung, und daß der Unterricht, den man der Jugend zuteil werden läßt und dessen Aufgabe eine Steigerung des Wertes dieser Anpassung ist, nur durch die Antwort auf die Hauptfrage beurteilt werden darf: Ist die Anpassung eine bessere geworden?" BINETS bezeichnender Schluß: „Da haben wir unser pädagogisches Kriterium." (BINET 1912, S. 17).

Als wissenschaftliche Basis dieser enthistorisierenden Auffassung vom Kind als einem Naturwesen galt dabei das biogenetische Grundgesetz, das 1899 durch den Darwin-Schüler Ernst HAECKEL (1899) seine für den deutschsprachigen Raum populärste Fassung erhielt. So bestätigt z.B. der Volksschullehrer und Sozialdemokrat Rudolf ROSS (1899), der 1930 Hamburger Bürgermeister und drei Jahre später von den Nazis entlassen wurde, „daß das biogenetische Grundgesetz, wonach die Entwicklung des Individuums eine abgekürzte Rekapitulation der Stammesgeschichte darstellt, im allgemeinen auch für die psychische Entwicklung gilt." (ROSS 1899, Nr. 34). Eine wesentliche Rolle spielten in diesem Zusammenhang die ins Deutsche übersetzten Schriften des amerikanischen Kinderforschers HALL, der in Analogie zum biogenetischen Grundgesetz die evolutionäre Vorstellung von psychischer Entwicklung zu der Formulierung eines „psychogenetischen Grundgesetzes" weiterentwickelte und sich als „Darwin of the mind" selbst profilierte.

Andererseits verfielen diejenigen Pädologen, die jede deterministische Position grundsätzlich vermeiden wollten, vollends der Mystifizierung des Kindes und brachten sich damit selbst ins Abseits.

Alle um exakte wissenschaftliche Forschung bemühten Pädologen – ob als Vertreter der Anpassungs- oder der Spontaneitätsthese – verfolgten übereinstimmend denselben Zweck: die Normierung, Typisierung und Periodisierung psychischer Prozesse und Fähigkeiten. Die Intelligenz- und Begabungsdiagnostik mit ihren Profilen, Typen und Quotienten mochte als Förderinstrument entstanden sein, sie endete jedenfalls als Selektionsinstrument, als Mittel zur Individualisierung und Klassifizierung. Ihre Resultate wurden eben nicht als rein statistische Ergebnisse oder Aussagen über einen momentanen Entwicklungszustand, sondern als festlegende Seinsaussagen interpretiert: Der IQ zeigte nicht nur die zu einer Zeit vorhandene Fähigkeit an, sondern legte zugleich auch die potentielle Entwicklungsmöglichkeit fest. Die Politisierung der empirischen Kinderforschung, die ursprünglich die angestrebten Veränderungen „zum Wohl des Kindes“ legitimieren sollte, verwandelte sich durch Neutralisierung der Empirie in die erwünschte Form der Politisierung: Empirie als Mittel zur Rationalisierung, Effektivierung und Mechanisierung gesellschaftlicher Qualifizierungsprozesse im Rahmen einer „Autonomie“ nach den totalitären Bedingungen staatskapitalistischer Gesellschaftlichkeit. Auch für das Beispiel der Schulreform gilt: Das „Wohl des Kindes“ war als Kriterium überfordert und konnte nicht garantieren, daß Autonomie die Form der Gesellschaftlichkeit blieb, statt nach ihrem Inhalt geformt zu werden.

4. Die Pädologie und wir: Kinderforschung heute

Können wir daraus lernen? Ich denke ja – wenn es möglich ist, die Problemlage von damals mit unserer Problemlage heute zu vergleichen. Ich versuche im folgenden, einen solchen Vergleich mit einigen thesenartig zugespitzten Sätzen anzuregen, die davon ausgehen, daß die gegenwärtige Modernisierungskrise in der Tat strukturell vergleichbar ist.

1. Die Pädologie reagierte auf einen heftigen Modernisierungsschub der Gesellschaft am Ausgang des 19. Jahrhunderts, der nicht nur ihre Struktur, sondern auch die traditionelle Kultur der Erwachsenen, ihr Weltverständnis, ihre Perspektiven und vor allem – ihr Generationenverhältnis erschütterte und zutiefst verunsicherte.

2. Die gesellschaftliche Umwälzung erzwang nicht nur neue gesellschaftliche Strukturen, die zumeist mit bedrohlichen Abstiegsprozessen, immer aber mit schwierigen und beängstigenden Umorientierungsprozessen bei den Erwachsenen verbunden waren. Die Umwälzung machte darüber hinaus völlig neue Formen der Gestaltung des Generationswechsels erforderlich, da die traditionellen naturwüchsigen Formen der Sozialisation den Anforderungen der Modernisierung nicht mehr adäquat waren und von der jungen Generation daher auch nicht mehr akzeptiert wurden.

3. Die Einsicht, daß die Bewältigung der Herausforderungen durch die Modernisierung von einer gesellschaftlichen Organisation und politischen Kontrolle des Generationswechsels abhing, entzündete das Interesse an möglichst genauer Kenntnis der Kinder und Jugendlichen. Die nachgerade explosionsartige Entwicklung der empirisch-experimentellen Kinder- und Jugendforschung hat ihre Ursache in den Anforderungen an die Neuregelung der gesellschaftlichen Transformation des Wissens.

4. Dabei wird die pädologische Forschung unmittelbar geprägt von den Perspektiven, aus denen heraus die Erwachsenen ihre eigene Situation bewerten. Sie projizieren ihre

widersprüchlichen Widerspiegelungen der Auswirkungen der Modernisierung auf die Kinder und übertragen ihre eigenen Wunschvorstellungen hinsichtlich der Gestaltung dieser Auswirkungen auf das Verständnis der Kindheit und auf die Strategien des Generationenwechsels, d.h. auf Bildung, Erziehung und Schule.

5. Sofern sie dabei die Modernisierung als Kulturkrise bzw. „Zerfall der Zivilisation“ und Bedrohung ihrer eigenen Sinnsysteme widerspiegeln, konzentrieren sie sich auf die Erforschung der Wirklichkeit der Kinder als Anhäufung von Defiziten. Als Kriterium zur Einschätzung als Defizit fungiert dabei ein retrograd utopisches, romantisches Bild der Kindheit als Paradies, das im Begriff ist, verloren zu gehen und für dessen Erhalt gekämpft werden soll. Da sie aber eher daran interessiert sind, die Auswirkungen der Modernisierung so gering wie möglich zu halten, richten sie diesen Kampf ausschließlich auf die gesellschaftlichen Bereiche, in denen der Generationenwechsel organisiert wird und der nun als Wirklichkeit des kindlichen Paradieses gestaltet werden kann: die Schule. Ziel ihrer gesamten Energie wird folgerichtig die Entwicklung einer Schule „vom Kinde aus“.

6. Sofern sie die Modernisierung jedoch als Fortschritt sehen, neigen sie zu einer Forschung, die die Erfüllung der eigenen Interpretationen dieses Fortschritts in die Kinder verlagert und diese so für die eigenen Zielvorstellungen instrumentalisiert. Wahrgenommen werden dabei immer nur die für die Vorantreibung der Modernisierung zweckmäßigen Seiten am Kind. Kriterium ist in diesem Fall das Bild einer Kindheit im Sinne eines vorausentworfenen erwünschten Gesellschaftszustandes, der die – prinzipiell nicht kalkulierbare – Umwälzung als Erfüllung der eigenen Wünsche interpretiert und ohne Rücksicht auf alle offenbaren oder latenten Kosten des Prozesses als Fortschritt deutet. Insofern sind sie durchaus an einer Veränderung des Status quo interessiert und konzentrieren sich ebenfalls auf die Schule als dem für entscheidend gehaltenen Instrument zur Gestaltung des Generationenwechsels in ihrem Sinne.

7. Das Bild der Pädologie vom Kind, von Kindheit und vom Generationenwechsel ist vom jeweiligen Verständnis der Modernisierungsprozesse abhängig wie umgekehrt die reformpolitischen Strategien als Funktion des Bildes vom Kinde erscheinen.

Im einen Fall erscheint das Kind als Naturwesen, die Kindheit als festliegende Entwicklungsperiode, deren natürliche Gesetzmäßigkeit durch das biogenetische Grundgesetz bestimmt ist, und die Schule als gesellschaftlicher Schonraum, also neutraler, vorgesellschaftlicher und in diesem Verständnis „autonomer“ Bereich, in dem die romantische Vorstellung vom Paradies der Kindheit – im Interesse „des Kindes“ und zu seinem „Wohl" – realisiert werden kann. Dieser reformpolitische Impetus bleibt dabei insofern noch gesellschaftlich, als er daran glaubt, daß seine Lösung der „Kinderfrage" zugleich die Lösung der „sozialen Frage" darstelle, und er ist insofern kritisch, als seine zentralen Kategorien „Spontaneität", „Selbsttätigkeit" oder „Kreativität" heißen, auch wenn diese – ob nun bei MONTESSORI oder KEY, GAUDIG oder BLONSKIJ – letztlich biologisch begründet sind.

Im anderen Fall erscheint das Kind als Gesellschaftswesen, Kindheit als ebenfalls feststehende Periode, deren soziale Gesetzmäßigkeit jedoch bewußt und gezielt gestaltet werden kann durch Einflüsse auf das Kind, „mit denen der Erwachsene seine natürliche Entwickelung in eine Erziehung verwandelt" (MEUMANN 1914, S. 424). Das Bildungswesen ist in diesem Kontext der sozialstrukturell eigenständige Vorbereitungsraum, in dem die euphorische Vorstellung von einer Kindheit als vorausentworfenes Bild gesellschaftlicher Modernisierung umgesetzt werden kann. Dieser reformpolitische Impetus bleibt trotz des Verlustes an Distanz zur gesellschaftlichen Wirklichkeit kritisch, als der wie auch immer interpretierte utopische Gehalt seines Verständnisses von positivem Wissen immer mehr Handlungsoptionen enthält, als für die herrschenden Verhältnisse zumutbar ist. Und er bleibt insofern der Natur verhaftet als er davon ausgeht, daß seine zentrale Kategorie der Anpassung letztlich doch in der Natur des Menschen grundgelegt ist.

8. In beiden Fällen liegt den Modellen ein Determinismus zugrunde – ein biologischer in dem einen, ein soziologischer in dem anderen, – obwohl ihr reformerischer Impetus sich ja gerade aus der so vehementen Ablehnung des mechanischen, uniformen und subjektlosen Drills der traditionalen Strategien des Generationenwechsels speiste.

Dieser Determinismus aber hat politische Konsequenzen. In dem einen Fall heißen die Folgen: Naturalisierung des Kindes, Enthistorisierung, Romantisierung und Mythisierung der Kindheit, gesellschaftliche Neutralisierung als Form der Autonomie, Reform als Politik, also: Modernisierung" ohne Veränderung! In dem anderen Fall: Sozialisierung und Instrumentalisierung des Kindes und der Kindheit, kapitalistische Gesellschaftlichkeit als Form der Autonomie, Zwang und Unterdrückung als Politik, also: „Veränderung" ohne Modernisierung! In beiden Fällen wird ein qualitatives Verständnis von Modernisierung nicht erreicht, das Ergebnis bleibt „vormodern".

9. In beiden Fällen ist ein kritisch distanzierter Umgang der Pädologie mit der sich real vollziehenden Neuordnung des Grenerationenverhältnisses nicht mehr möglich.

Das zeigt sich überprägnant in den Entwicklungslinien, die beide in der Beschränkung auf „das Kind“ als Kriterium angelegt sind, auch wenn die Pädologen dies sicherlich weder gesehen noch gar gewollt haben. So ergibt sich aus dem Zusammenhang „Eigenrecht des Kindes, Kindheit als eigenständiger Entwicklungsraum, Pädagogik vom Kinde aus“ über die Analogisierung der Begriffe „Kind“ und „Volk“ bzw. „niederes Volk“ als Kindheit der Gesellschaft die Entwicklungslinie: weg von der einheitlichen, gleichartigen und gleichwertigen Bildung für alle – hin zur Volksbildung, volkstümlichen Bildung, völkischen Bildung. Aus dem Zusammenhang „Individualisierung, Klassifizierung, Normierung, Selektion“ ergibt sich über die sozialdarwinistische Analogie des „Survival of the fittest“ die Entwicklungslinie: weg von der einheitlichen Bildung für alle – hin zum gestuften Schulwesen mit Sonder- und Eliteschulen, zur Einschätzung der „Hochbegabung“ als Elite und der „Behinderung“ als „lebensunwertem Leben“ und zur Eugenik.

10. Wenn aber entsprechend der Modernitätsthese die strukturelle Neuordnung des Bildungswesens im Sinne einer autonomen Instanz als Form der Generationenpolitik den wirklichen „Bedarf“ von Kultur und Gesellschaft in differenzierten Industriegesellschaften darstellte, dann war das Bild „des Kindes“ und sein fiktives „Wohl“ als Kriterium dieser Autonomie unzureichend und überfordert. Dieses Bild stammte mit seiner inhaltlichen Gestalt wie seinen normativ-ideologischen Implikationen aus der herrschenden Kultur, zu der in kritische Distanz zu treten ja gerade seine Funktion sein sollte. Es war also weder zur Begründung von Autonomie geeignet noch war es in einem auf das soziale Ganze bezogenen Sinne gesellschaftlich. Es spaltete die grundlegende Dialektik von Autonomie und Gesellschaftlichkeit in seine Pole, die sich nun gegeneinander verselbständigten, verfehlte die Problemstellung der Modernisierung e radice und programmierte so die weitere Entwicklung.

Ob wir nun von der Pädologie lernen, hängt davon ab, ob und inwieweit wir bereit sind, uns in ihr wiederzuerkennen. Voraussetzung dafür ist unter anderem die Bereitschaft zu prüfen, ob unser Bild vom Kind nicht bloß ein „‚Kindchen‘-Schema“ ist, „d.h. ein aus der Wunsch- und Wunschverdrängungsvorstellung der Erwachsenen zustande gekommenes Bild vom ‚puerilen Kind‘.“ (GSTETTNER 1981, S. 147). Sind es nicht die Schwierigkeiten der Erwachsenen mit den Erscheinungen der Modernisierungskrise, die ihr Bild vom Kind bestimmen und es zum Symptomträger machen? Da aber, wie DEVEREUX warnt,

> *„die Spezialisten für kindliches Verhalten zufällig auch erwachsene Mitglieder einer Kultur sind, der es weniger darauf ankommt zu definieren, was das Kind als solches ist und wie es sich verhält, als zu spezifizieren, wie es sein sollte, und es zu zwingen,*

sich anständig zu verhalten, sind viele anscheinend wissenschaftliche Begriffe, die sich auf das authentische kindliche Verhalten beziehen, letzten Endes nur Projektionen, die der Erwachsene aus einem zielgerichteten Interesse anstellt." (DEVEREUX 1974, S. 172; zit. nach GSTETTNER 1981, S. 210f).

Ob und inwieweit aber die moderne Kinderforschung dazu beitragen kann, solche Projektionen zu entlarven, hängt davon ab, wie man die offenbar skeptische Überschriftsfrage einer jüngst erschienenen umfangreichen Sammelrezension beantworten mag: „Lost paradise – lost in paradise. Ist die deutsche Kinderforschung entromantisierbar?" (CHISHOLM 1992).

Dorit Parson

Was wissen wir über die Großstadtkindheit?

Kindheit hat auch eine räumliche Dimension. Wie weit die Lebenswege eines Menschen von regionalen und räumlichen Bedingungen geprägt werden, läßt sich sicherlich schwer festlegen. MITSCHERLICH (1965) vermutete, daß sie wahrscheinlich sehr tief wirken und bezog dies auf die Lebenswelt Stadt. Hiervon ausgehend, werden im folgenden verschiedene Auffassungen zum Kontext Großstadt und zu ihren Sozialisationswirkungen referiert.

1. Die Großstadt als Lebenswelt und Erfahrungsraum für Kinder

Zunächst einige erklärende Bemerkungen zur Lebenswelt[1] Großstadt. Eine Begriffsbestimmung werde ich nicht vornehmen, und dabei berufe ich mich auf die Stadtsoziologin E. PFEIL, die einräumt, wie schwierig es sei, eine umfassende und einfache Definition von moderner Stadt zu finden. Viele Autoren verzichteten deshalb ganz darauf, und sie zitiert einen Engländer, der sich mit folgendem Stoßseufzer aus der Affäre zieht: „A city is a city is a city." (PFEIL 1972, S. 9).

Die Statistik hat es da einfacher, sie macht hierzu eindeutige Angaben. Auf einem internationalen Kongreß 1887 einigte man sich auf die Regelung, Städte mit mehr als 100.000 Einwohnern als Großstädte zu bezeichnen.

---

1. Im Zusammenhang mit dem Begriff Lebenswelt scheint mir ein Hinweis nötig: In der Literatur finden sich verschiedene Benennungen für diesen Sachverhalt. Neben Lebenswelt tauchen Lebensraum, Aktionsraum, Sozialraum u.a. auf. Ich verbinde mit dem Begriff Lebenswelt sowohl die gegenständlich-räumlichen als auch die sozialen Bedingungen. Damit bekommt dieses Phänomen zugleich eine gesellschaftliche Dimension.

Natürlich gibt es neben der Statistik ganz wesentliche Bestimmungsfaktoren. Für E. PFEIL (1972) sind es die Wirtschaft, die Art des Zusammenlebens und die Verwaltung. Die Grundtypen der Großstadt hätten sich früh herausgestellt, und fast gleichzeitig mit dem Begriff der Großstadt haben sich die Begriffe Industriestadt, Verwaltungsstadt, Handels- und Verkehrsstadt entwickelt. Damit werden politische und wirtschaftliche Strukturen gekennzeichnet, sie erlauben auch wesentliche Schlüsse auf die Atmosphäre oder das Gepräge einer Stadt. U. HERLYN (1990) spricht vom „sozialen Klima" einer Stadt, d.h. bestimmte lokalspezifische Wertsysteme würden das soziale Handeln der Menschen steuernd beeinflussen. Er verdeutlicht diese Aussage am Beispiel des Films von Helmut Schmidt über Hamburg, in dem er den „hanseatischen Geist beschwört, der eben doch sehr viele beflügelt und überhaupt erst zu dem gemacht hat, was sie dann geworden sind." (HERLYN 1990, S. 178).

Drei Grundkategorien treten in fast allen soziologischen Bestimmungen immer wieder auf: Größe, Dichte und Heterogenität der Bevölkerung. Bei Max WEBER finden wir neben ökonomischen (Großstadt als Markt) und geographischen Merkmalen (große geschlossene Ortschaft) soziologische Bestimmungen – besonders die wechselseitige Fremdheit der Bewohner als Folge der Stadtgröße. Da dieses interessante Phänomen für die Sozialisation des Großstadtkindes nicht ganz unerheblich ist, will ich es kurz erläutern.

Die großstädtische Sozialumwelt wird nach E. PFEIL wesentlich durch die Erscheinung der Fremdheit bestimmt, und sie unterscheidet sich damit gravierend von der kleinerer Orte. Fremd in der Großstadt ist/ sind:

- der Durchreisende;
- der eben Zugereiste, der sich nicht auskennt;
- die vielen unbekannten Mitbürger.

Für die Kennzeichnung des sozialen Lebens eines Großstädters hat wohl das dritte Moment von Fremdheit besondere Relevanz. Es ist eine Erscheinung alltäglichen Großstadtlebens, daß man sich auf der Straße, im Warenhaus, in der U- und S-Bahn etc. unter einer Menge bewegt, die man nicht kennt, auch nicht zu kennen braucht, vielleicht auch nicht kennen will. Man ist anonym, dennoch,

> *„das Sichbewegen unter Fremden erfolgt nach bestimmten Regeln und unter normierten Verhaltensweisen. Die Spielregeln für diese Fremdbewegung (...) haben sich in gewisser Weise automatisch und durch stillschweigende konventionelle Übereinkunft gebildet. Man respektiert die Privatheit des anderen."* (PFEIL 1972, S. 18).

Das soziale Leben des Großstädters also spielt sich sowohl im Bereich des Anonymen als auch im Bereich des Bekannten, des Vertrauten ab. Damit haben sich auch neue Gebräuche entwickelt, Distanz- und Zukehrgebräuche (PFEIL 1972). Damit wird auch in besonderer Weise das Verhältnis von Öffentlichkeit und Privatheit im Leben des Großstädters berührt.

Die Erscheinung der Anonymität löst bei den Großstädtern widersprüchliche Empfindungen aus; während sie für die einen relativ bedeutungslos, gleichgültig oder gar willkommen ist, stößt sie andere ab, deprimiert und ängstigt sie, ist sie oft Ausgangspunkt für Veränderungswünsche und -visionen.

Diese Ambivalenz der Gefühle zeigt sich auch im Verhältnis der Menschen zu ihren großen Städten. Seit dem 19. Jahrhundert sind mit dem Gebilde Großstadt zwei widersprüchliche Assoziationen verknüpft: Fortschrittsoptimismus und Kulturpessimismus, Stolz und Verzweiflung (PFEIL 1972), Zuwendung und Ablehnung.

> *„Die Entfaltung des modernen Geistes, das Frei- und Mündigwerden des Menschen vollzog sich vornehmlich in den großen Städten, aber von Anfang an waren schwere soziale, gesundheitliche und psychologische Probleme mit der großstädtischen Daseinsform verknüpft. Es war den Menschen nicht behaglich bei dieser Entwicklung, und sehr früh schon tauchte das Gefühl auf, daß für die Steigerung und Vervielfältigung des Lebens in den großen Städten vielleicht ein Preis bezahlt werden müßte, der zu hoch war."* (PFEIL 1972, S. 10).

Diese Ambivalenz setzt sich auch in unserem Jahrhundert fort, und sie bestimmt die Auseinandersetzung um unsere künftige Siedlungsweise in starkem Maße (PFEIL 1972). Diese Ambivalenz findet sich übrigens auch in vielen künstlerischen Wiedergaben von Großstadt. Ich kann an dieser Stelle leider nicht verweilen. Trotz alledem dürfen die großen Erzähler und ihre meisterhaften Großstadtbeschreibungen in diesem Zusammenhang nicht unerwähnt bleiben: Charles DICKENS, Honoré de BALZAC, Emile ZOLA, Fjordor DOSTOJEWSKI, Alfred DÖBLIN u.v.a. In der Musik fällt mir auf Anhieb „Ein Amerikaner in Paris" von GERSHWIN ein. Und denken wir nur an die unverwechselbaren ZILLE-Zeichnungen.

Die Großstadt hat sich in den letzten zwanzig bis dreißig Jahren gravierend verändert. Diese Veränderungen werden in der Regel mit folgenden Stichworten assoziiert:

- allgemeine Tendenz zur Spezialisierung der Außenräume,
- Verinselung der Lebensräume,
- Funktionstrennung (-entmischung) und Spezialisierung (Trennen solcher Bereiche wie Wohnen, Arbeiten, Erholen, Einkaufen usw.),
- Ausgrenzung,
- Zentralisierung,
- Automobilisierung (ZEIHER 1983).

In den Städten zeigten sich diese Veränderungen durch mehr und schnellere Autos auf den Straßen; Freiflächen wurden zu Parkplätzen. An die Stelle verstreuter, kleiner Läden traten Supermärkte. Handel und Dienstleistung besetzen zunehmend die Innenstädte, Handwerk und produzierendes Gewerbe wurden an den Stadtrand gedrängt. Einschneidend war die Verlagerung des Wohnungsbaus an die Ortsränder. Hochhaussiedlungen und Eigenheimsiedlungen sind zwei typische Formen der Großstadtausdehnung; sie sind aber auch hervorragende Beispiele für die Funktionstrennung und Spezialisierung von Bereichen wie Wohnen, Arbeiten und Freizeit. Funktionstrennung und Spezialisierung sind übrigens nicht nur eine großstädtische Erscheinung. Es veränderten sich auch ganze Landschaften, Freizeitlandschaften entstanden: Naturparks, Ferienparks, Naherholungsgebiete wurden entsprechend aufgeräumt, bebaut und mit Benutzerregeln versehen. Wälder erhielten Zufahrtsstraßen und Parkplätze, wurden mit Trimm-Einrichtungen und Grillplätzen möbliert (ZEIHER 1983).

Was bedeutete das für Kinder? Zwei Erscheinungen, die parallel, genauer gesagt sich ergänzend, verliefen, sind anzuführen:

- die räumliche Verdrängung der Kinder aus nahezu allen Lebensbereichen der Erwachsenen und gleichzeitig
- ein neues Interesse an Kindern (ZEIHER 1983).

Bildung und Erziehung wurden zur gesellschaftlichen Aufgabe und in einer breiten neuen Mittelschicht zunehmend zum Mittel familiären und sozialen Aufstiegs. Einige Fakten als Beleg: Es gab mehr Kindereinrichtungen, Spielplätze und Sportanlagen, und es ist wichtig zu erwähnen, daß in den Gebäuden der Kindereinrichtungen neben Altersgruppenräumen mehr und mehr funktionsspezialisierte Räume (Musikräume, Fotolabor u.ä.) eingerichtet wurden. Schulen, Sportvereine erhielten Landheime und Freizeithäuser. Öffentliche und private Kinderspielplätze waren nun Planungsbestandteil bei allen großen Wohnanlagen. Die Bildung von Mittelpunktschulen, Schulzentren und Gesamtschulen macht ähnliche Tendenzen deutlich, übrigens auch hier mit einer stärkeren Differenzierung von Funktionsräumen. Insgesamt also kann man von einer allgemeinen Tendenz zur Spezialisierung der Außenräume sprechen. Kinder werden in besondere, gesellschaftlich organisierte Kinderräume gedrängt. Die Funktionstrennung zeigt sich auch im Bereich der Familie, z.B. in der Funktionstrennung der Privaträume; so gibt es etwa wesentlich mehr Kinderzimmer. 1973 hatten 37 % der 9-12jährigen ein Kinderzimmer für sich, 59 % teilten es mit den Geschwistern. Daß über die Größe der Kinderzimmer nachzudenken ist, verdeutlicht die folgende Skizze:

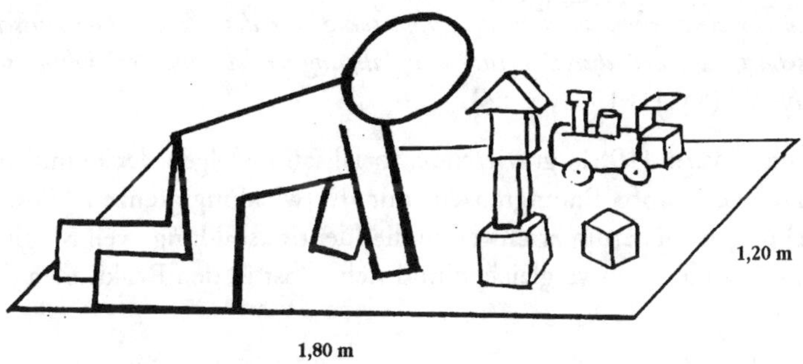

Abb. 1: Kind sein nach DIN 18001
Quelle: MÜHLICH/MÜHLICH-KLINGER 1988, S. 339

Wiederholt wurde darauf hingewiesen, daß das Kinderzimmer kleiner ist als die gesetzlich vorgeschriebene Abstellfläche plus Zufahrtsweg für das Auto. Seine Mindestgröße ist im öffentlich geförderten Wohnungsbau durch die Möbelstellflächen „geregelt". Dem Kind wird im Entwurf der neuen DIN 180011 eine Mindestfläche von 8 m^2 zugestanden (zwei Kinder sollen mit 13 m^2 auskommen). Zieht man einmal von diesen 8 m^2 Wohnfläche die Stellflächen für Bett, Schrank und Tisch ab, dann bleiben gerade noch 1,20 m x 1,80 m als Spielfläche übrig.

Diese knapp skizzierten Veränderungen werden häufig mit ambivalenten Assoziationen versehen. ZEIHER (1983) konstatiert einen Gewinn an individueller Autonomie als Folge der räumlichen Ausdehnung, gleichzeitig aber auch eine hohe Unverbindlichkeit in den sozialen Bezügen. Für W. SACHS erwächst aus der Funktionstrennung der Räume der Zwang zum Transport. Kinder werden zunehmend zu Pendlern und Passagieren. Immer mehr Kinder lernen früher, mit Straßenbahnen und Bussen zurechtzukommen. Das bringt einen Zugewinn an Selbständigkeit, erfordert gleichzeitig mehr Selbstdisziplin und Selbstbehauptungswillen.

„Kinder müssen sich oft früher in das Geschäft der Koordination von Personen in Raum und Zeit einüben. Solche abstrakten Verpflichtungen erfordern Zeitdisziplin und Selbstkontrolle, spontane Motive, den eigenen Erlebensrhythmus, überraschende Eindrücke muß der heranwachsende ‚Organisationsmensch' wegstecken können." (SACHS 1981, S. 83).

Er konstatiert einen generellen Erfahrungsverlust für heutige Großstadtkinder.

„Wie Alltag, Arbeit und Alter jenseits der Familie aussieht, kann von Kindern kaum mehr eingesehen werden, im doppelten Sinne des Wortes. Der Ausschnitt der Gesellschaft, welcher durch primäre Erfahrung er-lebt werden kann, schrumpft gegen Null." (SACHS 1981, S. 84).

Insgesamt sieht SACHS (1981) gravierende Sozialisationsfolgen der räumlichen Entwicklung und verknüpft Raumgrenzen mit Entwicklungsgrenzen. Beschnittene soziale Beziehungen wiederum erschwerten die Identitätsbildung, weil Möglichkeiten fehlten, sich mit anderen zu vergleichen und sich selbst in den Reaktionen der anderen zu erfahren.

JACOB (1987) knüpft hier an, erweitert und modifiziert diese Überlegungen durch umfangreiche empirische Untersuchungen in zwei Berliner Stadtbezirken – einem innerstädtischen Altbauquartier und einer neueren Stadtsiedlung. Dabei läßt er sich u. a. von folgender Frage leiten: Wie lassen sich die gegenwärtigen Erfahrungsmöglichkeiten von Kindern in der Stadt bewerten? Ist die Charakterisierung von Sachs hinreichend, oder sind nicht auch neue, wichtige Erfahrungsmöglichkeiten hinzugekommen? (Vom Fahrstuhl im Hochhaus angefangen, bis hin zu einer größeren kulturellen Vielfalt durch den Zuzug ausländischer Mitbürger.)

Hier einige ausgewählte Ergebnisse:
Bezogen auf die Möglichkeit, *Einblicke in die Arbeitswelt* zu erhalten, zeigte sich, daß die Kinder im innerstädtischen Altbauquartier teilweise Einblicke in Handwerksbetriebe, Produktionsstätten in den Hinterhöfen haben. Sie erleben mitunter die Anlieferung von Waren u.ä. In der Hochhaussiedlung am Stadtrand wird Erwerbstätigkeit für die Kinder in der Regel nur als Abwesenheit der Eltern direkt erfahrbar. Ausnahmen bilden allenfalls die Ladenzentren.

Das *öffentliche Leben* auf den Straßen des Altbauquartiers wird nicht nur durch Frauen und Kinder, sondern auch durch alte Menschen und Arbeitende bestimmt. In der neueren Stadtsiedlung dagegen wird das Straßenbild überwiegend durch Frauen und Kinder geprägt.

In der Innenstadt bestehen kaum Möglichkeiten, *landwirtschaftliche Produktion* oder *„wildere Natur"* zu erfahren, und es besteht ein großes Defizit an Freiflächen. In der Hochhaussiedlung am Stadtrand hingegen sind Freiflächen in größerem Ausmaße vorhanden (Wälder, Wiesen, Bauernhöfe). Deren Nutzung hängt vor allem von den alters- und geschlechtsspezifischen Verboten der Eltern ab.

Im innerstädtischen Altbauquartier geschieht Spielen im ständigen *Kontakt mit Erwachsenen.* Das bedeutet meist auch eine starke Kontrolle durch Erwachsene. Der Kontakt mit Erwachsenen in der Hochhaussiedlung ist seltener und wenn, ist er häufig auf Hausfrauen beschränkt. Kontrolle erfolgt überwiegend mittels formeller Verbote (JACOB 1987).

2. Räumliche Umwelt und kindliches Handeln

Wie eignen sich Kinder die räumlich-gegenständliche Welt an? In welcher Weise kann die räumliche Umwelt Einfluß auf kindliches Handeln ausüben?

Zunächst ein Beispiel: Gefunden habe ich es in dem lesenswerten Buch von Martha MUCHOW. Sie hat ihre Untersuchungen zum Lebensraum des Großstadtkindes Ende der zwanziger, Anfang der dreißiger Jahre in Hamburg durchgeführt. Mit Hilfe eines Gitters, das eine Straße begrenzt, verdeutlicht sie Unterschiede in der Raumwahrnehmung und -aneignung bei Kindern und Erwachsenen. Es handelt sich um ein 1,15 m hohes, dreisprossiges Holzgitter.

Aus dem Blickwinkel der Erwachsenen ist das Gitter
- raumgliedernd,
- Bewegung hemmend,
- Schutz gewährend,
- optisch erfaßbar,
- ein Element, das den Bewegungsraum begrenzt.

Für das Kind
- ist es taktiles Merk- und Wirkbild,
- übt es einen unwiderstehlichen Berührungszwang aus,
- verwandelt es sich „unter der Hand" in ein Turngerät, das mannigfache Bewegungsreize aussendet.

In der Welt des Kindes wird dieser Gegenstand zum Greif-, Sprung-, Kletter-, Sitz- und Hockding, während es für Erwachsene oft nur ein belangloses und geringfügig erscheinendes Stück in der Umgebung darstellt.

„Vielmehr stellt es sich in unserer erwachsenen Merkwelt in erster Linie als ein optisches Merkzeichen dar, und als solches ist es auch optisch-ästhetisch ausgestaltet (Farbgebung, Formgebung der Pfähle und Sprossen, proportionierter Abstand voneinander usw.). Sicherlich werden nun auch die Kinder einen optischen Eindruck von dem Gitter haben. Aber sie werden von ihm (wahrscheinlich) weder ästhetisch affiziert, noch werden sie – und das zeigt die Beobachtung – von ihm in ihrer Bewegung begrenzt oder gehemmt. Vielmehr versucht die überwiegende Zahl der Kinder, der Passanten – wie der Spielkinder, zu dem Gitter in unmittelbare Beziehung zu treten. Das Gitter trägt geradezu Aufforderungscharakter. Kaum ein Kind zwischen 3 und 13 Jahren geht an dem Gitter entlang, ohne es zu berühren. Mögen sie nun die obere Sprosse, mit der Hand auf ihr entlanggleitend oder mit einem Stock, einem Ball oder gar einer Akten- bzw. Einholetasche sie berührend, erwählt haben oder die mittlere streifen, oder mögen sie – nur die Pfeiler schlagend, berührend oder betupfend – gleichsam ‚skandierend' ihren Weg am Gitter entlangziehen: eine Berührung, ein Tasterleben wird gesucht, und zwar, wie es scheint, zwangsläufig.“ (MUCHOW 1935, S. 46f).

Für dieses Phänomen gibt es in der Literatur eine Reihe von Erklärungen. Helga ZEIHER (1983) geht davon aus, daß eine ausgewogene Relation von Offenheit und Determination der Räume kindliches Handeln beeinflußt. Räumliche Gegenbenheiten unterscheiden sich im Grad ihrer Offenheit (Unbestimmtheit) oder Determination gegenüber möglichen Handlungen. Ein Raum sei in hohem Maße determinierend, wenn ganze Handlungssequenzen darin fixiert sind. Er sei damit zugleich für bestimmte Handlungen spezialisiert. Ein hochspezialisierter Raum ermögliche Weniges besonders gut und verhindere Vieles. Demgegenüber sei ein Raum in hohem Maße offen, wenn Handlungen weder nahegelegt noch ausgeschlossen werden können. Damit sei die Schwelle für das Entstehen von Handlungen hoch, es wird nichts angeregt, d.h. Handeln käme nur dann zustande, wenn die Person es ganz von sich aus hervorbringt.

Angestrebte Bedingungen liegen sicherlich zwischen vollständiger Determination und völliger Offenheit. Ein Raum sollte also Ansatzstellen, Gelegenheiten und Materialien enthalten, die Handeln anregen, aber nicht vorprogrammieren.

W. SACHS nennt zwei Faktoren, die die subjektive Aneigung einer Umwelt beeinflussen: die „Lesbarkeit“ und die Veränderbarkeit von Räumen. Wo es anregungsarm und einfältig zugeht, gäbe es auch nichts anzugreifen, einzugreifen und zu handeln. Er bezeichnet Vandalismus als „die verzweifelt verkehrte Weise, der resonanzlosen Umwelt einen persönlichen Stempel aufzudrücken“ (SACHS 1981, S. 84).

Die Veränderbarkeit der Räume bildet auch für JACOB (1987) ein wesentliches Kriterium für eine eigentätige Raumaneignung. Die Möglichkeit, individuelle und kollektive Spuren zu hinterlassen, fördere die Identifikation mit einzelnen Räumen. Aus seinem Katalog scheinen mir zwei weitere Kriterien erwähnenswert: Die Anwesenheit von Erwachsenen dürfe die Eigentätigkeit und das Experimentieren nicht verhindern. Öffentliche Räume sollten den Lebensalltag der Erwachsenen erfahrbar machen.

Ich greife hier noch einmal den Gedanken der Erfahrungsmöglichkeiten von Großstadtkindern auf. Sie haben sich zwar in den letzten zwanzig bis dreißig Jahren gravierend verändert, geblieben aber ist das berechtigte Bedürfnis der Kinder, Räume nach eigenen Vorstellungen anzueignen. Dieses verstärkt sicherlich die Tendenz, Spezialisierungen von Räumen zu durchbrechen, Räume zurückzugewinnen.

Hier scheint mir auch der rechte Platz für einige offene Fragen:
Sicherlich ist nicht jede Form der Raumaneignung durch Kinder von den Erwachsenen zu akzeptieren. Doch sind nicht solche Erscheinungen bei Kindern und Jugendlichen, die allzu häufig und schnell mit Begriffen wie Vandalismus, Destruktion, Kriminalität belegt werden, auch berechtigte Versuche, Fixiertes zu öffnen, die Welt gestaltbar zu machen?

Inwieweit sind diese Erscheinungen gesellschaftlich verursacht? Wie erleben Kinder und Jugendliche Raumaneignung durch Erwachsene? Wie gehen wir mit unserer Umwelt um?

3. Aktionsräume von Großstadtkindern und Möglichkeiten für soziale Kontakte

Wie groß sind die Räume, in denen sich Großstadtkinder bewegen und agieren? Zu sehr interessanten Ergebnissen hierzu kam Martha MUCHOW (1935). Sie untersuchte den Lebensraum[2] Hamburger Kinder. Bei den Vierzehnjährigen z.B. nimmt er eine Länge von ca. 237 km an, das entspricht etwa der Entfernung zwischen Berlin und Hamburg. Der Mindestwert liegt bei 21km, der Durchschnitt bei 103 km, vergleichbar mit der Strecke Hamburg – Cuxhaven. Bemerkenswert: Der Lebensraum der Kinder dehnt sich keineswegs über die ganze Großstadt aus. Nur ein geringer Teil, etwa 6% der Gesamtfläche der Stadt, wird von den Kindern wirklich intensiv durch-

---

2. MUCHOW gliedert Lebensraum in Spielraum (Straßen und Plätze, die die Kinder gut kennen) und Streifraum (Straßen, durch die die Kinder schon gekommen sind, die sie aber nicht so gut kennen wie die oben bezeichneten).

lebt. Im Grunde lebe auch das Großstadtkind auf seinem „Dorf" und komme nur selten weiter herum (MUCHOW 1935).

Aus der jüngeren Diskussion um die Ausdehnung der Lebensräume von Großstadtkindern sind zwei Auffassungen erwähnenswert:
- das Modell des einheitlichen Lebensraums (PFEIL),
- das Modell des verinselten Lebensraums (ZEIHER).

Für das Modell des einheitlichen Lebensraums ist kennzeichnend, daß sich die Aneignung der räumlichen Umwelt durch die Kinder als allmähliche Ausweitung des Lebenraums in konzentrischen Kreisen vollzieht, und zwar über die Wohnung, das Haus, die nähere und weitere Umgebung. Charakteristisch: Der Lebensraum bildet immer ein zusammenhängendes Segment des Wohnortes, auch wenn einzelne Stellen außerhalb dieses Segments liegen. Mit zunehmendem Alter vergrößert sich der Raum. Diese Sichtweise setzt voraus, daß aller Raum multifunktional nutzbar ist, daß alle Funktionstrennungen so gleichmäßig gestreut sind, daß im Prinzip um jede Wohnung herum ein Segment herausgeschnitten werden kann, in dem alles Tun seinen Ort findet (zu ähnlichen Ergebnissen kam Martha MUCHOW bereits 1935).

Das Modell des verinselten Lebensraumes ist seit Beginn der 80er Jahre in der Diskussion. Der Lebensraum – nicht mehr zusammenhängendes Segment – setzt sich aus einzelnen, separaten Stücken zusammen, die wie Inseln verstreut in einem größer werdenden Gesamtraum liegen, der als Ganzes unbekannt oder zumindestens bedeutungslos ist. Die Aneignung erfolgt unabhängig von der realen Lage der Inseln im Gesamtraum und unabhängig von ihrer Entfernung.

Altersdifferenzierung realisiert sich im Inselmodell nicht dadurch, daß die Kinder – je nach Alter – verschieden weit in die Umwelt eindringen. Die Räume sind mehr und mehr für Lebensalter spezialisiert. Erwähnenswert ist, daß der verinselte Lebensraum nicht als sinnliche Einheit erfahrbar, sondern als abstrakte gedacht werden kann. Erlebbar sind die Teilräume. Zwischen den Teilräumen entsteht ein Zusammenhang durch verschiedene Kommunikationsstränge (Telefon, Straßen usw.), durch die zeitliche Verknüpfung in der individuellen Tagesablauffolge. Die Aneignung des verinselten Lebensraums erfordert eine größere Mitwirkung des Betroffenen an seiner Konstitution. Die Möglichkeit, sich zwischen frei wählbaren Elementen zu entscheiden (ich kann zu bestimmten Veranstaltungen gehen, kann es aber auch lassen), ermöglicht höhere individuelle Autonomie.

Der verinselte Lebensraum bringt auch neue Abhängigkeiten. Man muß mobil sein; er erschwert spontanes Handeln. Hinzu kommt, daß viele Einrichtungen mit Zeitregelungen wie Öffnungszeiten, Fahrzeiten, Arbeitszeiten der Erwachsenen usw. verbunden sind. Davon sind auch die sozialen Beziehungen der Menschen untereinander betroffen, Verabredungen werden mehr und mehr telefonisch getroffen, d.h. sie sind häufig geplant, geschehen seltener spontan.

Der einheitliche Lebensraum ist jeweils mehreren Menschen gemeinsam, der verinselte ist für jeden ein anderer. Jeder hat seine persönlichen Inselzusammenstellungen und Inselrouten.

Beide Modelle stellen Extremformen dar. Die Realität der meisten Kinder vollzieht sich vermutlich in der Vermischung beider Modelle. Daraus leitete H. ZEIHER Anfang der 80er Jahre zwei Muster für kindliche Aktiväten ab: Kinder mit vollem Terminkalender und Kinder, die auf das angewiesen sind, was sich im Nahraum befindet (ZEIHER 1983).

Nach weiteren Untersuchungen im Rahmen eines Forschungsprojektes differenziert sie 1989 fünf Möglichkeiten für Freizeitaktivitäten. Die Aussagen beziehen sich auf die mittlere Kindheit (8-11 Jahre) und spiegeln Berliner Großstadtverhältnisse. Erfaßt wurden die Tagesabläufe von Kindern in einem alten Arbeiterbezirk und in einem alten bildungs- und kleinbürgerlichen Stadtquartier. Ob und wie sich diese Muster von den sozialen Lebensformen anderer Regionen unterscheiden, blieb bei der Wertung der Ergebnisse offen.

Neben dem Verabredungsgeflecht (Kinder mit vollem Terminkalender) und dem Nahraum (öffentlicher Raum der Straße) treten die folgenden Aktivitätsmuster zunehmend in Erscheinung: Die institutionell betreuten Nachbarschaftskollektive (Kinderfreizeiteinrichtungen, pädagogisch betreute Abenteuer- und Bauspielplätze u.a.), Kurse zum Basteln, Töpfern, Sport, Musizieren usw., Hortgruppen. (ZEIHER 1989).

Bei den Verabredungsgeflechten handelt es sich um die Verlagerung des sozialen Lebens der Kinder aus dem öffentlichen Raum der Straße in individuell geknüpfte Netzwerke. Es sind häufig von den Eltern organisierte Spielkontakte in kleinen Gruppen. Sie vollziehen sich selten spontan, ihnen gehen oft Planung und Verabredung voraus. Wenn die Kinder dann weit voneinander entfernt wohnen, gehört zur elterlichen Organisation noch der Transport.

> *„Spielen geschieht dann nach Terminkalender, in vorab zeitlich fixierten Grenzen und in einer eigens geschaffenen Situation. Jeweils für kurze Zeit erzeugen die Eltern somit kleine private Kinderwelten im Familienalltag für ihre Kinder, die sie*

mit Verabredungs- und Transporthilfen, mit Bereitstellung von Wohnungen und oft auch mit Spielideen ausstatten und über die sie die Aufsicht führen. Auf diese Weise entsteht keine Kinderöffentlichkeit, in der Verhaltensformen, Spielgewohnheiten und Wissen unter Kindern tradiert werden. Hier werden Spiele nicht von älteren Kindern an jüngere weitergegeben, sondern von Eltern vermittelt, nicht selten an Hand von Ratgeber-Büchern." (ZEIHER 1989, S. 74).

Insgesamt konstatierte Zeiher eine zunehmende pädagogische Regulierung in fast allen kindlichen Bereichen zumindestens bis in die mittlere Kindheit hinein.

Es zeigten sich schichtenspezifische Unterschiede in der Bereitschaft und Fähigkeit der Eltern, helfend in das soziale Leben ihrer Kinder einzugreifen, über eigene Tätigkeiten zu entscheiden, auch in der Offenheit gegenüber institutionellen Angeboten. So greifen im Arbeiterviertel weniger Eltern helfend in die Organisation kindlicher Aktivitäten ein. Kinder im mittleren Alter sind hier häufiger auf das angewiesen, was der Nahraum bietet. Wenn durch zentrale Instanzen und offene Kinderfreizeiteinrichtungen wenig Anregung geboten wird, dann, so ZEIHER:

„(...) findet Arbeiterkindheit im mittleren Kindesalter vermutlich nicht selten in einer historisch neuen Form von Familienkindheit statt: nicht in einer Familie, die nach bürgerlichem Muster individuelle Lebensplanung und außerfamiliale soziale Beziehungen für das Kind realisiert, sondern in weitgehend sozialer Isolation." (ZEIHER 1989, S. 84).

Die oben geschilderten Verabredungsgeflechte vollziehen sich mehr bei Mittelschichtkindern.

Aus einer empirischen Studie des DEUTSCHEN JUGENDINSTITUTs (1992) ist ersichtlich, daß sich die Mehrzahl der Kinder nicht verplant fühlt, daß sie neben der Teilnahme an instituionalisierten Freizeitangeboten (Kirchengruppen, Pfadfinder, Ballettunterricht usw.) durchaus noch genügend Zeit zum Spielen mit Freunden findet. Allerdings geschieht dieses Spielen häufig nicht mehr spontan, man geht nicht einfach zu Freunden oder auf die Straße, man verabredet sich vorher. Auch im Ergebnis dieser Untersuchung wird ein Defizit von Räumen ermittelt, soziale Freiräume ebenso wie konkrete Räumlichkeiten für kindliche Aktivitäten. Interessant auch ein Ergebnis, das Unterschiede zwischen Stadt- und Landkindern in Bezug auf die Nutzung von Spiel- und Freiräumen verdeutlicht: Großstadtkinder seien zwar nach den Kriterien der Erwachsenen eingeschränkt, setzten sich aber darüber hinweg, vor allem die Jungen. Die in den Untersuchungen erfaßten Großstadtkinder hielten sich in annähernd gleichem Umfang in öffentlichen Räumen (Straßen, Grünflächen, Parks usw.) auf wie die Kinder aus ländlichen Regionen. Etwas anders verhält es sich beim Aufenthalt in der Wohnungsnähe. Kinder aus ländlichen Regionen spielen häufiger in der Nähe ihrer Wohnung. Damit ist eine sehr interessante Erscheinung großstädtischer Sozialisation angesprochen – die Straße als Lernort, auf die ich abschließend eingehen möchte.

Es gibt eine Vielzahl interessanter Beschreibungen des Straßenlebens, z.B. die von MUCHOW (1935). Sie beschreibt auf eine unwahrscheinlich sensible Weise den „Lebensraum" des Großstadtkindes und wie ihn das Kind lebt. In der Reihe fortfahrend, sind die Arbeiten von PFEIL, WARD, ZINNECKER, BEHNKEN, du BOIS-REYMOND, JACOB, HERLYN, MUNDT, ZEIHER u.v.a. zu nennen. Aus fast allen Beschreibungen spürt man ambivalente Gefühle bei der Zeichnung der Straße als Lernort, wird Faszination und Zurückhaltung deutlich. ZINNECKER (1979) entwirft zwei gegensätzliche Bilder von Straße:

- Straßenraum als außerpädagogisches, ja gegenpädagogisches Milieu, „Schreckensbild" einer Umwelt, in der Bemühungen der Erzieher in Frage gestellt werden, wo Kinder und Jugendliche „ins Verderben" gestürzt werden;
- Straße als gesellschaftliches Lernfeld. Von ihr gehen pädagogische Impulse aus. Sie ist der pädagogischen Intervention zugänglich.

Bis in die Nachkriegsjahre hinein bildete die Straße für viele Kinder die dominante Form ihrer Spielkontakte. (Neben dem privaten Raum der Familie, traditionell der Ort für die Kinder der Gebildeten und Besitzenden.) Die Straße war (und ist?) eine lokale Kinderöffentlichkeit, eine selbstgeschaffene soziale Welt der Kinder, an der sie sich freiwillig beteiligten. Die Zusammensetzung der Gruppe wechselte, das Alter war gemischt, Verhaltensweisen, Regeln, Rituale und Spiele wurden von Älteren an Jüngere tradiert. J. ZINNECKER versuchte noch 1979, die Straße als einen unterschätzten Lernort zu thematisieren. Er kennzeichnet Straße als einen öffentlichen Raum, der die angrenzenden Gebäude und Einrichtungen einschließt. Straße sei ausschließlich lokal gebundene Öffentlichkeit, vermittelt durch die Präsenz der Teilnehmer am gleichen Ort. Damit unterscheide sie sich erheblich von der medienvermittelten Öffentlichkeit. Ausgehend vom Doppelgesicht der Straße als

- Umschlagplatz von Verkehrsstrom, Waren- und Geldmarkt,
- wenig regulierter Raum, *Leer-Raum*, der zur Aneignung und Veränderung herausfordert, charakterisiert er Straßensozialisation entsprechend zwiespältig:

> *„Die Doppelseite des Straßenlebens bestimmt die Sozialisation auf der und durch die Straße. Kinder und Jugendliche lernen hier gleichzeitig und in unauflösbarer*

Rollenmischung zweierlei: Sie üben die ordentlichen Bürgerrollen des Käufers, Konsumenten und Verkehrsteilnehmers ein, und sie übernehmen Bestandteile historisch unterdrückter, verpönter Straßenexistenz als Pöbel, Publikum, Stadtstreicher und Vagabund. Der doppelsinnige Charakter des Lernprozesses und die praktische Kunst der Jüngeren, zwischen den beiden Polen des Straßenlebens geschickt zu balancieren, verleiht der Straßensozialisation aus der Sicht der Erwachsenengesellschaft das spezifisch Irritierende und Beunruhigende." (ZINNECKER 1979, S. 744).

Welches Erscheinungsbild gibt es gegenwärtig? JACOB (1987) konstatierte in seinen Untersuchungen, daß der Aufenthalt draußen nach wie vor bevorzugte Freizeitaktivität der Kinder sei. Die Befragung in Berlin Tiergarten ergab eine durchschnittliche Spieldauer draußen von 3,2 Stunden. Genutzte Aufenthaltsorte sind multifunktionale Räume wie Straßen, Parkplätze, Schulhöfe, Baulücken. Bevorzugt sind Räume in gesellschaftlichen Randgebieten, die weniger durch Erwachsene kontrolliert werden und die zeitweilig ihrer gesellschaftlichen Funktion entzogen sind (z.B. Baustellen).

Will man heute Kinderöffentlichkeit auffinden, die sich selbstregulierend und erwachsenenunabhängig vollzieht, muß man in unterprivilegierte großstädtische Gegenden gehen, in randstädtische Hochhaussiedlungen oder innerstädtische Arbeiterviertel mit hohem Ausländeranteil (ZEIHER 1989).

Hier finden sich noch viele Kinder, die nicht in Institutionen betreut werden, denen die Eltern nicht helfen, soziale Kontakte zu finden, die sich auch nicht durch kinderabweisende Verhältnisse aus dem öffentlichen Raum vertreiben lassen. Verbotene Grünanlagen, Parkhäuser und Parkplätze, Kaufhäuser, Baustellen, fremde Keller u.a. sind beliebte Orte für soziale Kontakte und Spiele. Dabei überschreiten die Kinder und Jugendlichen häufig Raumgrenzen und Verbote, geraten mit den Erwachsenen in Konkurrenz um Räume; Konflikte mit Raumwärtern sind vorprogrammiert, Kriminalisierung und soziale Randständigkeit oft die Folge (ZEIHER 1989).

Hier findet sich auch noch die Erscheinung, die bis in die 70er Jahre hinein für Straßensozialisation bezeichnend war: Die völlige Autonomie der Kinder. Im Unterschied hierzu ist gegenwärtig folgendes bemerkenswert:

Straßenkindheit und behütete Familienkindheit verschmelzen zu einer neuen Form, zu der von den Eltern gemachten Kindheit (ZEIHER 1989). Eltern greifen mehr und mehr regulierend und gestaltend in Straßenkindheit ein, versuchen sogar, sie herzustellen. Das ist umso bemerkenswerter, geht man von der Tatsache aus, daß dieser Bereich bis in die 70er Jahre hinein in der Autonomie der Kinder lag (ZEIHER 1989). Dies geschieht häufig in Wohngegenden der Mittelschicht. Dabei handelt es sich um

Eltern, die bemüht sind, ihren Kindern Bedingungen zum gemeinsamen Spielen mit Gleichaltrigen zu schaffen. Das heißt, öffentlicher Raum – verkehrsberuhigte Straßen, Höfe, Gärten usw – wird in geeignete Orte für Spiele und soziale Kontakte umgewandelt. Anzumerken wäre, daß diese Spielkontakte nicht selten von den Eltern pädagogisch begleitet werden.

Auf eine andere Form der Regulierung von Straßenkindheit durch Eltern und pädagogische Institutionen verweisen BEHNKEN und ZINNECKER (1989). Es geht um die Vorbereitung der Kinder auf das Straßenleben des Wohnquartiers, um die „Entfaltung der sozialen Kompetenz“ durch die Vermittlung von Regeln des Straßenlebens. Sie analysierten die „goldenen Regeln des Straßenlebens als pädagogische Topoi“(BEHNKEN/ ZINNECKER 1989, S. 39).

Die Regeln tangieren wesentliche Ebenen zwischenmenschlichen Umgangs wie Persönliches Engagement/ Offenheit[3] oder Hilfsbereitschaft/ Aushelfen[4] und orientieren auf Distanz und Selbständigkeit im sozialen Straßenverkehr. BEHNKEN/ ZINNECKER haben

> *„[...] gefunden, daß die Grundstruktur sozialen Umgangs auf der Straße, die den Kindern nahegebracht und bei ihnen durchgesetzt wird, sich kennzeichnen läßt als wechselseitige Gleichgültigkeit für die Person des anderen und als verallgemeinertes Mißtrauen, was den offenen Charakter und die ehrliche Absicht des Gegenüber angeht.“* (BEHNKEN/ ZINNECKER 1989, S. 63).

Ich erinnere an dieser Stelle an das im ersten Abschnitt erwähnte Phänomen der Fremdheit. Wir hatten festgestellt, daß sich das soziale Leben des Großstädters sowohl im Bereich des Anonymen als auch im Bereich des Bekannten, Vertrauten bewegt und daß er damit Distanz- und Zukehrgebräuche entwickelt. Hiermit zurechtzukommen, diese Sozialpsychologie eines Stadtmenschen zu erwerben, geschieht nach der Auffassung von BEHNKEN/ ZINNECKER (1989) nicht einfach auf natürliche Weise im Verlaufe der Straßenkindheit. Nein, sie sei Produkt einer planmäßigen Erziehung.

---

3. „Sprich keine fremden Erwachsenen an.“
„Laß dir nichts schenken.“
„Laß dich nicht mitnehmen.“
„Laß dich nicht ansprechen.“

4. „Frag’ fremde Erwachsene nicht nach dem Weg.“
„Laß dir nicht helfen.“
„Sei mißtrauisch, wenn Erwachsene Hilfe anbieten.“

Mit Bezug auf diese Aussage möchte ich abschließend betonen: Kind sein in der Großstadt bedeutet nicht, nur passives Objekt – sozusagen Opfer – städtischer Umweltbedingungen zu sein. Kind sein in der Großstadt schließt sowohl den aktiven, subjekthaften Charakter von Raumaneignung als auch die Sozialisationswirkungen großstädtischer Bedingungen ein. Das impliziert, daß die einzelnen Kinder von diesen Sozialsationsbedingungen unterschiedlich betroffen sind und verschieden damit umgehen. Allgemeine Aussagen zur Kindheit in der Großstadt sind demzufolge auf unterschiedliche Kindsituationen zu beziehen. Überspitzt formuliert ging es nicht um die Großstadtkindheit, sondern um Kinder in der Großstadt.

Johannes Werner Erdmann

Was wissen wir über die „Einkind-Kindheit"?

Kindheit im Wandel familialer Lebensformen

Am Rande bemerkt: Heimito von DODERERs warnender Ausspruch: „Wer sich in Familie begibt, kommt darin um." – kommt üblicherweise zu spät fürs Kind.

Der Aufbau dieses Beitrags ergibt sich aus den fünf folgenden Fragenkomplexen:

1. Welche interessanten, empirisch wahrnehmbaren Züge weist das Phänomen Familienkindheit heute auf? Was hat sich empirisch nachweislich verändert an Familienkindheit im Sinne der für diese Beitragsreihe aufgestellten Behauptung: Kindheit, also auch Familien-Kindheit ist heute anders – und das war noch nie so?

2. Stellt das Schlagwort von der „Ein- oder Einzelkindheit" überhaupt eine seriöse Verallgemeinerung zur Kennzeichnung der Familienkindheit heute dar? Anders gefragt: Charakterisiert die Bezeichnung „Einkind-Kindheit" treffend die heutige Familienkindheitsrealität? Bringt sie die Problematik der Familienkindheit heute angemessen auf den Begriff? Oder: Verweist sie eher auf einen neuen Mythos („Das Einzel-Kind – das Ideal einer neuen, besseren Kindheit") oder einen alten Traum („Die vielköpfige, die kinderreiche Familie – die Illusion oder das Ideal einer glücklichen Familie und einer beglückenden Kindheit")? Nebenbei gefragt: Was ist überhaupt „Familie" bzw. was wird unter diesem Begriff verstanden?

3. Ist Familie (tatsächlich) das primäre Kernstück der Kindheitserfahrungen? Welcher Stellenwert kommt der Familie und der Familiensozialisation im Entwicklungs- und Sozialistionsprozeß des Kindes zu? Überbewerten oder unterschätzen wir die Bedeutung des Faktors Familienkindkeit im Gesamtkontext von Kindheit und Kindheitsentwicklung?

4. Welche Verallgemeinerungen lassen sich in bezug auf die Familienkindheit heute treffen? Lassen sich so etwas wie ein oder mehrere grundlegende, allgemeine Tendenzen oder Trends ausmachen und belegen? Was ist dran, an Beschwörungen, wie „Kindheit und Familie am Ende" - oder doch „am Ende Kindheit und Familie"?

5. Was folgt aus alledem? Welche Konsequenzen und Perspektiven ergeben sich für Kinder und Kindheit, für Familie und Eltern, für die Pädagogik als Praxis (Handlungsfeld) und Theorie (Wissenschaft), also die Reflexion und Forschung über Kindheit und Familie, Erziehung und Bildung? Das Hauptgewicht der Darstellung liegt entsprechend dem Schwerpunkt „Anamnese", also der Frage „Was wissen wir über...", auf der empirisch-phänomenologischen Aufarbeitung von Befunden im ersten Schritt.

1. Welche empirisch wahrnehmbaren Veränderungen weist das Phänomen Familienkindheit heute auf?

1.1. Veränderungen infolge demographischer Entwicklungen. Erkenntnisse aus der Bevölkerungsstatistik und der soziologisch orientierten Familienforschung

Ganz allgemein ließe sich zunächst einmal fragen: Wie, in welchen familialen oder nichtfamilialen (Gesellungs-)Formen lebt die Bevölkerung in Deutschland heute? Wie und wo leben unsere Kinder? Was hat sich gegenüber früheren Genrationen verändert? Hier einige Befunde: Schauen wir auf die durchschnittlichen Anzahl der Personen je Haushalt[1], so ergeben sich für die letzten vierzig Jahre in den alten Bundesländern folgende Zahlen:

1950	2,99
1961	2,88
1970	2,74
1987	2,35
1993	2,25

(Quelle: STATISTISCHES BUNDESAMT 1992, S. 69 und 1995, S. 65)

1. *Haushalte* sind nach der Definition des STATISTISTISCHEN BUNDESAMTES: „jede zusammenwohnende und eine wirtschaftliche Einheit bildende Personengemeinschaft sowie Personen, die alleine wohnen und wirtschaften" (1992, S. 48).

Noch krasser als im Bundesdurchschnitt sind die Haushalte bis 1993 in den Bundesländern Berlin und Hessen geschrumpft, nämlich auf durchschnittlich 1,94 bzw. 1,91 Personen. In den Großstädten lag der Durchschnittswert 1993 bei 2,0, im Westteil Berlin 1990 sogar bei nur noch 1,84. Die Zahlen nach 1950 setzen nur einen bekannten, bereits länger anhaltenden Trend fort.

Insgesamt läßt sich anhand dieser Zahlen direkt ein deutlicher Rückgang der durchschnittlichen Anzahl der Personen je Haushalt ablesen, zugleich aber auch auf die Abnahme der Anzahl bzw. des Anteils der Familien (Familienhaushalte) – absolut wie relativ, gemessen an der Gesamtzahl der Privathaushalte – sowie auf rasante Zunahme der Einpersonenhaushalte schließen.

> *„Einpersonenhaushalte entstehen im Ablauf des modernen Familienzyklus nicht nur an dessen Ende durch das Zurückbleiben eines verwitweten Menschen, sie bilden sich auch überall dort, wo aus dem Elternhaus ausgeschiedene Kinder nicht gleich heiraten. Dies ist ein historisch sehr junges Phänomen...“* (MITTERHAUER 1989, S. 185).

Sie machten 1990 in den alten Bundesländern bereits ca. 35 % aller Haushalte aus, in Berlin insgesamt 46,5 % und im Westteil Berlins sogar 50,5 %.

Erklären läßt sich dieser Trend mit dem Geburtenrückgang (s.u.) und dem noch selteneren Zusammenleben von mehr als zwei Generationen.

In Mehrgenerationenhaushalten (also mehr als zwei) leben gegenwärtig gerade einmal vier Prozent aller Bundesbürger.

Nebenbei sei zum Mythos von der Großfamilie angemerkt: Der Mehrgenerationenhaushalt bzw. die Mehrgenerationenfamilie war in Deutschland entgegen einer weitverbreiteten Auffassung zu keiner Zeit die dominante Haushalts- oder Familienform.

1.1.2. Struktur der Haushalte und Kinderzahl in Deutschland

Nun stellt sich eine weitere Frage: Gibt es überhaupt noch Kinder angesichts der vielen Einpersonenhaushalte und wo bitte schön leben die Kinder in Deutschland, in welchen familialen Strukturen wachsen sie auf?

Schauen wir uns dazu einmal die Struktur der Haushalte im Hinblick auf die Kinder zahl in der folgenden Übersicht an:

Haushalte in Deutschland 1993 in 1.000 nach Anzahl der Personen bzw. Kinder:

Haushalte mit... Personen	**insgesamt**	**ohne Kinder**	**mit Kindern**	**davon mit Kindern unter 18 J.**
1	12.378	(12.378)	–	–
2	11.389	9.970	1.419	632
3	5.995	255	5.740	3.373
4	4.698	31	4.667	3.888
5 und mehr	1.770	7	1.762	1.602
insgesamt	36.229	22.641	13.588	9.494
in %		62,49 %	37,51 %	26,2%

(Quelle: STATISTISCHES BUNDESAMT 1995, S. 65)

Das heißt: Die Anzahl der Einpersonenhaushalte ist fast eineinhalbmal so groß wie die aller Haushalte mit Kindern unter 18 Jahren. Umgekehrt leben in nur gut einem Viertel aller bundesdeutschen Privathaushalte überhaupt noch Kinder oder Jugendliche unter 18 Jahren.

Betrachtet man desweiteren diese Haushalte mit nichterwachsenen Kindern hinsichtlich der Kinderzahl, ergibt sich folgendes Bild:

Haushalte mit Kindern unter 18 Jahren 1993 (in 1.000 und in %):

Haushalte mit...	**insgesamt**	**in Prozent**
1 Kind	4.791	50,5 %
2 Kinder	3.601	37,9 %
3 Kinder	868	9,1 %
4 und mehr Kinder	234	2,5 %
insgesamt	9.494	100,0 %

(Quelle: STATISTISCHES BUNDESAMT 1995, S. 65)

Demnach weist mehr als die Hälfte aller Haushalte mit nichterwachsenen Kindern nur ein Kind auf, während in nur gut jedem zehnten Haushalt mit Kindern unter 18 Jahren bzw. jedem 40. Haushalt überhaupt mehr als drei minderjährige Kinder anzutreffen sind.

1.1.3. Rückgang der Kinder- und Geburtenzahlen

Die soeben beschriebene Entwicklung steht in Verbindung mit dem Geburtenrückgang in Deutschland. Die folgende Tabelle zeigt nun für die Jahre 1950 bis 1993 die zahlenmäßige Entwicklung der Gesamtbevölkerung im Hinblick auf die Kinderzahlen nach Altersgruppen.

Jahr	gesamt	Kinder unter 1 Jahr	Kinder zwischen 1 und 6 Jahren	Kinder zwischen 6 und 14 Jahren	Kinder unter 14 Jahren (Summe)	Kinder unter 14 Jahren (%)
1950	69.346.297	1.054.090	4.389.870	9.426.951	14.870.911	21,4 %
1960	73.146.809	1.226.255	5.614.730	8.102.974	14.943.959	20,4 %
1970	78.069.471	1.015.658	6.089.568	9.871.552	16.976.778	21,7 %
1980	78.397.483	859.531	3.974.333	8.129.750	12.963.614	16,5 %
1990	79.753.227	911.442	4.432.548	6.789.743	12.133.733	15,2 %
1993	81.338.093	799.022	4.478.279	7.171.346	12.448.647	15,3 %

(Quelle: STATISTISCHES BUNDESAMT 1992, S. 61 und 1995, S.60, eigene Berechnungen)

In Worten ausgedrückt: Wir verzeichnen sowohl eine deutliche Abnahme der absoluten Anzahl der Kinder als auch ihres Anteils an der Gesamtbevölkerung. Allein in den letzten 40 Jahren sank die Zahl der Kinder bis zu 14 Jahren um insgesamt gut 2,7 Millionen (=18,4 Prozent), obwohl sich im gleichen Zeitraum die Gesamtbevölkerungszahl um mehr als zehn Millionen (=15 Prozent) erhöht hat. Der Anteil der Kinder an der Gesamtbevölkerung ging damit in den vierzig Jahren von 1950 bis 1990 um ca. 30 Prozent zurück. Besonders krass ist der Rückgang des Anteils der Kinder unter einem Jahr an der Gesamtbevölkerung.

Ein Blick über die Grenzen Deutschlands verrät, daß wir mit dieser Entwicklung im wesentlichen im europäischen Trend liegen, ihn sogar anführen und daß lediglich die osteuropäischen Länder sowie Irland in diesen Trend erst mit einer gewissen zeitlichen Verzögerung eingetreten sind.[2]

Und weiter: Wie sieht es aus mit Ehe und Familie, Ehe und Kindern?

2. vgl. dazu HÖHN 1989, 201ff.

1.1.4. Anzahl der Kinder je geschlossene Ehe und Geschwisterzahlen

Was diesen Zusammenhang in zahlenmäßiger Hinsicht anbelangt, läßt sich ein deutlicher Rückgang der Zahl der Kinder je geschlossener Ehe in Deutschland und damit verbunden ein Rückgang der Geschwisterzahlen konstatieren.

Bezüglich der Anzahl der Kinder je geschlossener Ehe in Deutschland kann man nach HÖHN folgenden langfristigen Entwicklungsprozeß rekonstruieren:

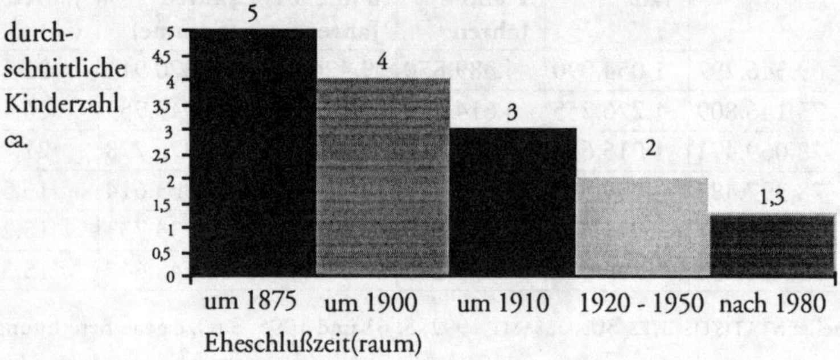

Für die nach 1970 im Bundesgebiet geschlossenen Ehen ergibt sich nach der endgültigen Kinderzahl in etwa folgende Struktur:

keine Kinder	20 %
ein Kind	28 %
zwei Kinder	40 %
drei und mehr Kinder	12 %

(vgl. HÖHN 1989, S. 203).

Aus der Perspektive des Kindes stellt sich für Berlin (West) im Jahr 1982 die (Geschwister-)Situation wie folgt dar: Ca. 258.000 Kinder unter 15 Jahren (= 80 % aller unter 15jährigen)[3] lebten in insgesamt 142.000 Familien mit beiden Eltern zusammen. Auch das müssen nicht die „eigenen" Eltern sein im Sinne von „leiblichen" Eltern. Diese Familien setzten sich zusammen aus:

3. Die weiteren 20 % lebten in sog. Einelternfamilien.

ca. 75.000 Familien	mit 1 Kind	ca. 54 %
ca. 45.000 Familien	mit 2 Kindern	ca. 32 %
ca. 21.000 Familien	mit 3 und mehr Kindern	ca. 15 %

(Quelle: SENATOR FÜR JUGEND UND FAMILIE 1987, S. 22f)

D.h., von den (80 %)-Kindern in Familien mit beiden Eltern wachsen auf:

75.000 Kinder	ohne Geschwister,
90.000 Kinder	mit einem Geschwister,
92.000 Kinder	mit mehreren Geschwistern.

(Quelle: SENATOR FÜR JUGEND UND FAMILIE 1987, S. 22f)

Also: Gut 70 % der Kinder in Familien mit zwei Eltern hatten mindestens ein Geschwister. In den 47.600 Einelternfamilien leben rund 66000 Kinder. Diese verteilen sich wie folgt:

ca. 32.200 Familien	mit 1 Kind	ca. 70 %
ca. 11.200 Familien	mit 2 Kindern	ca. 24 %
ca. 3.200 Familien	mit 3 und mehr Kindern	ca.6 %

(Quelle: SENATOR FÜR JUGEND UND FAMILIE 1987, S. 22f)

Demnach haben nur 32.000 der Kinder in Einelternfamilien Geschwister im Haushalt: das sind weniger als 48,5 %.

Insgesamt gesehen wuchsen 108.200 Kinder, das sind ungefähr 42 % aller Kinder in Berlin West, 1982 ohne Geschwister im Haushalt auf, lebten also als Einzelkind.[4]

Stellen wir noch einmal zum Vergleich die Angaben aus dem Westteil Berlins von 1982 mit denen aus dem Bundesgebiet von 1990 bezüglich der Kinderzahl der Haushalte mit Kindern gegenüber, so ergibt sich folgendes Bild:

4. Der Status dieser Kinder als Einzelkinder, der hier in einer Momentaufnahme festgehalten ist, muß jedoch nicht in jedem Fall auch für die gesamte Kindheitsphase der betreffenden Kinder gelten, da ggf. weitere Kinder noch in die Familie geboren werden oder ältere bereits das Haus verlassen haben können.

	Bundesgebiet 1990		Berlin (West) 1982	
	in 1000	**in %**	**absolut**	**in %**
1 Kind	3.685	52,2 %	108.200	57,4 %
2 Kinder	2.543	36,0 %	56.200	29,8 %
3 und mehr Kinder	728	11,7 %	24.200	12,8 %
insgesamt	7.056		188.600	

(Quelle: SENATOR FÜR JUGEND UND FAMILIE 1987, S. 22f und STATISTISCHES BUNDESAMT 1992)

Fazit: Damit bestätigt sich zunächst einmal statistisch: Der dominante Haushalts- bzw. Familientyp – jedenfalls nach der Anzahl der im Haushalt lebenden minderjährigen Kinder – ist die *Einkind-Familie.* Der von Berlin West vorgegebene Trend, wonach in mehr als der Hälfte aller Haushalte mit Kindern nur ein Kind aufwächst, hat sich inzwischen auch bundesweit durchgesetzt.

Jedoch: Wie gezeigt, heißt das nicht (umgekehrt), daß auch bereits die Hälfte aller Kinder in Einkind-Familien oder -Haushalten aufwächst.

Zugleich mit diesen Daten sind wir auf ein anderes interessantes Phänomen gestoßen, nämlich

1.1.5. Die sogenannte Eineltern-Familie oder die Familie mit einem alleinerziehenden Elternteil (Elter)

Auch dieser Typ von Familie und damit die Eineltern-Kindheit haben zahlenmäßig in den letzten Jahrzehnten deutlich zugenommen: Allein in Berlin West ist in den zwölf Jahren von 1970 bis 1982 die Zahl der Alleinerziehenden von 36.100 auf 47.600, also um knapp 32 % gestiegen.

> *„Jede vierte der Familien, in denen Kinder unter 18 Jahren leben, ist eine Familie mit einem alleinerziehenden Elternteil. Im Gegensatz zu dem Anteil von 12,8 Prozent Alleinerziehenden im übrigen Bundesgebiet (Mikrozensus 1982) ist die Familie mit einem Elternteil in Berlin anteilsmäßig doppelt so stark vertreten."* (SENATOR FÜR JUGEND UND FAMILIE 1987, S. 32).

Als Ursachen gelten allgemein die relativ stark gestiegene Zahl nichtehelicher Geburten und die ebenfalls gestiegene Scheidungsrate.

Wenden wir uns daher zunächst dem Phänomen der *Ehescheidungen* und als dessen Folge dem der *Scheidungswaisen* zu.

1.1.6. Ehescheidungen und Scheidungswaisen

Die gerichtlichen Ehelösungen auf 1.000 Ehen im Jahr nahmen in Deutschland folgenden Verlauf:

Gerichtliche Ehelösungen auf 1.000 Ehen in Deutschland:

Jahr	**Reichsgebiet Anzahl**	
1890	0,7	
1904	1,1	
1920	3,2	
1930	3,0	
	Bundesgebiet	**DDR**
Jahr	**Anzahl**	**Anzahl**
1960	3,6	k.A.
1970	5,1	6,3
1980	6,1	10,7
1989	8,5	12,3

(Quelle: HÖHN 1989, 200f, ergänzt um die Angaben für die DDR)

Das bedeutet eine Steigerung in den letzten 100 Jahren um ca. 1.500 Prozent, also um das Fünfzehnfache und in den letzten 30 Jahren um knapp 250 Prozent, also um das 2,5 fache. In Berlin West kamen 1986 3,3 Scheidungen auf 1.000 Einwohner, 65 Prozent mehr als in der BRD. Dort waren es nur 2,0. Zwei Drittel der Antragstellungen auf Scheidungen wurden dabei von Seiten der Frau eingeleitet.

Betrachtet man die Scheidungshäufigkeit im europäischen Vergleich, dann nehmen zumindest die alten Bundesländer einen sehr bescheidenen Platz ein. Von 100 Ehen wurden 1985 (in Klammern 1970) geschieden in der BRD 30 (15), dagegen in Schweden 45 (23) oder in Dänemark 46 (25).

Von den 1990 im alten Bundesgebiet ausgesprochenen 122.869 Scheidungen und den 1989 in der ehemaligen DDR verkündeten 50.063 Scheidungen hatten die Ehen folgende Kinderzahlen:

Anzahl der Kinder	Scheidungsfälle alte Bundesländer 1990	Scheidungsfälle DDR 1989
0	63.342	15.993
1	36.889	20.388
2	18.516	17.758
3	3.295	1.532
4 und mehr	827	392
insgesamt	122.869	50.063

Das heißt: Bei knapp 50 Prozent aller Scheidungen in den alten Bundesländern 1990 wurden über 87.000 Kinder und bei knapp 70 Prozent aller Scheidungen in der ehemaligen DDR 1989 wurden über 62.000 Kinder, insgesamt also etwa 150.000 Kinder in nur einem Jahr zu Scheidungswaisen.

1.1.7. Nichteheliche Geburt – Nichteheliche Lebensgemeinschaft

Zwischen der Mitte der 60er und Anfang der 80er Jahre haben sich die nichtehelichen Geburten prozentual verdoppelt, und zwar von etwa 5 auf 10 %. In Berlin West war dieser Anteil nochmals doppelt so hoch.

In der BRD hat inzwischen die Nichtehelichenquote - sie ist im übrigen seit 1985 leicht rückgängig - knapp 15 % erreicht; dagegen wurden beispielsweise in Schweden und Dänemark Ende der 80er Jahre bereits fast die Hälfte aller Kinder nichtehelich geboren (vgl. HÖHN 1989, S. 204).

Als interessant ist vielleicht noch anzumerken, daß in Deutschland 1990 die Säuglingssterblichkeit (im 1. Lebensjahr) bei den ehelich geborenen Kindern 6,7 ‰ und bei den nichtehelich geboren Kindern 10,0 ‰ betrug, also deutlich unterschieden war.[5]

---

5. Entwicklung der Säuglingssterblichkeit:
Gestorbene im 1. Lebensjahr je 1000

BRD		DDR	
1950	40,6	1960	38,8
1970	20,2	1970	18,5
1984	9,6	1980	12,1
1990	7,1	1989	7,6

(vgl. dazu Säuglingssterblichkeit und Lebenserwartung – Tab. europ. Länder um 1950, 1970, 1984 – HÖHN 1989, S. 205).

Die folgende Übersicht soll verdeutlichen, welche statistische Bedeutung der zahlenmäßigen Zunahme der nichtehelichen Lebensgemeinschaft als Alternative zur Ehe in Hinblick auf Kinder bislang im alten Bundesgebiet zukommt:

Jahr	**nichteheliche Lebensgem. insgesamt in 1000**	**nichteheliche Lebensgem. ohne Kind(er) in 1000**	**nichteheliche Lebensgem. mit Kind(ern) in 1000**	**in Prozent**
1972	137	111	25	18 %
1978	348	298	51	15 %
1985	686	616	70	10 %
1990	936	856	107	11 %
1993	1.582	1.146	436	28 %

(Quelle: STATISTISCHES BUNDESAMT 1992, S. 70 und 1995, S.66)

Während sich die Zahl der nichtehelichen Lebensgemeinschaften insgesamt in den knapp 20 Jahren zwischen 1972 und 1990 mehr als versiebenfacht hatte, hatte sich in diesem Zeitraum die Zahl der Nichtehelichen Lebensgemeinschaften mit Kindern gerade einmal gut vervierfacht. Ihr Prozentanteil war also deutlich gesunken. Die Vorherrschaft des „Familienmodells Ehe" hatte folglich diese Lebensform jedenfalls in Fällen erfolgreichen Kinderwunsches bislang (noch) nicht nachhaltig brechen können. Die letzten drei Jahre jedoch könnten eine Trendwende andeuten. Immerhin vervierfacht sich dieser kurzen Zeit die Zahl der nichtehelichen Lebensgemeinschaften mit Kindern.

1.1.8. Heiratshäufigkeit und Erstheiratsalter

Wichtig für unsern Zusammenhang ist ferner die *Heiratshäufigkeit.* Auskunft darüber gibt etwa die Entwicklung der zusammengefaßten *Erstheiratsziffern.*

In der alten BRD heiraten mindestens einmal von 1.000:

	Männern	**Frauen**
1965	913	1102 *
1970	896	974
1975	734	764
1980	644	656
1985	578	591

(Quelle: HÖHN 1989, 1995, * rechnerisch bedingt durch eine starke Abnahme des Heiratsalters)

Insgesamt kommt HÖHN zu dem Ergebnis:

„Nicht nur die Heiratshäufigkeit der Ledigen, sondern auch die Wiederverheiratungen Verwitweter und Geschiedener haben überall [im europäischen Vergleich] stark abgenommen." (HÖHN 1989, S. 200).

1.1.9. Haushalts- bzw. Familientypen, in denen Kinder heute in Deutschland aufwachsen, und Kindschaftsverhältnisse

Um zu zeigen, in welchen Haushalts- bzw. Familientypen Kinder heute in Deutschland (1993) aufwachsen, hier die folgende Übersicht:

Familien sowie Alleinstehende mit Kindern unter 18 Jahren nach Familienstand:

Haushalte mit Kindern insg.	**davon**	**Ehepaare**	**Allein-stehende zus.**	**allein-stehende Männer**	**allein-stehende Frauen**
9.486		7.907	1.579	217	1.362
Kinderzahl	**zus.**				
1	4.820	3.717	1.103	163	941
2	3.577	3.201	377	46	334
3	858	783	75	9	66
4 und mehr	230	207	23	-	21
Kinder zus.	15.560	13.375	2.184	296	1.898

(Quelle: STATISTISCHES BUNDESAMT 1995, S. 76)

Betrachtet man nun noch die Alleinstehenden mit Kindern nach ihrem Familienstand, ergibt sich für 1993 (1990) folgende Übersicht:

	alleinst. Männer m. Kindern		**alleinst. Frauen mit Kindern**	
	Anzahl in 1000	**Anzahl der Kinder**	**Anzahl in 1000**	**Anzahl der Kinder**
ledig	65 (22)	83 (27)	488 (220)	591 (260)
verh./ getr. lebend	36 (25)	49 (35)	175 (125)	272 (191)
verwitwet	32 (26)	46 (35)	122 (99)	179 (139)
geschieden	83 (57)	108 (70)	577 (367)	853 (517)
insgesamt	217 (130)	286 (167)	1.362 (811)	1.898 (1.108)

(Quelle: STATISTISCHES BUNDESAMT 1992, S. 70 und 1995, S.66;
die Angaben in Klammern beziehen sich auf das Jahr 1990)

Eine Vorstellung von der Vielfalt der unterschiedlichen (rechtlichen) Eltern-Kind-Beziehungen (Kindschaftsverhältnisse) vermittelt die Typologie von NAUCK im Zusammenhang mit dem Familien-Survey 1 „Die Familie in Westdeutschland" des Deutschen Jugend-Instituts. NAUCK unterscheidet darin insgesamt 24 Typen von Kindschaftsverhältnissen, je nach den Varianten (Abweichungen) in den fünf Einzeldimensionen vom sogenannten „Normalitätsentwurf", der gekennzeichnet ist durch die folgenden Merkmale:

> *„(1) Die Eltern des Kindes sind miteinander verheiratet, das Kind ist*
> *(2) ehelich geboren und ist*
> *(3) ein leibliches Kind dieser Eltern, wobei*
> *(4) diese Eltern in einer Haushaltsgemeinschaft leben und zugleich*
> *(5) eine Haushaltsgemeinschaft mit dem Kind leben."* (NAUCK 1989, S. 397).

Nun folgt für die Typologie:

> *„Abweichungen vom Normalitätsentwurf sind auf jeder der angesprochenen Dimensionen möglich: Die Eltern können*
> *(1) (beide oder zu einem Teil) unverheiratet, geschieden oder verwitwet sein, das Kind kann*
> *(2) außerhalb der Ehe geboren sein, es kann*
> *(3) ein Adoptiv-, Stief- oder Pflegekind sein,*
> *(4) getrennt voneinander lebende Eltern besitzen und*
> *(5) selbst getrennt von (einem oder beiden) Elternteilen aufwachsen (z.B. als Inter nats-, Heim-, Pflege, Stief-, Adoptivkind)."* (NAUCK 1989, S. 397).

Mittels dieser Unterscheidungsmöglichkeiten sollten Aufschlüsse gefunden werden über folgende Fragestellungen:

> *„– In welchem Ausmaß sind unterschiedliche Formen biologischer, rechtlicher und sozialer Eltern-Kind-Beziehungen festzustellen?*
> *– In welchem Ausmaß treten Ereignisse der Familienbildung und Familienlösung im Lebenslauf von Kindern auf?"* (NAUCK 1989, S. 393).

Dabei geht es vor allem um

> *„– die Kindschaftsverhältnisse und die Frage, in welchem Ausmaß Abweichungen vom Normalitätsentwurf eines Kindschaftsverhältnisses zu verzeichnen sind, das durch die Haushaltsgemeinschaft des Kindes mit den verheirateten leiblichen Eltern gekennzeichnet ist,*

– *die Familienverhältnisse und die Frage, in welchem Ausmaß Kinder in verschiedenen Familien- und Haushaltsformen aufwachsen und in ihrem Lebenslauf mit Familienbildungs-oder Lösungsereignissen, wie z.B. (Wieder-)Heirat, Trennung, Scheidung und Elternverlust, konfrontiert werden.*" (NAUCK 1989, S. 393).

Aus einer repräsentativen Befragung von Eltern mit Informationen zu insgesamt 12.687 Kindern aus dem Jahr 1988 im alten Bundesgebiet ergab sich folgendes Ergebnis:

„– *Der Haupttyp der Kindschaftsverhältnisse (Normalitätsentwurf) umfaßt 85,3% aller Kinder bis 18 Jahre.*
– *Die empirische Realisierung eines Kindschaftstyps ist umso wahrscheinlicher, auf je weniger Dimensionen er vom Normalitätstyp abweicht.*
– *14 von den analysierten Kindschaftsverhältnissen weisen Anteile von unter 1,0% aller Kinder bis 18 Jahre auf, zwei weitere wurden empirisch überhaupt nicht realisiert.*

Neben der breiten Streuung bei den vielen vom Normalitätstyp abweichenden Kindschaftsverhältnissen zeigt sich dieses Ergebnis auch an den zugrunde liegenden Familienbildungs- und -lösungsprozessen im Lebensverlauf der Kinder:

– *Über 80 Prozent aller Kinder wachsen während ihrer gesamten Kindheit und Jugend in einem Eltern-Kind-Verhältnis auf, das dem Normalitätsentwurf in vollem Umfang entspricht.*
– *Bei den übrigen Kindern dominieren solche Kindschaftsverhältnisse, die weniger durch das Fehlen eines Elternteils, sondern vielmehr durch multiple Elternschaft infolge einer erneuten Aufnahme einer (ehelichen) Beziehung durch das Elternteil, das mit dem Kind eine Haushaltsgemeinschaft bildet, bestimmt sind.*
– *Sehr selten sind dagegen Kindschaftsverhältnisse, die nicht durch Ehen oder die Legalisierung vorehelicher Kinder, sondern durch dauerhaft nichteheliche Lebensgemeinschaften konstituiert werden; von Individualisierungstendenzen der Art, daß das Eingehen von Ehe und Elternschaft voneinander getrennte Entscheidungsbereiche wären, kann somit keine Rede sein.*
– *Kindschaftsverhältnisse basieren fast ausschließlich auf einer Haushaltsgemeinschaft von Müttern und ihren Kindern, so daß Stiefelternschaft als deutlicher Regelfall in Form von Stiefvaterschaft auftritt. Während eine sehr hohe Konstanz in der Haushaltsgemeinschaft von Müttern und Kindern zu verzeichnen ist, machen sich Familienbildungs- und -lösungsprozesse sowohl durch Zu- als auch durch Fortzüge von leiblichen und Stief-Vätern bemerkbar.*

- *Kindschaftsverhältnisse, die durch Alleinerziehende und ihre Kinder konstituiert werden, sind sehr selten und haben die Tendenz, im Verlaufe der Kindheit in legalisierte oder ergänzende Kindschaftsverhältnisse überführt zu werden.*
- *Außerordentlich selten sind Kindschaftsverhältnisse, die durch Fremdbetreuung aufrechterhalten werden, vielmehr wird das große Bestreben sichtbar, das Kindschaftsverhältnis auf leibliche, oder substitutiv auf ergänzende soziale Elternschaft in Hausgemeinschaft mit dem Kind zu begründen. Dies macht sich auch in der sehr geringen Anzahl von Pflege- und solchen Adoptivkindern bemerkbar, die nicht zugleich durch Stiefelternschaft gekennzeichnet sind.*" (NAUCK 1989, 403f.).

Über die drei weiteren Felder, die Auskunft über Familienkindheit heute und ihre Veränderungen geben dürften, nämlich die Veränderungen in den ökonomisch-materiellen Bedingungen von Familienkindheit, im familialen Sozialverhalten (Familienklima, Umgang, Erziehungsstil, Geschlechterverhältnis) und bezüglich des Stellenwerts bzw. der Wertschätzung von Kindern in Familien, sollen im folgenden entweder nur einzelne Momente erwähnt oder aber nur bruchstückhaft empirische Erkenntnisse zusammengetragen werden.

1.2. Veränderungen in den ökonomisch-materiellen Bedingungen von Familienkindheit heute

Kein Zweifel: im Vergleich zur Lage der übergroßen Mehrzahl der Familien mit Kindern, auf die sich beispielsweise die Pädologen um die Jahrhundertwende[6] bezogen, geht es den Bundesbürgern heute allgemein und – mit deutlichen Einschränkungen – auch den Familien mit Kindern ausgesprochen gut. Man kann sagen, sie leben im Wohlstand: Kinderarbeit zur Sicherung der Existenzbedingungen der Familie ist so gut wie hundertprozentig verschwunden; das Kind muß sein Bett bis auf verschwindende Ausnahmen nicht mit Geschwistern oder anderen Angehörigen teilen, geschweige denn einen fremden Untermieter (Bettgänger) darin dulden etc. In den meisten Fällen muß es nicht einmal sein Kinderzimmer teilen.

Gleichwohl haben wir es in unserer ausgesprochen reichen Gesellschaft gerade in den letzten Jahren mit dem Phänomen der „neuen Armut" zu tun, hervorgerufen u.a. durch massenhafte und dauerhafte Arbeitslosigkeit, drastische Steigerungen der Lebenshaltungskosten und besonders der Mieten, massiven Sozialabbau etc., so daß

6. vgl. den Beitrag von Georg RÜCKRIEM: Kinder als Symptomträger? in diesem Band.

Hunderttausende Familien mit Kindern, insbes. alleinerziehende Mütter mit Kindern unter die Armutsgrenze gesunken und zu Sozialhilfeempfängern geworden sind.

Was soziale Ungleichheit bedeutet, sieht man u.a. an der folgenden schlichten Feststellung:

> *„Die Kosten bzw. Ausgaben für ein Kind belaufen sich monatlich auf*
> *– 630 DM, bei einem Monatseinkommen der Familie von unter 2500 Mark,*
> *– 720 DM, bei einem Monatseinkommen zwischen 2500 - 4500 Mark,*
> *– 1200 DM, bei einem Monatseinkommen von über 4500 DM.“*
>
> (NEYER/ BIEN 1993, S. 28).

Armut ist zwar nicht (mehr) per se kinderreich, jedoch erhöht sich mit zunehmender Kinderzahl die Wahrscheinlichkeit, in die Nähe zur Armutsgrenze oder gar darunter zu kommen. Deutliche und zunehmende Einschränkungen im Konsumverhalten bzw. den Konsummöglichkeiten werden schon vom ersten Kind an nachgewiesen (vgl. etwa BERTRAM 1989, WEIDACHER 1989, WINGEN/ CORNELIUS 1989, WALPER 1989).

So sinkt z.B. das Pro-Kopf-Einkommen einer vollständigen Familie im Alter der Eltern zwischen 35 und 45 Jahren mit jedem (weiteren) Kind rapide, wie aus der folgenden Übersicht hervorgeht.

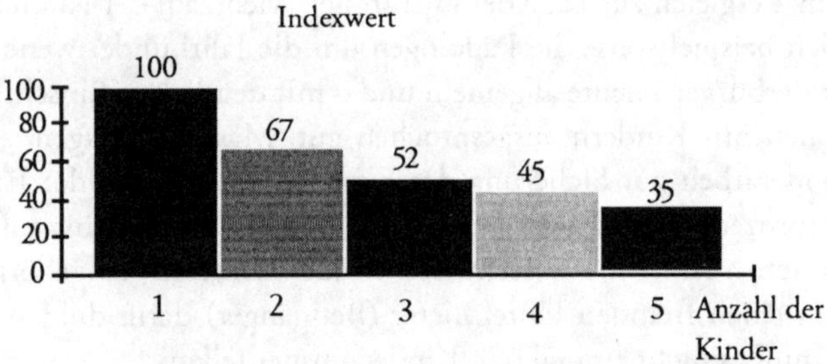

(nach WINGEN/ CORNELIUS 1989, S. 249)

Am Beispiel der Wohnverhältnisse und Mietbelastungen (vgl. etwa SIEBEL 1989, MÜLLER, H.-U. 1991) läßt sich ebenfalls das Problem „Familie und soziale Ungleichheit“ (BERTRAM 1989, S. 235) studieren, wobei sich im einzelnen deutliche Unterschiede zwischen Stadt und Land, Wohnungseigentümern und Mieter etc. zeigen.

Selbst das Thema Obdachlosigkeit von Familien mit Kindern bzw. von Kindern, die „familienlos“ herumstreunen, ist nicht von der Tagesordnung bzw. steht derzeit zur Wiedervorlage an.

1.3. Veränderungen im familialen Sozialverhalten

Sie betreffen das gesamte Feld Familienklima, Umgangsweisen, Erziehungsstile, Geschlechter- und Generationenverhältnisse etc. also insbesondere das Verhalten zwischen den Eltern, zwischen Eltern und Kinder sowie das Geschwisterverhalten.

Kurz andeuten möchte ich nur wenige Aspekte, an denen solche Veränderungen besonders klar abzulesen sind.

1.3.1. Veränderungen der Gattenbeziehungen

Sie betreffen beispielsweise

- den Rückgang der häufigen großen Altersdifferenzen,
- den Rückgang des Wiederverehelichungszwangs, insbesondere im Todesfall des Mannes,
- die Zunahme der Scheidungshäufigkeit und damit verbunden die Entstehung neuer Familienkonstellationen,
- die Bedeutungszunahme des Gefühlsmoments (sogen. Liebesheirat),
- die selbstbestimmte Partnerwahl,
- die Verlagerung des Schwergewichts auf die emotionale Erfüllung der Partnerbe ziehung statt auf Zeugung von Nachwuchs gerichtete Sexualität,
- der Verlust des Monopols der Ehe auf legitime Sexualität,
- die Veränderung des Machtgefälles zwischen Mann und Frau u.a.m. (vgl. etwa MITTERAUER 1989).

Den Veränderungen der Gattenbeziehungen, die diese Beziehung zugleich auch anfälliger gemacht haben, korrespondieren

1.3.2. Veränderungen im intergenerativen Verhältnis, also im Verhältnis zwischen Eltern und Kind/ Kindern.

Sie umfassen u.a

- in der Kleinkindphase eine stärkere Konzentration auf in der Regel zwei Bezugspersonen,

- ein frühes, besser früheres Einbeziehen des Vaters (bis zur Schwangerschaftsgymnastik und Vorsorgeuntersuchung, Teilnahme an der Geburt und Baby-Pflege – „Neue Väterlichkeit“),
- Bedeutungszunahme von Erziehung und Bildung gegenüber Lernen durch Mitleben und Mitarbeiten („Pädagogisierung der familialen Kindererziehung“),
- Einbeziehung und Nutzung alternativer Erziehungsstile und -praktiken gegenüber den selbsterfahrenen aus der eigenen Kindheit (Boom der Erziehungsratgeberlektüre, VHS-Kursen etc.),
- Verlagerung der Erziehungsziele von Ordnung, Fleiß, Sauberkeit, Pünktlichkeit, Gehorsam etc. in Richtung auf Selbständigkeit und Kritik, Kreativität und Phantasie, Offenheit und Toleranz etc.

und entsprechende Veränderung des Umgangs miteinander: „Von Befehlen bzw. Gehorchen zum Erklären und Aushandeln“.

Nicht unbekannt sind die hier genannten Veränderungen, die deutlich als (Höher-) Entwicklungen in eine positive Richtung verstanden werden und damit Bilder entstehen lassen könn(t)en: Familie als heile und freundliche Welt, Insel der Glückseligen, Kindheitsparadies und damit die Vorstellung von paradiesischer Familienkindheit.

Nicht unbekannt sind jedoch auch – selbst die Schlagzeilen der Tagespresse sind davon voll – Phänomene wie

- äußerste Brutalität in der Familie („Wenn Liebe zuschlägt“),
- sexueller Mißbrauch („Täter ist meistens ein naher Verwandter“),
- Unterdrückung und Ausbeutung der Frau,
- Mißhandlung von Partner und besonders von Kindern,
- Vernachlässigung und Verwahrlosung von Kindern,
- unterlassene Hilfeleistungen,
- Alkoholismus und Drogenmißbrauch im familialen Feld,
- Kinderkriminalität,
- Kinderpornographie
- bis hin zu Tötungsdelikten, Selbstmord und Kindes- oder Gattenmord.

Es kann wohl darauf verzichtet werden, alle diese Phänomene und Veränderungen detailliert empirisch zu belegen. Desgleichen sollen nur angedeutet werden. Deutlich in den Hintergrund getreten, wenn nicht gar ganz verschwunden sind mit dem Kinderwunsch in früheren Zeiten verbundene Erwartungen oder Bedingungen, wie zum Beispiel

- die ökonomische Versorgung der Eltern durch die Kinder im Alter,
- die erwartete Mithilfe auf dem Hof, im Haushalt oder Betrieb oder auch nur
- die Tatsache, daß ein Kind als pures Zufallsprodukt oder notwendiges Übel entstand bzw. in Kauf genommen wurde.

Auf der anderen Seite verzeichnen Motive oder Momente einen erkennbaren Zuwachs, die in Richtungen zielen, wie etwa

- Sinnstiftung oder Sinnfindung,
- Selbstverwirklichung,
- Erfüllung eigener Lebenswünsche,
- Übernahme einer sinnvollen Aufgabe oder
- Gewinn an Achtung und Ansehen auf Seiten der Eltern bzw. der Mutter oder des Vaters.

Will man die oben genannten Veränderungen insgesamt zusammenfassen, so ließe sich als allgemeines Resultat formulieren: Familie und Familienkindheit haben sich heute gegenüber früher in geradezu jedem einzelnen konkreten Punkt, folglich auf der gesamten Linie radikal geändert: Es ist buchstäblich nichts mehr, wie es einmal war. Selbst das Märchen vom Klapperstorch ist nicht mehr up to date. Sogar er hat ausgedient!

2. „Einkind-Kindheit" – eine zureichende Verallgemeinerung?

Stellt das Schlagwort von der „Ein- oder Einzelkindheit" überhaupt eine seriöse allgemeine Kennzeichnung der Familienkindheit heute dar? Charakterisiert die Bezeichnung „Einkind-Kindheit" treffend die heutige Familienkindheitsrealität? Bringt sie die Problematik der Familienkindheit heute angemessen auf den Begriff?

Oder: Verweist sie eher auf einen neuen Mythos („Das Einzel-Kind – das Ideal einer neuen, besseren Kindheit") oder einen alten Traum („Die vielköpfige, die kinderreiche Familie – die Illusion oder das Ideal einer glücklichen Familie und einer beglükkenden Kindheit)?

2.1. „Einkind-Kindheit" als dominante Erscheinungsform

Auf den ersten Blick hat diese Vorstellung oder These von der„Einkind-Kindheit" eine gewisse Plausibilität.

So läßt sich etwa nicht leugnen:

- Ähnlich wie der Einpersonenhaushalt ist die Einkind-Familie die neue Modellvariante mit der höchsten Zuwachsrate – gewissermaßen der Hit der Saison.
- Die Bedingungen, Begründungen und Motive von Familien bzw. von Frauen und Männern sind nicht einfach vom Tisch zu fegen, die die feststellbare Tatsache des hohen statistischen Ergebnisses „Einkind-Kindheit" fördern oder gar bewirken, angefangen bei den Möglichkeiten zur individuellen Geburtenregelung, dem durchschnittlich höheren Alter der Frau bei der ersten Geburt, dem Problem der Vereinbarkeit von Kind und Beruf, den gestiegenen Anforderungen an Elternsein und Kinderhaben, kinderunfreundlichen Umweltbedingungen, den Ansprüchen an das eigene Leben und an Partnerbeziehungen, den Problemen mit fremder bzw. öffentlicher Kinderbetreuung bis hin zu Wohnungsnot, finanziellen Engpässen, beruflichen Unsicherheiten und Arbeitslosigkeit.
- Auch dürfte mit einiger Wahrscheinlichkeit angenommen werden, daß der aus dem 19. Jahrhundert anhaltende Trend zu weniger, oder besser zu wenigen Kindern in einer Familie sich nicht einfach radikal umkehren wird in Richtung auf die Ausgangszahlen früherer Jahrhunderte.

Jedoch heißt das auch wiederum nicht, daß dieser Trend sich automatisch und gradlinig in Richtung auf „weniger", im Sinne von „immer weniger" Kinder (insgesamt wie in den einzelnen Familien) fortsetzt. Die Prognose, daß sich in Deutschland die Geburtenrate wieder in Richtung auf die Netto-Reproduktionsziffer 1 und sich damit die durchschnittliche Kinderzahl pro Frau und ggf. pro Familie wieder in die Nähe von gut zwei Kindern rückt, wäre sicherlich als gewagt, weil als Trend nicht erkennbar anzusehen. Umgekehrt dürfte allerdings auch nicht zu erwarten sein, daß, solange überhaupt noch lebensmögliche und lebenswerte Umweltbedingungen für menschliches Leben bei uns vorherrschen, die Ziffern Null und damit der absolute Nullpunkt erreicht werden.

Trotz gewisser Plausibilitäten sehe ich mich veranlaßt, die gestellte Frage, ob die Kennzeichnung „Einkind-Kindheit" die Familienkindheit heute angemessen charakterisiert, entschieden zu verneinen.

Diese Kennzeichnung berücksichtigt lediglich ein einziges, sicherlich nicht unwichtiges und zu vernachlässigendes, aber gleichwohl nur begrenzt aussagefähiges Merkmal einer Teilgruppe aller Kinder, nämlich die Tatsache, aufzuwachsen ohne Geschwister.[7] Es sei jedoch davor gewarnt, dieses zum alles entscheidenden Merkmal zu erheben.

Zunächst einmal dürften die Erörterungen zum ersten Problemkomplex zumindest in Ansätzen gezeigt haben, welche und wieviele andere, gleichfalls nicht unbedeutende Merkmale heute ebenso zur Charakterisierung von Familienkindheit herangezogen werden müssen und daß sich die konkrete einzelne Familienkindheit exakt im Netz all dieser Koordinaten abspielt, ein Netz im übrigen, das nicht einseitig determinierend wirkt, sondern vom Kind selbst aktiv angeeignet und mitgestaltet wird.

So gesehen aber führt eine Verkürzung auf die Vorstellung „Einkind-Kindheit" als dominante Seite von Familienkindheit geradezu in die Irre.

Einerseits sagt dieser Begriff in seiner Allgemeinheit so gut wie nichts über die faktisch-konkrete „familiale Lebenswelt" und die realen Erfahrungen des Kindes aus, andererseits aber suggeriert er gewisse ideologische Bilder.

Was nämlich das Einzelkind-Dasein für das einzelne Kind und die Familie praktisch bedeutet, wie Kind und Familie damit umgehen, ob z.B. das Kind wenig oder viel Kontakt zu anderen Kindern, zu Gleichaltrigen hat, wie diese Kontakte beschaffen sind, wie das Eltern-Kind-Verhältnis aussieht, welche persönlichkeitsentwicklungsfördernden oder -hemmenden Bedingungen und Prozesse im Spiel sind, alles das läßt dieses Etikett Einzelkind-Kindheit offen. (Analoges gilt im übrigen für das Etikett Geschwisterkindheit.)

Zugleich aber erweckt dieses Etikett Vorstellungen, die sich als ideologisch und normativ bezeichnen und folgendermaßen polarisieren lassen:

2.2. Einzelkind als Idealfall oder als Defizitmodell. Zur Ideologie der Einkind-Kindheit

Im ersten Fall handelt es sich um die Vorstellung, daß die optimale Förderung und die günstigsten Bedingungen für Kind und Eltern/ Elter im Grunde nur in der Ein-

7. Und auch das nur unmittelbar im jeweiligen Haushalt bzw. in der jeweiligen Familie, also eher in einem „meldetechnischen" Sinn; denn nicht erfaßt werden z.B. Halbgeschwister, Kinder neuer Partner von Elternteilen, sofern diese Kinder überwiegend in einem andern Haushalt leben etc.

zelkind-Familienkonstellation zu realisieren sind, verbunden etwa mit Leitvorstellungen, wie „mein Kind soll es einmal besser haben", „ich will alles für es tun, alles für es sein" etc. Nach dieser Modellvorstellung wird die Klein- oder besser Kleinstfamilie zum Familienideal hochstilisiert, demgegenüber eine Familie mit mehreren Kindern als bedenklich, wenn nicht gar unverantwortlich und schädlich erscheinen muß.

Im zweiten Fall dagegen regiert lediglich die umgekehrte Vorstellung, wonach bereits in der „Einkind-Familie" – selbst bei zwei im Haushalt lebenden Eltern – der erste Schritt zur „unvollständigen" Familie gesehen wird. Aufgrund eines „Fehlens" von Geschwistern – wohlmöglich noch mit Angabe der günstigen oder gar „natürlichen" Anzahl und dem entsprechenden idealen Altersabstand – wird einer solchen Familie ein Mangelzustand, ein „Fehler" attestiert.

Daß solche Vorstellungen als Ideologie alltäglich in den Köpfen mitschwingen, zumindest mitschwingen können, ist nicht verwunderlich, wenn man sich vor Augen führt, daß derartige Ansichten – ich wähle im folgenden nur ein Beispiel – als Ausdruck wissenschaftlichen Denkens noch vor nicht allzu langer Zeit in „Wissenschaftlichen Handbüchern" verbreitet wurden.

Im Lexikon der Pädagogik aus dem Herder Verlag, immerhin in 5. Aufl. noch 1967 gedruckt, kann man z.B. lesen:

> *„Das e.K. [einzige Kind] ist immer schwer zu erziehen. Seine Umwelt ist eng und einseitig. Es lebt daheim immer mit Erwachsenen, nimmt an ihren Gesprächen teil, lernt frühzeitig in ihrer Welt leben, verliert bald seine kindliche Unbefangenheit, und wird dadurch frühreif und altklug....*
> *Alle Liebe von Vater und Mutter umfängt das e.K. Es wird zuviel beachtet und leicht überheblich. Die ständige Belehrung, die stete Überprüfung seines Wissens, die ewige Korrektur seines Verhaltens machen es reizbar und widerspenstig. (...)*
> *Wenn die Eltern sich absichtlich auf dieses e.K. beschränken, wenn ihr Eheleben nicht naturgehorsam ist, wird durch ihre Rechenhaftigkeit das seelische Klima noch verschlechtert.*
> *Die Schwierigkeiten des e.K. werden offenbar, wenn es mit andern Kindern in Berührung kommt, besonders beim Eintritt in die Schule. Dann zeigt sich seine geringe Spielfähigkeit, seine Unfähigkeit, sich ein- und unterzuordnen, seine Weichlichkeit und Empfindlichkeit.*
> *Eine gute Erziehung mag den geschilderten Gefahren bis zu einem gewissen Grad erfolgreich begegnen. Der Erzieher muß mit Liebeserweisen sparsam sein, darf das*

e.K. nicht zuviel beachten, es nicht übermäßig schonen, ihm nicht zuviel helfen, es nicht immer erziehen wollen...." (ELLBRACHT 1967a, S. 866f).

Dem entspricht im Artikel „Familie als Umwelt":

„*Die günstigste U. bildet die natürl. Vollfamilie. Fehlen Vater oder Mutter, so ist die Erziehung gefährdet; ohne den Vater fehlt dem Kind das Gefühl der Sicherheit, ohne die Mutter die Geborgenheit. Ist die Zahl der Geschwister zu gering, so leidet die Ausbildung der sozialen Anlagen, ist sie zu groß, so bleibt das Liebesbedürfnis des einzelnen Kindes leicht unerfüllt.*" (ELLBRACHT 1967b, S. 1144).

Und last not least im Beitrag „Geschwister, Geschwisterreihe":

„*Die Erziehung von Geschwistern ist meist leichter und erfolgreicher als die eines Einzelkindes. Schon die Bereitschaft der Eltern, mehr Leben um sich zu wecken, ihr Mut, mehrere Kinder zu erziehen, ihr Vertrauen auf die Hilfe Gottes geben der naturgehorsamen Normalfamilie (mit etwa 4-6 K.) günstigere erzieh. Voraussetzungen als der Kleinstfamilie.*" (W. ELLBRACHT 1967c, S. 404).

Bei weiterer Lektüre sind dann zusätzlich zur grundsätzlich erziehungsgefährdeten Situation des Einzelkindes ebenfalls festzustellen eine solche Ausgangslage für Halbwaisen- und Waisenkinder sowie für Stiefkinder und Pflegekinder. Ebenfalls „immer erziehungsgefährdet" ist ferner das uneheliche Kind (Bd. IV, S. 629), und ebenso wird bei den Kindern in einer Geschwisterreihe auf die besonderen Risiken für das älteste und jüngste Kind hingewiesen.

Nehmen wir das inzwischen gewonnene Wissen über die Problematik des „Sandwich-Kindes", also des mittleren in einer Dreierreihe, und blicken wir auf die gegenwärtige statistische Verteilung der familialen Kindheitsformen, was bleibt dann an Schlußfolgerungen übrig?

Sind tatsächlich die Familien-Kindheiten und die Kinderzahl pro Familie so problematisch oder ist nicht eher eine Pädagogik das Problem, die selbst im normativen Gebäude eines Mythos von idealer Familien-Kindheit gefangen ist, eines Mythos, der mit der historischen Realität von Familienkindheit(en) heute verdammt wenig zu tun hat?

Ist vielleicht ein ideologisch gefärbtes Verständnis von Familie und ihrer Bedeutung für (die) Kindheit als Kern des Problems zu identifizieren?

Vor der Frage nach der Bedeutung von Familie für Kindheit ein Blick auf das alltägliche und das wissenschaftliche Verständnis von Familie bzw. die Bedeutungsvielfalt dieses Begriffs.

Exkurs: Was ist eigentlich eine Familie, was bedeutet „Familie" heute?

Im Alltag weiß ein jeder oder glaubt ein jeder zumindest selbstverständlich zu wissen, was eine Familie ist. Aber läßt sich genauso selbstverständlich „Familie" auch definieren? Ordnen beispielsweise die zugrundeliegenden (Definitions-)Vorstellungen folgende soziale Konstellationen als Familie oder nicht, wie etwa

– das zusammenlebende Paar / das Ehepaar,
– die Wohngemeinschaft von Erwachsenen ohne / mit Kindern,
– die alleinerziehende Mutter mit Kind,
– den mit seiner alten Mutter zusammenwohnende Rentner?

Bei dem Versuch, in der Literatur eine Antwort zu finden auf die Frage, was eine Familie ist, stößt man gleich auf mehrere, in ihrem inhaltlichen Verständnis von Familie unterschiedliche Definitionen, die jeweils ein anderes Für und Wider haben und je nach Zielsetzung unterschiedlich brauchbar sind. Sechs Definitionsansätze sollen hier kurz vorgestellt und charakterisiert werden.

– Die „traditionelle Kernfamilie": Danach besteht eine Familie aus „Vater, Mutter, Kindern" (und Hund – bzw. später: Fernsehapparat) – also wenigstens aus vier Personen.
– Die „Zweigenerationenfamilie": Familien sind demnach „Ehepaare bzw. alleinerziehende Väter oder Mütter, die mit ihren ledigen Kindern zusammenleben" – so beispielsweise definiert vom Statistischen Bundesamt.
– Die „Haushaltsfamilie": Alle zum Haushalt gehörenden, also darin lebenden, dort gemeldeten Personen bilden danach eine Familie.
– Die „Verwandtschaftsfamilie": Diesem Definitionssatz zufolge gehören alle miteinander verwandten Personen zur Familie.
– Die „funktionelle Familie": Familienmitglieder sind folglich diejenigen Personen, die „familienrelevante" Funktionen wahrnehmen.
– Die „wahrgenommene Familie":

> *„Unter ‚wahrgenommener Familie' wird die subjektiv empfundene Familienzugehörigkeit von Bezugspersonen verstanden, unabhängig davon, ob sie Haushaltsmitglieder sind, zur Verwandtschaft gehören oder bestimmte Funktionen erfüllen."*
> (NEYER/ BIEN 1993, S. 27, vgl. auch BERTRAM 1989)[8]

Die einzelnen Definitionsansätze sind nicht nur unterschiedlich weit u.a. in Bezug auf die zur Familie zu zählende Anzahl der Personen, Generationen, Verwandtschaftsverhältnisse, Haushalte etc. und die damit zusammenhängenden Strukturen, Interaktions- und Kommunikationsformen und -prozesse, sondern auch unterschiedlich bezüglich der Ansprüche an wissenschaftliche Begriffe/ Kategorien, z.B. hinsichtlich Gehalt und Handhabbarkeit, Objektivität, Validität und Reliabilität. Im übrigen überschneiden sich einige Familien-Begriffe mit andern Begriffen, wie z.B. Haushalt oder Verwandtschaft, so daß sie keinen eigenen Inhalt aufweisen, weshalb auf sie auch schadlos verzichtet werden kann.

Das vielfältige Spektrum an unterschiedlichen Definitionen zeigt aber auch, wie wichtig es ist, bei Aussagen über Familien, familiale Sozialisation usw. immer zu prüfen und deutlich zu machen, welches Verständnis, welche Definition von Familie jeweils zugrunde liegt.

3. Ist Familie (tatsächlich) das primäre Kernstück der Kindheitserfahrungen? Zum Stellenwert der Familie und der Familiensozialisation im Entwicklungs- und Sozialisationsprozeß des Kindes

Überbewerten oder unterschätzen wir die Bedeutung des Faktors Familienkindkeit im Gesamtkontext von Kindheit und Kindheitsentwicklung? Kultivieren wir bloß den Mythos Familie und Familienkindheit oder entzaubern wir ihn?

Die Frage, ist Familie (tatsächlich) das primäre Kernstück der Kindheitserfahrungen, läßt sich wohl am ehesten beantworten mit „Ja und Nein“ und der Gegenfrage, was heißt hier überhaupt „primär“. Heißt es: „zeitlich zuerst“ oder „grundlegend, an erster Stelle, das Wichtigste“?

– Selbstverständlich, die Schwangerschaft, die sogen. intra-uterine Phase bedeutet engster Kontakt des Kindes zur Mutter.

Doch was heißt das für das Retortenbaby oder das künstlich am Leben erhaltene Kind der hirntoten Mutter?

---

8. Nach BERTRAM hat „der Begriff *Familie* historisch gesehen vermutlich sehr viel stärker auf Beziehungen von Personen zueinander als auf das Zusammenleben von Mutter, Vater und Kindern in einem Haushalt abgehoben“ (BERTRAM 1989, S. VI).

- Selbstverständlich stellt die Geburt nicht nur ein biologisch bedeutsames Ereignis in der Lebensgeschichte eines Kindes dar, sondern insgesamt eine wichtige Erfahrung in psycho-sozialer Hinsicht.

Doch wie verhält es sich damit, wenn das erblickte Licht der Welt das Kunstlicht einer medizinischen Fabrikationseinrichtung ist?

- Selbstverständlich zeigt auch die Säuglings- und Kleinkindphase nicht nur das einseitige Angewiesensein des Kindes auf seine Bezugspersonen, sondern zugleich auch den Prozeß und die Erfahrung wechselseitigen Gebens und Nehmens, also nicht nur den möglichen Stellenwert der Familie für das Kind sondern auch umgekehrt.

Doch, wer sind die Bezugspersonen, wer ist Familie, wo beginnt sie, wo hört sie auf? Bei der erziehenden oder miterziehenden Großmutter, bei der Tagesmutter oder bereits bei der leiblichen Mutter? Bei den eigenen Geschwistern oder in der „Tagesmutterfamilie", der „Kita- oder Hortgruppe", den andern Kindern und Eltern aus der Eltern-Kind-Gruppe? Bei den eigenen Vier-Wänden oder in der Wohnung und vielleicht neuen Familie des getrennt lebenden Vaters oder der Kita? Familie heute ist bei aller Privatheit und Abgeschiedenheit weniger denn je selbst eine Insel, isoliert und abgeschieden...

Selbst die Erfahrungen des Kindes unmittelbar in der Familie sind immer zugleich mittelbare Erfahrungen des die Familie umfassenden gesellschaftlichen und ökologischen Kontextes, der nicht nur über den Fernsehschirm täglich in die Familie eindringt, sondern sich ebenso in der vergifteten Muttermilch, im Milchpulver und Babybrei wie in Anspannung und Streß der Eltern aufgrund wirtschaftlicher oder beruflicher Belastungen oder dem durch Schulstörungen bedingtem Verhalten eines Geschwisters im Umgang mit dem Kind äußert.

4. Welche Verallgemeinerungen lassen sich in bezug auf die Familienkindheit heute treffen?

Lassen sich ein oder mehrere grundlegende, allgemeine Tendenzen oder Trends ausmachen und belegen? Was ist dran, an Beschwörungen, wie „Kindheit und Familie am Ende" – oder doch „am Ende Kindheit und Familie"? Wie erklären sich so widersprüchliche Einschätzungen? Ist die Situation und Entwicklung überhaupt noch einschätzbar und wenn ja, wie?

4.1. Gängige allgemeine Tendenzen oder Trendaussagen

Nach griffigen Aussagen über sich abzeichnende allgemeine Tendenzen oder Trends bezüglich Familienkindheit heute muß man nicht lange suchen. Es wird gleich eine ganze Reihe von Behauptungen auf dem Markt angeboten, die uns versprechen zu verraten, wohin die Reise geht.

a) Da ist zunächst einmal die These vom „Ende von Familie und Kindheit", ausgedrückt in Schlagworten oder Überschriften, wie etwa „Krise der Familie", „Krise der Ehe", „Rückgang der Familie", „Kinder ohne Kindheit", „Verlust" oder „Verschwinden der Kindheit" etc.

Zugegebenermaßen läßt sich in quantitativer Hinsicht eine solche Aussage aus den oben unterbreiteten Statistiken stützen. Die abnehmenden Zahlen könnten in der Tat einen Rückgang, ein „Weniger ..." signalisieren.

Jedoch in qualitativer Hinsicht zeigte sich zugleich ein völlig anderes Bild von einer eher tendenziell hohen Bewertung von Kind und Familie. Die ausgesprochen hohe Wertschätzung enthält geradezu im Sinne einer prinzipiellen (Selbst-)Überforderung die gegenteilige Konsequenz etwa im Stil: „Familie, Kind, Kindheit, lebe hoch, so hoch, daß wir nicht rankommen".

b) Versuchen wir es im Gegenzug mit der gegenteiligen These, also dem Ruf „am Ende Kindheit und Familie".

Ohne Zweifel existieren mit einem gewissen Verbreitungsgrad individuell-persönliche, aber auch religiöse, bevölkerungspolitische oder gar nationalistisch gefärbte konservative Motive, Träume oder Forderungen, die auf eine Renaissance althergebrachter Lebensformen und Werte orientieren und dabei zur Wiederbelebung die Zielsetzungen verfolgen wie „Stärkung der Familie", „mehr (deutsche) Kinder" und vielleicht auch „Frauen zurück an den Herd".

Zweifel jedoch erscheinen angebracht gegenüber der Wirksamkeit alter Hüte, wie der berühmten „drei K's: Kinder, Küche, Kirche" oder wohlmöglich einer Wiedereinführung des Mutterkreuzes zur Umkehrung der oben näher skizzierten auch quantitativ nicht auf Deutschland beschränkten, sondern tendenziell weltweiten Entwicklung.

Es spricht also ebenfalls – empirisch, aber auch theoretisch – nichts dafür, daß dieser Trend als allgemeiner deutlich vorliegt und noch weniger, daß er – dauerhaft und flächendeckend – funktionieren könnte.

Gut, was dann?

c) Da ist noch ferner die These von der „Pluralisierung und Individualisierung".

Sie klingt schon deutlich besser; denn immerhin, wir verzeichnen tatsächlich eine riesige Menge bunter(er), vielfältiger(er), individueller(er) Lebensformen, die kaum noch aufzuzählen sind, geschweige denn miteinander vergleichbar erscheinen und eine „neue Unübersichtlichkeit" (HABERMAS) erzeugt haben.

Das mag alles so stimmen und viele Beschreibungen belegen diese These, aber zu überzeugen mag es so nicht. Denn erstens gab es so etwas, wenn auch anders, früher auch: Die Familienformen, Kindschaftsverhältnisse, familialen Kindheitsverläufe, sie alle waren oftmals geradezu chaotisch vielfältig, unüberschaubar und besonders (also. individuell): Und zweitens, wäre da nicht gleich die folgende Gegenposition?

d) Sie findet ihren Ausdruck in der These von der Standardisierung und Vereinheitlichung.

Sie läßt sich aufzeigen z.B. an Entwicklungen wie der durchschnittlichen Kinderzahl pro Frau und Mann bzw. pro Ehe, des Kinderwunsches, des Erziehungs- wie des familialen Verhaltens insgesamt etc. Alles das weist nur noch wenige Besonderheiten und Variationen nach sozialen Schichten, ethnischer und religiöser Herkunft und Orientierung, Stadt und Land etc. auf.

So überzeugend auch solche Vereinheitlichungstendenzen empirisch aufzuzeigen sind und die These stützen, die Gegenthese bzw. Gegentendenzen der Pluralisierung und Individualisierung haben diese Argumente bislang auch nicht erfolgreich außer Kraft gesetzt.

Gibt es ansonsten noch weitere Angebote, die in diesem Zusammenhang vorgetragen werden? – Ich erkenne in der Diskussion zunächst keine weiteren mehr.

Also: Kein allgemeiner Trend in Sachen Familienkindheit?

4.2. Die Tendenz zur Dynamisierung und Wählbarkeit

Ich denke, es läßt sich doch eine solche allgemeine Tendenz ausmachen und ich sehe sie in folgendem: Der entscheidende Unterschied und das grundsätzlich Neue oder Andere liegt m.E.:

- in der prinzipiellen Offenheit,
- im Rückgang oder Verschwinden von „Naturwüchsigkeit" (Zwangsnotwendigkeit), was zugleich auch „Gesellschaftswüchsigkeit" i.S. gesellschaftlicher Notwendigkeit bzw. Zwang impliziert

- in der (individuellen und auch gesellschaftlichen) Wählbarkeit und
- in der Gestaltbarkeit, also
- in der prinzipiellen (individuellen wie gesellschaftlichen) Möglichkeit,

Familie und familiale Kindheit tendenziell neu und anders zu entwerfen, zu konstruieren, zu konstituieren und zu leben. Ich fasse diese allgemeine Tendenz zusammen unter den Begriffen Dynamisierung und Wählbarkeit. Zur Verdeutlichung: Nicht nur

- die Kinderzahl,
- die Familienform und -struktur, z.B. Familienstand,
- die innerfamilialen sozialen Umgangsweisen,
- auch der Umgang mit Lebenswelt, Gesellschaft, Geschichte,

dies alles ist grundsätzlich tendenziell freigesetzt: Wir konstruieren, wir gestalten, wir machen – selbstverständlich nicht alles allein und individuell, sondern gemeinschaftlich, gesellschaftlich, weltgesellschaftlich. Und dies gilt nicht nur tendenziell bei den Erwachsenen und im Hinblick auf Elternschaft, sondern prinziell auch für die Kinder, die in diesem Zusammenhang die Dynamisierung sozialer Strukturen, Netze und Systeme erfahren und zu handhaben lernen, was hier leider nur angedeutet, nicht aber ausgeführt werden kann.

5. Was folgt aus alledem? Konsequenzen und Perspektiven

Welche Konsequenzen und Perspektiven ergeben sich für

- Kinder und Kindheit,
- Familie und Eltern,
- die Pädagogik als Praxis (Handlungsfeld) und Theorie (Wissenschaft), also die Reflexion und Forschung über Kindheit und Familie, Erziehung und Bildung?

Hier möchte ich mich zunächst zurückhalten: Ich denke, zunächst muß man erst einmal mit dieser neuen allgemeinen Tendenz von Familienkindheit (aber nicht nur für sie) fertig werden, d.h. sie verarbeiten – sofern sie überhaupt ansatzweise richtig erfaßt und skizziert ist. Und dabei wäre zu fragen, was das im einzelnen heißt oder nicht heißt. Rezepte aus der kalten Verwaltungsküche, wie etwa

- die Frage: wie konnte das überhaupt passieren,
- der Grundsatz: das kann nicht sein, das haben wir immer so gemacht oder
- der Versuch, die am wenigsten Zuständigen oder Unschuldigen – hier also beispielsweise die Kinder – zu bestrafen,

helfen da am wenigsten weiter.

Dagegen dürfte sich schon eher als förderlich erweisen, ihre Befähigung zu befördern helfen, mit diesen neuen Tendenzen produktiv umzugehen, was natürlich einschließt, daß auch wir, die Erwachsenen uns darauf einlassen und dieses lernen.

Zum Schluß als Entgegnung auf oder gegen DODERER ein Zitat von Wolf BIERMANN: „*Wer sich nicht in Gefahr begibt, kommt darin um.*"

Anton Austermann

Was wissen wir über die „Medien-Kindheit"?

Radikale Vereinfachungen von Fragestellungen sind nicht nur im Alltag, nicht nur im Blick auf die politische Welt, sondern auch wissenschaftlich stets erfolgreich gewesen. Je einfacher die Frage, desto stärker der Zwang auf das befragte Gegenüber, in jedem Falle klar zu antworten. Fällt die Antwort dennoch blumig, verblasen oder sonstwie ausweichend aus –, wird zumindest diese nebelhafte Art der Antwort im Kontrast zur Schlichtheit der Frage dem zuhörenden Dritten deutlich.

Die Themafrage – „Was wissen wir über die ‚Medien-Kindheit'?" – erweckt den Anschein, daß sie zu jenen radikal einfachen Fragen an die Wirklichkeit, genauer: an unser wissenschaftliches Wissen über die Wirklichkeit gehört. Es könnte aber auch sein, daß meine Themafrage weder eine schlichte Frage ist, noch, daß sie überhaupt eine Frage ist. Sie wäre dann keine Frage, wenn sie nur eine bestimmte Antwort oder Antwortsorte zuließe. Und sie wäre keine schlichte Frage, wenn sich herausstellte, daß sie mit einer raffinierten Unterstellung dem befragten Gegenüber begegnete. Die raffinierte Unterstellung meiner Themafrage könnte ja darin bestehen, daß es schon ausgemacht sei, ja, umgangssprachlich üblich sei, von Kindheit heute ganz selbstverständlich als von „Medien-Kindheit"" zu sprechen. So, wie wir von Bauernhof-Kindheit sprechen könnten bei all den Kindern, die auf dem Lande, in der Sphäre eines landwirtschaftlichen Betriebes ihre Kindheit erlebt haben.

Und meine Themafrage wäre gar keine Frage, wenn mit ihrem Stichwort „Medien-Kindheit" die Antwort gleichsam reflexartig mitgeliefert würde. Doch – derlei gibt es in der wissenschaftlichen Welt, und gerade das Fachgebiet Medienpädagogik liefert dafür ein wunderschönes Beispiel solcher als Pseudofrage getarnten Antwort, die dann nicht mehr die Bezeichnung Antwort verdient, sondern sich als nichts anderes als ein Vorurteil über die Wirklichkeit herausstellt. Viele werden seit einigen Jahren dies Beispiel kennen; die öffentlichen Medien haben es mit gleichsam masochistischem Genuß verbreitet. Ich zitiere den Autor, dessen Name für dies Beispiel steht, aus seinem Bestseller von 1983, nämlich aus der deutschen Übersetzung eines 1982 in New York erschienenen Buches, das dort ziemlich unbeachtet blieb. Wohlgemerkt: Ein Bestseller wurde erst die deutsche Übersetzung. Was mehr über das deutsche Meinungsgeflecht zum Verhältnis von Kindern und Medien aussagt, als über die Qualität unseres Autors.

Begierig vernahm man in Deutschland die Botschaft Neil POSTMANS – ja, der ist's – daß „insbesondere die Druckerpresse die Kindheit hervorgebracht hat und wie die elektronischen Medien sie zum Verschwinden bringen.“ Und gemäß diesem ehernen Urteil über die Kindheit im Fluß der historischen Wirklichkeit formuliert POSTMAN, daß „im Zentrum (meines) Buches [„Das Verschwinden der Kindheit“, A.A.] nicht die These (...) steht (...), daß die Kindheit verschwindet, sondern eine Theorie darüber, warum etwas Derartiges geschehen kann.“ (POSTMAN 1983, S. 8).

POSTMAN fragt schon gar nicht mehr, was er über die „Medien-Kindheit“ weiß, nein, er stellt fest, daß unter den Bedingungen moderner medialer Kommunikationsverhältnisse das Phänomen Kindheit nicht länger existiert. Nur der Weg dorthin als Grund für jenes ehern festgestellte Verschwinden von Kindheit wird noch nachzuzeichnen versucht. Laut POSTMAN wüßten wir über die „Medien-Kindheit“ nur, daß sie gar keine Kindheit mehr ist, sondern daß die Medien heute die nachwachsende Generation „in einem scheinhaften Erwachsensein erstarren [lassen].“ (POSTMAN 1983, S. 9).

Mir liegt an dieser Stelle meines eigenen Argumentationsweges gar nicht daran, Neil POSTMANS Verschwindens-These im einzelnen zu widerlegen. Es reicht vermutlich schon der Hinweis aus, das so abenteuerlich wie die Verschwindens-These POSTMANS seine Kindheits-Entstehungs-These ist: Daß „insbesondere die Druckerpresse die Kindheit hervorgebracht habe.“ Hat sie das, die Druckerpresse? Was POSTMAN als historisch argumentierender Sozialforscher offensichtlich nicht begreift, ist die Qualität seines Gegenstands Kindheit, daß nämlich Kindheit sozialhistorisch immer ein Konstrukt, ein Konzept, eine Idee über eine bestimmte Lebensphase ist – und zwar in Abgrenzung von der anderen Lebensphase, dem Erwachsensein oder von den anderen Lebensphasen: der Jugend, dem Erwachsensein, dem Alter oder wie immer die gerade gesellschaftlich wirkungsmächtig sich durchsetzende Definition der Lebensalter gilt. Wer den Unterschied von Kindheit und Erwachsensein wie POSTMAN durch den Ausschluß der Kinder von der Schriftsprache der Erwachsenen monokausal definiert, muß angesichts der Teilnahme von Kindern an den Fernseh-

und Computerwelten der Erwachsenen wohl oder übel das Ende des Unterschieds von Kindern und Erwachsenen beklagen. Nur: Die soziale Welt ist eben komplexer; um sie zu erkennen mit der pädagogischen Absicht ihrer Humanisierung, sollte sie nicht mit vorgefertigten Urteilen kategorisiert werden. Sondern sie sollte befragt werden, vorurteilslos, um zu diskursfähigen, weil empirisch plausiblen Antworten zu kommen.

Anfangs hatte ich argumentiert, daß die radikale Vereinfachung einer Fragestellung auch und gerade wissenschaftlich hilfreich sei, hatte sodann gezeigt, wie sich selbst in schlicht klingenden Fragen noch Unterstellungen oder gar reflexartige Antwortschablonen einmogeln können. Nun radikalisiere ich die schlichte Themafrage nochmals und frage hübsch parallel zu ihr: „Was weiß ich über *meine* 'Medien-Kindheit'?" Es fragt sich, ob denn solche Subjektivierung wissenschaftlich erlaubt sei. Ich antworte, indem ich zunächst subjektives Erzählen selbst als Argument benutze, um hernach erst eine theoriegeleitete Begründung vorzutragen.

Hatte ich, geboren am 9. Januar 1945 in Wilhelmshaven, überhaupt eine „Medien-Kindheit"? Das muß ich zu Beginn meiner Erzählung gar nicht entscheiden: Wenn ich für mein Erinnerungsbild mir nur klarzumachen versuche, welche Medien im Lebenskontext meiner Kindheit, die ich für den Zeitraum 1945 bis 1958 ansetze, überhaupt eine Rolle spielten. Schaue ich zurück in die klassische Wohnküche einer Handwerkerfamilie der späten 40er und frühen 50er Jahre, so wurden dort zwei Medien genutzt: das Radio und die Zeitung. Das Pausenzeichen des Nordwestdeutschen Rundfunks „Ist der Rundfunk bezahlt?" habe ich heute noch im Ohr (Zur bekannten Melodie war dieser Text bald bekannt wie ein Volksliedanfang): Das Pausenzeichen war wichtig, denn es war das Zeichen, daß das Tischgespräch eingestellt wurde, weil die Nachrichten begannen. Oft mit: „Bundeskanzler Adenauer hat heute ..." oder, mir lange unbegreiflich: „Die Außenminister der drei Westnächte". Es hat gedauert, bis ich von den Westnächten zu den Westmächten kam und dann allmählich kapierte, was darunter eventuell zu verstehen sei.

Zeitung konnte ich zwar nicht lesen, aber sie hatte einen großen Vorteil. Sie zeigte Bilder von den Leuten, von denen im Radio die Rede war oder die dort selbst sprachen: Adenauer, Schumacher, dann Ollenhauer, Thomas Dehler. Wichtig war aber nicht nur die erste Seite der Zeitung mit den Leuten aus dem Radio, also auch mit Eisenhower und Stalin und selten mal mit Papst Pius XII. Sondern wichtig war auch die letzte Seite mit den Traueranzeigen, den Geburts- und den Vermählungsanzeigen. Anders: Die Eckdaten der großen und kleinen Welt lieferte die Medienkombination Hörfunk und lokale Abonnementszeitung offenbar perfekt ins Haus. Und außerdem gab es den täglichen Fortsetzungscomic „Petzi, Pelle und Pingo". Und es gab Kinderfunk jeden Sonntag um Zwei. Merkwürdigerweise kann ich mich trotz regelmäßigen Hörens an kein kinderpädagogisches Funkereignis erinnern – außer an ein Hörspiel über den „Kalif Storch" nach dem Kunstmärchen von Wilhelm Hauff und an jemanden, den ich nicht mochte, an den sogar sehr genau. Der hieß Onkel Eduard und las einmal im Monat einer im Studio anwesenden Kindergruppe nichts anderes als Märchen vor. Das fand ich stinklangweilig, da doch die Kinderhörspiele erheblich spannender waren. Ich konnte als Kind ja nicht ahnen, daß Hörspielproduktion wesentlich aufwendiger und teurer war, als den Hamburger Gründgens-Schauspieler Eduard Marcks Kindern Märchen vorlesen zu lassen.

Erheblich aufregender, unterhaltsamer noch als Kinderfunk-Hörspiele waren die großen Rundfunk-Unterhaltungssendungen für Erwachsene. Der Star hieß schon im Rundfunk Hans-Joachim Kulenkampff mit Quizsendungen wie „Nord contra Süd". Und es gab jede Menge Radio-Sport, besonders Fußball mit dem Kulminationspunkt von Werner Zimmermanns WM-Reportage aus dem Berner Wankdorf-Stadion vom Sommer 1954. Diesen Tag habe ich in photographischer Erinnerung wie den Tag der Maueröffnung in Berlin und auf den Straßen kollektives Glück, wohin du schaust.

Ich erzähle dies alles und bin bemüht, nicht zu kommentieren. Klar, Radio hörte ich inmitten der Familie und allein; mich faszinierte Just Scheus Ratesendung „Ja oder Nein"; ich habe noch Günther Neumanns RIAS-Rundfunk-Kabarett im Ohr: „Der Insulaner verliert die Ruhe nicht ..." – selbstverständlich in voller Länge auch im NWDR zu hören.

Und Bücher, Lesekultur? Meine Eltern, meine Tanten lasen die Tageszeitung. Bücher fielen in meiner des Lesens noch nicht kundigen Kindheit in eine ganz andere Rubrik. Bücher wurden nämlich bei uns zuhause nicht vor allem gelesen, sondern gebunden. Kurz, der andere Sozialisationsort war neben unserer Wohnung die Buchbinder-Werkstatt meines Vaters und meines Onkels. Dort standen auch Druckmaschinen für Formulare und Familiendrucksachen, und es gab ein Papiergeschäft. Ein im Kriege mehrfach ausgebombter Handwerksmeister der Buchbinderei besaß nur ganz wenige eigene Bücher – die meisten gab's in der Werkstatt; sie wurden nicht gelesen, sondern sie entstanden per Bindung meistens als Zeitschriftenbände. Als Kind fand ich zwar den Bindevorgang interessant, aber Bücher ohne Bilder interessierten mich nicht. Das erste Buch, das ich unbedingt lesen können wollte, war ein Buch mit viel Text, aber mit ebenso vielen Bildern. Ich habe es später als 8, 9, 10jähriger immer wieder gelesen, habe alle Bilder innerlich photographiert und zeige es jedem gern als abschreckendes Beispiel eines Buches für ein gerade Lesen lernendes

Grundschulkind – aus der Sicht eines außenstehenden Erwachsenen. Für meinen individuellen Lernprozeß ist es das zweifellos wichtigste Bildungsbuch meiner Kindheit. Es heißt „Alles für Deutschland“ (ORIENTATLISCHE CIGARETTEN COMPAGNIE „YOSMA“ 1934) – ein nationalsozialistisches Zigarettenbilder-Album von 1934 , das bei dem Fortzug einer Familie unten im Haus in die Mülltonne wandern sollte und von mir gegriffen wurde – wegen der vielen Bilder. Ich kapierte nur, daß es von etwas handelte, worauf die aktuellen Medien Radio und Tageszeitung keine Antwort gaben, was mich aber brennend interessierte, weil es in so vielen Sätzen der Erwachsenen permanent vorkam. Es handelte nicht von „heute“, sondern von „früher“, von der Zeit, die vor meiner eigenen Zeit lag. Ich möchte heute nicht wissen, was meine damals 35-jährige Mutter ihrem Sechsjährigen erklärte, als sie mir das Anfangskapitel „Volk ohne Raum“ 1951 auf meinen eigenen Wunsch vorlas. Was mich faszinierte, war das plötzliche Eintauchen in dies „früher“, für das die Zigarettenbilder eine klare Anschauung boten: Alte Germanen in Fellen und mit Schwertern, mit Ochsenhörnern verzierten Helmen und dies im Kampf mit römischen Legionären.

Die Welt meines ersten Schul-Lesebuchs handelte von Willi und Dora, war kleinstädtisch bis landwirtschaftlich und hatte mit meinem Kinderleben in einer ausgebombten Marinestadt wenig zu tun, war für sich genommen langweilig. Da waren die Margarine-Sammelbilder der Album-Serien „Technik und Verkehr“ (FRITZ HOMANN AG 1952) und „Das schöne Deutschland“ (FRITZ HOMANN AG 1952) schon erheblich anziehender.

Eine tiefe Sehnsucht hatte ich nach dem Kino: Weil meine Eltern dorthin abends allein gingen. Das kam zwar selten vor, und es wurde auch auf bohrendes Nachfragen darüber eher abwehrend erzählt. Das sei nichts für Kinder, da ginge es oft traurig zu. „Nachtwache“ als Filmtitel habe ich in Erinnerung und den Namen „Dieter Borsche“. Und meine Tanten weinten, wenn sie sich von Filmen erzählten. Das verstand ich alles nicht so recht, aber es machte mich unendlich neugierig. Irgendwann gab es Filme für Kinder, „Dick und Doof“ in der „Tonhalle“. Das fand ich lustig, aber das waren ja nicht die Erwachsenen-Filme, auf die ich scharf war. Und auch „Die Wüste lebt“ sonntagnachmittags im „Regina“ als Natur-Dokumentarfilm befriedigte meine Neugierde nicht, die ja zudem von den naturalistisch gemalten Großplakaten am Capitol, am Regina und am Apollo noch zusätzlich gereizt wurde. Erst der große, farbige Dokumentarfilm über die Krönung von Elisabeth II. in London, in der Westminster-Cathedral 1953 befriedigte mich vollends. Der Achtjährige war jahrelang felsenfest überzeugt, den bedeutendsten Film seiner Zeit gesehen zu haben. Warum?

Klar, da präsentierte sich das Zigarettenbilder-Früher als lebendige Historie in der Gegenwart.

Ich breche meine Kindheits-Erzählungen an dieser Stelle ab, gehe nicht mehr ein auf die Faszination des Schallplatten-Spielers meiner Tante Paula, wo ich Vico Torriani und Caterina Valente, anders als im Radio, immer wieder hören, weil selbst auflegen konnte. Ich erwähne nur noch die intensive Betrachtung von Plakaten des Bundestagswahlkampfes 1953; bei der SPD sogar gereimt: „Nicht Adenauer – Ollenhauer" und das mir unbegreifliche „Alle Wege des Marxismus führen nach Moskau. Darum CDU."

Was weiß ich von meiner „Medien-Kindheit", ja, ist es überhaupt sinnvoll, von meiner Kindheit als von einer „Medien-Kindheit" zu sprechen? Und ist dieser subjektive Ausflug in die eigene Kindheits-Erzählung als Basis einer erziehungswissenschaftlichen Reflexion überhaupt erlaubt?

Zentraler Gegenstand der Erziehungswissenschaft sind menschliche Lernprozesse, auch und gerade die langfristigen Prozesse des Lernens von Individuen und Gruppen im Wechsel der Generationen. An diesen Lernprozessen sind die gesellschaftlichen Institutionen mitbeteiligt; sie liefern Muster des Verlaufs von Lernprozessen: Die Familien liefern solche Muster von Lerngeschichten, die Schulen tun dies, die Kirchen spielen immer noch eine nicht zu unterschätzende Rolle und ebenso die öffentlichen wie die eher privat nutzbaren Medien, also die Palette vom öffentlichen Fernsehprogramm bis zum Spielzeugangebot fürs Kinderzimmer. Das Interesse der wissenschaftlichen Pädagogik an den Erscheinungsformen menschlichen Lernens bliebe indessen beschränkt auf das Problem der Einpassung menschlicher Individuen in das gesellschaftlich Vorgegebene – kümmerte sie sich nicht um die Frage, wie denn aus Lernprozessen Bildungsprozesse werden. Nämlich, wie solches Lernen entsteht und sodann gefördert werden kann, das ein reflexives Bewußtsein seiner selbst hat, um dem Individuum und somit auch Gruppen eigensinniges, selbstbestimmtes Lernen und Handeln auch quer oder gegen die gegebene Wirklichkeit erkennen zu lassen und zu ermöglichen. Bildungsprozesse sind nach Theodor BALLAUFF zu ihrem Selbstbewußtsein befreite Lern- und Sozialisationsverläufe (BALLAUFF 1987).

Menschliches Lernen läßt sich nicht photographieren; das sich seiner selbst bewußte menschliche Lernen im Sinne von Bildung ebensowenig. Die aus der Psychologie bekannten Lerntheorien haben Aufschluß über Grundformen des Lernens im Sinne von Verhaltensänderungen und deren Bedingungsgefüge gebracht. Im Blick auf Bildungsprozesse, im Blick auf reflexives Lernen sind wir auf andere Dokumente verwiesen. „Nicht nur Kinder leben nach bisweilen schwer verständlichen Partituren", schreibt Klaus MOLLENHAUER im Anschluß an R. LUBBERS, der vorschlägt, „pädagogische Ereignisse im Hinblick auf ihre Partituren zu lesen." (MOLLENHAUER 1986, S. 133). Nebenbei: Moderne Wissenschaft benutzt die Geschichte der Kunst, hier die Musik, um zum Zwecke besseren Verständnisses ihrer Gegenstände neue Paradigmen auszuprobieren. Und MOLLENHAUER argumentiert weiter: „Auch Erwachsene haben gelegentlich Schwierigkeiten, die Partitur zu finden, nach der sie bisher lebten. Autobiographien – übrigens die vorzüglichsten pädagogischen Quellen, die ich kenne – sind solche Versuche, nachträglich die Partitur zu schreiben." (MOLLENHAUER 1986, S. 133f).

In der Subjektivität autobiographischer Texte als einer Mischung von Reihen faktischer Lebensdetails und deren rückschauender Deutung liegt gerade ihr dokumentarischer Vorzug. Das Lern- und Bildungsselbstverständnis von Generationsgenossen, im Vergleich lesbar und interpretierbar, eröffnet erst den Blick auf die tatsächlich gelebten Bildungsschicksale, beispielsweise auf solche, die angeblich nur schnurgerade auf den festgenieteten Schienen der öffentlichen Medien dahinrasen.

„Kindheit heute ist Fernsehkindheit", schreibt Hartmut v. HENTIG 1975 in seinem Vorwort zur deutschen Ausgabe der 1960 in Paris erschienenen „Geschichte der Kindheit" von Philippe ARIÈS. Das Stichwort „Fernsehkindheit" gehört bei v. HENTIG zu einer Reihe von Stichwörtern, die den Kontrast zum Bisherigen, die den Wandel menschlicher Lern- und Bildungsprozesse im letzten Viertel unseres Jahrhunderts charakterisieren sollen. Hört man in den v. HENTIG-Text hinein, so ist die wahrlich unwissenschaftliche Unterstellung eines einsinnigen Wirkungszusammenhangs von polemisch charakterisiertem medialen Lernangebot und entsprechender kindlicher Erfahrung überlaut:

> *„Die Welt (...) erscheint verkleinert, zerstückelt, an- und abstellbar, in absurder Mischung, ohne Zusammenhang in sich und erst recht mit ihr. Dabei ist sie aufregend, extrem, glanzvoll und elend, übertrifft in allem meine kleine erlebbare Umwelt und macht sie unbedeutend. (...) Die Inhalte treten hinter der Machart zurück. Die Berechnung, mit der das Fernsehprodukt gemacht worden ist, löst Berechnung aus; der errechnete Adressat und seine errechneten Wahrnehmungsgewohnheiten und Vorlieben werden bestärkt – also der Durchschnitt; weil der durchschnittliche Fernseher eine Einstellung von mehr als 35 Sekunden nicht erträgt, darf keine Szene länger dauern als 35 Sekunden. Wenn die so ‚geprägten' Kinder dann in der Schule Konzentrationsschwierigkeiten haben – wen wundert's?"* (v. HENTIG 1975, S. 33f.)

Wer heute 21 bis 31 Jahre alt ist, kann an der eigenen Lebensgeschichte überprüfen, ob diese Grundstruktur-Diagnose v. HENTIGS von 1975 auf die eigene Fernseh-Kindheit zutrifft. Übrigens fiele es mir nicht schwer, über meine eigene Radio-, Zeitungs- und Kinokindheit ein ähnlich vernichtendes Vorurteil des Zerstreut- und Zerfasertseins zu fällen. Nein, der Blick des Erziehungswissenschaftlers auf den Kontext Kind und Medienwelten ist bei v. HENTIG schlicht dadurch verstellt, daß sein Urteil über die Grundstruktur medialen Lernens von vorneherein feststeht. Er fragt – ähnlich wie POSTMAN – noch nicht einmal nach der Wirkung medialer Kommunikation, weil er sie schon kennt und kann deshalb zur pädagogisch entscheidenden Frage nach der Bedeutung von Medien im Kontext ihrer Nutzung und also des Erfahrungsgewinns von Kindern gar nicht vordringen.

Am Rande sei nur bemerkt, daß v. HENTIG ein Jahr nach dem Erscheinen von Neil POSTMANS „Das Verschwinden der Kindheit" seinerseits ein Buch auf den Markt warf – Untertitel: „Ein Pädagoge ermuntert zum Nachdenken über die neuen Medien" – mit der POSTMAN-Steigerung im Obertitel: „Das allmähliche Verschwinden der Wirklichkeit" (v. HENTIG 1984). Klar, je mehr ich meinen Blick verenge auf das sich in der Tat potenzierende Angebot medialer Kunstwelten auf Fernseh- und Computerbildschirmen und nicht zugleich schaue auf die sich ändernden Nutzungsformen, auf die sich ändernden Weisen der Integration von Medien im Arbeits- und Freizeitalltag der Nutzer – desto mehr bin ich bestürzt über die zunehmend medien-geprägte andere Erfahrung von Welt bei Kindern und Erwachsenen heute.

Was weiß ich über meine „Medien-Kindheit"? War sie überhaupt eine „Medien-Kindheit"? Ich kann im nachhinein schlecht ausrechnen, wieviele Minuten-Anteile am Tag ich mich mit Medien und nur mit ihnen beschäftigte – bin mir allerdings ziemlich sicher, daß auch meine 50er-Jahre-Kindheit auf eine Mediennutzungsdauer kommt, die sich unwesentlich von der Mediennutzungsdauer von Kindern heute in Mittelschichtfamilien unterscheidet. Wichtiger wäre ein Vergleich des Mediennutzungsprofils und dies wiederum im Kontext der familialen, direkten Kommunikation. Mein Mediennutzungsprofil als Kind war abwechslungsreich und gleichsam kritisch durchkreuzt von den Gesprächs- und Handlungskontexten der Erwachsenen und mit den Erwachsenen. Natürlich: Als Kind, das zwischen Druckmaschinen und Buchbindertischen hin- und herläuft, muß mir das Gemachtsein bedruckten Papiers zumindest sehr früh klargewesen sein. Insofern war ich privilegiert. Aber ich hatte als Kind nicht den Eindruck, daß meine Gleichaltrigengruppe naiver als ich mit den Tarzan- oder Sigurdcomics umging. Das waren eben spannende Bildergeschichten, von denen wir als Kinder sofort wußten, daß sie eine Art Verlängerung des Sagen- und Märchenrepertoires waren.

Und dies nationalsozialistische Zigarettenbilder-Album zur deutschen Geschichte mit seiner raffinierten Bild-Text-Mischung? Im nachhinein: Die Bilder waren wohl stärker als der NS-gefärbte Interpretationstext; sie waren sozusagen auch für andere Interpretationen offen, die über die Schule und über andere historische Bild- und Erzähltexte sich in meinem Kopf einstellten. Im wesentlichen waren es die Kontrasterfahrungen zwischen den einzelnen medialen Vermittlern, durchkreuzt vom Gespräch mit der älteren Generation, was mir Anstöße zum eigenen Querdenken im Blick auf die Medienumwelt meiner Kindheit ermöglichte.

Was wissen wir über die „Medien-Kindheit"? Meine radikale, nämlich autobiographische Verengung dieser Fragestellung mag deutlich gemacht haben, daß Wissen über „Medien-Kindheit" auch wissenschaftlich nur dann erschließbar ist, wenn wir über den Kontext von Medien und aus ihnen Erfahrung gewinnenden jungen Menschen nicht von den Medien aus denken und Wirkungen einfach unterstellen, sondern wenn wir genauer hinschauen. Zugespitzt: Wissen über die „Medien-Kindheit" können wir nur dann erreichen, wenn wir mindestens neben die Frage „Was machen die Medien mit den Kindern?" die Frage „Was machen die Kinder mit den Medien?" stellen – und uns als Eltern oder als Pädagogen dazu noch fragen, ob wir eigentlich die medialen Lernprozesse der Kinder unterstützen oder womöglich durch unbedachte Eingriffe stören.

Forschungshistorisch gesehen ist dieser Wechsel des medienpädagogischen Blicks nichts Aufregendes. In dieser Vorlesung habe ich nichts anderes vorgeführt als den Kontrast zweier extrem auseinanderliegender Forschungsmodelle. Ich habe die medienzentrierte Wirkungsforschung zum Thema Kindermedien gegen den medienbiographischen Ansatz der Erforschung medialer Lern- und Bildungsprozesse ausgespielt.

Natürlich kann der medienbiographische Ansatz nicht beanspruchen, ausschließlich die besten Informationen über kindliche Lernprozesse im Umgang mit Medien zu liefern. In den letzten eineinhalb Jahrzehnten hat sich bei uns, angeregt von US-amerikanischen Studien, eine qualitative empirische Forschung zum kindlichen Medienkonsum und die ihm impliziten Lernprozesse entwickelt, die wichtige Einsichten in die Struktur kindlichen medialen Lernens präsentiert hat.

An die Stelle des einsinnigen Wirkungsbegriffs ist der Blick des Sozialforschers nun auf das Kenntnis- und Fähigkeitspotential gerichtet, welches sich beim Fernsehen der

Kinder offenbar wie von selbst einstellt. Das Konstrukt, welches intensive Blicke auf den kindlichen Lernprozeß erlaubt, heißt „TV-Literacy", im Deutschen „Film- und Fernseh-Lesefähigkeit". Je früher ein Kind die Grundelemente der Bildersprache – Schnitt, Zoom, Abblende, Fahrt – in ihrem Bedeutung erzeugenden Zusammenspiel erkennt, ist dann auch der nächste Schritt jener Lesefähigkeit möglich: das Erkennen von „Formaten", also das Erkennen von Film- und Fernsehgenres, welches Erwartungen an die Verläufe der Handlung möglich macht. Anders: Seit Sesame Street in den USA als flächendeckendes Vorschulprogramm solche Lesefähigkeit tönender Bilder befördert hat, ist gleichsam das aufmerksame Mitdenken von Kindern an Bildschirmen, ihr kommentierendes, geradezu spielerisches Verhalten öfter auffällig – das zeigen deutlich viele Fallstudien (Vgl. z.B. GREENFIELD 1987).

In Deutschland haben vor allem die Arbeiten des Familienberaters und Medienforschers Jan-Uwe ROGGE den Blick freigemacht auf das wirkliche Fernseh-Nutzungsverhalten von Kindern. Während in Amerika insbesondere die kognitive Seite jener sich entwickelnden Film- und Fernsehlesefähigkeit erforscht wurde, interessiert sich Rogge für das ganzheitliche Erleben der Kinder im Blick auf ihre tönend-bewegten Filmerfahrungen.

> *„Kinder gehen mit vielfältigen positiven wie negativen, erfreulichen wie verunsichernden Alltagserfahrungen, mit einem Vorwissen, mit präzisen oder weniger klaren Vorstellungen an Sendungen heran. Sie weisen den Helden die unterschiedlichsten Bedeutungen zu. (...) Kinder setzen die Helden zu aktuellen Sorgen und Sehnsüchten, momentanen Befindlichkeiten oder auch überdauernden Freuden oder Leiden in Beziehungen. Das, was Kinder aus einem Fernsehhelden für sich herausholen, wie sie ihn interpretieren und für sich vereinnahmen, hat häufig mehr mit ihren eigenen Erfahrungen zu tun als mit den Absichten, die ein Drehbuchautor oder Regisseur in seine Arbeit hineingelegt hat."* (ROGGE 1990, S. 17).

Natürlich bestreitet auch ROGGE nicht, daß das Angebot der öffentlichen Medien an Stereotypen das Verhalten der Kinder beispielsweise beim Geschlechtsrollenerwerb oder bei ihrer Entwicklung einer bestimmten Sichtweise von Welt oder des Verständnisses von Gewalt mitprägt. Indessen gilt der pädagogische Blick des Erforschers kindlicher medialer Lernprozesse solchen Momenten, wo sich bereits kindlicher individueller Eigensinn in der Verarbeitung von Medienangeboten zeigt. Es kann ja sein, daß die „Medien-Kindheit" heute eher durch das Hilflos-Sein der mit den medialen Lernprozessen konfrontierten Erwachsenen geprägt ist, die durch das angebliche Ausgeliefert-Sein der Kinder verstört sind.

Andererseits: Ich möchte nun auch nicht als naiver Medienoptimist in Erinnerung behalten werden. Es besteht für mich kein Zweifel, daß der Begriff „Medien-Kindheit" heute deutlicher als zur Zeit meiner Kindheit seine aufklärende Berechtigung hat. Nur darf er nicht dazu benutzt werden, ausschließlich ein medienasketisches pädagogisches Kontrastprogramm zu begründen, beschränkt auf Tafel und Kreide, Unterrichtsgänge in den Wald und in die nächste Sattlerei, Lateinunterricht und Zeichnen mit der Skriptolfeder.

Daß „Medien-Kindheit" heute anders ist und noch nie so war, liegt, im Binnenverhältnis von Kindern und Medien, natürlich nicht an den Kindern. Die Änderung der „Medien-Kindheit" liegt im sich wandelnden Mediennutzungsverhalten der Familien, also der Erwachsenen und liegt am größeren Raffinement der marketing-geleiteten Medienverbundsysteme. Ich möchte diese These nur mit zwei Hinweisen veranschaulichen.

Das isoliert genutzte Medium – der in seinen, im Arbeitszimmer plazierten Computer vernarrte Vater oder die rigide durch die Programme zappende Mutter: Solches kommunikativ isolierend genutzte Medium darf kein Anregungsmodell für Kinder sein. Medien sind Kommunikationsmittel, die ihrerseits kommuniziert werden müssen, damit reflexive Erfahrungen mit ihnen möglich werden.

Das Durchschießen der öffentlichen Medien mit den Werbeblöcken aus der Warenwelt, die schwieriger werdende Unterscheidung von redaktionellem und werblichem Teil bei den privaten und zunehmend den öffentlich-rechtlichen Fernsehsendern, die Durchkommerzialisierung, das Sponsoring als Prinzip aller Kultur: Das alles halte ich für nur noch mühsam durchschaubar für Erwachsene und für Kinder. Wenn jeder nur noch nach Imagekonzepten und Marketingstrategien auch für die eigene Person lebt – dann wird es zunehmend schwieriger, eine eigensinnige Identität als Kind wie später als Erwachsener zu finden.

In Steven SPIELBERGS genialem Kassenschlager „Jurassic Park" (SHAY/ DUNCAN 1993) sind es die Kinder, die trotz der angsteinflößenden, ausgebrochenen Dinosaurier den kühlsten Kopf bewahren. Sie haben ein Recht auf Optimismus trotz und zugleich wegen ihrer „Medien-Kindheit".

Olaf-Axel Burow

Was wissen wir über „Bedrohungskindheit"?

Zukunftserwartungen und Ängste einer Kindheit im Angesicht der Risikogesellschaft

1. Nach der postmodernen Beliebigkeit ein Aufguß der politischen Konfliktpädagogik im ökologischen Gewand?

„Wenn es keine Zukunft mehr gibt oder keine mehr geben könnte, dann hat Pädagogik keine Grundlage mehr. Eine rein gegenwartsbezogene Pädagogik kann es nicht geben. Es ist deshalb die grundlegende Aufgabe aller Erziehung, der öffentlichen wie der privatfamiliären, die Voraussetzungen für die Möglichkeit von Zukunft überhaupt zu verteidigen." (PREUSS-LAUSITZ).

Vielleicht fragen Sie sich, was dieses Zitat soll. Gibt es nicht nur längstbekannte Binsenweisheiten wieder? Denn wer wollte bezweifeln, daß es ohne die Perspektive einer lebenswerten Zukunft keine sinnvolle Pädagogik geben kann? Und natürlich behaupten Pädagogen immer schon, darauf abzuzielen, heranwachsende Generationen im Hinblick auf die Gestaltung einer besseren Zukunft auszustatten. Selbstverständlichkeiten, so scheint es, und doch geht PREUSS-LAUSITZ einen Schritt weiter, indem er nämlich in seinem neuesten Buch implizit behauptet, daß nicht allein diese Ausstattung, sondern darüberhinaus das präventive, politisch engagierte Eingreifen in gegenwärtige Zustände mit dem Ziel der aktiven Zukunftssicherung Aufgabe der Pädagogik sei. Die Aufgaben der Pädagogen in der Risikogesellschaft beschränken sich demnach nicht nur auf zukunftsorientierte Bildung und Erziehung, sondern darüberhinaus auf die Ermöglichung von Formen eingreifender Zukunftsgestaltung (vgl. BUROW 1992 1994), auf die Ausbildung einer in einer öko-sozialen Ethik verankerten Haltung des

„biophilen" (vgl. FROMM 1985) Engagements für das Leben, die schon im pädagogischen Prozeß in entsprechenden Handlungsvollzügen praktisch-politisch eingeübt wird.

Stellt dieses Bildungskonzept nicht nur einen ökologisch verbrämten Rückfall in die politisierte Konfliktpädagogik der Achtundsechziger dar? Folgt also dem Abschied von der unkritischen sozialwissenschaftszentrierten Fortschrittsgläubigkeit der siebziger Jahre und der auf die Desillusionierung folgenden postmodernen Beliebigkeit der achtziger nun ein neuerlicher Aufguß politischer Pädagogiken, diesesmal unter ökologischen Vorzeichen? Und wenn ja, wie ist das sich darin äußernde Bildungsverständnis zu bewerten? Deutet sich in der Aufforderung zur eingreifenden Zukunftssicherung etwa nicht ein neuerlicher pädagogischer Größenwahn an? Denn warum sollten ausgerechnet Pädagogen, die schon mit der Verbesserung von Schule und Unterricht überfordert sind, nun auch noch Vorreiterfunktion in der offensichtlich kaum zu meisternden ökologischen Krise übernehmen? Und stimmen denn überhaupt die Voraussetzungen, aus denen sich diese Pädagogik des ökologischen Engagements legitimiert, oder wird hier Pädagogik wieder einmal funktionalisiert für die Interessen apokalypsefixierter Katastrophentheoretiker? Sollte sich Pädagogik nicht endlich von der Zumutung, alle möglichen gesellschaftlich verursachten Probleme lösen zu sollen, befreien und sich insbesondere davor hüten, vor den Karren politischer Interessen gespannt zu werden?

2. Wir wissen immer besser Bescheid über die Lage der Umwelt, aber wollen wir dieses Wissen wirklich?

Die Auseinandersetzung mit der Bedrohungskindheit ist nur sinnvoll möglich, wenn wir uns mit unserem eigenen Umgang mit der Bedrohung auseinandersetzen. Bevor ich einige Fakten zur Bedrohungskindheit darstelle, möchte ich Sie deshalb zu einem kleinen Experiment einladen. Dieses Experiment soll es Ihnen auch erleichtern, einen besseren kognitiven und emotionalen Zugang zum nachfolgenden Text zu erhalten. Sie benötigen dafür ca. fünf Minuten.

Setzen Sie sich bitte entspannt hin und lassen Sie einige Minuten Gedanken und Bilder vor Ihrem inneren Auge ablaufen, die Ihnen kommen, wenn sie an den gegenwärtigen Zustand der Welt und insbesondere die Lage der Umwelt denken. Wie sieht die Situation zur Zeit aus, für Sie persönlich, für unser Land, für die Welt? Welche Entwicklungen zeichnen sich ab?

Wenn Sie eine Weile den Bildern und Gedanken gefolgt sind, dann versuchen Sie sich bitte ein Symbol vorzustellen, das Ihre Vorstellungen, Bilder usw. in einem Zeichen, einer Farbe, usw. verdichtet. Malen Sie dieses Symbol bitte auf ein Blatt und versehen Sie das entstehende Bild mit einem Titel, den Sie darunter schreiben.

Was soll diese kleine Übung? Natürlich weiß ich nicht, was Ihnen eingefallen ist. Aber ich kann meine langjährigen Eindrücke aus Fortbildungsseminaren zur ökologischen Bildung mitteilen. In der Mehrzahl wählen PädagogInnen bedrückende Motive, die eine erschreckende Situation der Umwelt anzeigen: Schwarze und graue Farben einer leblosen Welt, die im Müll versinkt, herrschen vor. Vergleichsweise selten finden sich optimistische, Lebensfreude ausstrahlende Symbole. Die intuitive und spontane Einschätzung ist überwiegend düster. Nun könnte man vermuten, das läge an katastrophenartig übertriebenen einseitigen Presseberichten oder gar am Heimlichen Lehrplan solcher Ökologieseminare. Ich muß Sie enttäuschen. Dies kann nicht der Hauptgrund für das Überwiegen negativer Einschätzungen sein. Der Hauptgrund liegt vielmehr im erschreckenden Zustand unserer Umwelt selbst, die wir MEYER-ABICH (1988) zufolge besser „Mit-Welt“ nennen sollten, da sie ja nichts von uns „Getrenntes“ ist, sondern wir ein Teil von ihr sind.

Bei der Auswertung dieser düsteren Motive gibt es ein Paradox: Über die Zukunftsperspektiven unserer Gesellschaft befragt, sehen nur wenige die Chance für ein radikales Umsteuern, glauben nur wenige daran, daß wir in der Lage sind, etwa die 1981 von Erhard EPPLER beschriebenen „Wege aus der Gefahr“ zu begehen, oder den vom amerikanischen Vizepräsidenten Al GORE (1992) jüngst vorgeschlagenen „Globalen Marshallplan für die Umwelt“ einzuleiten. Obwohl die Perspektiven für das eigene Leben optimistisch eingeschätzt werden, wird die Entwicklung des Planeten düster prognostiziert. Wie erklärt sich dieses logische Paradox?

Die Religionsphilosophin Dorothee SÖLLE (1986) sieht eine zentrale Ursache in unserer Tendenz, die eigene Bedrohung zu verleugnen, in unserer Angst vor Kontrollverlust. Da es den aufgeklärten Mittelschichten in den entwickelten Industriestaaten an einer Vision mangele, die dem Projekt des Todes der technisch-industriellen Megamaschine entgegenzusetzen wäre, bleibe der Mehrzahl nur die Flucht in die Verleugnung oder Zynismus als Abwehr. Auch wenn wir uns mit Katastrophenbildern konfrontieren, so vermeiden wir doch immer häufiger, uns von ihnen emotional betreffen zu lassen, mit der Folge, daß wir immer mehr abstumpfen und fatalistisch den Lauf der Dinge hinnehmen. Die geistige Situation der Mittelklasse der ersten Welt bezeichnet SÖLLE als „overeducated“ und „underpowered“. SÖLLE wörtlich:

„Wissen bedeutet uns nicht, wie in der Arbeiterbewegung des 19.Jahrhunderts Macht, sondern tiefe, bittere Ohnmacht. Sich der eigenen Lage bewußt zu sein, national und international, hat bei uns ein Moment verzweifelter Drogenabhängigkeit: Wir überbieten einander an Katastrophen-Wissen. Wissen ist zwar notwendiger denn je, weil man radioaktive Strahlen nicht hört, sieht, schmeckt, oder riecht, aber unser Wissen schmeckt nur nach Tod. Diese Situation der Ohnmacht, der alltäglichen Machtlosigkeit gegenüber Faltfliegern, verstrahlten Pilzen und apartheidsverseuchtem Obst aus Südafrika ist unerträglich und zwingt uns zu verdrängen. Lieber verleugnen wir das Wissen und stellen uns tot, als daß wir die eigene Ohnmacht ertrügen." (SÖLLE 1986, S. 112 ff.).

Zu dieser Verleugnungstendenz gehört auch, daß kaum noch einer die bedrohlichen Fakten zur Kenntnis nimmt, wie sie etwa den neueren Berichten des CLUB OF ROME (1988, 1990) zu entnehmen sind oder in den Arbeiten namhafter Wissenschaftler wie MEYER-ABICH (1988), RAMPHAL (1992), U. v. WEIZSÄCKER (1993) auftauchen und die nicht zuletzt in den jährlich herausgebenen Trendmeldungen des World-Watch-Institutes (BROWN 1992) bilanziert sind. Ja, längst gibt es staatliche Strategien, Umweltwissen zu vertuschen, was sich etwa darin zeigt, daß im Angesicht wachsender Waldschäden vom „Umweltminister" der jährliche Waldschadensbericht abgeschafft und in einen dreijährig publizierten „Waldzustandsbericht" umgetauft wird, obwohl er doch zutreffend Waldsterbensbericht heißen müßte. Gerade jetzt in der Krise wird der von aufgeklärten Managern publikumswirksam propagierte „Kurswechsel", so der gleichnamige Bestseller von SCHMIDT-HEINY (1992), verzögert und werden mit kurzsichtigen Kostenargumenten Umweltschutzinvestitionen storniert sowie ökologisch notwendige Umdenkungsprozesse sogar rückgängig gemacht.

Und so ist es keinesfalls polemisch oder überspitzt, wenn ich anknüpfend auch an die Untersuchungen des Berliner Arztes und Psychoanalytikers Horst PETRI (1992), des Toxikologen Otmar WASSERMANN (1993) sowie des Soziologen Ullrich BECK (1988) konstatieren muß, daß die Erwachsenengeneration in der Frage der Sicherung einer lebenswerten Zukunft fast vollständig versagt. Ja, schlimmer noch: Es ist keinesfalls eine Übertreibung, wenn Petri aufgrund der detaillierten Auswertung medizinstatistischer Daten über umweltbedingte Erkrankungen die These vertritt, daß die Gesellschaft einen verdeckten Krieg gegen ihre Kinder führt. Nicht genug, daß Millionen von Kindern Opfer von Gewalt und Krieg sind, daß in Weißrußland ca. 160 000 Kinder lebenslang an den Folgen von Tschernobyl leiden, von denen schon heute Tausende an Krebs erkrankt sind; darüberhinaus kann man von „vergifteter Kindheit" sprechen, so jedenfalls PETRI (1993). Ich will Ihnen die bedrückenden

Details entsprechender Untersuchungen ersparen – man kann sie nachlesen – und will mich hier vielmehr der Frage zuwenden, was diese neue Form der Bedrohungskindheit für die psychische Entwicklung von Kindern und Jugendlichen bedeutet. Sie haben eingangs erfahren, wie Sie selbst die gegenwärtige Situation der Umwelt sehen. Ich schlage Ihnen jetzt ein zweites Experiment vor: Versuchen Sie sich vorzustellen, was Kinder und Jugendliche malen, wenn man sie mit einer ganz neutralen Frage dazu auffordert, sich die Welt in hundert Jahren vorzustellen. Machen Sie sich bitte einige Notizen, bevor Sie weiterlesen.

3. Wie sich Kinder und Jugendliche die Welt in hundert Jahren vorstellen

Lange Zeit gab es so gut wie keine Untersuchungen darüber, wie Kinder und Jugendliche auf die wachsende öffentliche Sensibilität gegenüber der Bedrohung unserer Lebensgrundlagen reagieren, wie sie die Berichterstattung über die negativen Konsequenzen unserer expansionswütigen Risikozivilisation verarbeiten. Dabei ist zu beachten, daß Bedrohungswissen zumeist Wissen aus zweiter Hand ist, an das man glauben muß, weil die Bedrohung – wie etwa im Fall der radioaktiven Strahlung – zunächst weder spür- noch sehbar ist und viele der Konsequenzen sich erst aus in die Zukunft verlängerten Trendprognosen erschließen lassen. Da diese aber – wie alle Prognosen – mit vielen Unwägbarkeiten versehen sind, entsteht häufig ein Glaubenskrieg über den Grad der Bedrohung. Obwohl sich die Mehrzahl der Experten einig darüber ist, daß die gegenwärtige Lebens- und Wirtschaftsweise der entwickelten Industriestaaten auf die progressiv voranschreitende Vernichtung des Lebens bzw. unserer Lebensgrundlagen abzielt, ist die Öffentlichkeit doch zugleich auch verunsichert aufgrund von verharmlosenden Prognosen interessierter Kreise. Ja, wir alle gehören mehr oder minder zum Kreis der Verleugner und Verharmloser, da wir offenbar weder willens noch fähig sind zu einem grundlegenden Umsteuern. Wie schätzen nun Kinder und Jugendliche, die Bedrohung ein, die sie wie keine andere Gesellschaftsgruppe betrifft.

Unser Wissen darüber ist eher zufällig und der Mangel an entsprechender Forschung wirft ein bedenkliches Licht auf die Prioritätensetzung der Erwachsenengeneration. 1981 stellte der Kölner Kunstlehrer Johannes MUNKER (vgl. MUNKER 1985; BAY 1987) einer Schulklasse im Kunstunterricht eine scheinbar harmlose Aufgabe: Seine Schüler der sechsten Klasse sollten ein Bild der Welt in hundert Jahren malen. Der Themenvorschlag war aus den Reihen der Kinder gekommen. Der Lehrer nahm keinerlei Einfluß auf die Gestaltung, außer der Vorgabe, daß es sich um eine Bleistiftzeichnung handeln sollte. Das Ergebnis war erschütternd und trat unerwartet eine

Lawine los, die Anstoß geben sollte zu einer Reihe detaillierterer Untersuchungen. Fast ausnahmslos malten die SchülerInnen Schreckensbilder einer apokalyptischen, in Krieg, Naturzerstörung und chaotischer Technisierung untergehenden Welt (vgl. MUNKER 1985, S. 7).

MUNKER organisierte eine Ausstellung der Arbeiten in der Schule. Wie reagierten seine KollegInnen? Wie reagierten die Eltern auf die Bilder ihrer Kinder? Waren sie erschreckt, bestürzt? Nahmen sie diese Schreckensvisionen als Anlaß, mit ihren Kindern über dieses Thema zu reden? Weit gefehlt. Zunächst herrschten Betroffenheit und Ungläubigkeit vor, doch dann kam es zu heftiger Kritik. Einige beschwerten sich beim Rektor über diesen Lehrer, der doch die Kinder mit seinen Katastrophenphantasien verhetzt haben mußte, denn normale Kinder malten eine intakte Umwelt. Die Angriffe gipfelten in der Forderung, die Kinder sollten Blumenwiesen malen, um die irregeleiteten und verwirrten Seelen durch die Bilder einer heilen Welt wieder ins Gleichgewicht zu bringen. Munker ließ sich aber durch dieses Kreuzfeuer schwerster Kritik nicht beirren und führte seinen Kunstunterricht in fünf weiteren Klassen mit 11-13-jährigen durch. Die Aufgabe lautete dieses Mal, je ein Bild von der erwarteten und eines von der erwünschten Zukunft zu malen. Die Schüler sollten zusätzlich erläuternde Kommentare schreiben. Wie sah das Ergebnis dieses Mal aus? Die überwiegende Mehrzahl der Kinder beschrieb im ersten Bild eine von Aufrüstung, atomarer Verwüstung und steriler Übertechnisierung zerstörte Lebenswelt. In den Wunschbildern der Zukunft entwarfen sie eine friedliche Welt, fast ohne Technik, in der Tiere, Planzen und eine intakte Natur im Mittelpunkt standen.

MUNKER machte dabei eine überraschende Beobachtung: Trotz der Arbeit an diesen bedrohlichen Zukunftsszenarios herrschte im Zeichensaal eine freudige, engagierte und ausgelassene Stimmung. Hier ergibt sich ein erster Hinweis über den Umgang mit Bedrohungsängsten: Ihr Ausdruck in kreativen Materialien, das offene Reden über die Befürchtungen, die Auseinandersetzung mit den häufig unterdrückten und tabuisierten Ahnungen scheint katarrhalische Wirkungen zu haben. Munker meint:

> *„Die Darstellung des Schrecklichen bedeutet für den kindlichen wie den erwachsenen Zeichner nicht Entmutigung oder Brutalisierung, sondern psychische Entlastung, Bann des Schreckens und Verarbeitung der Angst.“* (MUNKER 1985, S. 8).

Er sieht die Arbeiten der Schüler als Anklage an die Erwachsenengeneration:

Diese Bilder

> *„...verdichten Anschauungen der Welt, in der wir heute schon leben, so ungeschminkt und so wenig von Verdrängung entstellt, wie wohl nur Kinder das vermögen... Diese Bilder sind ein Spiegel, in dem wir unser eigenes Bild erblicken, als das Bild einer Welt, die unser Werk ist. Das Spiegelbild von Kinderhand ist erschrekkend klar, aber überraschen kann es in seiner Hellsichtigkeit nur den, der Kinder in der unerhört präzisen Wahrnehmung ihrer Umwelt unterschätzt."* (MUNKER 1985, S. 8).

In der Folge wurden ähnliche Versuche von verschiedenen Institutionen (z.B. Schreibwettbewerb der IG Metall 1988) durchgeführt, die alle zu dem Ergebnis kamen, daß die Angst vor dem Verlust einer intakten Umwelt zu den wichtigsten Bedrohungsängsten unserer Kinder gehört und daß eine Mehrzahl der Kinder in eine düstere Zukunft schaut, die sie ängstigt. Mittlerweile liegt ein reichhaltiges Material von bildnerischen Gestaltungen, Aufsätzen, Geschichten, Briefen, Tagebüchern, Interviews, Träumen usw. vor, das selbst den reißerisch anmutenden Titel eines neueren Greenpeace-Magazins „Wenn Kinder Trauer tragen" (3/1993) als angemessene Beschreibung erscheinen läßt.

Empirische Untersuchungen belegen diesen Eindruck. In einer repräsentativen Studie des Landes Niedersachsen von 1984, in der 5.307 Jugendliche zwischen 14 und 21 Jahren nach zehn verschiedenen Zukunftshoffnungen und -ängsten befragt wurden, stand die Angst vor Umweltzerstörung mit 77% an erster, die Angst vor einem Atomkrieg mit 61% an zweiter Stelle. Wie PETRI (1992, S. 82) ausführt, schlagen sich diese Ängste auch bei der Frage nach persönlichen Interessen nieder. Bei 23 möglichen Interessen wählten 74,5% der Jugendlichen „Umwelt- und Naturschutz" an erster und „Frieden in der Welt" an zweiter Stelle. Der technische Fortschritt wurde von 71,4% negativ gesehen, während nur 25,5% meinten, daß der technische Fortschritt den Menschen mehr Freiräume schafft und ihr Zusammenleben erleichtert.

1985 führte PETRI eine bundesweite Befragung mit 3.499 Jugendlichen zwischen neun und achtzehn Jahren zu ihren Zukunftshoffnungen und -ängsten durch, die Munkers Interpretation bestätigt und eine überraschende Perspektive weist. An erster Stelle stand die Angst, „daß ein Atomkrieg ausbricht" (66%), an zweiter Stelle (63%), „daß meine Eltern sterben", an dritter Stelle (55%), „daß die Umweltzerstörung noch schlimmer wird", an vierter Stelle (43%), „daß immer mehr Menschen in der Welt verhungern". 37% befürchteten ein Jahr vor Tschernobyl, „daß ein Atomkraftwerk explodieren könnte", und weitere 23% hatten davor „etwas Angst." PETRI bilanziert:

„Nach der Katastrophe (von Tschernobyl) hat uns das Ergebnis die etwas unheimliche Frage aufgedrängt, wer denn eigentlich in unserer Gesellschaft die notwendige Klarsicht und Gefühlsbereitschaft besitzt, um künftige Katastrophen vorauszuahnen, und auch die Frage, wer definiert, was Begriffe wie Realitätstüchtigkeit und Realitätsprüfung meinen." (PETRI 1992, S. 84).

Sind also Kinder und Jugendliche, weil sie noch offener und unverbildet sind, weniger Verleugnungs- und Abspaltungsstrategien entwickelt haben, sensible Indikatoren für fehlerhafte Entwicklungen unserer Risikozivilisation? Brauchen wir also – wie im Kindergipfel der Zeitschrift „Natur" versucht – eine Politikberatung durch Kinder, weil nur sie noch in der Lage sind, die nötige Sensibilität für das Wahrnehmen der Bedrohung zu entwickeln? So absurd manchem diese Fragen scheinen mögen, so werden sie doch ausgerechnet durch die Shell-Jugendstudie (JUGENDWERK DER DEUTSCHEN SHELL 1992) bestätigt:

„Die düstere Zukunftssicht der westdeutschen Jugendgeneration 1981 hat sich lebensgeschichtlich nicht fortgesetzt. Zehn Jahre später, 1991, teilen ihre Angehörigen als junge Erwachsene den dominant optimistischen Zeitgeist der Jüngeren. Sahen damals 57% düster in die Zukunft, sind es heute noch 29%." (JUGENDWERK DER DEUTSCHEN SHELL 1992, S. 216).

Dieser von der Jugendstudie behauptete Trendwechsel zum Positiven bedeutet keineswegs eine Entwarnung, ist er doch in engem Zusammenhang mit einem dramatischen Anwachsen der Politikverdrossenheit bei älteren Jugendlichen und einer deutlichen Steigerung des Engagements bei den Jüngeren zu interpretieren. Dieser Trendwechsel deutet, auch im Zusammenhang mit neueren Untersuchungen zu Zukunftsängsten, vielmehr auf eine Zunahme von Verleugnungsmustern schon im Jugendalter hin, denn:

„Düstere Zukunftsaussichten wurden verabschiedet – aber auch das damit verbundene Engagement. Zwar stehen soziale Bewegungen und unkonventionelle politische Aktionsformen wie Bürgerinitiativen oder Unterschriftenaktionen bei fast allen Jugendlichen in hohem Ansehen. Die Befürwortung von straßenbezogenen Aktionen wie (genehmigte) Demonstrationen und das Aufhalten des Verkehrs hat sogar zugenommen. Die sozialen Bewegungen haben aber an mobilisierender Kraft verloren. Als Motto könnte gelten: Soziale Bewegungen ja – aber ohne mich." (JUGENDWERK DER DEUTSCHEN SHELL 1992, S. 24).

Die erlebte Folgenlosigkeit des politischen Engagements, die Übersättigung mit Katastrophenberichten, das Erleben von Ohnmacht u.ä. mögen einen entscheidenden

Anteil an dem nachlassenden Engagement der älteren Jugendlichen und jüngeren Erwachsenen haben und eine bedenkliche desillusionierte Einpassung in die Sachzwänge des politischen Systems anzeigen. Wichtiger für unseren Zusammenhang ist aber eine weitere Erkenntnis:

> *„Die lebensgeschichtliche Verortung sozialer Bewegungen innerhalb der Jugendphase hat sich in interessanter Weise von den jungen Erwachsenen auf die jungen Jugendlichen hin verschoben."* (JUGENDWERK DER DEUTSCHEN SHELL 1992, S. 219).

Selbständige Urteils- und Geschmacksbildung werden offenbar in die ältere Kindheit vorverlagert, was sich auch in einem „erdrutschartigen" Anstieg der politischen Gesprächsfähigkeit in dieser Altersgruppe zeigt. Welche Schlüsse können wir aus diesen Daten für unser Thema, die „Bedrohungskindheit", ziehen? Waren die apokalyptischen Katastrophenvisionen etwa nur Ausdruck einer kurzen historischen Phase Anfang der achtziger Jahre, als die Friedens- und Umweltbewegung einen ungeahnten Aufschwung nahm und ihre Themen deshalb breit in den Medien und der öffentlichen Diskussion vertreten waren und damit auch die Vorstellungswelt der Kinder beeinflussen konnten? Die Anzeichen deuten auf etwas anderes hin.

Wie neuere Untersuchungen (z.B. UNTERBRUNNER 1991; GREFE/ BACHMANN 1992; GREENPEACE 1993) übereinstimmend bestätigen, sind die Zukunftsängste insbesondere von Kindern sogar noch gestiegen. Die Bilder etwa, die Unterbrunner aus ihrer Befragung mit 1100 österreichischen Jugendlichen zwischen 13 und 18 Jahren 1988/ 1989 erhoben hat, zeigen, daß die Ängste vor Krieg und Umweltzerstörung nach wie vor das Erleben von Kindern und Jugendlichen nachhaltig prägen. Unterbrunner stellt zusammenfassend fest:

> *„Zwischen österreichischen und deutschen Jugendlichen finden sich weitgehende Übereinstimmungen hinsichtlich ihrer Wünsche und Ängste zur zukünftigen Entwicklung der Gesellschaft und der Umweltsituation. Frieden und eine intakte Umwelt erachten sie als zentrale Bedingungen für ein glückliches Leben. Die Angst vor einem Atomkrieg ist zwar zurückgegangen, die Sorge um Natur und Umwelt ist aber beträchtlich gestiegen. Jugendliche beider Länder machen sich demnach um den Fortbestand ihrer gegenwärtigen und zukünftigen Lebensgrundlagen größere Sorgenlos um ihr individuelles Wohlbefinden."* (UNTERBRUNNER 1991, S. 31) .

Auch hier findet sich das Paradox, daß die Zukunftsvorstellungen der Jugendlichen bezogen auf die Entwicklung der Gesellschaft überwiegend pessimistisch sind, während die persönliche Zukunft sehr viel optimistischer eingeschätzt wird.

Wie erklärt sich angesichts solcher Ergebnisse die in der Jugendstudie behauptete Trendumkehr? Offenbar nimmt mit wachsendem Alter und dem Erfahren der eigenen Ohnmacht die in der Erwachsenengeneration und hier insbesondere bei den Führungs- und Experteneliten weit verbreitete Tendenz zu parzellierendem, abspaltendem Denken zu, weil man die dem Kontrollverlust geschuldete Angst, ganz im Sinne der oben angeführten Äußerungen Sölles, nicht ertragen kann und will. Diese Selbstspaltung hat der Psychiater R.J. LIFTON (vgl. LIFTON/ MARCUSEN 1992) anhand von Verhaltensmustern der Atomkriegsstrategen und Waffenexperten analysiert, die eiskalt den Massenmord von Millionen planen:

„Lifton erklärt solche Roheit als Folge einer psychischen Selbst-Spaltung. Ein abgespaltenes Teil-Selbst kann grauenhafte Szenarien nüchtern durchdenken oder sogar planen, ohne daß Angst, Schuldgefühle oder Mitleid mit den Opfern entstehen. Das intakte Selbst ermöglicht ein völlig normales bürgerliches Leben in der Familie und in der Gemeinde." (zitiert n. RICHTER 1993, S. 34).

H.E. RICHTER (1993) meint nun, daß wir alle in gewissem Maß von dieser Selbst-Spaltung geprägt seien, daß aber mit wachsendem Lebensalter ein zweiter Faktor hinzukäme: Nach dem Motto „Nach mir die Sintflut" denken viele von uns daran, auszunutzen, was auszunutzen geht, ohne Rücksicht auf die Konsequenzen für nachfolgende Generationen. In repräsentativen Vergleichsstudien mit dem Gießen-Test kann er nachweisen, daß seit 1975 die erwachsenen Deutschen sich selbst in Richtung auf die Entfaltung eines „egozentrischen Durchsetzungswillens bei gleichzeitigem Rückgang von sozialer Sensibilität" entwickelten. „Individuelle Selbstverwirklichung ist das Lebensziel der Zeit." Er schlußfolgert:

„Ehrlicherweise müßte die Erwachsenengesellschaft eingestehen, daß sie es ja gar nicht vordringlich interessiere, in welchem Zustand sie die Welt ihren Nachkommen hinterlassen werde." (RICHTER 1993, S. 35).

Kinder und Jugendliche haben offenbar weder dieses abspaltende Denken und Fühlen noch diese zynische Haltung in dem Maß – wie offenbar viele Erwachsene – entwickelt und sind daher offener für die Wahrnehmung von Bedrohungen. Was aber bedeutet es, wenn sie in einer Erwachsenenwelt leben, die in ihrer Mehrzahl – wie PETRI (1992) festgestellt hat – die Konfrontation mit der Bedrohungssituation vermeidet und darüberhinaus Kinder mit ihren Bedrohungsängsten allein läßt? Untersuchungen, die Unterbrunner und Petri referieren, legen die Einsicht nahe, daß unbearbeitete Ängste vor Umweltzerstörung und Atomkrieg die Persönlichkeitsentwicklung von Kindern und Jugendlichen negativ beeinflussen.

4. Wie Kinder und Jugendliche Zukunftssängste verarbeiten

Angesichts der Zunahme umweltbedingter Erkrankungen insbesondere von Kindern und Jugendlichen, aber auch angesichts der wachsenden Kenntnisse über die Gefährdung unserer Lebensgrundlagen in der breiten Öffentlichkeit stellt sich die Frage, wie die jüngere Generationen mit diesem – ihre Zukunft bedrohenden – Wissen umgeht. Wir wissen darüber noch sehr wenig und sind auf Mutmaßungen angewiesen. Der Arzt und Psychoanalytiker Horst PETRI, der sich seit Jahren in detaillierten Untersuchungen und seiner klinischen Praxis mit diesen Fragen auseinandergesetzt hat, gibt in seiner Studie „Umweltzerstörung und die seelische Entwicklung unserer Kinder" einen ersten Einblick in „psychische, psychosomatische und psychosoziale Folgen" (PETRI 1992, S. 67ff). Aufgrund der Analyse eines Schülerschreibwettbewerbs der IG Metall aus dem Jahr 1988, in dem 550 Schüler zwischen acht und 14 Jahren einen Text „Meine Zukunft" verfaßt haben, stellt er ein „erstaunlich präzises und je nach Bildungsstand unterschiedlich differenziertes Weltbild" fest.

> *„Dessen Grundstrukturen scheinen in der Wahrnehmung der Kinder etwa folgendermaßen auszusehen: Erwachsene sind egoistisch, profitsüchtig und konsumorientiert. Um ihre Bedürfnisse zu befriedigen, ist ihnen jeder Weg recht. Sofern sie die Macht dazu haben, beuten sie schwächere Menschen rücksichtslos aus und setzen ihre Interessen notfalls auch mit der Brutalität von Kriegen durch. Ebenso dient ihnen die Ausplünderung der Natur dazu, ihre Besitzgier zu stillen. Die pathologisch entgleisten Ansprüche schließen Gefühle von Verantwortung und Mitleid immer mehr aus und richten sich immer zerstörerischer gegen Menschen und Natur. Wir, die Kinder, sind davon am stärksten betroffen, weil das Zerstörungswerk sich nicht nur gegen unsere Gesundheit richtet; es setzt auch unsere Zukunft aufs Spiel. Dies ist eine Form des indirekten Krieges, den Erwachsene gegen uns Kinder führen."* (PETRI 1992, S. 93).

Mag dies auch eine streitbare und sehr polemisch zugespitzte Interpretation darstellen, so kann doch nicht darüber hinweggesehen werden, daß eine Analyse der Schüleraufsätze zeigt, wie sehr die bedrohliche Objektwelt in die heutige Kindheit einbricht:

> *„Dabei geht es nicht um eine abstrakte Angst, sondern um ganz konkrete, oft erschütternde innere Bilder und Phantasien des Zerfalls, der Entmenschlichung, der Zerstörung und der verzweifelten Ohnmacht und Resignation, die die Vision des Todes, des eigenen wie des der Menschheit, als ein langsames und qualvolles Sterben oder ein plötzliches, alles überwältigendes Ereignis einschließen. Diese inneren Bil-*

der und Phantasien sind psychoanalytisch sehr viel ergiebiger als bloße Statistiken. Die so erlebte Welt wird als versagende, feindliche, verletzende und verfolgende verinnerlicht und konfiguriert die innere Welt der „bösen Objekte". Der Grad ihrer Gefährlichkeit, das wird an der häufigsten Nennung des Sterbethemas deutlich, kulminiert in der völligen Vernichtung des Subjekts." (PETRI 1992, S. 93).

PETRI arbeitet anhand von Ergebnissen der Narzißmußforschung heraus, wie durch den Aufbau dieser Welt der „bösen Objekte" die Identität und Lebensfreude von Kindern nachhaltig verunsichert und beeinträchtigt wird. Er schlußfolgert:

„Die durch die ökologische Situation bedingte Zukunftsangst greift also nicht nur in die Regulation der Triebvorgänge und in den Aufbau des Ich, sondern auch in die Strukturbildung des Selbst, d.h. in die Ganzheit der Person ein. Vergiftete Kindheit meint daher die Gleichzeitigkeit von Umwelt- und Innenweltzerstörung...". (PETRI 1992, S. 94).

Anhand von Fallstudien zeigt er auf, in welch vielfältiger Weise Kinder versuchen, ihre Bedrohungsängste zu verarbeiten. Dabei entsteht eine überraschende Einsicht: Während sich gerade jüngere Kinder sehr intensiv mit der Umweltbedrohung auseinandersetzen, fühlen sich ihre Eltern angesichts des „gewaltigen Problemdrucks, unter dem ihre Kinder durch die gesellschaftlich-zivilisatorische Entwicklung stehen" überfordert, da sie ihre eigene Verantwortlichkeit und ihre eigene Ohnmacht spüren sowie mit Formen der Selbstspaltung reagieren. Da sie keine Strategien des Umgangs mit diesen Problemen haben, weichen sie ihnen überwiegend aus, mit der problematischen Konsequenz, daß die Kinder häufig mit ihren Bedrohungsängsten allein gelassen werden.

Eine weitere wichtige Einsicht bezieht sich auf geschlechtsspezifische Unterschiede: Während Mädchen die bedrohte Zukunft mit größerer gefühlsmäßiger Beteiligung erfahren und somit zu mehr Einfühlung, Mit-Leiden fähig sind, aber auch mehr selbst leiden, halten Jungen mehr auf emotionale Distanz und suchen abstrakt-theoretisch-rationalisierende Bewältigungsstrategien. PETRI sieht in seinen Schlußfolgerungen, um ein letztes Untersuchungsergebnis zu nennen, einen Zusammenhang zwischen dem Aufbrechen von Jugendgewalt und dem Anwachsen von Bedrohungsängsten aufgrund der Umweltzerstörung. „Bedrohungskindheit" scheint sich also vor allem in einem Verlust von positiven Zukunftserwartungen, einer elementaren Verunsicherung aufgrund der Gleichzeitigkeit von Umwelt- und Innenweltzerstörung zu äußern.

5. Wie Zukunftsängste bewältigt werden können

Nach diesem schlaglichtartigen Parforce-Ritt durch einige Aspekte der „Bedrohungskindheit" möchte ich abschließend darauf eingehen, wie Zukunftsängste konstruktiv bewältigt werden können. Dabei ist mir klar, daß wir auch hierüber noch wenig wissen und daß die Hinweise in diesem Rahmen nur einen vorläufigen Anregungscharakter haben können. Angesichts des Anwachsens der Politikverdrossenheit Jugendlicher und einer Ausbreitung von Verleugnungs- und Abspaltungsmustern wird eine zentrale Aufgabe einer Pädagogik der Zukunft darin liegen, Kindern Beistand bei der Verarbeitung ihrer berechtigten Ängste zu geben, darüberhinaus aber das Engagement zu eingreifendem Handeln zu befördern: eine Aufgabe, die die etablierte Erziehungswissenschaft bislang nur am Rande wahrgenommen hat. PREUSS-LAUSITZ stellt fest:

> *„Es ist erstaunlich, daß die Erziehungswissenschaften selbst die basale Herausforderung für ihr Geschäft noch kaum erkannt haben; der erziehungswissenschaftliche Kongreß „Bilanz für die Zukunft" von 1990 (Benner 1990) hat beispielsweise die pädagogische Relevanz der ökologischen Krise schlicht ignoriert. In der führenden Fachzeitschrift „Zeitschrift für Pädagogik" erschien nach 1981 (Fingerle 1981) bis 1992 (Heid 1992) kein eigenständiger Aufsatz zur Umwelterziehung oder zur ökologischen Bildung."* (PREUSS-LAUSITZ 1993, S. 88).

PETRIS und RICHTERS Thesen von der Tendenz zur Abspaltung finden hier eine weitere Bestätigung.

Wenn wir uns nun fragen, wie wir Kinder bei der Bewältigung ihrer Zukunftsängste unterstützen können, dann müssen wir uns also unweigerlich zunächst mit uns selbst auseinandersetzen und unsere eigenen, zum Teil zynischen und abspaltenden Bewältigungsstrategien überwinden. Keinesfalls kann es in erster Linie darum gehen, Kinder als Stellvertreter zu funktionalisieren, die etwa in Kindergipfeln und Greenteams, den Kinder-Aktions-Gruppen von Greenpeace, Politiker mit ihren Forderungen nach einer lebenswerten Zukunft konfrontieren. Kinder können nicht die Probleme lösen, die wir Erwachsenen selbst mitverursachen. Erwachsene und Pädagogen sind in der Umweltpädagogik vor allem als selbstkritische Moderatoren, als Begleiter gefordert, die die Anliegen der Kinder ernstnehmen und unterstützen und als Anstoß zur kritischen Selbstbesinnung nutzen. Dazu gehört zunächst einmal – wie H.E. RICHTER ausführt – „im Spiegel der kindlichen Angstvisionen die Unverantwortlichkeit der herrschenden Politik und die Notwendigkeit eines radikalen Wandels zu begreifen." (RICHTER 1993, S. 41).

Bei der Suche nach pädagogischen Konzepten ist sich die Mehrzahl der AutorInnen einig, daß Umweltpädagogik keinesfalls zur Katastrophenpädagogik verkommen darf. Die Auseinandersetzung mit belastenden Zukunftsperspektiven muß immer auf realistische Strategien der Bewältigung abzielen, weil ansonsten die verhängnisvolle Tendenz zu Abspaltung und Zynismus verstärkt wird. Natürlich gibt es auch Autoren wie z.B. Egon BECKER (1986), die die Fragestellung selbst in Zweifel ziehen, weil sie etwa mit Günther ANDERS argumentierend behaupten, daß die Umweltkrise so dramatisch sei, daß es eine unzulässige ideologische Verklärung darstelle, ihr mit pädagogischen Konzepten begegnen zu wollen. Ich räume die Berechtigung dieses Zweifels ein, doch enthebt er den Pädagogen nicht der Aufgabe, sich dem Problem zwar illusionslos, aber doch engagiert zu stellen.

Betrachten wir also einige Details. LEHWALD (1993) zufolge hat Zukunfts- bzw. Umweltangst drei zentrale Bestimmungsstücke:

> *„...erstens die Bedrohung durch eine angsteinflößende Situation, zweitens die Ungewißheit durch die Vieldeutigkeit der einfließenden Reize und drittens die Hilflosigkeit des Individuums aufgrund mangelnder Handlungsmöglichkeiten.“* (LEHWALD 1993, S. 46).

Dabei ist zu beachten, daß sowohl das Ausmaß der erlebten Angst individuell unterschiedlich sein kann, als auch individuell variierende Bewältigungsstrategien erlernt werden. Zukunftsängste schleichen sich langfristig ein, treten nur selten offen auf, sondern wirken eher latent. LEHWALD benennt nun drei relevante Theorien zur Angstbewältigung:

- Im Coping-Modell von LAZARUS, das sowohl Dispositionsvariablen (Persönlichkeitseigenschaften, Einstellungen, Wahrnehmungsstile) wie auch Situationsvariablen (ökologische und andere Reizbedingungen) berücksichtigt, geht es darum, mithilfe kognitiver Prozesse zu einer Neubewertung von Situationen beizutragen. Angstbewältigung soll also über kognitive Durcharbeitung des Problems gelingen.
- Im Modell von KUHL zur Lage- und Handlungsorientierung geht es vor allem darum, die Prozesse bewußt zu machen, die Handlungsfähigkeit determinieren. Während die „Lageorientierten“ KUHL zufolge Bedrohungssituationen übertrieben analysieren und sich insbesondere auf den Mißerfolg und seine Konsequenzen konzentrieren, zeichnen sich handlungsorientierte Menschen durch zielgerichtetes Verhalten zur Veränderung der gegenwärtigen Lage aus. Im Mittelpunkt ihrer Bewältigungsstrategie stehen das Streben nach Erfolg und die besondere Beachtung handlungsfördernder Emotionen.

– In der Theorie der gelernten Hilflosigkeit schließlich beschreibt SEELIGMANN Ursachen für Passivität. Hilflosigkeit ist ihmzufolge eine Konsequenz der Wahrnehmung einer Situation als nicht kontrollierbar. Ein Problem besteht nun darin, daß häufige Erfahrungen von Kontrollverlust zu der Überzeugung führen können, daß Ereignisse vom eigenen Willen unabhängig seien, auch wenn dies objektiv nicht der Fall ist.

Welche Konsequenzen ergeben sich aus diesen hier knapp skizzierten Bewältigungstheorien für eine Umweltpädagogik, die auf Angstbewältigung und die Wiedergewinnung von Handlungsfähigkeit abzielt? Die Ausführungen machen deutlich, daß eine Pädagogik, die sich zu sehr auf die Auswertung von negativen Fakten, Katastrophenberichten usw. konzentriert, im Sinne KUHLS zum Aufbau einer „lageorientierten" Haltung bzw. im Sinne SEELIGMANNS zum Erlernen von Hilflosigkeit beiträgt. Bei der Bewältigung von Zukunftsängsten sollte es also stärker um solche Vorgehensweisen gehen, die Handlungsorientierung ermöglichen und die an die Stelle der gelernten Hilflosigkeit die Ausbildung zur Fähigkeit eingreifender Zukunftsgestaltung setzen.

LEHWALD beschreibt in seinem Resümee denn auch drei konkrete Verhaltensperspektiven für das Lehrerhandeln:

1. Hilf Umweltängste durch aktives Handeln überwinden.
2. Knüpfe in der Umwelterziehung an die Wißbegier des Kindes an.
3. Berate Kinder möglichst permanent so, daß Mißerfolge produktiv verarbeitet werden.

Natürlich kann man sich fragen, ob es überhaupt ein sinnvolles Ziel ist, Umweltängste „überwinden" zu wollen. Folgt man z.B. den radikalen Analysen des Philosophen Günther ANDERS, dann ist ja die Krise des westlichen Fortschrittsmodells z.T. auch Ausdruck unserer Unfähigkeit zur Angst. Gerade in der gleichberechtigten Ausbildung unserer Gefühls- und Erfahrungsfähigkeiten sieht er eine Chance, die Folgen einer enthemmten Ratio einzudämmen, die dazu geführt hat, „...daß wir der Perfektion unserer Produkte nicht gewachsen sind; daß wir mehr herstellen, als wir uns vorstellen können; und daß wir glauben, das, was wir können, auch zu dürfen." (ANDERS 1984, S. 7).

Ökologische Bildung muß also gerade einen Schwerpunkt auf die Erweiterung unserer Gefühls- und Erfahrungsfähigkeiten legen und eine nicht-abspaltende Auseinandersetzung mit den destruktiven Konsequenzen unserer Risikokultur fördern.

Umweltängste sollten in diesem Sinne nicht „überwunden", sondern als Antrieb für konstruktives Handeln genutzt werden. Insofern beschreiten Umweltpädagogen einen schmalen Grad zwischen der notwendigen Konfrontation mit beunruhigenden Fakten und der konstruktiven Bewältigung in Form von realistischen Handlungsstrategien. Meines Erachtens steht im Zentrum für ein noch zu entwickelndes Konzept ökologischer Grundbildung die Förderung dreier basaler Fähigkeiten:

1. Kritikfähigkeit: Hierunter verstehe ich die Ausbildung der Fähigkeit, sich mit der gegebenen Situation kritisch auseinandersetzen zu können, die Ursachen analysieren zu können und vom abspaltenden, parzellierenden Denken, zu einer „ganzheitlichen" Betrachtung zu gelangen.

2. Visionsfähigkeit: Hierunter verstehe ich die Fähigkeit, sich vom linearen Sachzwangsdenken und von Denkroutinen lösen zu können, mit dem Ziel, utopiefähig zu werden. Es geht um die Ausbildung der Fähigkeit, positive Zukunftsvisionen einer demokratisch und sozial-ökologisch organisierten Gesellschaft entwickeln zu können.

3. Umsetzungsfähigkeit: Hierunter verstehe ich die Fähigkeit, eigene oder gemeinsam gestaltete Zukunftsvisionen in konkrete Handlungsschritte übersetzen zu können und handlungsfähig zu werden.

Wie sieht nun eine nicht-abspaltende pädagogische Strategie der handlungsorientierten Auseinandersetzung mit unserer bedrohten Lebenswelt aus? Wie kann man es vermeiden, in Kindern und Jugendlichen unverantwortliche Katastrophenängste zu erzeugen und wie kann man dennoch die Konfrontation mit den existentiellen Fragen unserer Gegenwart angehen? Hierauf kann es keine eindeutigen Antworten geben. Ich kann nur einige ermutigende Erfahrungen aus unserer Arbeit mit dem Konzept der Zukunftswerkstatt (vgl. JUNGK/ MÜLLERT 1989; BUROW/ RENNER 1993; BUROW/ NEUMANN-SCHÖNWETTER 1995) schildern.

Wie funktioniert so eine Zukunftswerkstatt? Freiwillig treffen sich Schüler einer zehnten Klasse an einem Wochenende, um mit uns Antworten auf ihre drängenden Fragen zur Umweltproblematik zu erarbeiten. Die Zukunftswerkstatt beginnt mit einer Kritikphase, in der die Schüler über mehrere Stunden in Bildern, Sketchen, Rollenspielen usw. ihre Kritik an der Umweltsituation ausdrücken. Die Kritikpunkte werden auf Karten gesammelt und bepunktet, so daß sich eine „Hitliste" derjenigen Themen ergibt, die die Schüler besonders bedrängen. In der zweiten, der Phantasie- oder Utopiephase, stellen sich die Schüler eine positive Welt im Jahr 2010 vor, in der viele der Gegenwartsprobleme konstruktiv und innovativ angegangen worden sind. Sie gestalten in Gruppen ihren Zukunftsvisionen und stellen sie im Plenum vor. Im

Vordergrund ihrer Visionen stehen menschen- und naturfreundlich gestaltete Lebenswelten, die die Grundbedürfnisse nach Nähe, Kontakt, Geborgenheit, Toleranz, Vielfalt usw. ausdrücken. In der dritten, der Verwirklichungsphase, entwickeln sie aus dem Jahr 2010, in Teilschritten zurückgehend, einen Umsetzungsplan, der in konkrete Forderungen an die Politik, an die Wirtschaft und an sie selbst mündet.

Was ergibt ein solches Vorgehen? In einer engagierten und lustvollen Arbeit haben sich die Schüler bedrängenden Fakten gestellt, haben sie ausgedrückt und gestaltet, haben sie den Versuch unternommen, sich eine Welt vorzustellen, die ihren Wünschen entspricht und haben sie schließlich reflektiert, welche konkreten Strategien der Umsetzung notwendig wären. Sie haben sich in Kritikfähigkeit, Visions- und Umsetzungsfähigkeit geübt. Dabei haben sie ihre berechtigten Ängste und Befürchtungen nicht abgespalten, sondern als Anstoß zur Suche nach konstruktiven Bewältigungsstrategien genutzt. Ist dies alles nur ein Spiel?

Hartmut v. HENTIG hat einmal gesagt, daß es nicht die erste Aufgabe der Schule sei, Facharbeiter auszubilden. In erster Linie gehe es um die Ausbildung von Demokraten. Ich möchte ergänzen: Es geht um die Ausbildung kritik-, visions- und umsetzungsfähiger Demokraten. Kinder und Jugendliche dürfen mit ihren Zukunftsängsten als Spiegel einer zukunftsverleugnenden Erwachsenenwelt, nicht allein gelassen werden, sondern müssen in der Fähigkeit unterstützt werden, positive Zukunftsbilder entwickeln zu können. Eine wichtige Aufgabe von Pädagogen bestände gerade darin, solche positiven Visionen zu sammeln, zu fördern, um sie der nekrophilen Katastrophenfaszination weiter Teile der Öffentlichkeit entgegenzustellen.

„Zukunftswerkstätten“, „positives Denken“, „der Pädagoge als Sammler von Visionen“ – erliege ich hier nicht einer naiven Verklärung der Möglichkeiten von Pädagogik? Und wird hier die bedrohliche Krise nicht völlig unzulässig als mit gutem Willen zu lösendes Problem verharmlost? Keineswegs! Zwar sind die kritischen Anmerkungen Egon BECKERs (1986) berechtigt. Er schreibt:

> *„Wo die Auswege auf rein pädagogischen Wegen gesucht werden, landet man mitten im Feld des Ideologischen; eine zum Problem verniedlichte Krise stößt dann die Diskurse an.“* (BECKER 1986, S. 264).

Keinesfalls geht es mir hier um eine Reduzierung der Umweltkrise auf ein pädagogisches Problem – stellt sie doch letztlich eine Krise unseres gesamten Zivilisationsmodells dar. Umgekehrt können sich aber Pädagogen nicht einfach mit den Hinweis der fachlichen Unzuständigkeit aus der Affäre ziehen. Es ist ja gerade ein Kennzeichen der ausdifferenzierten Industriegesellschaft, daß sich niemand zuständig fühlt. Wir sind aber alle zuständig. Da sich die Bedrohungssituation nicht nur auf Kinder bezieht, auch wenn diese besonders betroffen sind, sondern auf alle Mitglieder der Gesellschaft, ergeben sich Chancen für ein verändertes pädagogisches Verhältnis. PREUSS-LAUSITZ (1993) schreibt:

> *„Die ökologische Krise kann zu einem qualitativ neuen Verhältnis zwischen den Generationen führen, auch in der Schule gleichsam zu einem erneuerten "pädagogischen Bezug". Bislang wußten die Erwachsenen, was gut ist für ihre Nachkommen oder die ihnen professionell Anvertrauten. Sie hatten einen Vorsprung an Wissen, Erfahrung, Fähigkeiten und Lösungskompetenz....Nun jedoch ist eine neue Lage entstanden: Wir Erwachsenen sind von der ökologischen Krise in gleicher Weise bedroht wie unsere Kinder und unsere Lösungskompetenz scheint höchst fragwürdig, waren wir doch beteiligt am Heranführen dieser Lage. Die Bedrohung betrifft Lehrer wie Schüler; es gibt keinen pädagogischen Schonraum mehr. Die Differenz, die das pädagogische Grundmuster Erwachsener/ Kind ausmacht, löst sich unter diesem Aspekt auf... Erwachsene haben offenkundig keinen sicheren Vorsprung an Kompetenz, den sie weiterzugeben den Anspruch erheben könnten. Das schafft für die Schule eine ganz neue Lage, die zugleich eine große Chance ist: Lehrer und Schüler können von der gleichen emotionalen und existentiellen Ausgangslage her fragen, untersuchen, forschen, Antworten erproben und Alltagshandeln entwickeln."*
> (PREUSS-LAUSITZ 1993, S. 103 ff.).

Eine in diesem Sinne verstandene Umwelt- bzw. Mitweltbildung wird nur dann auf Resonanz stoßen, wenn sich die Erwachsenengeneration der Herausforderung stellt, ihre bisherigen Lebenskonzepte und die Struktur der Risikogesellschaft in Frage zu stellen; wenn sie sich aus abspaltendem Sachzwangsdenken und überholten Denkschablonen befreit und visionsfähig wird. Die neue Vision wird nichts gemein haben mit den alten Entwürfen, sondern in ein Bild der sozial-ökologisch eingebundenen, nichtausgrenzenden, nichtgleichmacherischen, akzeptierenden, lebenszugewandten, „biophilen" Vielfalt münden.

Georg Rückriem

Was wissen wir über die menschliche Ontogenese und die Bedeutung der Schule für die kindliche Entwicklung?

Vorbemerkung

Die Biologie geht davon aus, daß Entwicklung ganz allgemein und der Unterschied von Ontogenese (Individualentwicklung) und Phylogenese (Stammesentwicklung) insbesondere in der gesamten belebten Natur anzutreffende universelle Eigenschaften des Lebendigen sind. Es ist daher anzunehmen, daß dies auch für die Menschheit gilt. Deshalb soll an dieser Stelle versucht werden, die Brauchbarkeit biologischer bzw. psychologischer Kategorien zu überprüfen. Die Entwicklungskategorie bietet sich dazu in erster Linie an. Das Thema meines Beitrags heißt daher: „Was wissen wir über menschliche Ontogenese?" Damit wir uns dabei nicht in den Tiefen der Deszendenztheorie verlaufen, sondern erinnern, warum uns die Frage überhaupt im Rahmen eines erziehungswissenschaftlichen Diskurses interessieren sollte, heißt der zweite Teil des Themas: „und was bedeutet die Schule für die kindliche Entwicklung?", womit wenigstens implizit auf den Zusammenhang von Ontogenese im allgemeinen, kindlicher Entwicklung und schulischem Lernen im besonderen hingewiesen werden soll.

Damit ist zugleich die Gliederung meines Beitrags vorgegeben. Er befaßt sich mit

1. den wichtigsten Theorien der menschlichen Ontogenese und ihr Verständnis von Kindheit,
2. den in ihnen identifizierbaren Modellen des Verhältnisses von Entwicklung und Lernen,
3. deren implizierten oder expliziten Vorstellungen von der Bedeutung der Schule für das Lernen und für die Kindheit bzw. die kindliche Entwicklung.

1. Theorien der menschlichen Ontogenese und ihr Verständnis von Kindheit bzw. kindlicher Entwicklung

Zu Beginn zur Erinnerung einige Definitionen aus der Biologie:

Entwicklung
Unter Entwicklung versteht man eine prozeßhafte irreversible Veränderung, die im Unterschied zur einfachen Bewegung, welche ohne Änderung der Identität des sich bewegenden Systems abläuft, immer mit Neubildungen und gerichteter Veränderungen des Systems verbunden ist.

Phylogenese
Phylogenese oder Stammesentwicklung umfaßt die irreversible Veränderung biologischer Arten durch die Generationenfolge. („Die Begründung der gemeinsamen Abstammung aller jetzt vorhandenen Lebensformen in der Stammesgeschichte wird als Abstammungslehre oder Deszendenztheorie bezeichnet." (SCHURIG 1975, S. 707).

Ontogenese
Ontogenese oder Individualentwicklung umfaßt den Zeitraum des Gestaltwandels eines Individuums von der befruchteten Eizelle bis zum Tod.

Dabei wird das Verhältnis beider als Wechselverhältnis gesehen: Einerseits ist die Ontogenese durch den erreichten Stand der Phylogenese geprägt, andererseits ist dieser Stand der Phylogenese das Resultat einer großen Zahl von Generationen von Individualentwicklungen. Jedoch behalten beide Prozeßabläufe ihre spezifische Prozeßlogik, deren ebenfalls gesetzmäßige Verbindung durch das biogenetische Grundgesetz hergestellt wird. Dessen Formulierung durch Ernst HAECKEL in der Fassung von 1903 lautet: Die Embryogenese (Keimesgeschichte) ist ein Auszug der Phylogenese. Populär geworden ist allerdings die weit allgemeinere Vulgärfassung: Die Ontogenese ist eine verkürzte Rekapitulation der Phylogenese.

Als man im 19. Jahrhundert versuchte, Kindheit, kindliche Entwicklung bzw. menschliche Individualentwicklung, also menschliche Ontogenese wissenschaftlich zu erfassen, orientierte man sich verständlicherweise an der Naturwissenschaft als dem Beispiel für Wissenschaft par excellence, in diesem Fall also an der Biologie. Man hat sich daran gewöhnt, das Buch von PREYER „Die Seele des Kindes" aus dem Jahr 1882 als den Anfang einer wissenschaftlichen Entwicklungspsychologie zu betrachten (HÖHN 1959). Alle früheren, schon im 18. Jahrhundert, also lange vor DARWIN oder HAECKEL, feststellbaren Ansätze einer Beschreibung kindlicher Entwicklung verbleiben im Vergleich dazu theoretisch zufällig und methodisch willkürlich und können hier vernachlässigt werden.

Die im wesentlichen um die Wende zum 20. Jahrhundert wissenschaftlich ausgearbeiteten Theorien der Individualentwicklung des Menschen begründen trotz ihrer Orientierung an der Biologie die Spezifik ihrer auf die Erforschung der menschlichen Entwicklung ausgerichteten Entwürfe als Entwicklungspsychologie, insofern für sie außer Frage stand, daß die menschliche Entwicklung eben psychische Entwicklung sei. Ich versuche daher im folgenden eine Klassifikation der seit der Jahrhundertwende vorgelegten Entwicklungspsychologien.

Abgesehen von Übergangsformen und Mischmodellen lassen sie sich drei Hauptströmungen zuordnen.
1. endogenistische (= biologische) Ansätze,
2. exogenistische (= psychosoziale) Ansätze und
3. historische Ansätze (= psychohistorische) Ansätze.

1.1. Endogenistische Ansätze

Endogenistische Theorien sind allgemein solche, die die Ursache bzw. Triebkraft der Individualentwicklung in das Innere des Organismus verlegen. Sofern es sich um Theorien der menschlichen Ontogenese, also um Entwicklungspsychologien handelt, können sie die Gesetzmäßigkeit der Entwicklung entweder biologisch oder auch mentalistisch interpretieren, d.h. als Besonderheiten des menschlichen Geistes deuten. In diesem Sinne sind z.B. auch die Entwicklungstheorie von Jean PIAGET oder die Entwicklungspsychologie des Neukantianers Alfred PETZELT endogenistische Ansätze.

Ihnen allen ist gemeinsam, daß sie die kindliche Entwicklung als eine allgemeingültige, gesetzmäßige Abfolge von Schichten, Stufen, Phasen, Stadien oder Perioden verstehen.

Anfänglich orientierten sie sich an dem von Granville Stanley HALL in Analogie zu HAECKEL formulierten „psychogenetischen Grundgesetz“: Die Kindheit ist eine verkürzte Rekapitulation der Menschheitsentwicklung. Dem damaligen Wissen entsprechend gliederte man die kindliche Entwicklung in eine Stufenfolge von „Instinkt“, „Dressur“ und „Intellekt“ und sprach von „primitiven Anfängen“ bzw. vom „Schimpansenalter“ der frühesten Kindheit. Noch bei Karl BÜHLER und seinen Schülern in den 20er Jahren ist Entwicklungspsychologie eine Verzeitlichung der allgemeinen Psychologie, d.h. eine Verlagerung des Aufbaus der psychischen Funktionen in aufeinanderfolgende Altersabschnitte. Diese Gliederung der menschlichen Ontogenese „nach dem, was gerade im Vordergrund des Entwicklungsabschnitts steht“, führte dann zum Beispiel zu Abfolgen wie etwa „Säugling, Greifling, Läufling, Sprechling“ oder nach dem Kriterium der bevorzugten Lektüre: „Struwelpeteralter, Märchenalter, Robinsonalter“ usw.

Aber auch komplexere Theorien wie die ganzheitspsychologische Auffassung Felix KRUEGERS und seiner Schule von der menschlichen Entwicklung als einer Ausgliederung des ursprünglich Undifferenzierbaren oder die triebtheoretische Entwicklungstheorie FREUDS bzw. die tiefenpsychologischen Theorien JUNGS oder ADLERS behalten die endogenistische Orientierung bei. Sie sind daher alle explizite oder verdeckte Rekapitulationstheorien, d.h. für sie alle ist die menschliche Stammesentwicklung die entscheidende Norm der Individualentwicklung. Sie unterscheiden sich lediglich in der Frage, ob dabei der Prozeß oder der zu ihrer Zeit erreichte Stand der Menschheitsgeschichte zum Bezugspunkt genommen werden solle und ob dabei biologische oder mentalistische Konzepte zugrundezulegen seien. Konsequenterweise gelingt es ihnen nicht, die spezifisch gesellschaftliche bzw. kulturspezifische, konkret: eurozentrische Abhängigkeit ihres Ansatzes, d.h. ihre Geschichtlichkeit zu erkennen und zu reflektieren. Das gesellschaftlich herrschende Menschenbild wird so unversehens zur Norm ihres Verständnisses von menschlicher Ontogenese und damit von Kindheit.

Sie erscheint in dieser Sicht als übergeschichtliche und unveränderbare Periode, die mit der Geburt beginnt und mit dem Eintritt in das Erwachsenenalter spätestens, d.h. mit dem Erreichen der Norm des Menschenbildes endet. An dieser Norm bemißt sich daher auch die Normalität jeder Entwicklung: sie ist normal oder abweichend, entweder genial oder primitiv bzw. pathologisch, kriminell oder krank. Die Konsequenz kann nicht überraschen: In dem Maß, wie sich die gesellschaftlichen Bedingungen des Menschenbildes ändern, gerät mit dem Menschenbild das Verständnis von Kindheit in die Krise. Denn die Vertreter endogenistischer Ansätze können verständlicherweise zwischen einer Krise der Kindheit und einer Krise der Kindheitsforscher nicht unterscheiden.

1.2. Exogenistische Ansätze

Das Pendant zu den endogenistischen Entwicklungspsychologien und deren letztlich biologischem Reduktionismus bilden die soziogenetischen Ansätze, die die menschliche Entwicklung vorwiegend auf äußere, eben soziale Faktoren zurückführen. Es sind zumeist behavioristische Modelle. Kern der verschiedenen Spielarten ist die Ablehnung eines Rekurses auf Innerpsychisches gleich welcher Art, das Verständnis des Kindes als eines passiven Objekts, das auf äußere, exogene Reize mit verschiedenen Formen der Konditionierung reagiert und der Primat des äußeren, beobachtbaren Verhaltens.

Diese Strömung reicht von den frühen Behavioristen um WATSON, CATTELL und THORNDIKE bis zu den Neobehavioristen um SKINNER und seinen europäischen Abkömmlingen.

Eine weitere Gruppe von Ansätzen, für die der Gedanke einer Determinierung der psychologischen Entwicklung durch exogene Faktoren zentral ist, bilden die Sozialisationstheorien. Für sie ist die Entwicklung letztlich die Summe sozialisatorischer Einwirkungen und der Mensch Objekt und Produkt der Anpassungsprozesse der Lebens- bzw. Umweltbedingungen.

Das Verständnis von Ontogenese und Kindheit in diesen Ansätzen beschreibt z.B. Rita SÜßMUTH – im übrigen durchaus zustimmend – folgendermaßen:

> *„Die epochale Gestalt des Kindes und Jugendlichen ist abhängig von der politischen, gesellschaftlichen, ökonomischen und kulturellen Situation der Zeit. Kind und Jugendlicher sind keine festen Größen, sondern werden im Wandel der Kultur jeweils neu definiert. Die epochalpsychologischen und epochaltypologischen Untersuchungen von Lippert und Muchow wie auch die Ergebnisse der kulturanthropologischen Forschungen (Benedict, Kardiner, Mead) zeigen, daß Kinder und Jugendliche nur in Verbindung mit der jeweiligen Zeitsituation, den sozioökonomischen und kulturellen Verhältnissen adäquat zu verstehen sind."* (SPECK/ WEHLE 1970, S. 600).

Die exogenistischen Ansätze unterscheiden sich eigentlich nur in der Radikalität ihres soziologischen Reduktionismus. Die einen behalten trotz ihrer kulturhistorischen Relativierung die Vorstellung der Kindheit als einer menschlichen Invariante mehr oder weniger explizit bei, die es daher in allen Kulturen gibt – auf eben kulturspezifisch besondere Weise. Die anderen reduzieren die kindliche Entwicklung völlig auf ihre kulturspezifische Erscheinung. Die Wechselbeziehung von Ontogenese und Phylogenese wird damit aufgegeben, Ontogenese auf das kulturspezifische Schema der individuellen Entwicklung zurückgenommen. Das Kriterium der Normalität einer Entwicklung bleibt so grundsätzlich immanent. Die Abweichung von den Spielräumen der Kultur ist pathologisch. Die Ethnie und ihre Kultur ist der einzig legitime Bezugsspunkt, der jede Kritik von außen verbietet und damit jeder interkulturellen Erziehung die unübersteigbare Grenze zieht.

1.3. Historische Ansätze

„Kindheit ist ein historisches Produkt der Gesellschaft." In dieser These liegt die Besonderheit der dritten Hauptströmung.

Sie geht bei allen Unterschieden im einzelnen davon aus, daß es ursprünglich keine scharfen Grenzen zwischen Erwachsenen und Kindern gab, Kinder also keinen besonderen sozialen Status besaßen. Kindheit ist für sie demnach keine anthropologische Invariante mit kulturspezifischen Erscheinungsformen, sondern eine gesellschaftliche Einrichtung, die erst in einer bestimmten geschichtlichen Entwicklung der Menschheit und aufgrund benennbarer gesellschaftlicher Bedingungen hervorgebracht worden ist.

Vorher gab es zwar Kinder, aber keine Kindheit, die das Kindsein als einen zu akzeptierenden oder wenigstens zu tolerierenden selbständigen sozialen Status und eigenen Entwicklungsraum gegenüber den Erwachsenen gesellschaftlich definierte. Es gab also auch keine Erwachsenen, deren Sozialstatus von dem der Kinder hätte unterschieden werden können. Kinder waren daher eher „kleine Menschen", Menschen mit geringeren Körperkräften, unzureichenden Fähigkeiten und mangelhaftem Wissen.

Die Erforschung der gesellschaftsgeschichtlichen Entstehung der Kindheit hat erst in den letzten Jahrzehnten richtig begonnen. Sie ist vor allem mit den Namen von Philipp ARIÈS (1978) und Lloyd DE MAUSE (1977) verbunden. Die deutsche Rezeption läuft zeitversetzt über ARNOLD (1980), ENDE (1980), HEINSOHN (1980), HENGST (1980), NYSSEN (1981, 1984), MARTIN/ NITSCHKE (1986), RICHTER (1987), SCHUSTER-KEIM/ KEIM (1988). Die Unterschiede innerhalb dieser Strömung beginnen bei der Datierung und bei den Ursachen der Entstehung der Kindheit. So vertreten z. B. ARIÈS und DE MAUSE die These, die Kindheit sei ein Produkt der Moderne. Im Mittelalter und noch am Anfang der Neuzeit seien Kinder immer dann in die Welt der Erwachsenen integriert worden, sobald man ihnen zutraute, ohne die Hilfe der Mutter oder Amme auszukommen.

Hinsichtlich der Ursachen gehen z.B. DE MAUSE und Edward SHORTER (1977) davon aus, daß in der Einstellung der Erwachsenen zu den Kindern und in ihrem Umgang mit ihnen die entscheidenden Bedingungen für die Entstehung der Kindheit zu sehen seien, während Dieter RICHTER der Meinung ist, daß auf diese Weise eher Konstruktionsmerkmale von Kindheitsbildern beschrieben werden (RICHTER 1987, S. 24) und daß die „vorschnelle Identifikation des Dargestellten mit der ‚Realität' kritisiert werden müsse" (RICHTER 1987, S. 19). Fragt man allerdings nach seinen eigenen Vorstellungen von den „realen“ Ursachen, so erfährt man lediglich: „Durch den Prozeß der Zivilisation und im Kontext neuer, durch die bürgerliche Produktions- und Lebensweise bestimmter Vergesellschaftungsformen kommt es zu einer sich verstärkenden Desintegration von Kindern und Erwachsenen; es entsteht das für die industriellen Gesellschaften typische ‚Erwachsenen-Kind-Verhältnis‘.“ (RICHTER 1987, S. 25).

Allerdings ist der Ansatz der Psychohistorie von DE MAUSE nicht unumstritten. So erklärt z.B. der Historiker Klaus ARNOLD die Thesen von DE MAUSE für „ausgemachten Unsinn“ (ARNOLD 1980) und E. LOFFL-HAAG veröffentlichte ein Buch mit dem Titel „Hört ihr die Kinder lachen?“ (LOFFL-HAAG 1991).

Gemessen an der bisherigen methodologischen Vagheit solcher Aussagen sind die Vorarbeiten der kulturhistorischen Schule der sowjetischen Psychologie aus den 30er Jahren, die im Westen bisher kaum rezipiert worden sind, viel differenzierter, die deshalb kurz erwähnt werden sollen. So geht z.B. Daniil EL'KONIN (1980) davon aus, daß Einstellung und Umgang der Erwachsenen gegenüber ihren Kindern nur als Reflex einer existenziellen materiellen Notwendigkeit Ursache sein könnten. Solange der gemeinsame Arbeitsprozeß der Generationen gelingt, d.h. solange sowohl die operativ-technische wie die soziale Seite der Handlungsvollzüge des Arbeitsprozesses von den Kindern in der unmittelbaren Teilnahme übernommen werden können, erübrigen sich alle alternativen Formen der Verbindung zwischen Kind und Gesellschaft und gibt es keine Veranlassung, die Stellung des Kindes von der des Erwachsenen gesellschaftlich abzutrennen.

In dem Maße, wie der Arbeitsprozeß komplizierter und die gesellschaftlichen Bedingungen differenzierter wurden, mit anderen Worten, wie die operativ-technische und auch die soziale Seite der erforderlichen Handlungsvollzüge nicht mehr in der unmittelbaren Teilnahme und durch die implizite Aneignung vermittelt werden konnten, werden die Kinder über eine Folge von Zwischenschritten aus den komplexen und verantwortungsvollen Tätigkeiten der Erwachsenen herausgedrängt. Erst jetzt erfolgt die endgültige Abtrennung der Kindheit vom Erwachsensein. Von jetzt ab ist die Kindheit eine irreversible eigenständige Entwicklungsperiode der menschlichen Ontogenese, die im wesentlichen als Phase der Aneignung bestimmt ist. Sie gliedert sich, dehnt sich aus und verändert sich je nach den historisch-gesellschaftlichen Anforderungen an die psychischen Prozesse und Eigenschaften, die die Aneignung historisch konkretisieren. Die Kindheit ist also eine soziale und historische Errungenschaft, die sich entsprechend gesellschaftlicher Notwendigkeiten im Verlauf der

Menschheitsgeschichte erheblich verändert hat und ihrerseits den Verlauf der Geschichte beeinflußt.

Folgt man dem historischen Ansatz, so gibt es eine geschichtlich entstandene und trotzdem als Einrichtung irreversible Kindheit die gleichwohl geschichtlich-gesellschaftlich unterschiedliche Formen annimmt. Es ist daher durchaus möglich, ja sogar wahrscheinlich, daß die Kindheit heute anders ist, „so wie sie noch nie war". Allerdings ist es für die Identifizierung dieser eventuellen neuen Qualität entscheidend, die spezifische gesellschaftliche Notwendigkeit zu entdecken. Der Ansatz EL'KONINS geht davon aus, daß diese Notwendigkeit von einem gesellschaftlich bedingten Dominanzwechsel in der vorherrschenden Tätigkeit im Rahmen der Tätigkeitsstruktur unserer Gesellschaft ausgeht. Worin diese neue Tätigkeit bzw. ihr neues Medium besteht, ist für EL'KONIN jedoch noch unklar. Intensiv diskutiert wird heute in diesem Zusammenhang der Computer als qualitativ neues Medium.

In diesem Zusammenhang muß m.E. auch die These POSTMANs vom „Verschwinden der Kindheit" (1983) neu durchdacht werden, die HENGST bereits zwei Jahre vor ihm erheblich radikaler noch als Tendenz zur „Liquidierung der Kindheit" (1981) formuliert hat. Liest man sie vor dem Hintergrund des historischen Ansatzes, dann kann man sie durchaus auch so verstehen, daß der erreichte Stand der technischen Möglichkeiten und Erfordernisse sowie der Stand der gesellschaftlichen Verallgemeinerung des Lernens einerseits die Ausgrenzung der Kinder aus der Erwachsenenwelt und andererseits die Ausgrenzung der Erwachsenen aus der Phase der Aneignung als dysfunktional erscheinen läßt. So gesehen könnte durchaus sinnvoll darüber diskutiert werden, ob die erreichte gesellschaftliche Umstrukturierung nicht tatsächlich zu einer stärkeren Angleichung der ehemals unterschiedlichen Lebenssphären von Kindern und Erwachsenen führt, so daß insofern die Rede vom „Verschwinden der Kindheit" als Beschreibung eines historischen Prozesses durchaus nachvollziehbar wäre.

Es bleibt nachzutragen, daß im Tätigkeitsansatz EL'KONINS das tätige Subjekt im Zentrum steht. Sein Ontogenese-Modell ist daher kein verdeckter exogenistischer Ansatz. Kinder sind für ihn Subjekte ihres eigenen Entwicklungsprozesses. Dessen historische und soziale Bedingungen sind zwar Vorgaben; das bedeutet aber nicht, daß die durch diese Vorgaben ermöglichte wie begrenzte Entwicklung mit ihren Bedingungen identisch wäre bzw. auf sie reduziert werden könnte. Für EL'KONIN muß davon ausgegangen werden, daß in der Menschheitsgeschichte der ontogenetische Grundwiderspruch des Menschen, einerseits universelle Naturmacht zu sein und andererseits immer unter der einschränkenden Begrenzung konkret gesellschaftlicher Bedingungen zu stehen, die Geschichte vorantreibt.

Konkrete Forschungen in diesem Zusammenhang stammen allerdings weniger aus der kulturhistorischen Schule. Drastische und im Blick auf die Ausführung von Olaf Axel BUROW (in diesem Band) äußerst interessante Beispiele eines „Entwicklungseffektes ‚in umgekehrter Richtung', der sich bei Kindern und Jugendlichen auf weitere Bereiche ihrer gegenständlich-sozialen Umwelt ausdehnt", referiert H. BULLENS aus der sogenannten Vulnerabilitätsforschung: Trotz ausgesprochen ungünstiger Familien- und Umweltkontexte zeigen sich Kinder „aufgrund eigener Verarbeitungs- und Handlungsmuster in hohem Maße als belastungsresistent (‚unverwundbar') gegenüber entwicklungshemmenden oder gar pathogenen Bedingungen (GARMEZY/ TELLLEGEN 1984)." (BULLENS, S. 732). Das muß sich natürlich auch auf Inhalt und Form des Lernens auswirken.

2. Modelle des Verhältnisses von Entwicklung und Lernen

Die früheste, mir bekannte Klassifikation der Entwicklungspsychologien hinsichtlich ihres Verhältnisses von Entwicklung und Lernen stammt von VYGOTSKIJ (vgl. VAN DER VEER/ VALSINER 1991, S. 328ff., sowie LEONTJEV 1985, S. 9 - 55). Er unterscheidet drei Möglichkeiten:
2.1. Die psychische Entwicklung eilt voraus und das Lernen folgt.
2.2. Das Lernen eilt voraus und fördert die Entwicklung.
2.3. Beide beeinflussen sich wechselseitig.

2.1. Die psychische Entwicklung eilt voraus und das Lernen folgt.

Der ersten Richtung ordnete er alle von uns als endogenistische Ansätze klassifizierten Theorien zu (ausdrücklich auch PIAGET). Sie entsprach der zu seiner Zeit vorherrschenden Auffassung. Dazu VYGOTSKIJ:

> *„Bekanntlich herrschte damals die Ansicht, der Unterricht habe sich dem Entwicklungszustand des Kindes anzupassen und das von ihm Erreichte zu festigen. Den Unterricht der Entwicklung des Kindes vorauseilen zu lassen, galt als unmöglich. Es hieß, man könne nicht etwas lehren, wofür beim Kind noch nicht die erforderlichen Voraussetzungen herangereift waren. Es schien ganz natürlich, das Entwicklungsniveau des Kindes an dem zu messen, was es selbständig zu leisten vermag. Die Querschnittsuntersuchungen der Entwicklung des Kindes ließen im Prinzip gar keine andere Schlußfolgerung zu."* (VYGOTSKIJ 1985, S. 48).

2.2. Das Lernen eilt voraus und fördert die Entwicklung.

Die zweite Auffassung ergab sich aus der Überzeugung, daß die spezifische Entwicklung kein Reifevorgang ist und daß vielmehr der Unterricht als einer der Hauptentwicklungsfaktoren angesehen werden muß. Prinzipiell fallen alle exogenistischen Ansätze in diese Kategorie, wenn auch VYGOTSKIJ in THORNDIKE ihren Hauptvertreter sah (vgl. VAN DER VEER/ VALSINER 1991, S. 328ff).

2.3. Beide beeinflussen sich wechselseitig.

Die dritte, weitaus plausiblere, wenn auch erheblich komplexere und schwierigere Auffassung entwickelte KOFFKA, dessen Vorstellungen VYGOTSKIJ mit zahlreichen Versuchen und empirischen Untersuchungen differenzierte und modifizierte.

KOFFKA akzeptierte sowohl die vor allem von BINET und MEUMANN vertretene Wachstumstheorie für bestimmte Entwicklungen als auch die Lerntheorie THORNDIKES für andere Entwicklungen, ohne jedoch ihr Verhältnis als ein bloß additives oder interaktionistisches darzustellen. Ausgehend von dem Gestaltprinzip als dem spezifischen Merkmal menschlicher Entwicklung sah KOFFKA das Verhältnis vielmehr so, daß ein Kind beim Lernen einer bestimmten begrenzten Aufgabe zugleich eine Gestalt, ein allgemeineres Strukturprinzip mit erheblich breiterem Anwendungsbereich erlerne. Auf diese Weise mache das Kind einen Schritt im Lernprozeß und zwei Schritte im Prozeß der kognitiven Entwicklung. Das Lernen gehe also der kognitiven Entwicklung voraus und bringe sogar „Neuleistungen" hervor.

Dieses Konzept führte VYGOTSKIJ mit drei wichtigen Gedanken weiter, die für die Beurteilung der Bedeutung der Schule für die kindliche Entwicklung äußerst weitreichende Konsequenzen haben und daher hier etwas ausführlicher zu Wort kommen sollen.

Der erste Gedanke ergab sich aus der Feststellung, daß Kinder eine bestimmte kognitive Fähigkeit durchaus schon ausführen können, ehe sie in der Lage sind, sie bewußt zu verstehen und selbständig zu kontrollieren. Sie müssen nur angeleitet werden. Die von BINET und MEUMANN zur Perfektion entwickelten Tests messen – so überlegte VYGOTSKIJ – folglich nur die selbständig ausgeführten, nicht aber jene Fähigkeiten, zu denen das Kind nur unter der Anleitung Erwachsener in der Lage ist. Diesen in vielen empirischen Untersuchungen bestätigten Abstand zwischen den tatsächlichen und den möglichen Fähigkeiten nannte VYGOTSKIJ die „Zone der nächsten Entwicklung" und erklärte, daß der Unterricht dann gut sei, wenn es ihm gelinge, diese Zone beim jeweiligen Kind so exakt wie möglich zu bestimmen und durch gezielte Unterstützung die Entwicklung voranzutreiben. An und nach diesem Konzept arbeiten heute vor allem amerikanische und skandinavische Forscher wie BROWN, FRENCH, FERRARA, CAMPIONE, BRYAND, OLSON, SIGEL, COCKING, SAUNDERS, MCGILLICUDDY, ROGOFF, WERTSCH und ENGESTROEM.

Der zweite Gedanke ergab sich aus der Überlegung, daß nicht nur die Form der Lehr-Lernprozesse für die kognitive Entwicklung wichtig sei, sondern auch ihr Inhalt. Im Rechtschreibunterricht der Grundschule z.B. lerne das Kind nicht einfach Schreiben, sondern es lerne die bewußte Reflexion und Kontrolle der Sprache. Beim Sprechen sei das Kind auf den gesprochenen Inhalt konzentriert und nicht auf die grammatischen Regeln, über die es vielmehr unmittelbar verfüge. Das Hauptproblem der Rechtschreibung sei daher, sich seiner unmittelbaren Akte bewußt zu werden, oder in VYGOTSKIJS Formel: Das Kind lernt die Transformation einer Fähigkeit an sich in eine Fähigkeit für es. Die so entstehende höhere psychische Funktion wirke auf das Bewußtsein insgesamt zurück und verändere es strukturell.

Der dritte Gedanke VYGOTSKIJS besteht in seiner Einschätzung, daß solche Transformationen nicht in naturwüchsigen und kontextgebundenen Lehr-Lernprozessen entstehen könnten und daher zu ihrer Herstellung zwingend der systematischen Unterrichtsprozesse der Schule bedürfen. Da die ausführliche Begründung dieses Gedankens jedoch dem letzten Schwerpunkt meiner Vorlesung vorgriffe, breche ich hier ab und gehe zur Behandlung der abschließenden Frage über.

3. Was bedeutet die Schule für die kindliche Entwicklung?

Führt man die bisherigen Überlegungen weiter, so liegt es nahe, auch bei der Überprüfung dieser Frage wieder von drei Hauptströmungen auszugehen.

3.1. Die Ontogenese als allgemeiner Entwicklungsprozeß ist unabhängig von der Schule.

3.2. Die Ontogenese ist insgesamt abhängig von der Schule als einem der wichtigsten Sozialisationsfaktoren.

3.3. Nicht die Ontogenese als solche, wohl aber ihre historisch besondere Form, d.h. die Entwicklung bestimmter höherer Funktionen ist ohne die Schule als zentralem gesellschaftlichen Medium nicht möglich.

3.1. Die Ontogenese als allgemeiner Entwicklungsprozeß ist unabhängig von der Schule.

Für die endogenistischen Theorien der Ontogenese, für die die Triebkraft der Entwicklung in ihr selbst liegt und das Lernen daher im Schlepptau der Entwicklung hängt, muß sich die Schule konsequenterweise nach den Reifungs- und Wachstumsprozessen des Individuums richten. Schule ist dann gut, wenn sie Vorgaben der organischen Entwicklung achtet, und sie ist schlecht, wenn sie sie verfehlt oder gar gegen sie verstößt. Sie kann so die Entwicklung zwar befördern und unterstützen oder verhindern bzw. stören, aber sie kann keine „Neuleistungen" (KOFFKA) schaffen. Sie ist von Bedeutung für quantitative und qualitative Niveaus des Wissens und der Moral bzw. der berufsfachlichen Fähigkeiten, aber nicht für die Ontogenese als solche und ihre besondere Qualität, die sich ihrer Einflußnahme entzieht. Andererseits entpuppt sie sich bei jedem versuchten Übergriff auf die autonome Gesetzmäßigkeit der individuellen Entwicklung als gesellschaftliche Zwangssituation.

Wie man sieht, hat nicht nur die reformpädagogische, sondern auch die antikapitalistische Schulkritik hier ihre theoretische Wurzel.

3.2. Die Ontogenese ist insgesamt abhängig von der Schule als einem der wichtigsten Sozialisationsfaktoren.

Für die exogenistischen Theorien der Ontogenese kehrt sich dieses Verhältnis um. Konsequenterweise ist die Schule nächst der Familie der wichtigste Entwicklungsfaktor. Dies um so mehr, als auf diesen Faktor am ehesten und direktesten politischer Einfluß genommen werden kann. Schule ist dann gut, wenn die Unterrichts- und Erziehungsprozesse, die zur Erzielung bestimmter gesellschaftlich vereinbarter Ziele und Inhalte notwendig sind, nach dem Stand des verfügbaren Wissens optimal konstruiert und auf dem Stand der verfügbaren Fähigkeiten so technisch perfekt und effektiv wie möglich realisiert werden. Die Beschreibungen der guten Schule bleiben sich von HALL über WATSON, THORNDIKE, SKINNER bis BREZINKA gleich. Die Curriculumtheorie hat hier eine ihrer Hauptwurzeln.

3.3. Nicht die Ontogenese als solche, wohl aber ihre historisch besondere Form, d.h. die Entwicklung bestimmter höherer Funktionen ist ohne die Schule als zentralem gesellschaftlichen Medium nicht möglich.

Die Bedeutung des historischen Verständnisses von Kindheit ist nur im Zusammenhang der kulturhistorischen Schule explizit entwickelt worden. Vor allem VYGOTSKIJ hat dazu ausführliche Überlegungen vorgelegt, die ich allerdings nur thesenartig referieren kann.

Für VYGOTSKIJ ist Schule nicht nachrangig, sondern konstitutiv. Sie nimmt aber nicht direkt Einfluß, sondern vermittelt lediglich. Sie ist ein gesellschaftliches Medium.

Sie ist nicht bloß relevant für Teile oder Elemente der psychischen Entwicklung, etwa für Wissen oder Einstellung oder Fähigkeiten, sondern für die gesamte Persönlichkeit und ihre Entwicklung.

Dies gelingt der Schule eben gerade dadurch, daß sie die Lernprozesse aus dem konkreten Kontext des unmittelbaren Lebenszusammenhang herausverlagert. Die Trennung von Schule und Leben ist für ihn daher Bedingung der Möglichkeit des Lernen wissenschaftlicher Begriffe und allgemeiner Bildung. Dies gelingt ihr vor allem durch die Benutzung der Sprache als metasprachliche Reflexion und darüber hinaus in entscheidender Weise durch die Dekontextualisierung ihrer Vermittlungsmittel. Sie erzielt dadurch eine qualitative Umstrukturierung der Wahrnehmung und des Denkens und eine neue Bewußtheit aller psychischen Funktionen.

Wie gut und vollständig ihr das auch immer gelingt, der erreichte gesellschaftliche Stand der gesellschaftlichen Allgemeinbildung ist so irreversibel wie die verwendeten gesellschaftlichen Vermittlungsmittel. Für die Einschätzung der Ontogenese bedeutet das: Schule ist für die psychische Entwicklung unserer Kinder in einem solchen Maße konstitutiv, daß man in der Konsequenz des Gedankengangs Vygotskijs die Kindheit – bis heute jedenfalls – als „Schulkind-Kindheit“ bezeichnen muß.

In dieser Funktion ist sie aber auch für die Phylogenese konstitutiv – wenn auch sicherlich nicht als einziger Faktor. Denn Schule als soziale Institution ist (mit-)verantwortlich für die reale gesellschaftliche Verallgemeinerung des technischen Denkens und der Politik als Form der gesellschaftlichen Konfliktregelung, insofern auch für die reale Verallgemeinerung des neuzeitlichen Weltbildes und für die Entwicklung und Selbststeuerung demokratischer Industriegesellschaften. Bürgerliche Gesellschaft und ihre weltweite Entwicklung ist ohne Schule als öffentlich-gesellschaftliche Institution undenkbar.

Wenn diese Einschätzung begründbar ist, dann gäbe es keinen größeren Fehler als die Privatisierung der Unterrichtsfunktion der Grundschule bzw. die Abtrennung der Erziehungsfunktion im Sinne einer Sozialpädagogisierung und Therapeutisierung der

Grundschule. Die Konsequenzen müßten sich auch auf die individuelle Entwicklung und langfristig auf die Entwicklungsfähigkeit der ganzen Gesellschaft auswirken.

Andererseits: Wenn der Generationskonflikt so gedeutet werden darf, daß sich die historische Qualität auch der Kindheit erneut wandelt – vielleicht im Sinne von HENGST und POSTMAN –, dann kommt alles darauf an, die Zone der nächsten Entwicklung darauf hin zu erforschen, welche Entwicklungsmöglichkeiten sich hier abzeichnen – sowohl in der kindlichen Entwicklung wie in der psychischen Entwicklung der Gesellschaft. Grundschulforschung ist angesagt.

Marina Neumann-Schönwetter

Was wissen wir über die psychosexuelle Entwicklung des Kindes und ihre Bedeutung für das Selbsterleben?

Zur Entwicklung ausgewählter Positionen in der Psychoanalyse

1. Theoretische Ansätze über die Beziehung von Sexualität und Selbsterleben

1.1. Einführende Überlegungen

Um gleich mit Urvater FREUD anzufangen: Er schreibt 1917 in seiner Vorlesung zur Einführung in die Psychoanalyse weise: „Im Ernst, es ist nicht leicht, anzugeben, was den Inhalt des Begriffes ‚sexuell' ausmacht" (FREUD GW XI 1940, S. 513) und fährt etwas später fort: „Im ganzen sind wir ja nicht ohne Orientierung darüber, was die Menschen sexuell heißen." Er meint: „Etwas, was aus der Berücksichtigung des Gegensatzes der Geschlechter, des Lustgewinnes, der Fortpflanzungsfunktion und des Charakters des geheimzuhaltenden Unanständigen zusammengesetzt ist, wird für alle praktischen Bedürfnisse genügen. Aber es genügt nicht mehr der Wissenschaft." (FREUD GW XI 1940, S. 514).

Die psychoanalytische Theorie hat in einer bis heute anhaltenden kritischen Diskussion immer wieder neu versucht, die Dialektik zwischen sexueller Konstitution und sozialer Erfahrung in der Kindheit für die Geschlechtspezifische Entwicklung zu erfassen. Anhand von drei verschiedenen Ansätzen will ich im folgenden versuchen, dies nachzuvollziehen.

Insgesamt läßt sich feststellen, daß die Sichtweise einer über die Triebhaftigkeit und Konflikthaftigkeit des sinnlich sexuellen Erlebens bestimmten Persönlichkeitsentwicklung ergänzt wird oder auch abgelöst wird durch eine über das Selbsterleben bestimmte Beziehungspsychologie, in der die psychosexuelle Entwicklung als eine Entwicklungslinie unter anderen erscheint. MERTENS kommt nach Sichtung der Literatur über Psychosexualität und Geschlechtsidentität in seinem Versuch, ein integratives Modell zu entwickeln, zu der Erkenntnis, wie vorläufig ein solches Unterfangen zur Zeit bleiben muß, nicht nur wegen der wenig systematisch erforschten Thematik sondern wegen „der starken, weltanschaulich bedingten Theoriedifferenzen" (MERTENS 1994 Bd 1, S. 52).

Bevor ich im Einzelnen auf verschiedene theoretische Positionen eingehe, will ich zwei Kinderspiele vorstellen:

Zwei Ritter, es sind Brüder, wollen mit ihren Schwertern und Pferden ihre Burg zurückerobern, aus der sie früher gewaltsam vertrieben wurden. Sie erkämpfen sich über die Schloßbrücke und durch Einschlagen des Tores Einlaß in die Burg. Als sie fast gesiegt haben, wird der jüngere erschlagen, in einer anderen Geschichte fällt er in ein Brunnenloch oder er wird erhängt, oder ihm wird der Kopf abgeschlagen. Der ältere kann sich auch nicht sicher fühlen. Die Feinde sind zwar fürs erste vertrieben, aber sie werden wiederkommen. Später kämpfen zwei Ritter gegeneinander. Der gute gewinnt und wird zur Ehre und Bewunderung auf einen Sockel gestellt.

Diese Fantasie mag auf den ersten Blick nichts mit unserem Thema zu tun haben. Ich hoffe aber, daß im Verlauf meiner Darstellungen deutlich wird, daß in diesen Spielen Fragen der psychosexuellen Entwicklung und des geschlechtspezifischen Selbstbildes symbolisch dargestellt werden.

Die Spiele wurden im Rahmen einer von mir durchgeführten Analyse von einem 9jährigen Jungen, den ich hier Thomas nennen will, sehr häufig gespielt. Das Burgspiel beherrschte fast drei Wochen lang unsere Therapiestunden. Danach stand der Ritterzweikampf mehrfach im Vordergrund. Die Suche nach einem ungefährdeten Ort bleibt auch danach, wenn auch in veränderter Form, Thema der Therapie, ebenso wie der Kampf zwischen zwei Gegnern, sie bezeichnen also zentrale Konflikte im Erleben von Thomas. Ein kurzer Einblick in seine Biographie soll den Hintergrund von Thomas' Spielen verdeutlichen: Thomas' Eltern haben sich kurze Zeit nach seiner Geburt getrennt. Die Eltern hatten sich zuvor schon lange entfremdet, sich viel gestritten. Thomas hat einen älteren Bruder, der Liebling der Mutter ist und zu dem er eine teils rivalisierende, teils unterstützende Beziehung hat. Eine ältere Schwester ist bereits lange von zu Hause ausgezogen. Zur Zeit der Burgspiele überlegt die Mutter, nach einer Anzahl von wechselnden Männerbekanntschaften, ihren jetzigen Freund trotz einer ambivalenten Beziehung zu heiraten.

Ich werde im folgenden versuchen, diese Spiele jeweils unter dem Gesichtspunkt der verschiedenen psychoanalytischen Ansätze zu interpretieren, um so die zuerst allgemein gefaßten Aussagen zu konkretisieren und Ähnlichkeiten und Unterschiede zu verdeutlichen.

1.2. Der triebpsychologische Ansatz der klassischen Psychoanalyse

Woher bezieht FREUD seine Kenntnisse für seine Neuformulierung der Sexualität, die ihn zur Betonung der infantilen Sexualentwicklung führt? Es ist das Wissen um die Vielfalt des sexuellen Lebens Erwachsener. Aber erst die Selbstanalyse, das Studium der neurotischen Symptome seiner Patienten und Patientinnen, der Träume des „gesunden" Menschen und seiner Fehlleistungen lassen ihn zu einer Erweiterung des Sexualbegriffs kommen. In dieser Erweiterung ist die kindliche genitale Entwicklung in ihrer Abhängigkeit von den primären Bezugspersonen Vater und Mutter ebenso einbezogen, wie prägenitale Erfahrungen, die den ganzen Körper als Lustquelle betreffen können, insbesondere aber die anale und orale erogene Zone. Neurotische Symptome entschlüsselt FREUD als Ersatz für verbotene Befriedigungen, die sich auf konflikthafte infantile Sexualwünsche zurückführen lassen. So ist seine Entdeckung der Sexualität gebunden an die Entdeckung des Unbewußten, der gesellschaftlichen Tabus, deren Übertretung nicht straffrei nach außen und innen erfolgen kann. FREUDS Theorie ist von Anfang an damit auch Kulturkritik und Versuch der Aufklärung über das, was ausgeschlossen ist vom gesellschaftlichen Diskurs.

Das Triebkonzept umfaßt bei FREUD Quelle, psychischen Drang, Objekt und Ziel. Die Quelle des Triebes liegt im Somatischen. Der Trieb ist nur in seiner psychischen Energie, der Libido, faßbar. (lat. Libido heißt Lust, Wunsch.) Ausgehend von erogenen Zonen (oral, anal, genital), die die spezifische Form der sexuellen Aktivität bestimmen, richtet sich die Libido auf Objekte, um ihr Ziel zu erreichen, Befriedung zu erlangen. Diese Erfahrungen führen dazu, daß die Libido sich an Affekte und Vorstellungsinhalte bindet. Damit erst werden über die Entschlüsselung des Wunsches als psychische Niederschrift gelebter Befriedigung mit den Objekten Rückschlüsse auf den Trieb möglich.

Das libidinöse Objekt kann der eigene Körper, der autoerotisch befriedigt wird, oder die Mutter als zentrale Vermittlerin von Lusterfahrungen sein (Beispiel: Wonnesaugen an der Mutterbrust, Fingerlutschen). Später kommen andere Liebesobjekte dazu.

Auch Fetische können zu Liebesobjekten werden. Triebziele sind ebenfalls unter dem Einfluß der Außenwelt veränderbar. Das variabelste am Trieb aber ist das libidinöse Objekt. Die Geschichte des Triebes ist also immer auch die Geschichte der Objektbeziehungen. Die Geschichte der Objektbeziehungen kann vielfältig und verwirrend sein, verweist aber immer zurück auf die gewährenden oder versagenden, verführenden und/oder bestrafenden Primärobjekte der Kindheit. Der Zugang zum Objekt verläuft zeitlich vom Autoerotismus, Narzißmus, zur homosexuellen und heterosexuellen Objektwahl. Die neuere Säuglingsforschung (STERN 1992) zeigt allerdings, daß auftauchende Selbstempfindungen und damit Ansätze von Objektbeziehungen sich bereits von Geburt an entwickeln.

Die Formbarkeit der Sexualität ergibt sich aus der langen Abhängigkeit des Menschen von der Fürsorge anderer und der infantilen Sexualentwicklung. Vor dem genitalen Triebschub in der Pubertät, der die Organisation der Libido unter dem Primat der Genitalität des Erwachsenen einleitet, erreicht die kindliche Sexualität einen Höhepunkt um das vierte bis fünfte Lebensjahr, der im Ödipuskonflikt für FREUD die zentrale Grundlage für neurotische Verdrängungsprozesse bildet.

1905 legte FREUD (GW V 1940) zum erstenmal in den „Drei Abhandlungen zur Sexualtheorie“ in systematischer Form seine Theorie der psychosexuellen Entwicklung vor. Hier benennt er die dominanten Phasen kindlichen Luststrebens, die er zwar im Verlauf weiterer Untersuchungen ergänzt, aber im wesentlichen unverändert beibehält. Die verschiedenen erogenen Zonen verlieren nie ganz ihren lustvollen Charakter, sie bestehen nebeneinander, werden dann als Partialtriebe unter dem Primat der erwachsenen Genitalität integriert. FREUD betonte neben den von ihm in den Vordergrund gestellten oralen, analen und infantil genitalen Lusterlebnissen auch die polymorphe Ausgestaltung der kindlichen Sexualität. So beschreibt er die Säuglingsonanie und die Bedeutung der Haut, des Auges, der Muskulatur, der Urethralzone als Lustbereiche. BORNEMANN (1985) hebt die Bedeutung des Tastsinns für das Befriedigungserleben des Menschen als zentral von Beginn des Lebens an hervor. Nach ANZIEU (1991) stellen die Hauterfahrungen die Grundlage des Körpererlebens und der Beziehungsaufnahme zwischen den Menschen dar. Neuere Forschungen heben die Intensität des genitalen Interesses im zweiten Lebensjahr besonders hervor und sprechen von einer frühen genitalen Phase und deren Vorläufer im ersten Lebensjahr (vgl. FRIEDMAN u.a. 1992).

In seiner die vielfältigen Forschungsergebnisse zusammenfassenden Studie über die Entwicklung der Psychosexualität und Geschlechtsidentität differenziert MERTENS 4 Phasen in der infantilen Sexualentwicklung (MERTENS 1994, Bd 1, S. 83 ff). Er ordnet der oralen Phase die Vorläufer einer frühen genitalen Phase zu, der analen Phase die urethrale und die frühe genitale Phase und unterscheidet eine präödipale genitale Phase und eine ödipal genitale Phase, die Bornemann unter dem Begriff der kleinen Pubertät zusammenfaßt.

Die besondere Bedeutung und Konflikthaftigkeit oraler, analer, urethraler und genitaler Erlebnisqualitäten, die in den Psychotherapien von Kindern und Erwachsenen immer wieder auftauchen, sich in den verbotenen Kinderreimen, Versen und Liedern niederschlagen, ist heute unbestritten, auch wenn über die zentrale Bedeutung der Triebschicksale für die Persönlichkeitsentwicklung keine Einstimmigkeit herrscht. So sind für den Säuglingsforscher LICHTENBERG die sexuellen Strebungen des Menschen Ausdruck eines sinnlich-sexuellen Motivationssystems, in dem das Kind versucht, in der Beziehung zu den Primärpersonen affektive Zustände von Können und Kompetenz zu erleben, ebenso wie in den anderen von LICHTENBERG untersuchten Motivationssystemen. Diese betreffen die Regulation physiologischer Anforderungen, Bindung und spätere Verbundenheit, Exploration und Selbstbehauptung, aversive Reaktionen im Sinne von Widerspruch und Rückzug (LICHTENBERG 1989, S. 76, vgl. dazu auch 1.3.). Neben der Relativierung der triebtheoretischen Betrachtungsweise soll hier auf eine grundlegende Kritik an den biologisierenden Argumentationen FREUDs im Konzept des Ödipuskomplexes hingewiesen werden, in dem Anatomie Schicksal ist und das geschlechtsspezifische Selbsterleben biologisch vorbestimmt erscheint.

Das Konzept des Ödipuskomplexes als phallisch bestimmter Beziehungskonflikt, der den Verlauf der infantil-genitalen Phase für den Jungen bestimmt, stellt das Kernstück der Persönlichkeitstheorie FREUDS dar. Dieses Konzept wird von FREUD mit der Analyse der weiblichen Sexualität verbunden. Die Frage, warum ein Junge seine genitalen Wünsche an die Mutter aufgibt, mit der er all die Freuden auch der präödipalen Phasen geteilt hat, wird von FREUD mit Hinweis auf die Penislosigkeit des Mädchens beantwortet. Damit gewinnt die Kastrationsangst des Jungen ihre realistische Grundlage.

Die Frage, warum das Mädchen die Beziehung zur Mutter aufgibt und eine heterosexuelle Objektwahl vornimmt, wird aus dem Blickpunkt der männlichen Entwicklung beantwortet. Es ist die Erkenntnis der Penislosigkeit, die das Mädchen aus der Enttäuschung über die Mutter zum Vater wechseln läßt, – die Erkenntnis der eigenen Penislosigkeit und der der Mutter. Eine doppelte Entwertung von Tochter und Mutter findet statt. Die Klitoris wird als verkümmerter Penis empfunden, die Vagina erst in der Pubertät nach Ansicht von FREUD zur sexuellen Leitzone. Daß Klitoris und

Vagina eine Funktionseinheit sind, Erregungen von der Klitoris auf die Vagina sich ausbreiten und den ganzen Körper wellenförmig umfassen (vgl. KUMMER 1991, BERNSTEIN 1993), war FREUD nicht bekannt. Aus dem Penisneid heraus wendet sich das Mädchen von der Mutter ab und dem Vater zu – mit der Fantasie, mit ihm Kinder zu gebären, als Nachfolge des Peniswunsches, quasi als Kompensation. Sie verläßt unter der Einsicht in die realen Bedingungen dann langsam die ödipale Konstellation. Die heterosexuelle Objektwahl ist immer verbunden mit der Geringschätzung der Weiblichkeit.

Weiblichkeit bestimmt sich bei FREUD durchgängig negativ durch den Mangel zum Mann. „Dementsprechend mutet es folgerichtig an, daß FREUD nicht beansprucht, in seiner Weiblichkeitskonstruktion das Rätsel der Weiblichkeit gelöst zu haben." (vgl. SCHLESIER 1981, S. 166, zit. n. ROHDE-DACHSER 1991, S. 63) Wendet man die Erkenntnisse FREUDS über die Bedeutung unbewußter Prozesse auf seine Theorie an, so stellt sich die Frage, was Idealisierung der Männlichkeit und Entwertung der Frau verdecken. ROHDE-DACHSER entschlüsselt das Bild FREUDS von der kastrierten Frau als eine tabuisierte Fantasie von der „vom Mann unabhängige(n) Frau mit einem eigenen Genitale und einem autonomen sexuellen Begehren." (ROHDE-DACHSER 1991, S. 64). Für sie steht FREUDS Weiblichkeitsentwurf stellvertretend für eine kollektive patriarchalische Fantasie, die nicht bewußt werden darf, weil sie das eigene Selbst- und Weltbild gefährdet.

Auch wenn FREUD den Begriff des Selbst noch nicht einführte, sondern vom Ich als Vermittlungsinstanz zwischen Trieb, Außenwelt und verinnerlichter Moral (FREUD 1920) spricht, kann formuliert werden, daß mit dem biologisch vorgeschriebenen Verlauf der ödipalen Phase sich ein weibliches Selbsterleben entwickelt, das durch Minderwertigkeits- und Defizitgefühle im Hinblick auf den Mann charakterisiert ist. Weibliche Aktivitäten stehen im Dienst der Kompensation. Phallische Potenz dagegen bestimmt das Selbsterleben des Mannes, der seine Männlichkeit mit Triebverzicht stabilisiert. Die Polarisierung der Geschlechter wird theoretisch festgeschrieben in einem patriarchalischen Muster als Naturkonstante.

Im FREUDschen Modell gilt einzig die Heterosexualität als reife Form der Sexualität, und zwar auf Grundlage der Minderwertigkeit der Frau und der Potenz des Mannes. Mit dieser Sicht wird die Aufrechterhaltung der geschlechtspezifischen Arbeitsteilung garantiert: Die Frau ist biologisch für die privaten familialen Tätigkeiten bestimmt, der Mann für die öffentlichen gesellschaftlichen Pflichten.

Diese kritischen Ausführungen lassen FREUDS große Entdeckung des Unbewußten und der konflikthaften Kindheitsbeziehungen unbestritten. Sein Modell der psychosexuellen Entwicklungsphasen ist – wie wahrscheinlich jede Theorie, die sich mit Tabus beschäftigt – mit dunklen Zonen des eigenen Unbewußten duchsetzt, die sich in rationalisierter Weise dem bewußten Zugriff entziehen.In der Diskussion darüber, ob heute überhaupt noch, wenn auch in revidierter Weise, von einem Ödipuskomplex gesprochen werden kann, kommen MERTENS u.a. auf der Grundlage klinischer Erfahrungen zu einer bejahenden Einschätzung.

> *„Das Realisierenkönnen, daß Vater und Mutter eine sexuell erfüllte Beziehung zueinander haben, in der das Kind nicht im Mittelpunkt steht und die es auch nicht kontrollieren kann, stellt aus psychoanalytischer Sicht deshalb auch das konstituierendste Merkmal der ödipalen Triangulierung dar und die größte Herausforderung für das Kind."* (MERTENS u.a. 1994, Bd 2, S. 113).

Allerdings wird die triebhafte Körperlichkeit des Kindes in Wechselwirkung mit der der Eltern gesehen, werden kognitive und kulturelle Prozesse für die Erfahrung der Geschlechtsidentität berücksichtigt. MERTENS warnt davor, die große Bedeutung körperbezogener Wünsche und Ängste für die Persönlichkeitsentwicklung in einer interaktionistischen Sichtweise aufzulösen.

So schreibt der Psychoanalytiker KUTTER in einer zusammenfassenden Einschätzung der Triebtheorie aus der therapeutischen Sicht (wobei er auch ihre Weiterentwicklungen durch ERIKSON, MAHLER, WINNICOTT, KERNBERG einbezieht):

> *„Trotz gewisser unübersehbarer Mängel haben sich die theoretischen Vorstellungen der Psychoanalyse für die tägliche (therapeutische) Praxis als hilfreich erwiesen. Sie erlauben es, hinter den sichtbaren Phänomenen von Sexualität und Aggressivität Kräfte wirken zu sehen, die nach einem Ausdruck suchen, die das Ziel einer Befriedigung verfolgen (im Strukturmodell: aus dem Es), die aber auch kontrolliert und gesteuert werden wollen (im Strukturmodell: vom Ich), denen gegenüber Einwände gemacht werden (im Strukturmodell: die Verbote des Über-Ich), welche unweigerlich zu Konflikten führen, die gelöst werden wollen".* (KUTTER 1992, S. 24f.).

Im folgenden will ich versuchen, das klassische Modell der psychosexuellen Entwicklung am Beispiel des am Anfang beschriebenen Kinderspiels zu veranschaulichen. Da ich das Beispiel eines männlichen Kindes wähle, erleichtert es, die aus der männlichen Sicht gewonnenen Fragestellungen anzuwenden.

Zur Interpretation des Spiels:
Unter dem Gesichtspunkt der psychosexuellen Entwicklung herrschen im Burgspiel phallische Strebungen des Eindringens, Durchbohrens vor, die sich als lebensgefährlicher Kampf zwischen zwei männlichen Parteien um den Besitz einer Burg äußern. Zwei Brüder gegen die „väterlichen" Besetzer der Burg? Das Eindringen in die Burg über die Brücke und durch das Tor kann als phallisches Eindringen in den mütterlichen Körper, als genitale inzestuöse Fantasie interpretiert werden. Der Wunsch, die Burg-Mutter zu besitzen, ist aber mit äußerst gefährlichen, destruktiven Strebungen verbunden, die sich gegen den einen Ritter wenden: Der jüngere Bruder, mit dem sich Thomas identifiziert, stirbt. Die körperliche Integrität ist zerstört. Das Kopfabschlagen und Erhängen kann als verdeckte Kastrationsfantasie entschlüsselt werden, als Verschiebung vom Genital auf den Kopf. Im Erschlagenwerden und in-den-Brunnen-Fallen steht der ganze Körper für den Phallus. Die Initiative ist gescheitert, Vergeltungsängste dominieren. Die Kastrationsangst verhindert die symbolische Wunscherfüllung im Spiel. Diese ödipale Konstellation verweist aber auf eine grundsätzliche Unbehaustheit, den wiederholten Verlust von Schutz und Geborgenheit. Das genitale Eindringen steht im Zusammenhang mit der Suche nach Schutz im Inneren. Es ist der Wunsch nach Aufnehmen und Aufgenommen-werden, und zwar nach Wieder-aufgenommen-werden. Dieser Wunsch verweist auf eine Vorzeit, in der die Brüder aus der Burg vertrieben wurden, in der sie Schutz und Sicherheit bereits früh gewaltsam verloren haben. Dies hat sich nun tödlich für einen der Brüder wiederholt und läßt auch den Überlebenden in weiteren Wiederholungen des lebensgefährlichen Spiels gefangen. So interpretiert, ist das ödipale Thema regressiv mit einem oralen Thema verbunden. Die lebensbedrohlichen Gefahren jener Zeit verbinden sich mit denen der heutigen Zeit. Die mit den Wünschen einhergehende Gefährdung ist damit so groß geworden, daß nicht einmal in der Fantasie Wunscherfüllung gewagt werden kann. Mißtrauen gegenüber einer prinzipiell feindlichen Welt ist angesagt, die schon immer so war und so bleiben wird.

Entsprechend können sich auch die altersangemessenen libidinösen Strebungen, die die äußere Erscheinungsform des Spiels bestimmen, nicht lustvoll entfalten. Erst im späteren Spiel des Ritterkampfes wird Rivalität direkter ohne Hinterhalt zwischen zwei männlichen Gegnern zuversichtlicher mit einem zu feiernden Sieg für den guten Ritter verbunden. Die Ritter sind ähnliche Figuren wie die beiden Brüder. Aggressive Strebungen führen in diesem Zusammenhang nicht mehr zur Selbstzerstörung. Der Körper des Helden bleibt verschont und kann auf einem Sockel gefeiert werden. Hier wird eine fantastische Wunscherfüllung möglich und nicht durch Angst dominiert.

Es ist also primär der Wunsch nach Rückkehr in den mütterlichen Körper, der sich gefährlich mit destruktiven Tendenzen verbindet.

1.3. Der Ansatz der Objektbeziehungstheorie von MAHLER u.a. und Weiterentwicklungen im Hinblick auf geschlechtsspezifische Fragestellungen

MAHLER hat aus ihrer Arbeit mit psychotischen Kindern Fragestellungen entwickelt, die sie in den 50er und 60er Jahren in wiederholten Langzeitstudien untersucht hat. Durch ihre Forschungen ist die große Bedeutung präödipaler Erfahrungen hervorgehoben worden (MAHLER u.a. 1975). In ihren Untersuchungen stand die Beziehungsentwicklung zwischen Mutter und Kind in den ersten drei Lebensjahren unter der nun explizit formulierten Fragestellung der Herausbildung des Selbst im Mittelpunkt.

Sie entwickelt auf Grundlage ihrer Untersuchung ein Modell des Loslösungs- und Individuationsprozesses, in dessen konflikthaftem Verlauf das Kind sich sowohl körperlich als auch kognitiv und emotional von der Mutter als primärer Bezugsperson verselbständigt. Durch die Ausbildung innerer Bilder von ihr und von sich selbst lernt das Kind, sich im Verlauf der ersten drei Lebensjahre als eigenständige Person zu empfinden, ein getrenntes Individuum zu sein, die Mutter auch in Abwesenheit durch ihr inneres Bild bei sich zu behalten.

Dieses Streben nach Individuation ist nach MAHLER angeboren und wird durch eine vernachlässigende Mutter ebenso behindert wie durch eine infantilisierende, allgegenwärtige Mutter (vgl. MAHLER u.a. 1975, S. 14). Die Objektbeziehungen werden unter diesem Gesichtspunkt nicht durch die Triebentwicklungen bestimmt, sondern durch die Ich-Funktionen, die ein kognitiv-affektives Gewahrsein von Trennung ermöglichen. Der Akzent dieses Entwicklungsansatzes liegt auf der Abgrenzung, auf der Autonomie. Die Erfahrung, eine losgelöste individuelle Einheit zu sein, verbindet sich mit der Erfahrung eines geschlechtsbestimmten Selbstgefühls. Diese Erfahrung verbinden Mahler u.a. allerdings wieder mit dem klassischen triebtheoretischen Interpretationsansatz von Penisneid und Kastrationsangst, also einem männlichen Konzept. So wird der Trennungsschmerz des Mädchens im Abläsungsprozeß von der Mutter unablöslich mit dem Fehlen des Penis verbunden. Auch die Beschreibung eines konflikthaften Loslösungsprozesses mit seinen entscheidenden Krisen im zweiten Lebensjahr und die Betonung von Autonomie kann als ein Versuch gesehen werden, männliche Identitätskonflikte auf die Entwicklung des Mädchens zu übertragen.

PERSON und OVERSEY (1993) übernehmen diesen Ansatz für ihre Analyse der Geschlechtsidentitätsentwicklung und betonen, daß die ödipalen Konstellationen sekundär erst aufgrund früherer Geschlechtsidentitätserfahrungen möglich werden. Sie halten die geschlechtsdifferenten Folgen des Trennungsprozesses von der Mutter für grundlegend. Einerseits hat sich bis Mitte des zweiten Lebensjahres mit der Selbstentwicklung ein Wissen um die eigene körperliche Geschlechtlichkeit entwickelt. Diese geschlechtliche Selbstbestimmung geschieht im Einverständnis mit dem biologischen und dem von den Eltern zugeschriebenen Geschlecht und stabilisiert sich bis zum dritten Lebensjahr. Andererseits suchen Jungen und Mädchen mit der Erkenntnis ihres geschlechtsspezfischen Selbst nach Vorbildern für ihre Geschlechtsidentität. Diese Suche ist mit dem konflikthaften Loslösungs-und Individuationsprozeß verbunden und verläuft unterschiedlich für beide Geschlechter, je nachdem, welches Geschlecht die primäre Erziehungsperson hat. In der Regel ist dies die Mutter. Da die Autoren betonen, daß sich Jungen und Mädchen gleichermaßen im Loslösungsprozeß entidentifizieren müssen, sind beide gleichermaßen anfällig für Störungen und Trennungsängste. In ihrer Analyse heben die Autoren die Notwendigkeit hervor, daß der Junge auf der Suche nach einem Geschlechtsrollenvorbild von der Mutter in seinem Loslösungsprozeß unterstützt wird und der Vater dem Jungen genügend motivationale Anreize bietet, sich mit ihm zu identifizieren.

Von einem solchen Modell, das einen zeitgleichen und gleichermaßen konflikthaften Individuationsprozeß für Mädchen und Jungen mit der Betonung von Autonomie als Entwicklungsziel formuliert, grenzt sich CHODEROV (1978) in ihrer soziologische und psychoanalytische Fragestellungen verbindenden Analyse ab. Sie betont die besondere Konflikthaftigkeit der Erfahrungen für den Jungen auf der Suche nach seiner Geschlechtsrolle in Abgrenzung zum Mädchen. Grund dafür ist die bürgerliche Familienorganisation, die durch das Muttern der Frau und die weitgehende Abwesenheit des Vaters charakterisiert ist. Die Erfahrung, ein Junge zu sein, ist demnach primär durch „nicht wie die Mutter zu sein“ definiert. Der Individuationsprozeß ist verbunden mit der Erkenntnis, ein anderes Geschlecht als die Mutter zu haben, die Hauptquelle aller bisherigen Lusterfahrungen. Der Individuationsprozeß wird also abrupt und schmerzlich gelöst. Denn: „Abhängigkeit von der Mutter, Zuneigung zu ihr und Identifikation repräsentieren das Nicht-Männliche.“ (CHODEROV 1986, S. 235). Die Gefühle zur Mutter unterliegen der Verdrängung, da sie die eigene Männlichkeit gefährden. Durch vielfältige Aktionen, die alle betonen „Ich bin anders als die Mutter“, versucht der Junge, sein männliches Selbstbild zu stabilisieren. Die aggressive Bewertung bzw. Abwertung von Weiblichkeit wehrt schmerzliche Trennungserfahrungen ab und führt zur Verdrängung intimer, gefühlsintensiver Beziehungswünsche.

Das Mädchen dagegen erkennt im Verlauf der Loslösungs- und Individuationsphase, daß es der Mutter gleicht. Entsprechend ist der weibliche Individuationsprozeß nicht durch einen ähnlich schmerzhaften Bruch wie beim Jungen gekennzeichnet. Es besteht nicht die Notwendigkeit, die Mutter als Liebesobjekt ganz aufzugeben. Der Vater kommt als sekundäres Liebesobjekt hinzu. Choderov folgert: „Solange Frauen muttern, ist die Entwicklung eines stabilen männlichen Selbstgefühls immer problematischer als die Entwicklung eines stabilen weiblichen Selbstgefühls." (CHODEROV 1986, S. 273). Das Selbstbild des Mädchen kann charakterisiert werden als „ein Selbst in Beziehung zu", das des Jungen als „ein Selbst in Abgrenzung zu". Entsprechend werden die Mädchen auch in der nächsten Generation wieder muttern, die Väter durch Abwesenheit aus der Familie, dem mütterlichen Bereich „glänzen".

Mit dem Modell von CHODEROV liegt ein Interpretationsansatz vor, der die geschlechtsspezifische, gesellschaftliche Arbeitsteilung auf die weibliche Mütterlichkeit zurückführt und in der Forderung mündet, daß auch Väter müttern müssen, soll sich die psychische Verankerung der gesellschaftlichen Arbeitsteilung aufheben (ähnlich bei BENJAMIN 1990, OLIVIER 1987), denn die soziale Hierarchie wird durch die Überordnung der männlichen Sphäre über die häusliche Sphäre untermauert (CHODEROV 1986, S. 19). Die Emanzipation der Frau wird hier wesentlich im Zusammenhang mit Mütterlichkeit gesehen. Weiblichkeit und Mütterlichkeit sind nicht klar voneinander getrennt. Lustvolle Körpererfahrungen geraten so in ihrer zentralen Bedeutung für die Geschlechtsidenitität (wie insgesamt häufig bei den objektpsychologischen Analysen) aus dem Blick.

CHODEROVS Ansatz akzentuiert – und meiner Meinung nach ist dies bis dahin einmalig in dieser Nachdrücklichkeit in der psychoanalytischen Diskussion – eine grundlegende Frauensolidarität, indem sie die Mutter-Tochter-Beziehung aufwertet. Dabei wird allerdings die psychologische Anwesenheit des Vaters – auch bei körperlicher Abwesenheit – für Mädchen und Jungen unterschätzt.

Im Vergleich zum Konzept FREUDS trifft bei CHODEROV die Entwertung nun den emotional verkümmerten, frauenängstlichen Mann und nicht mehr die penislose Frau, die die männliche Potenz beneidet. Die Polarisierung der Geschlechter bestätigt sich mit umgekehrten Vorzeichen. In der Entwertung des männlichen Selbst könnte nach ROHDE-DACHSER (1992, S. 258 ff) der Wunsch nach Idealisierung des Vaters, der alles, was die Mutter nicht erfüllt hat, nun erfüllen soll, als unbewußtes Pendant gesehen werden. In der indirekten Idealisierung des weiblichen Selbstbildes erscheint versteckt dessen Fragilität. Die Aufwertung geschieht allerdings nicht im Hinblick auf den Phallus – wie in der Weiblichkeitskonstruktion FREUDS – sondern über die gleichgeschlechtliche Beziehung zwischen Mutter und Tochter. Nach ROHDE-DACHSER (1992, S. 264) sind Weiblichkeitsmythen dieses Typs „ein unerläßlicher Schritt, wenn auch vermutlich nur ein Zwischenschritt, auf dem Wege der Befreiung der Frauen aus ihrer Verstrickung in die patriarchalischen Denkstrukturen und der dazu notwendigen Versicherung des Wertes ihres Geschlechts".

In kritischer Auseinandersetzung mit dem Individuationskonzept von MAHLER haben sich vielfältige Analysen zum Thema Geschlechtsidentität ergeben,[1] auf die ich an dieser Stelle nicht weiter eingehen will. Einzelne Aspekte werde ich im Zusammenhang mit den selbstpsychologischen Ansätzen des nächsten Kapitels wieder aufnehmen.

Daß mit dem Konzept des Loslösungs- und Individuationsprozesses und den damit angesprochenen Konflikten um Autonomie und Abhängigkeit, um Nähe und Distanz wesentliche neue Zugänge zum Verständnis psychischen Konflikterlebens auch unter geschlechtsspezifischen Aspekten eröffnet wurden, will ich wiederum kurz an den zuvor bereits geschilderten Spielen von Thomas konkretisieren. Auch hier sind die folgenden Ausführungen nur als Anregung gedacht:

Unter dem Gesichtspunkt des Trennungs- und Individuationsprozesses kann das Burgspiel einen konflikthaften Prozeß anzeigen, der zu einem frühzeitigen Verlassen mütterlicher Positionen geführt hat, ohne daß ein stabiles Selbstgefühl und verläßliche innere Objekte der guten Mutter sich gebildet haben. Väterliche bzw. männliche Kompensationsangebote sind nur geringfügig vorhanden, könnten aber im Bild des brüderlichen Helfers gesehen werden. Der Wunsch nach Rückkehr zur Mutter (Burg) ist sehr bedrohlich und wird mit dem Verlust der körperlichen Integrität verbunden. Sieht man die Brüder als zwei Teile des eigenen männlichen Selbst, so scheint zumindest ein Teil – wenn auch nur vorübergehend – einen Ort der Sicherheit zu erreichen, von dem aus neue Unternehmungen gestartet werden können. Die männlichen Aktivitäten, den weiblichen Körper in seinen Schutz versprechenden Aspekten zu erobern, bleiben aber weiterhin lebensgefährlich.

1. Vgl. insbesondere BENJAMIN 1991; aber auch FRIEDMAN/ LERNER 1991; s.a. Psyche 6/ 1993; ALPERT 1992; ROHDE-DACHSER 1991 u.a.

Die männlichen Figuren im Spiel können in diesem Zusammenhang auch als Suche nach Geschlechtsvorbildern gesehen werden, die die eigene Geschlechtsidentität stützen. In dem Ritter-Kampf kann mit einem Gleichen die Stärke gemessen und ein Sieg erreicht werden, der die eigene Männlichkeit zum Objekt stolzer Bewunderung macht. Unter diesem Gesichtspunkt geht es nicht um ödipale Rivalität, sondern um Stabilisierung der eigenen geschlechtsspezifischen Identität. Der Kampf mit dem Ritter und der Sieg über ihn stärken das Bestreben nach Autonomie.

Bei dieser Interpretation ist die konflikthafte Loslösung von der Mutter, die Sehnsucht nach ihr und die Suche nach einem männlichen Geschlechtsrollenvorbild zentral; Triebregungen und Körperbezüge werden eher zu Randbedingungen.

1.4. Die neuere Selbstpsychologie und Weiterentwicklungen im Hinblick auf geschlechtsspezifische Fragestellungen

Die Selbstpsychologie, wie sie seit den 60er Jahren aus der therapeutischen Praxis von KOHUT und seinen Mitarbeitern entwickelt und durch die neuere Säuglingsforschung differenziert und bestätigt wurde (vgl. u.a. DORNES 1993, 1995; LICHTENBERG 1983, STERN 1985), geht von einem grundlegenden Bedürfnis des Menschen nach Bezogenheit aus. Im Mittelpunkt dieser theoretischen Neubestimmung steht auf seiten der therapeutischen Praktiker der Versuch, die zunehmend häufiger zu behandelnden Störungen des Selbstwertgefühls besser zu verstehen und therapieren zu können.

Die PatientInnen, die KOHUT u.a. beschreiben, leiden alle unter einer fragilen Selbststruktur, die im Verlauf der Therapie auf empathisches Versagen der frühen Primärpersonen verweist, aber auch auf fehlende aktuelle Unterstützung als Erwachsene. Gefühle der Leere und Sinnlosigkeit wechseln sich ab mit archaischen Omnipotenzfantasien. Beziehungen zu anderen Personen werden idealisiert und sind sehr störanfällig. Bei kleinen Enttäuschungen wird ein Gefühl totaler Hilflosigkeit empfunden und löst narzißtische Wut aus mit dem Bedürfnis, die kränkende Person vom Erdboden verschwinden zu lassen.

Damit liegt in der neueren Selbstpsychologie ein radikal neues Konzept vor, das die Selbstempfindungen nicht mehr als eine Art sekundäre Begleiterscheinung der Trieb- oder Ich-Entwicklung sieht (wie bei MAHLER u.a.), sondern als primäre Organisatoren psychischer Prozesse. Sexuelles Erleben wird erst in diesem Zusammenhang erschließbar. Exzessive Sexualität oder Aggressivität verweisen auf mangelhafte Empathie früher Bezugspersonen.

Auch der Säuglingsforscher STERN, der 1985 ein Modell der sukzessiven Entwicklung der Selbstempfindungen vorgelegt hat, spricht den sexuellen Triebregungen wie z. B. der Oralität nicht die Bedeutung für die Entwicklung der Persönlichkeit zu wie FREUD. Er hält die Zustände von hoher Trieberregung für eher ungeeignet für Lernvorgänge und Entwicklung, auch wenn er die Bedeutung oraler Erlebnisse mit der Mutter für die klinische Praxis für unbestreitbar hält (STERN 1992, S. 330). Allerdings sind für ihn orale und anale Themen lebenslang wirkende Beziehungsthemen, die sich sowenig phasenspezifisch festlegen lassen wie die Themen Autonomie und Abhängigkeit.

Die Aussagen der neueren Selbstspsychologe lassen eindeutig den Schluß zu, daß die Selbstentwicklung abhängig von vielfachen Erfahrungen der Kompetenz und Selbstregulation in der Interaktion mit den Primärpersonen ist, also wesentlich von deren empathischen Eingehen auf das Kind abhängt. Auf Grundlage dieser Erfahrungen entwickelt sich ein Selbst, das auch das Gefühl einer Geschlechtsidentität umfaßt. Diese entwicklet sich im wesentlichen auch in einem Prozeß der Bedeutungszuschreibung im Rahmen der frühen Beziehungen, wobei der Säuglingsforscher DORNES betont, daß Bedeutung „in einem wechelseitigen Prozeß des Ineinandergreifens von intrinsicher und zugeschriebener Bedeutung“ entsteht (DORNES 1995, S. 37).

Ein eigenständiges differenziertes geschlechtsspezifisches Konzept, das die Beziehung zu den Primärpersonen auch unter dem Gesichtspunkt der Geschlechtszugehörigkeit thematisiert, liegt allerdings bis jetzt im Rahmen der neueren Selbstpsychologie nicht vor.

Grundlegend bleibt die These über die Notwendigkeit für Jungen und Mädchen, in ihrem Erleben auf empathisches Verhalten der Bezugspersonen zu treffen in einem wechselseitigen Prozeß des Bedeutungsaushandelns. Erst dadurch kann auch die Geschlechtsidentität mit den Erfahrungen von Ähnlichkeiten und Unterschieden in das Selbst integriert werden, kann eine Polarisierung in weiblich und männlich vermieden werden. Die Differenzierungsfähigkeit im Hinblick auf die Vielfalt von Erfahrungen, die Vielfalt von Ähnlichkeiten und Unterschieden wird so gefördert.

In diesem Zusammenhang sind die Untersuchungen von FAST interessant (1991), die betonen, daß die Erkenntnis der anatomischen Differenz für jedes Geschlecht zwar mit der narzißtischen Kränkung verbunden ist, nicht beide Geschlechter in sich zu vereinen. Für sie ist aber erst diese Anerkennung der anatomischen Differenzierung die Basis, auf der „wirkliche psychische Androgynie möglich“ ist (FAST 1991, Vorwort, S. VII). Die Postulierung einer Angleichung der Geschlechter ohne Anerkennung der Differenz läßt für sie den Verdacht aufkommen, daß damit die Kränkung des Kindes rückgängig gemacht und die mühsame Anerkennung der Realität aufgehoben werden soll. Andauernde Gefühle von Penisneid beim Mädchen und in der Entsprechung Gebärneid beim Jungen sind als Verlust- und Protestreaktionen zu bewerten, die aufgrund mangelnder empathischer Verfügbarkeit der primären Bezugspersonen nicht aufgegeben werden konnten (vgl. SCHWARTZ 1991). GOTTSCHALCH allerdings hält das Problem des Neides für tieferliegend, in konstitutionellen physio-psychischen Eigenschaften verankert und „bis in die feinsten Verästelungen hinein gesellschaftlich bestimmt" (GOTTSCHALCH 1995, S. 21, vgl. 1984).

In seiner Betrachtungsweise ist nicht allein die Qualität der Beziehungen das entscheidende Kriterium gelingender Geschlechtsidentität. Er versucht das prinzielle Spannungsverhältnis von Körper-Psyche-Gesellschaft zu thematisieren und wendet sich damit implizit auch gegen ein in der neueren Selbstpsychologie tendenziell denkbares hamonistisches Verhältnis von Indivdiuum und Gesellschaft, das die Widerständigkeit des Körpers gegenüber gesellschaftlichen Einflüssen ebenso wie die gesellschaftliche Machtdimension zu Randerscheinungen werden läßt. Auf einen grundsätzlichen Aspekt der Reflexion des Verhältnisses von Individuum und Gesellschaft geht ROHDE-DACHSER in ihrer Analyse der Geschlechterdifferenz ein. Sie baut auf Erkenntnissen der neueren empirischen Selbstpsychologie auf, stellt diese aber in den Rahmen einer patriarchatskritischen Sprachanalyse .

Sie hebt in ihren Überlegungen zur Psychoanalyse der Geschlechterdifferenz insbesondere die Bedeutung des patriarchalischen Symbolsystems für die Geschlechterpolarisierung hervor. Da das bewußte geschlechtsbezogene Selbstbild sich zusammen mit der Sprache entwickelt, wird die Erfahrung der Geschlechtsidentität wesentlich über die polarisierenden patriarchalischen Sprachmuster bestimmt. Die Teilung der Welt in männlich und weiblich wird erst durch die binäre Zuordnung der Sprache möglich. Die Vielfalt konkreter Interaktionserfahrungen im ersten Lebensjahr, die das präverbale Selbstempfinden bestimmen, wird dadurch überdeckt. Dieser sprachliche Zuordnungsprozeß verläuft unterschiedlich für Mädchen und Jungen in Abhängigkeit vom Geschlecht der Primärperson, also meist der Mutter, und hat weitreichende Folgen für die aggressive Bewertung von Weiblichkeit in patriarchalischen Deutungsmustern.

Mit ihren Überlegungen baut ROHDE-DACHSER auf den Ergebnissen der neueren Säuglingsforschung auf (vgl. insbesondere STERN 1992), die die Entwicklung von den präverbalen zu den verbalen Selbstempfindungen untersuchen. Sie argumentiert, daß die Entstehung des verbalen Selbst im zweiten Lebensjahr für den Jungen mit seinen geschlechtsspezifisch notwendig werdenden konflikthaften Individuations-und Ablösungsprozessen von der Mutter zusammenfällt und entsprechend zu einer aggressiven Rekodierung früher Mutterbilder in der Sprache führt. Sprache dient in diesem Zusammenhang zur Abwertung des Weiblichen, um das männliche Selbstbild zu stabilisieren. Folge ist eine Spaltung im Selbsterleben. Für das Mädchen setzt die Enttäuschung an der Mutter später ein, wird nicht wie beim Jungen durch eine frühe Verselbständigung bestimmt. Die grandiose Überhöhung der verinnerlichten Mutterbilder oder deren Aggressivierung dürften im Vergleich mit dem Jungen bei ungestörter Entwicklung des Mädchens entsprechend geringer ausfallen. Die Verwandtschaft der Körper, die gemeinsam geteilte Mütterlichkeit und der gleichgeschlechtliche Status mit der Mutter läßt den Verlust der narzißtischen Ganzheit weniger schmerzhaft erscheinen. Die Nähe zur Mutter ist mit der Geschlechtsrolle vereinbar, führt nicht zu einer Gefährdung wie beim Jungen. Entsprechend ist die Sprache des Mädchens mehr geeignet, Gefühle auszudrücken, als die des Jungen (STERN 1992, S. 229). Eine Aggressivierung der frühen Mutterbilder wird für das Mädchen erst später und nur dann stattfinden, wenn die altersgemäßen Ablösungsprozesse von der Mutter unterbunden werden und sich ein sado-masochistisches Anklammern an die Mutter entwickelt, das seinen entsprechenden energiegeladenen Niederschlag im bereitgestellten patriarchalischen Symbolsystem findet.

Für den Jungen ist die mit der Erkenntnis der Geschlechtsdifferenz verbundene Trennung von der Mutter verbunden mit der Notwendigkeit, die vorangegangenen präverbalen, körperbezogenen Interaktionserfahrungen mit der Mutter weitgehend aus der Sprache auszuschließen, um seine sich entwickelnde Geschlechtsidentität nicht zu gefährden. Für das Mädchen erfahren sie einen Umdeutungsprozeß unter patriarchalischen Vorzeichen. In den männlichen Sprachformen wird das eigene Erleben entwertet, zum Teil aus Sprache ausgeschlossen und nur als Ergänzung zum Männlichen interpretiert. Ein falsches Selbst kann sich entwickeln.

In der Übernahme patriarchalischer Sprachmuster sieht ROHDE-DACHSER auch das Problem begründet, weibliche und entsprechend männliche Sozialisationserfahrungen angemessen zu beschreiben. Selbst die Beschreibung der scheinbar anatomisch und biologisch eindeutig begründeten Körperempfindungen und Fantasien ist immer schon gesellschaftlich geprägt. „Was in Sprache gefaßt wird und wie dies geschieht, unterliegt dabei einer Selektion, für die neben den je eigenen biographischen Vorerfahrungen immer auch gesamtgesellschaftliche Normen und Verbote bestimmend sind.“ (ROHDE-DACHSER 1992, S. 223f). ROHDE-DACHSER stellt also die wissenschaftliche Sprache selbst zur Disposition, fragt nach der grundsätzlichen Möglichkeit, mit früh erlernten patriarchalischen Sprachmustern Weiblichkeit erfassen zu wollen.

Die theoretischen Versuche, die bisher vorliegen, um geschlechtsspezifische Sozialisationsprozesse zu erfassen, unterliegen oft unbewußt den für eine patriarchalische Gesellschaft typischen Sprachmustern oder stellen Reaktionen auf diese dar (vgl. FREUD oder auch CHODEROV). Die Weiblichkeitsentwürfe, die für die Frau in der symbolischen Ordnung der patriarchalisch geprägten Kultur bereit gestellt sind, stellen eine Überfremdung des eigenen Ursprungs und der eigenen Geschichte dar. Ich will nur darauf hinweisen, wie schwer es vielen von uns, mich eingeschlossen, immer noch fällt, statt der nur männlichen auch die weibliche Sprachform zu benutzen. Unsere Alltags- und Wissenschaftssprache suggeriert damit: Der Mensch sei der Mann.

Um die Vielfalt vorsprachlicher Erfahrungen vor der Polarisierung der Welt in weiblich und männlich für das bewußte Erleben wieder zugänglich zu machen, ist es für ROHDE-DACHSER wichtig, vom Erleben des Körpers auszugehen. Weiblichkeit ist nicht mit Mütterlichkeit gleichzusetzen. Die Erfassung der weiblichen Sexualität verlangt die Entwicklung einer eigenen weiblichen Sprache „jenseits des phallischen Diskurses". Diese Sprache muß an Erfahrungen der vorsprachlichen Entwicklung des Selbst ansetzen. Sie muß von Frauen erst geschaffen werden. Dazu bedarf es eines „Fantasiespielraums" (IRIGARAY 1977, S. 82, zit. n. ROHDE-DACHSER 1992, S. 268), eines imaginären Raumes, in dem Frauen ihre eigenen Fantasien über ihr Geschlecht entwickeln. Ich glaube, daß dies in ähnlicher Weise für die männliche Individuation gilt, die in patriarchalischen Mustern wesentliche Erfahrungen ihrer Geschichte verliert. Diese Geschichte wieder zu entdecken, bedarf es ebenfalls eines eigenen Raumes, der sich nicht primär durch die Abgrenzung zu den Frauen füllt, sondern durch die Entdeckung vielfältiger männlicher Beziehungserfahrungen des körperlichen und emotionalen Austausches.

Wenn ich zum Abschluß dieses Kapitels noch einmal auf das Spiel meines kleinen Patienten zurückkomme, so werde ich auch diesmal nur eine Skizze möglicher Interpretationsfragen unter dem Gesichtspunkt der neueren Selbstpsychologie entwerfen.

Die Sehnsucht nach einem idealisierten Selbstobjekt, das Ruhe, Schutz und Geborgenheit verspricht, wird in dem Kampf um die Burg sichtbar. Aber die Kraft reicht nicht aus, diese Burg sicher zu gewinnen. Es gibt keine sicheren Beziehungen, keinen Schutz; weder in der Burg, noch im Bruder. Omnipotenzgefühle tauchen nur kurz auf. Das Selbst ist fragil und verletzbar. Kompetenzgefühle, Gefühle, durch eigene

Aktivität sinnvolle Befriedigung mit anderen zu erreichen, sind nur in Ansätzen vorhanden. Letztlich ist alle Anstrengung sinnlos. Die Vertreibung aus der Burg ist zu früh erfolgt und läßt sich nur vorübergehend und unter großen Gefahren rückgängig machen. Dies verweist auf einen schmerzhaften und immer gefährdeten Individuationsprozeß in der Beziehung zur Mutter. Vorübergehende Rückkehr ist nur für einen der Ritter unter der Gefahr des ständig wieder zu erwartenden Angriffs von außen möglich und heißt Tod für den anderen.

Die Aufteilung in zwei Brüder, wovon der eine überlebt, läßt hoffen, daß hier Selbstkräfte wirksam werden, die das Gefühl für sinnvolle Aktivität halten können, daß auch ein relativ gutes Selbstobjekt verinnerlicht werden konnte. Im Kampf der beiden Ritter wird ein aktives Gefühl für kompetentes Handeln deutlicher. Der Sieger wird auf den Sockel gestellt, der Wunsch nach Bewunderung kann im Spiel gelebt werden. Die männliche Geschlechtsidentität bedarf zu ihrer Stärkung des Kampfes mit den Geschlechtsrollenvorbildern.

Die Körpererfahrungen, die in diesen Spielen symbolisch dargestellt werden, können als Versuche gesehen werden, das phallische Selbstbild zu stärken, sich der körperlichen Integrität und Grandiosität zu versichern, was im ersten Spiel scheitert, im zweiten eher gelingt. Die Selbststabilisierung könnte auch unter dem Gesichtspunkt einer Polarisierung der Geschlechter gesehen werden: Das männliche Selbst ist darauf angewiesen, sich nach der in diesem Fall besonders schmerzlichen Trennung von der Mutter nun in den nur für Männer vorgesehenen Aktivitäten des Kampfes zu beweisen und zu überhöhen. In diesem Bereich ist die körperliche Nähe für den Helden nicht in einen ewigen lebensbedrohlichen Kampf ohne Sieg eingebunden. Der männliche Zweikampf ist eindeutig vom weiblichen, mütterlichen Bereich abgegrenzt, hier wird nun männliche Kompetenzerfahrung, wenn auch wieder nur unter Einsatz des Lebens, möglich. Die Polarisierung wäre hier also Ausdruck einer frühen konfliktreichen Mutter-Kind-Beziehung, in der ein gutes Vater-Bild fehlt. Mutter und Sohn sind weitgehend ohne stützende Selbstobjekterfahrungen, sind beide verlassen und überfordert in einer die Geschlechter polarisierenden Welt.

Ich hoffe, an den verschiedenen Interpretationsversuchen eines konkreten Spiels gezeigt zu haben, daß der therapeutische Zugang zum Patienten oder zur Patientin sich an der Einmaligkeit ihrer Äußerungen orientiert. Daß dabei Theorien Fragestellungen eröffnen oder verschließen, in den Vordergrund stellen oder an den Rand verweisen, sollte mit dem konkreten Beispiel deutlich geworden sein.

2. Einige Hypothesen über die gesellschaftliche Verortung der verschiedenen Ansätze oder:

Psychoanalytische Theorieentwicklung als Aufklärungsversuche des Menschen über sich selbst in der sich durchsetzenden bürgerlichen Industriegesellschaft und ihren sich andeutenden Veränderungen

Alle psychoanalytischen Autorinnen und Autoren versuchen das gesellschaftlich Ausgeschlossene, Angstmachende im Individuum aufzuspüren, versuchen zur Aufklärung des Menschen über sich selbst beizutragen. Dabei zeigen sie auf die Wunden der Gesellschaft, auf ihre im Individuum jeweils auszutragenden Widersprüche. Dies gelingt jeweils unter Maßgabe eigener Konflikterfahrungen und deren Lösungsmöglichkeiten, die immer auch über die gesellschaftlich vorgegebenen Deutungsmuster und deren Widersprüche bestimmt sind. Psychoanalytikerinnen und Psychoanalytiker arbeiten an den Nahtstellen von Unterdrückung und deren Überwindung, verweisen damit auf repressive und progressive Entwicklungsmöglichkeiten gesellschaftlich-historischer Prozesse.

Die vorgetragenen Ansätze zeigen, daß dabei Unterschiedliches im Vordergrund steht: Zugespitzt formuliert ist es bei FREUD die Sexualität, die körperliche Lust, die konflikthaft ist. Bei MAHLER steht das konflikthaft gewordene Bestreben nach Autonomie im Vordergrund. Bei CHODEROV geht es insbesondere um die männliche Beziehungsangst, und bei Kohut um das konflikthaft gewordene Bedürfnis nach Unterstützung durch andere, bei ROHDE-DACHSER und BENJAMIN schließlich um die Angst vor der Vielfalt, auch der Vielfalt der Lust.

Diese unterschiedlichen Akzente verweisen meiner Meinung nach jeweils auf einen besonderen historisch-gesellschaftlichen Hintergrund:

1. Anfang des Jahrhunderts hebt FREUD die Sexualität als das vom gesellschaftlichen Diskurs Ausgeschlossene ins öffentliche Bewußtsein. Ausgehend von seinen Patienten und Patientinnen, die an neurotischen Störungen wie Hysterie, Zwangsneurosen, Phobien, Angstneurosen, d.h. klassischen Psychoneurosen mit klarem Symptombild, die heute selten geworden sind, litten, entwickelte FREUD einen völlig neuen systematischen Begriffapparat, um diese Krankheiten zu verstehen und zu heilen. Da er in der eigenen Analyse, in der Analyse seiner Träume und der seiner Kollegen und Kolleginnen ebenso wie in den Fantasien seiner Patienten und Patientinnen regelmäßig auf unbewußte, konflikthafte, infantile Sexualwünsche stieß, konzentrieren sich seine theoretischen Aussagen auf eine Trieb- und Konflikt-Abwehrtheorie. Sein Menschenbild ist prinzipiell konflikthaft und pessimistisch.

Dies geschieht zu einer Zeit, in der durch die Industrialisierung auch der Zwang, den Körper in den Zeit- und Bewegungsrahmen der industriellen Produktion einzupassen, diese Lust für alle Schichten zunehmend rigider einengt, der Zugriff auf den Körper des Menschen sich gesellschaftlich im großen Maßstab durchsetzt. Die Patienten und Patientinnen von FREUD stammen aber kaum aus den in das industrielle Zeit- und Bewegungskorsett schon eingepreßten, sondern aus der bürgerlichen und zum Teil adligen Schicht, die unter der einengenden und widersprüchlichen viktorianischen Sexualmoral aufwuchsen.

FREUD wird hier zum Wahrheitssucher, der den Widerspruch zwischen Individuum und Gesellschaft thematisiert, die verbotenen Triebregungen im Widerstand zur gesellschaftlichen Sexualmoral aufdeckt. Aber er scheitert in seinem Versuch, die weibliche Sexualität zu erfassen, an den patriarchalen Deutungsmustern seiner Zeit. Die weibliche Sexualität bleibt in ihrer Eigenständigkeit von Seiten der Psychoanalyse weiterhin vom gesellschaftlichen Diskurs ausgeschlossen. Dieser Ausschluß läßt die männliche Sexualität weiterhin als die allgemeine gelten. Der Mensch ist der Mann. Mit seinem Konzept des Penisneides erfaßt FREUD ein die patriarchalische Gesellschaft fundamental kennzeichnendes Phänomen. Frauen haben allen Anlaß neidisch zu sein. Die patriarchalische Gesellschaftsordnung wird mit der warenproduzierenden Industriegesellschaft, wenn auch erst langsam, brüchig. Sie beruht darauf, daß grundsätzlich alle Individuen frei über ihre Arbeitskraft verfügen können. Frauen werden sich zu FREUDS Zeiten bereits kritisch ihrer gesellschaftlichen Möglichkeiten bewußt, fangen an, in männliche Bereiche vorzudringen, stoßen vielfach auf erbitterten Widerstand. Der Penisneid ist so gesehen ein berechtigter Neid, der zum Handeln auffordert und der Angst macht. Die Biologisierung dieses Neides läßt die patriarchalische Ordnung als Natur erscheinen. Sie ist eine patriarchalische Antwort auf den Aufbruch der Frauen aus den einengenden familialen Aufgabenbereichen. Sie ist auch eine Antwort auf die Gefährdung der bürgerlichen Familienform. Alle anderen Formen der Sexualität außerhalb der Heterosexualität gefährden ebenfalls die patriarchalischen Muster und bleiben gesellschaftlich ausgegrenzt, werden in der Psychoanalyse pathologisiert.

2. Mit der sich in allen Bereichen durchsetzenden Industrialisierung setzen sich langsam und mit Widerständen auch die Marktprinzipien für die Frauen durch, auf deren Erwerbstätigkeit nicht mehr verzichtet werden kann. Das Konzept von MAHLER u.a., das Individuationsprozesse und deren Scheitern ins Zentrum der psychoanalytischen Aufmerksamkeit rückt, verweist auf konfliktbeladene Individualisierungsprozesse in der Gesellschaft, in der Autonomie zentrales Prinzip ist. Die nicht hinterfragte Über-

nahme der klassischen triebtheoretischen Konzepte von Penisneid und Kastrationsangst kann im Zusammenhang mit einer patriarchalischen Ideologie gesehen werden, die zwar die prinzipielle Bedeutung autonomer Strebungen bei Mann und Frau aus wirtschaftlicher Notwendigkeit heraus betont, die aber dennoch versucht, die Frau ans Haus zu binden. Die berufliche Mobilität des Mannes als primäre ist so gesichert, der Erhalt der Familie garantiert. Die Frau mit der Doppelbelastung als Berufstätige und Hausfrau findet hier eine sozialisationstheoretische Entsprechung.

Bei CHODEROV wird das verdrängte, abgewehrte Weibliche mit seinem besonderen sozialen und emotionalen Fähigkeiten in den Vordergrund gestellt. Die Polarisierung der Geschlechter unter dem Machtanspruch des Mannes wird nicht mehr hingenommen. Die Frau definiert nun die Fähigkeiten des Mannes, matriarchalische Möglichkeiten werden gedacht als Gegenbewegung in einer Zeit, wo Frauen zunehmend auf den Markt drängen, ihre Arbeitskraft gebraucht wird, familiale Muster offensichtlich brüchig werden, neue private Beziehungsmuster entstehen. Weibliche Solidarität stellt sich den Individuationsgefahren entgegen. Die körperliche Lust wird weniger wichtig. Damit besteht aber auch die Gefahr, daß patriarchalische Definitionen des familienbezogenen Frauseins zementiert werden. So können sexuell-leidenschaftliche und aggressiv-kämpferische Aspekte des Weiblichen aus dem Blick geraten, die sich dem Patriarchat aktiv entgegenstellen.

3. Im Konzept der Selbstpsychologie nach KOHUT wird ein Menschenbild gezeigt, das empathische Reaktionen von anderen braucht „wie die Luft zum Atmen" (vgl. WOLF 1989). Die Störungen des Selbst sehen KOHUT, seine Mitarbeiter und Nachfolger als die charakteristischen Störungen der heutigen Gesellschaft, in der sich die Individualisierung durchgesetzt hat, familiale Bindungen vielfach nur auf kurze Zeit bestehen, schützende Sozialbeziehungen gesellschaftlich aufgelöst sind und individuell selbst hergestellt werden müssen. Die dazu notwendigen Fähigkeiten sind aber kaum vorhanden. Größenwahn und Idealisierungen, das Verfolgen beliebiger Werte und die Suche nach neuen Reizen versuchen, die narzißtischen Ohnmachtserlebnisse zu kompensieren, und brechen immer wieder zusammen, da die Enttäuschung nicht ausbleibt. Das Potential an narzißtischer Wut nimmt zu. Sexualisierung und Aggressivierung verdecken nur das fragile Selbst. Diese Selbstpsychologie verweist auf die individualisierte Gesellschaft, die Risikogesellschaft. Aber läßt sie nicht zugleich ein harmonistisches Welt- und Menschenbild mitschwingen, indem etwas mehr an Empathie prinzipiell Individuum und Gesellschaft versöhnen könnte? Die Brüche im Selbst, die so verletzlich machen, werden deshalb auch von einem feministischen

Blickpunkt im Zusammenhang mit der die Geschlechter polarisierenden Gesellschaft gesehen werden.

Aus der Sicht BENJAMINS leiden die Menschen in der modernen Gesellschaft nicht allgemein an narzißistischen Störungen. Die Unfähigkeit, empathische Beziehungen einzugehen, sieht sie im direkten Zusammenhang mit der für die patriarchalische Gesellschaft verbundenen Polarisierung der Geschlechter. Alle anderen gesellschaftlichen Polarisierungen nach „gut" und „schlecht", „Täter" und „Opfer", „Starke" und „Schwache", „Richtige" und „Falsche" stehen damit in Zusammenhang. Deshalb sieht sie in der Überwindung der Geschlechter-Polaritäten die zentrale gesellschaftliche Aufgabe, den Menschen beziehungsfähig werden zu lassen. Erst dann wird die Anerkennung individueller Unterschiede und Ähnlichkeiten auf Grundlage des gemeinsam Menschlichen möglich.

Die weibliche Identität jenseits geschlechtspolarisierender Beschreibungen zu erfassen, ist für ROHDE-DACHSER nur mit der Durchbrechung der patriarchalischen Sprach- und Denkmuster möglich. Es bedarf einer neuen Sprache, die weibliche Erfahrungen, insbesondere des weiblichen Körper und seiner Lust, beschreiben kann. Und es bedarf auch einer neuen Sprache, um die männlichen Erfahrungen jenseits patriarchalischer Verdrängungsmuster zu beschreiben.

Die Erkenntnis des zentralen Stellenwertes, der den Symbolisierungsprozessen in der Konstruktion von Wirklichkeit zukommt, kann auch im Zusammenhang mit dem Übergang von der Schornstein- zur Symbolwirtschaft gesehen werden. Besteht bei Verabsolutierung dieser Sichtweise aber nicht auch die Gefahr, körperliche Erfahrungen auf symbolische zu reduzieren, die Widerständigkeit des Subjekts gegen die gesellschaftlichen Symbole aus dem Blick zu verlieren, alles machbar erscheinen zu lassen? Anders gesehen, aber sind es gerade auch die Hoffnungen, die sich mit der gesellschaftlichen Umbruchssituation verbinden, die in der Theoriebildung ihren Niederschlag finden, die ja gerade die Möglichkeit der Vielfalt von lebbaren Konstruktionen impliziert.

Das Patriarchat im Umbruch? Kann statt Polarisierungen die Vielfalt der Ähnlichkeiten und Differenzen auf der Grundlage des gemeinsam Menschlichen in den Vordergrund treten, neue individualisierte Verständigungsmöglichkeiten jenseits polarisierender Zuschreibungen?

Der Ansatz von ROHDE-DACHSER und auch der von BENJAMIN machen Mut. Sie thematisieren die Möglichkeiten, die in einer Situation des Umbruchs deutlich werden. Die theoretischen Aussagen der verschiedenen Schulen werden auch im Hinblick auf das Ausgeschlossene, Verneinte im neuen Licht sichtbar. Neues wird damit möglich – in einem kreativen Prozeß der Selbstentdeckung –, auch in der Theorie.

Das Rätsel der Sphinx kann aber, wie ROHDE-DACHSER schreibt, solange nicht begriffen werden, solange „der männliche ‚Rätselheld' auf die Frage der Sphinx „Was geht am Morgen auf vier, am Mittag auf zwei und am Abend auf drei Beinen?" antwortet: 'Der Mensch' und damit den männlichen Menschen meint und das Weibliche als seine Ergänzungsbestimmung. Aufklärung kann erst dort einsetzen, wo die Antwort lautet: ‚Der Mensch, Mann und Frau' oder auch ‚Ich und du'." (ROHDE-DACHSER 1992, S. 276).

Ich möchte mit der Schlußfolgerung von BENJAMIN schließen, die „bescheiden und utopisch zugleich (ist). Die Erneuerung gegenseitiger Anerkennung. Diese Erneuerung anzustreben, heißt, die zwangsläufige Unbeständigkeit und Unvollkommenheit unserer Bemühungen zu akzeptieren, ohne das Projekt ganz preiszugeben." (BENJAMIN 1990, S. 217).

Katharina Dammer

Psychologie kindlicher Erkenntnisstrukturen – Grundlage für pädagogisches Handeln?

Einleitung

> *„Wenn man vom Kinde redet, spricht man niemals den Gegenstand, immer nur seine Hoffnungen aus."* (J. W. von GOETHE)

Zur Frage, „was uns der Dichter damit sagen wollte", liegen keine gesicherten Erkenntnisse vor, dennoch sagt dieser Satz etwas aus, das in diesem Rahmen relevant ist. Wenn wir nämlich von Kindern oder von Kindheit sprechen, beschränken wir uns selten auf eine Beschreibung dessen, was sich momentan an Phänomenen auffinden läßt. Ob ex- oder implizit, beim Thema Kindheit denken wir unweigerlich mit, daß ein Kind ja noch nicht „fertig" ist, daß aus dem Kind ja einmal ein jugendlicher oder erwachsener Mensch werden wird. Viele unserer Erklärungen und auch Bewertungen von aktuell zu beobachtendem Verhalten eines Kindes, sei es Bravheit, Renitenz, Intelligenz oder Dummheit, kommen überhaupt nur zustande, indem wir die Phänomene auf ihre Vorhersagekraft für die weitere Entwicklung hin betrachten. Umgangssprachlich lautet die Formel da: „Was daraus bloß noch werden soll?".

Hinzu kommt, daß wir uns, im Alltag, aber auch in der wissenschaftlichen Arbeit, nur schwer davon freimachen können, ein Bild von dem zu haben, wohin ein Kind sich entwickelt: zum Erwachsenen. Schließlich sind wir Erwachsene, leben als solche mehr oder minder erfolgreich, glücklich oder nicht glücklich und meinen meistens auch zu wissen, welche Qualifikationen emotionaler und sachlicher Art für eine „geglückte Meisterung" des Erwachsenen-Alltags nötig sind – genauso, wie jeder von uns eine Vorstellung von dem hat, was ihm persönlich Leiden verschafft bzw. woran die Gesellschaft krankt. Mit all diesem Vorwissen oder vermeintlichem Vorwissen über sein Entwicklungs*ziel* beginnen wir also die Untersuchung des Kindes. Davon schließe ich übrigens ganz explizit auch jene Haltungen nicht aus, die das jeweilige „Eigenrecht“ bestimmter Entwicklungsphasen betonen, denn die Begründung dieses Eigenrechts ist wieder eine *zielorientierte*: Wer nämlich beispielsweise dem Kind nicht die völlige Befriedigung seiner oralen Bedürfnisse ermöglicht oder dem Kind nicht „vollständiges empathisches Verständnis“ vermitteln kann, versagt dem Kind nicht nur im Augenblick etwas, sondern „hemmt die Entwicklung“.

Was hat das alles mit den Erkenntnisstrukturen des Kindes zu tun? Nun, wir müssen bei diesem wie bei jedem anderen Thema rund um das Kind beachten, daß unser Prozeß der Erkenntnisgewinnung nie der Gefahr einer starken Färbung durch Projektion entkommt. Was heißt für uns denn überhaupt „Erkenntnis“? Gemeinhin verbinden wir damit Begriffe wie Denken, Wissen, Einsicht in Zusammenhänge oder sogar Wahrheitsfindung. Im Wörterbuch der Psychologie wird Erkenntnis (Kognition) definiert als „ein Vorgang zusammengesetzter Art, durch den Dinge, Zusammenhänge, Sachverhalte wahrgenommen, geordnet und für andere verstehbar expliziert werden“. KANT verlangt von dem Vorgang, der Erkenntnis produzieren soll, daß er selbst ein systematischer zu sein habe und er bestimmt Erkenntnis als die Verknüpfung einer Anschauung mit einem Begriff. Wenn wir also fragen, was wir über die Erkenntnisstrukturen von Kindern wissen, fragen wir, welche Zusammenhänge oder Gesetzmäßigkeiten *wir* sehen in der Art und Weise, *wie Kinder* Zusammenhänge systematisch erschließen, wie sie ihre Wahrnehmung organisieren etc., kurz: wie sie ihre Herangehensweise an die Welt ausbilden. Zusammen mit der oben angesprochenen, in unserer Betrachtungsweise üblichen Zielorientiertheit kann man auch sagen: Wir fragen uns, wie Kinder dazu kommen (bzw. dazu gebracht werden), ihre in frühen Jahren uns Erwachsenen oft recht eigenwillig erscheinenden Theorien über die Welt zu *transformieren* in *„objektiv richtige“* bzw. *kulturell gültige* Erkenntnisse einschließlich der „richtigen“ Strategien, um zu Erkenntnissen zu gelangen.

Analog dazu, daß Erwachsene sich selbst für weitestgehend vernunftbestimmte Wesen halten und ihre Tätigkeit dem Primat einer bestimmten Systematik unterwerfen, wird die Untersuchung kindlicher Erkenntnisstrukturen gestaltet: Zu Beginn steht die Annahme, diese kindliche Entwicklung selbst folge noch zu erkennenden Gesetzmäßigkeiten und ziele vornehmlich darauf ab, sich solche Organisationsprinzipien anzueignen, die den Regeln der formalen Logik oder der Vernunft gehorchen. Auch wenn die Wichtigkeit anderer Entwicklungsziele oder anderer Themen der Entwicklung von niemandem ernsthaft angezweifelt wird, so ist dieser Gegenstand jedenfalls derjenige, der sich innerhalb der Forschung zur kindlichen Psyche am besten zur experimentellen Behandlung eignet und wohl auch deshalb recht umfassend erforscht wurde und wird.

Wegen der immensen Zahl an Untersuchungen zum Thema der kognitiven Entwicklung des Kindes ist es unmöglich, in einem Aufsatz eine vollständige Darstellung der Kognitionsforschung und ihrer Ergebnisse darzulegen. Stattdessen werde ich versuchen, einige zentrale Begriffe dieses Ansatzes, wie sie seit PIAGET gültig sind, zu verdeutlichen. Dazu gehört zunächst die von PIAGET beschriebene Hierarchie der kognitiven Entwicklung, die allerdings in neuerer Zeit eine gewisse Revision erfährt. Auch darauf wird kurz eingegangen.

1. Die kognitiven Entwicklung nach PIAGET

1.1. Zentrale Konzepte

PIAGET geht davon aus, daß man jede Entwicklungsphase (in der Terminologie PIAGETS: „Funktionsebene") mit den *ihr* angemessenen Methoden erforschen muß. Wenn man überdies noch die Gesetzmäßigkeiten klärt, welche die Übergänge von einer Ebene zur nächsten kennzeichnen, kommt man zu einer umfassenden Globaltheorie. Auf jeder Funktionsebene hat PIAGET eine bestimmte Anordnung von Strukturen gefunden. *Strukturen* sind in dieser Theorie die letzten, kleinsten denkbaren und funktionierenden Grundeinheiten. Alle darin vorfindbaren Elemente sind immer schon zu einem Ganzen zusammengeschlossen, das eigene Aufbaugesetze (Organisationsmuster) aufweist. Eine Struktur ist dabei keineswegs als statisches Gebilde zu denken, sie besteht vielmehr aus einem System aufeinander bezogener, regelhafter *Transformationen.* Ein solches System ist als Ganzes umso stabiler, je umwandlungsfreundlicher es in sich ist.

Nach PIAGET lassen sich dieselben Strukturen mit neuen Inhalten immer wieder finden; ein immer gleiches Strukturieren erobert im Laufe der Zeit immer neue Gegenstandsbereiche. Außerdem wiederholt sich auf jeder Funktionsebene dieselbe Folge von Strukturen.

Die Dynamik dieses Entwicklungsprozesses erweist sich laut PIAGET dabei als höchst sinnvoll. Die Gesamtheit der kognitiven Entwicklung wird von PIAGET als funktional verstanden; auch die einzelnen Strukturen, die gemeinsam den Entwicklungsprozeß ergeben, sind funktional. Das System der aufeinander bezogenen Transformation zeigt nämlich nicht nur eine Dynamik in sich, sondern auch eine Richtung. Diese

Richtung erhellt den Sinn (die zentrale „Funktion") im Prozeß der kognitiven Entwicklung: Der gesamte Prozeß ist ein Anpassungsprozeß, der sich in zwei gegenläufigen Funktionsrichtungen entfaltet: *Assimilation* einerseits und *Akkommodation* andererseits.

Assimilations-Schemata sind zuerst Schemata des handelnden Erfassens der Wirklichkeit (später entwickelt sich daraus das begriffliche Instrumentarium, mit dessen Hilfe die Welt gedanklich ‚begriffen' wird), mit denen das Kind die Dinge seiner Umwelt kennenlernt, indem es sie in seine Schemata einbezieht („assimiliert"). Dieser Einbeziehungsbewegung sind jedoch Grenzen gesetzt; die eigenen Schemata sind für manche Dinge noch nicht genügend ausgereift (so kann man z.B. Bäume schon deshalb nicht durch das übliche In-den-Mund-Nehmen erfassen, weil sie schlicht zu groß sind), und auch durch das Auftauchen neuer Umweltbedingungen erweisen sie sich als noch ungenügend. Dadurch kommt es im Gegenzug zur ständigen Anpassung der Verhaltens- und Erkenntnis-Schemata an diese Umweltbedingungen. Diese Seite der Anpassung wird mit *Akkommodation* bezeichnet.

Das Getriebe der Entwicklung wird von diesen beiden Funktionen der Anpassung in Gang gehalten, da beide Anpassungstendenzen immer gleichzeitig wirksam sind. Indem sowohl der Versuch, sich die Welt je passend zu machen, als auch der Versuch, sich jeweils an die Gegebenheiten der Welt anzupassen, immer wieder an Grenzen stoßen und immer wieder neue Anpassungsleistungen hervorbringen, verändert sich die kognitive Struktur. Und da eine bloß quantitative Veränderung der bestehenden Schemata nicht ausreicht, werden sie als Ganzes umgewandelt im Sinne einer ständigen Differenzierung und Integration, was als Höherentwicklung gewertet wird.

1.2. Der Differenzierungsprozeß

Innerhalb dieses Differenzierungsprozesses sind die sensomotorische, die konkret-operatorische und die formal-operatorische Stufe der Intelligenzentwicklung markante Übergangsphänomene:

Die *sensomotorische Stufe* entspricht ungefähr dem Säuglingsalter (0-2 Jahre). Die verfügbaren Operationen sind praktisch, nicht logisch (z.B. saugen, werfen, schauen). In diesem Zeitraum finden umfangreiche Entwicklungen statt, die aber präverbal und von daher schlecht meßbar sind, so daß sie kaum auf Kognition hin untersucht wurden. Die Koordinierung von Bewegung und Wahrnehmung ist eine der größten Leistungen auf dieser Stufe. Obwohl beide immer schon eine Einheit sind, wird die *durch Wahrnehmung gelenkte Bewegung* erst ausgebildet. Die Kategorien Ding, Raum,

Zeit und Kausalität werden vorgeformt, allerdings nur auf konkrete Handlung bezogen, d.h. vorbegrifflich.

Die Stufe der *konkreten Operationen* (2-11 Jahre) ist unterteilt in die voroperatorische (2-7 Jahre) und die konkret-operatorische Stufe (7-11 Jahre). In der *voroperatorischen Zeit* werden *bildliche Vorstellungen* und Symbolisierungen durch Nachahmung, Spiel, Zeichnen, Sprache entwickelt; das Denken bleibt gebunden an Objekte und Individuen im Kontext. In der Zeit, die durch *konkrete Operationen* gekennzeichnet ist, werden Form und Funktion von Sprache und Vorstellung verfeinert. Gegenstände des Denkens können jetzt auch *Verhältnisse und Eigenschaften* sein, da Handlungen verinnerlicht werden können. Damit wird auch Reversibilität in Handlung und Denken erst möglich,und erst durch Reversibilität werden Operationen wie Addition und Subtraktion in ihrem Verhältnis verstehbar (Subtraktion als Umkehrung von Addition).

Die Stufe der *formalen Operationen* ist gekennzeichnet durch die Ausbildung der abstrakten Intelligenz (ab 11 Jahre). Abstrahierungen und Verallgemeinerungen werden entwickelt mithilfe formaler Operationen wie z.B. Deduktion und Korrelation, das Denken benötigt keine konkreten Anschauungsobjekte mehr.

Diese Hierarchie bzw. die Übergangsstellen oder „Eingangsbedingungen" zu neuen Stufen weisen charakteristischerweise durchaus Verwandtheiten zu den Übergängen der psychosexuellen Entwicklungsphasen auf. So ist z. B. die Leistung der Verinnerlichung, die zur Unabhängigkeit von konkretem Material und hin zur operationalen Intelligenz führt, nicht nur strukturell nah an der Introjektion elterlicher Kultivierungsge- und -verbote, also der Über-Ich-Bildung. Darüberhinaus beginnt sie sich genau dann zu entwickeln, wenn das Fundament für das Über-Ich geschaffen ist: mit Beendigung des Ödipus-Komplexes. Also dann, wenn das Kind die wesentlichen Kompetenzen zur sozialen Teilhabe an seiner Gesellschaft erlangt hat. Oder der Beginn des symbolischen Denkens (Beginn der voroperatorischen Stufe) als weiteres Beispiel: Er wird ab ca. zwei Jahren festgestellt. Bekanntlich ist dies der Zeitpunkt, zu dem eine erste Unabhängigkeit von der Mutter erreicht ist. Die ständige Anwesenheit der konkreten Person der Mutter ist nicht mehr nötig, es gibt funktionierende Substitute für sie, Übergangsobjekte werden etabliert oder eine symbolische Repräsentanz der Mutter ist erreicht. Von da an kann diese Leistung eine schrittweise Generalisierung erfahren, das symbolische Denken wird ausgebaut.

Doch zurück zur Hierarchie der kognitiven Entwicklung. Diese Hierarchie ist von PIAGET und der ganzen Genfer Schule äußerst detailliert untersucht worden, die

Grundannahmen der Universalität und des hierarchischen Entwicklungsaufbaus jedoch recht wenig. Die Annahme der universalen Gültigkeit wurde vielfach bezweifelt, von KOHLBERG (1969) jedoch erneuert und zumindest bezüglich des moralischen Urteils durch seine interkulturelle vergleichende Forschung auch untermauert.

Die einzelnen Konzepte der konkreten logischen und infralogischen Operationen (Invarianz, Klassifikation, Seriation, Zahl – logisch –, Raum und Zeit – infralogisch) werden von der Genfer Schule zwar klar unterschieden und meistens einzeln untersucht (schon, weil die Testausdauer bei Kindern relativ begrenzt ist); dennoch wird ein enger, allseitiger Entwicklungszusammenhang angenommen. Dementsprechend nimmt man an, daß die verschiedenen Konzepte sich innerhalb des Intelligenzaufbaus zeitlich synchron entwickeln. Das heißt, *die entwicklungslogische Parallelität ist die zentrale theoretische Voraussetzung für die Behauptung einer Hierarchie innerhalb der kognitiven Entwicklung.*

2. Ansätze zur Revision von PIAGETS Theorie der kognitiven Entwicklung

2.1. Zur entwicklungslogischen Parallelität

Mit neuesten statistischen Verfahren ausgestattet, hat man am Fachbereich Psychologie der Universität Hamburg mit Unterstützung der DFG ein großes Projekt zur Überprüfung u.a. dieser Frage durchgeführt, dessen Ergebnisse in der Habilitationsschrift von Hans zur OEVESTE (1987) veröffentlicht wurden. Die Hamburger Untersuchung unterschied sich in der Methodik von der der Genfer Schule folgendermaßen: Die Genfer Schule kommt vorwiegend auf zwei Wegen zu der Aussage, daß das Beherrschen einer bestimmten intelligenten Leistung Voraussetzung für den Erwerb einer anderen ist. Zum einen klingt es logisch, daß z.B. zunächst ein Verständnis des euklidischen Raumkonzepts entwickelt sein muß, bevor komplexe projektive Beziehungen analysiert werden können. Zum anderen ist die klassische Form von Untersuchungen zur Kognition die der Querschnittsuntersuchung. So stellt man beispielsweise fest, daß 70 % der sechsjährigen Kinder euklidische Beziehungen verstehen, jedoch nur 30 % projektive Beziehungen analysieren können. Wohingegen bei den Achtjährigen bereits 80 % etwas von Perspektive verstehen. Daraus wird dann die Schlußfolgerung gezogen, daß das Verständnis euklidischer Beziehungen Voraussetzung für das Verständnis von projektiven Beziehungen sei. Im Unterschied dazu führte die Hmaburger Gruppe eine Längsschnittuntersuchung durch, d.h. sie untersuchten die selben Kinder im Verlauf ihrer Entwicklung immer wieder bezüglich der verschiedenen interessierenden Konzepte. So kamen sie zu Ergebnissen wie dem, daß die Entwicklungslinie (beim Raumkonzept) von „einfach“ nach „komplex“ laufe. Oder sogar, daß ein Zeitkonzept bereits vor dem Raumkonzept erworben werde. Insgesamt ergab sich eindeutig, daß Hierarchie der kognitiven Entwicklung so klar keinesfalls ist: Nötig seien vielmehr sehr viel komplexere theoretische Konstruktionen, entsprechend der Komplexität des Untersuchungsgegenstands. Außerdem müsse man davon ausgehen, daß in verschiedenen Teilpopulationen mit sehr verschiedenen Entwicklungsverläufen zu rechnen sei.

Allerdings läßt eine genauere Durchsicht des Materials, das den oben genannten Schlußfolgerungen zugrundelag, Zweifel an deren Gültigkeit aufkommen. So lag das zentrale Kriterium für die Behauptung, ein Zeitkonzept existiere bereits vor einem Raumkonzept, in der Frage, ob die untersuchten Kinder eine zeitliche Abfolge von einer räumlichen Anordnung unterscheiden könnten. (Ob sie z.B. verstanden haben, daß schnell zu laufen und weit zu laufen nicht das Gleiche bedeutet.) Zwar können die meisten Kinder dies in der Tat weitaus früher als z.B. auch nur ihre rechte oder linke Hand jeweils korrekt zu bezeichnen. Geschwindigkeit einerseits von räumlicher Ausdehnung oder Entfernung andererseits unterscheiden zu können, ist jedoch m.E. kein ausreichendes Kriterium für die Existenz eines Zeit*konzepts*. Ein Konzept entwickelt zu haben, verlangt nämlich, verschiedene Erscheinungen hinsichtlich einer Kategorie (z.B. der Zeit) *zueinander in Beziehung* zu setzen, nicht nur, sie von kategorial anderen Phänomenen abgrenzen zu können.

Hier zeigt sich meines Erachtens bereits innerhalb der Kognitionsforschung eine Tendenz, die in der Perzeption ihrer Ergebnisse immer schon auffallend war: eine Überbetonung der Differenzierungsanforderungen und -leistungen zuungunsten von Synthese- oder Hierarchisierungsleistungen. Das hängt auch damit zusammen, daß bei den verschiedensten Syntheseleistungen die gefühlsmäßige Mitbedingtheit häufig offensichtlich ist. Würde man sich also mit diesen Prozeßanteilen intensiver beschäftigen, hieße das, die theoretische und praktische Trennung von Kognition und Emotion aufzugeben – was für die Durchführung von Untersuchungen gewaltige methodische Änderungen bedeuten würde – und dazu scheint das Gros der Forschungsinstitutionen weder in der Lage noch bereit zu sein.

2.2. Zur Vernachlässigung der Bedeutung von Syntheseleistungen

Als Beispiel für die Wichtigkeit von Syntheseleistungen möchte ich eine Studie zur altersbezogenen Veränderung der Personen-Wahrnehmung heranziehen, die an der Uni Münster von Arnold LOHAUS und Heide LARISCH durchgeführt wurde. Im Mittelpunkt stand die Veränderung der Fremdbeurteilungen im Kindes- und Jugendalter.[1] Nach der Theorie der kognitiven Entwicklung sind folgende Entwicklungen zu erwarten:

Hypothesen:

1. Die Inhalte der Personenwahrnehmung weisen im Laufe der Entwicklung immer weniger konkret beobachtbare und immer mehr abstrakte, erschlossene Beurteilungen auf.

2. Die Struktur der Beurteilungskonzepte verändert sich zu größerer Stabilität und stärkerer Differenziertheit.

An der Studie nahmen 183 Kinder und Jugendliche im Alter von 11 bis 18 Jahren teil. Sämtliche Teilnehmer waren Schüler der Klassen 6 bis 12 einer Gesamtschule. Die Befragungen wurden durch drei studentische Hilfskräfte durchgeführt. Die Schüler erhielten eine Liste mit zehn Rollenbezeichnungen wie Lehrer, Freund, Nachbar. Ihre Aufgabe war nun, für sich konkrete Personen auszuwählen, die sie mit dieser Rollenbezeichnung verbinden. Danach sollten sie zu jeder Person die Eigenschaft frei nennen, die am meisten diese Person charakterisiert und von anderen unterscheidet. Als letzten Schritt sollten sie sämtliche zehn Personen anhand der von ihnen selbst geschaffenen Liste von zehn Eigenschaften charakterisieren. Um etwas über die Stabilität der Beurteilungskonzepte zu erfahren, wurde das Ganze zwei Wochen nach dem ersten Termin wiederholt. Die von den Probanden genannten Eigenschaften wurden drei verschiedenen Kategorien zugeordnet: global, konkret-beobachtbar oder abstrakt-erschlossen.

- Globale Eigenschaften enthalten ein Gesamturteil über eine Person, ohne auf deren Verhalten oder eine speziell abgrenzbare Eigenschaft Bezug zu nehmen. Globale Eigenschaften sind z.B. „lieb“, „nett“ oder „doof“.

- Konkret-beobachtbare Eigenschaften sind solche, die die äußere Erscheinung einer Person beurteilen oder sich auf deren konkretes Verhalten bzw. deren Status beziehen. Konkret-beobachtbare Eigenschaften sind z.B. „hübsch“, „bastelt gern“ oder „hat viel Geld“.

- Abstrakt-erschlossene Eigenschaften beinhalten eine Schlußfolgerung aus dem Verhalten einer Person, ohne sich auf das unmittelbar beobachtbare Verhalten zu

1. Veröffentlicht in der Zeitschrift für Entwicklungspsychologie und Pädagogische Psychologie 3/93.

beziehen. Abstrakt-erschlossene Eigenschaften sind z.B. „dominant" oder „feinfühlig".

Der ersten Hypothese entsprechend waren die Ergebnisse bezüglich der Veränderungen in der Nennungshäufigkeit der verschiedenen Kategorien: Die globalen und konkret-beobachtbaren Eigenschaften werden mit zunehmendem Alter immer seltener verwendet, die abstrakt-erschlossenen Eigenschaften werden häufiger genannt.

Damit einher geht aber auch eine Veränderung, die der zweiten Hypothese widerspricht. Das Beurteilungskonzept wird nämlich keineswegs differenzierter, sondern vielmehr mit zunehmendem Alter immer *homogener*. Das heißt, die Anzahl verschiedener Faktoren, die als Aussage über eine Person angenommen werden, wird geringer, Abweichungen werden immer seltener. Je älter die Kinder werden, desto weniger können sie sich vorstellen, daß eine Person zugleich z.B. freundlich, aber auch dominant sein kann. Alle weiteren Beurteilungen werden *abgestimmt* auf die erste, als zentral angesehene Eigenschaft einer Person. Während also die Beurteilungskriterien für sich differenzierter werden, wird das Gesamtkonzept von Beurteilung einer Synthese-Forderung unterworfen, die mehr Homogenität produziert.

Mit zunehmender Differenzierung geht immer (nicht nur im Zusammenhang Personenwahrmehmung) auch eine Tendenz zur Synthese einher, die man geradezu als Not bezeichnen könnte. Schon allein wegen der Vielzahl an einzelnen Kenntnisse über Objekte und Verhältnisse in der Welt wird es im Lauf der Jahre dringender, diese in ein System einzuordnen. Systeme sind bekanntermaßen nach Prinzipien aufgebaute Organisationen. Das Durchhalten eines Prinzips führt aber immer auch dazu, daß einzelne unpassende Kenntnisse „über den Rand fallen". Schon seit den Untersuchungen der Gestaltpsychologie zur Wahrnehmung ist die Tendenz zur Bildung von *möglichst einfachen Gestalten* bekannt. Außer im Traum sind wir kaum in der Lage, z.B. den selben Gegenstand (bei gleichbleibender Umgebung) als groß und klein zu erleben oder z.B. den selben Menschen gleichzeitig als Freund und Feind zu „erkennen". Diese Tendenz zur Einfachheit oder Homogenität ist besonders dann wirksam, wenn wir wissen, daß wir an der Entstehung der „Erkenntnis" aktiv beteiligt sind, was ja bei den abstrakt-erschlossenen Eigenschaften immer der Fall ist.

2.3. Zum Ineinander von Kognition und Emotion

Die Tatsache, daß *Erkenntnisse* also nie einfach Abbildungen von bestehenden Verhältnissen, sondern immer auch *eigene Produktionen* sind, führt zu einem weiteren wichtigen Punkt, der m.E. beim Thema Kognition vernachlässigt wird. Nämlich, daß jede seelische Tätigkeit (und dazu gehört auch Verstehen, Erkennen, Einsicht gewinnen) mit Gefühlen einhergeht. Damit meine ich nicht nur die Freude, die man in einem Aha-Moment erlebt, oder die Enttäuschung und Wut, wenn z.B. ein Puzzle „nicht aufzugehen" scheint. Das Ineinander von Kognition und Emotion ist vielmehr immer gegeben. Auch die frühen Erkenntnisformen sind dadurch mit bestimmt, daß das eigene Verhältnis zur Welt in eine gewisse Ordnung, Übersichtlichkeit oder Regelhaftigkeit gebracht werden muß. Sie entspringen also auch Gefühlen wie Ausgeliefert-Sein, Verwirrt-Sein und sind begleitet von Gefühlen wie Freude oder Wut. Die Bedeutung der Gefühle in späteren Erkenntnisstufen läßt sich am besten ablesen im Zusammenhang mit der Gedächtnisleistung: Schon beim erstmaligen Erlernen von z.B. einer Reihe sinnloser Silben geht alles viel leichter, wenn es dem Probanden gelingt, eine Struktur oder einen Sinn in diese Reihe hineinzusehen, d.h., wenn er sich zunächst einmal davon anmuten lassen kann: Er bekommt das Gefühl, die Reihe sei doch nicht völlig sinnlos, sie erinnert ihn an etwas. Zwar liegt der Sinn, die Bedeutung oder der Zusammenhang zum vage Erinnerten nicht fertig und offen zu Tage, aber mithilfe bestimmter Eselsbrücken kommt dann doch ein Spruch oder Begriff zustande; das Gebilde erhält eine Bedeutung. (Übrigens vergeht so, indem man sich für eine Möglichkeit von Bedeutungsproduktionen entscheidet, auch die Langeweile beim Lernen von zunächst Sinnlosem.) Und wenn das geschehen ist, läßt sich die Reihe auch nach einem längeren Zeitintervall reproduzieren, was nicht der Fall ist, wenn sie zwar beim ersten Mal gelernt wurde, aber keine Bedeutung erlangt hat.

3. Konsequenzen für den (pädagogischen) Alltag

Die moderne Wissenschaft, jedenfalls Psychologie, Neurobiologie und Medizin, hat sich auf den Weg gemacht, eine auch durch sie selbst vollzogene Spaltung wieder einzuholen, zu reparieren. Bedenklich scheint mir daran allerdings, daß damit nicht etwa ein grundsätzliches Umdenken einhergeht, das damit beginnen würde, z.B. in der Medizin die vorgängige Einheit von Seele und Körper ernst zu nehmen. Was vielmehr geschieht, ist etwa dies: Man hat bemerkt, daß man in der Behandlung des Somatischen an Grenzen stößt, die wahrscheinlich damit zu tun haben, daß man Psychisches vernachlässigt hat. Also „gibt man noch ein Achtel Seele dazu", denn Körper plus Seele ist doch gleich Mensch. (Und addiert man dann noch das Soziale dazu, hat man sogar den „ganzen" Menschen).

Falsch! Auch hier ist das Ganze mehr als die Summe seiner Teile. Mir drängt sich ein Unbehagen an diesem Bild vor allem auch deshalb auf, weil mir diese Vorgehensweise allzu nah am Schöpfungsgedanken ist, so als müsse man nur die Bestandteile des

Menschen gut genug analysieren, um quasi das Rezept zu seiner Wiedererschaffung zu finden. Was den meisten aufgeklärten Humanisten an der Humangenetik so suspekt ist, findet in dieser Forschungsrichtung m.E. nur sehr viel offensichtlicher statt als z.B. in der Psychologie.

Dieses Denken in Rezepten zeigt sich auch in der Psychologie. Je nach Theorie lauten die Rezepte zwar alle etwas verschieden, aber allgemein lautet das „Backrezept" etwa so: Befriedigung der Urbedürfnisse plus Empathie plus freundliche Umgebung plus Forderung und Förderung des Kindes, alles je angepaßt an dessen aktuellem Entwicklungsstand, gleich gesundes (meint erfolgreiches und glückliches) Kind, das dann auch noch seine „Bäcker" liebt. In diesem Verständnis von seelischer Entwicklung und, daraus abgeleitet, von Erziehung scheinen am Horizont gleich zwei Götter als Ersatz für den einen verlorenen auf: Zum einen das Kind, das in sich den Weltenplan trägt; zum anderen den (die) Erzieher, der den Kosmos für das göttliche Kind jeweils passend so erschafft, daß der Weltenplan gelingt.

Dies erscheint mir aber nicht nur als der Versuch von größenwahnsinnigen Psychologen und Pädagogen, ihre eigene Fähigkeit zur Erschaffung einer humanen Welt unter Beweis zu stellen, sondern vor allem als Bemühen, das *immer drohende Scheitern* ihrer Tätigkeit grundsätzlich zu verhindern. Aber gerade indem man es so bemüht zu verhindern versucht, wird das Scheitern vorprogrammiert.

Ein Beispiel dafür, herausgegriffen aus einer nahezu beliebig großen Anzahl anderer: Das Prinzip, demgemäß Lehrer heutzutage Klassen wahrnehmen, ist das der Zusammengesetztheit: Die Klasse ist keine eigene sinnstiftende und Unterricht steuernde Einheit, sondern sie ist gleich einer Anzahl von Schülerindividuen, die sich aufgrund von Ähnlichkeiten bei Wohnort und Geburtsdatum zufällig in einem Zimmer zusammen gefunden haben. Der kleine Streit zwischen X und Y, die dunklen Ringe unter den Augen von Z und die unzähligen kleineren und größeren Einzelheitlichkeiten, die man bei entsprechender Blickzentrierung als Lehrer zu entdecken in der Lage ist, bestimmen im wesentlichen das erzieherische und bildende Handeln der Lehrer. Auf jeden einzelnen Schüler soll gemäß seiner individuellen Kondition eingegangen werden, damit er optimal gefördert werde. Von der Klasse ist in den pädagogischen Hochschullehrplänen keine Rede mehr, und noch exquisit soziale Phänomene wie etwa „Aggression" werden im pädagogischen Zugriff in individuelle Komponenten zerlegt.

Daß die Ambition, auf jeden Schüler solcherart psycho-therapeutisierend einzugehen, oder deutlicher gesagt: es jedem recht zu machen und es sich ja mit niemandem zu verderben, eine schlichte Überforderung für Lehrer darstellt, bedarf keiner näheren Begründung. Die Kehrseite, also die Antwort auf die Frage, warum Lehrer sich solche Überforderung alltäglich aufhalsen, wird dann allerdings deutlich, wenn man in Rechnung stellt, daß sich das begehrte Individuelle des Schülers zur Begründung jedweden Scheiterns von Unterricht (o.ä. pädagogischen Verrichtungen) verkehren läßt: Es ist der unmäßige Videokonsum, das viele Sich-herumtreiben oder ganz allgemein die Charakterstruktur eines Schülers, die für Probleme im Unterricht bis hin zum Scheitern verantwortlich ist. (Und auch die inflationäre Rede von den ungünstigen Familienverhältnissen ist nur scheinbar transindividuell: Natürlich interessieren die Familienverhältnisse nur, soweit sie nach des Lehrers Dafürhalten aus dem Schüler das machen, was den Unterricht so stört.)

Was in dieser Struktur des pädagogischen Handelns als Versuch, eine Vielzahl individuell optimaler Kosmoi zu schaffen, auf der Strecke bleibt, ist die Fähigkeit der Pädagogen, ein soziales Gebilde („Klasse") zu schaffen, das es ihnen erlaubt, bzw. sie dazu nötigt, nicht auf jede marginale Befindlichkeitsäußerung der Schüler einzugehen und *trotzdem kein schlechtes Gewissen zu haben.*

Als einen Beleg für diese vielleicht etwas provozierenden Aussagen über das heutige Unterrichtsgeschehen möchte ich das Ergebnis einer Untersuchung anführen, die vom MPI und der Uni München durchgeführt wurde und die die Mitarbeiter Andreas HELMKE und Alexander RENKL (ZEPP 3/93) unter dem Titel „Unaufmerksamkeit in Grundschulklassen – Problem der Klasse oder des Lehrers" veröffentlicht haben. Dabei entpuppte sich nämlich als das Moment, welches nachweislich Einfluß auf das Aufmerksamkeitsniveau von Klassen hatte, nicht etwa irgendeine Beschreibungsgröße zur Klassenzusammensetzung oder das Sozialklima (sozial statt leistungsorientiert, Thematisieren von Gefühlen, Aufgreifen privater Sorgen und Belange durch den Lehrer, Betonung von Fairness, Lehrer als Ansprechpartner). Sogar das Maß an Adaptivität, das Individualisierung, Förderungsorientiertheit etc. umfaßt, hatte nur in den beiden ersten Jahrgängen, und dann relativ geringe, Auswirkungen. Was dagegen dauerhaften und starken Einfluß auf das Dabei-Sein der Schüler im Unterricht hatte, war ausgerechnet die Art der Klassenführung. Und das meint so scheinbar einfache Dinge wie das Vorliegen eines effizienten Regelsystems, wirksame Unterrichtsorganisation (z.B. Vermeiden unnötiger Pausen), Störungskontrolle und intensive Nutzung der Unterrichtszeit für fachliche Zwecke. Wie gesagt, lauter einfache, organisatorische Maßnahmen, die aber gemeinsam haben, daß sie die Klasse als Ganzes zu organisieren trachten.

Zum Schluß eine knappe Zusammenfassung: Wenn über den Aufbau der Erkenntnisstrukturen von Kindern Aussagen getroffen werden, meinen diese gewöhnlich die kognitive Entwicklung. Dabei ist der Grundgedanke der einer entwicklungslogischen Parallelität in den verschiedenen Bereichen des Kognitiven und eines hierarchischen Aufbaus, der zunehmend differenzierter wird. Vernachlässigt werden dabei die Zusammenhänge mit dem Gefühlsleben, der psychosexuellen Entwicklung und die immer gleichzeitig mit Differenzierung stattfindenden Syntheseleistungen.

Als Grundlage für pädagogisches Handeln führen die z.T. auch noch widersprüchlichen Angaben darüber, was ein Kind wann kann oder können sollte, zusammen mit der Betonung des Individuellen zu dem Versuch, es jedem einzelnen Kind gleichzeitig recht zu machen, was eine völlige Überforderung für Eltern wie Lehrer bedeutet. Andererseits aber eröffnet diese Haltung auch jedem, der als Verantwortlicher am Erziehungsprozeß beteiligt ist, ein Alibi: Denn wenn die Eltern „aber auch alles getan haben", ist wahrscheinlich die Schule schuld an irgendwelchen unvorhersehbaren Entwicklungen des Kindes; fällt es dagegen in der Schule unangenehm auf, so liegt das vermutlich am verkorksten Elternhaus.

Gundel Mattenklott

Ästhetische Bildung in der Kindheit

1. Zur Geschichte der ästhetischen Bildung für Kinder

Obgleich der romantische Kindheitsmythos bereits um die Wende zum 19. Jahrhundert Kind und Kunst in eine enge Beziehung zueinander setzt, dauert es fast noch ein Jahrhundert, bis in der Renaissance dieses Mythos' an der Wende zum 20. Jahrhundert der ästhetische Gegenstandsbereich auch für die jüngsten Schulkinder zur Diskussion steht. Natürlich gab es vorher eine ästhetische Praxis, z.B. eine musikalische; sie war eng verbunden mit dem Religionsunterricht und bestand vor allem aus dem Auswendiglernen und Singen von Kirchenliedern – da Lehrer häufig zugleich Küster und Organisten waren, lag das nahe. Der Zeichenunterricht war mit dem Schreibunterricht eng verknüpft und bewahrte auch noch während seiner allmählichen Lösung von ihm seine Prinzipien, wie das Zeichnen geometrischer Grundformen, Linien, Quadrate, Kreise, im Takt und nach Diktat. Dieser Zeichenunterricht galt als probates Mittel der Schulzucht. Mit den außerschulischen ästhetischen Erfahrungen der Kinder hatte er nichts zu tun. Karl GLINZER, der in den sechziger Jahren präzise Vorschläge zum Diktatzeichnen gibt, weiß das sehr wohl:

> *„Es schien wohl nichts natürlicher und lag dem Pädagogen nichts näher als der Gedanke, beim ersten Unterricht im Zeichnen jene, der innersten Seele der Kinder entsteigenden Spielereien mit Feder und Bleistift, worin die arbeitende Phantasie zu realer Gestaltung ringt, als Anknüpfungspunkt zu nehmen. Es lag nichts näher als die Annahme, daß es leicht sein dürfte, diesem poetischen Spiel eine ernstere Richtung nach außen und zugleich unvermerkt eine - um mich dieses Ausdrucks zu bedienen - regelrechte Unterlage nach innen zu geben und, während die Schule in allem Anderen dem jungen Weltbürger die ersten bitteren Tropfen seines Daseins*

reicht, auf diesem Gebiet seine poetische Mitgift [...] über die Gefahr der Versumpfung und Versinkung hinüber zu tragen." (GLINZER 1868 nach KEMP 1976, S. 26).

GLINZER stellt sich eine Schule vor, in der diese Vorstellungen, die er in einem fast Jean PAULschen Ton formuliert, realisiert werden könnten:

„Wäre es möglich, Spielstunden einzurichten, wo in großen voneinander abgesonderten Räumlichkeiten unter der Aufsicht besonderer Spiellehrer die ersten Äußerungen des Kunstgeistes sich frei bewegen dürften, es würde sich ohne Zweifel das segensreichste Leben entfalten, indem hier dem jugendlichen Drängen nach äußerlicher Betätigung innerlicher Phantasiegebilde nirgends der kalte Regelzwang entgegenträte." (GLINZER 1868 nach KEMP 1976, S. 26).

GLINZERS Interesse galt nun seltsamerweise durchaus nicht der Einrichtung solcher Schulen, sondern der Passung des Zeichenunterrichts in die Disziplin der Schule und der Verbesserung des Status der Zeichenlehrer. Seine Worte frappieren durch die Diskrepanz von Klarsicht und der aus heutiger Perspektive schwer nachvollziehbaren Entscheidung für eine damals selbstverständliche, für uns heute desolate Schulpraxis. Sieht man von ihr einmal ab, enthält GLINZERS Äußerung bereits alle Stichworte, die die Geschichte der ästhetischen Bildung im 20. Jahrhundert beherrschen werden und kann als ihr Programm avant la lettre gelesen werden: Spiel und Phantasie als poetische Mitgift des Kindes und Ausdruck der Seele; das kindliche Bedürfnis nach Selbsttätigkeit; die Forderung an die Schule, diese Vermögen und Bedürfnisse zu fördern, indem sie den Kindern Räume und Zeiten zur Verfügung stellt und Lehrer, die ihre noch unartikulierten Phantasien nach der psychischen Innenseite hin wie nach einer erst zu gewinnenden äußeren Gestalt unterstützen.

Mit der Entdeckung der Kinderzeichnung als eines der Beachtung werten ästhetischen Phänomens durch den italienischen Kunstwissenschaftler Corrado RICCI 1882/83 (publ.1887) und im Prozeß der grundlegenden Schulkritik und Reformbewegung von den achtziger Jahren an beginnen die Vorstellungen GLINZERS sich auszubreiten und beherrschen schließlich um die Jahrhundertwende die pädagogische Diskussion. Nun werden sie nicht mehr zugunsten einer obsoleten Schulzucht in die pädagogische Kuriositätenkammer verwiesen, vielmehr streben ihre Vertreter ernsthaft eine von Grund auf veränderte Schulpraxis an. Hier beginnt die Geschichte der ästhetischen Bildung in der Grundschule. Ich werde sie nicht in Einzelheiten rekapitulieren, sondern ich begnüge mich mit einigen Hinweisen auf ihre Leitideen, die sich bei aller inhaltlicher Wandlungsfähigkeit bis heute als konstant erwiesen haben: Spiel, Phantasie, Kind und Kunst.

Spiel

Im Rückgriff auf SCHILLER betont Konrad LANGE, einer der Theoretiker der Reformbewegung im Bereich der Ästhetik, Schein und Spiel als Wesen der Kunst – so der Titel seiner 1901 erschienenen Ästhetik (LANGE 1901). Die bewußte Selbsttäuschung als Wechsel zweier Vorstellungsreihen verschaffe uns ein Gefühl der psychischen Freiheit, der geistigen Überlegenheit. Das Kinderspiel versteht Lange in engster Verwandtschaft mit der Kunst:

> *„In der Tat, es gibt keine Kunst, die nicht im kindlichen Spiele vorgebildet wäre, und es gibt keinen inhaltlichen und formalen Zug in diesen Spielen, den man nicht mit einem entsprechenden Zuge der dazu gehörigen Kunst unmittelbar vergleichen könnte."* (LANGE 1904, S. 3 und 6).

Diese Anknüpfung ans Kinderspiel ist bis heute weitgehend Konsens sonst divergierender Konzepte ästhetischer Bildung. Großes Gewicht legte auf das Spiel die musische Erziehung. Anders als Lange grenzt sie jedoch ihre geselligen Spielformen (vor allem Sing- und Laienspiel, Chorlied, Volkstanz) stark von den Künsten ab und fällt durch eine Kunstfeindlichkeit auf, die sich besonders aggressiv gegen die Kunst der Moderne richtet.

Die bedeutenden aktuellen Konzepte ästhetischer Bildung in der Grundschule verstehen die Rolle des Spiels ähnlich wie Lange, wenn auch aus unterschiedlichen theoretischen Gründen. Ich weise auf zwei Konzepte hin: auf Gottfried BRÄUER, der in seinen Zugängen zur ästhetischen Elementarerziehung schreibt, das Spiel sei „sicher für die ästhetische Erziehung von Grundschulkindern von eminenter Bedeutung ..., weil es unendlich viele Möglichkeiten sinnlicher, szenischer, lust- und phantasievoller Betätigung birgt" (BRÄUER 1989, S. 53) und auf den Entwurf eines Vorläufigen Rahmenplans für das Fach Ästhetische Erziehung/ 1. Phase Grundschule, den Georg KNEPLER unter der Mitarbeit von Manfred WERNER 1992 vorgelegt hat:

> *„Ästhetische Erziehung fängt also nicht bei Null an; sie geht vielmehr in der 1.Stufe der Grundschule auf die ästhetisch getönte Spielwelt ein, in der Kinder im frühen Schulalter noch leben, erkennt in ihr die Anlagen zu allen Künsten, über die die Menschheit verfügt, sie knüpft an sie an und fördert ein ganzheitliches Lernen mit allen Sinnen."* (KNEPLER/ WERNER 1992, S. 2).

Dem seit Beginn des Jahrhunderts anhaltenden Interesse der Pädagogik und Erziehungswissenschaft am Spiel entspricht bis heute eine Fülle von Spieltheorien aus verschiedenen Disziplinen. Ich erinnere an die kulturtheoretische und -historische Spielauffassung HUIZINGAS, an die phänomenologischen und die biologischen Ansätze BUYTENDIJKS und PORTMANNS, an GADAMERS hermeneutischen Spielbegriff, an die psychoanalytischen und die materialistischen Spieltheorien, sowie an die mathematischen, naturwissenschaftlichen und systemtheoretischen Konzepte.

In der pädagogischen Praxis hat sich die Wertschätzung des Spiels zur Zeit der musischen Erziehung vor allem als Leidenschaft für das Theaterspiel niedergeschlagen und in einer Kultur des Gemeinschaftsspiels, die wie die gesamte musische Bewegung ihre Wurzeln in der Jugendbewegung hatte.

Heute werden die Überlegungen GLINZERS zu den großen Spielräumen und den Spielstunden recht ernstgenommen, und in vielen Schulen sind zumindest Spielecken für das Puppenspiel, für Bauspiele und Gesellschaftsspiele eingerichtet. In den Tages- und Wochenplänen des offenen Unterrichts sind Spielzeiten vorgesehen. Für eine ästhetisch fundierte Spielkultur allerdings reichen meist weder Räume, noch Materialien, noch die Geduld von Lehrerinnen und Eltern, in der knappen Zeit, in die so viel hineingesteckt werden soll, Spielprozesse anzuregen und vor allem sich entfalten zu lassen.

Phantasie

Die zweite Leitidee der ästhetischen Bildung vom Jahrhundertbeginn an ist die Phantasie. Bereitet es schon Schwierigkeiten, den Begriff Spiel zu definieren – bei so vielen Disziplinen, die ihn für sich reklamieren –, so ist dies bei der Phantasie so gut wie aussichtslos. Es handelt sich um einen diffusen Begriff, der in den Theorien und der Praxis ästhetischer Bildung wie ein Joker eingesetzt wird – für so vieles, was in diesem Gebiet schwer begrifflich zu fassen ist. Am leichtesten könnte man wohl noch den Stellenwert der Phantasie im romantischen und neuromantischen Kindheitsmythos beschreiben, der bis heute großen Einfluß auf die Populartheorien ästhetischer Bildung hat. Hier ist sie ein angeborenes Vermögen des Kindes, das es aus einer vorgeburtlichen Urzeit mitbringt und das ihm erlaubt, mit allen Lebewesen und den unbelebten Dingen in ihrer Sprache zu sprechen, das ihm einen unmittelbaren und ursprünglichen Zugang zur Natur gewährt und das im Erziehungsprozeß nur abgenutzt und verschlissen werden kann, um schließlich einem phantasieleeren, dem Kosmos entfremdeten Erwachsenen Platz zu machen. Der Einfluß dieser Vorstellungen auf die Praxis ästhetischer Erziehung und den nicht-wissenschaftlichen Diskurs über sie kann nicht groß genug eingeschätzt werden. Indem Erziehungs- und Bildungsprozesse als Wege der Verderbnis verstanden werden, wäre die Abschaffung ästhetischer Bildung konsequent. Doch so konsequent ist der Alltagsdiskurs nicht. Er begnügt sich meist mit dem Insistieren auf dem großen genuinen Phantasievermögen der Kinder, vor dem sich eine theoriegeleitete Praxis ästhetischer Bildung erübrigt.

Als ein Versuch, den Phantasiebegriff aufzuklären, könnte die Kreativitätsforschung betrachtet werden, die in den sechziger Jahren aus den USA importiert wurde und hier so begeistert begrüßt wie bald harsch kritisiert wurde. Die Kritik der Pädagogik im Aufbruch von 1968 richtete sich gegen die Funktionalisierung der Kreativität für die Interessen des modernen Arbeitsmarktes, der Flexibilität und Einfallsreichtum anstelle alter Arbeitstugenden wie Gehorsam und fraglose Pflichterfüllung fordert. Die emanzipatorische und antiautoritäre Pädagogik entwickelte dagegen ein Konzept entwerfender Phantasie als zukunftsgerichteter Einbildungskraft, zu dem Ernst BLOCHS Theorie des *Vorscheins* und sein Prinzip *Hoffnung Pate* standen.

Diese Diskussion ist rasch in Vergessenheit geraten. Der Fantasy-Trend, die Erfolge Michael ENDES als prominentesten Vertreter des Kindheitsmythos der späten siebziger Jahre haben sich davor geschoben. Phantasie- oder die meist synonym gebrauchte Kreativitätsförderung ist ein leicht hingesagtes und schwer faßbares Lernziel ästhetischer Bildung geblieben. Daß dort über sie am besten Auskunft zu holen sein könnte, wo die materialisierten Phantasien der Menschheit über Jahrtausende sich versammeln – in den Künsten – wird eher selten ausgesprochen.

Kind und Kunst

Damit komme ich zur dritten Leitidee, der Beziehung zwischen Kind und Kunst. Ihre Nähe zueinander war eine Pathosformel des ersten Jahrhundertdrittels – und zwar weit über den Bereich der Pädagogik und der Schulreformbewegung hinaus. Dessen ungeachtet ist die Geschichte der ästhetischen Bildung nicht einfach als eine kontinuierliche Annäherung der beiden Sphären zu verstehen. Eher ist sie zu lesen als eine Folge von Ausweichbewegungen vor der Kunst, mit denen eigene Kunstsphären des Kindlichen abgegrenzt werden. Im Literarischen wäre hier etwa an die Idee der in Kindermundart geschriebenen Bücher zu denken, die der Kreis um Berthold OTTO propagierte. Obgleich entfernt von dieser eher vereinzelten und recht radikalen Vorstellung, trägt auch der freie Text Cléstin FREINETS Züge eines kinderspezifischen Genres. Bekannter und ausgeprägter, vielfach positiv bewertet, aber auch kritisiert, ist die speziell den Kindern zugedachte Kunstsphäre in der Musik – ORFF hat ihr ein eigenes Instrumentarium geschaffen – sowie im Bereich des Theaters, in dem die musische Erziehung die geselligen Spielformen auf der Schul- und Laienbühne pointiert vom professionellen Theater abhebt.

Vom Beginn der Reformbewegung an wird die künstlerische Erziehung der Kinder in enge Verbindung zur sogenannten Volkskunst gesetzt. Reflexe davon sind bis heute in der Literaturpädagogik zu finden, in der Volksmärchen, Rätsel, Sage und Legende noch immer, wenn auch mit wechselnden Begründungen, als die für die Primarstufe besonders gut geeigneten Genres gelten. In der emphatischen Hochschätzung des Volkslieds und Volkstanzes hat die Jugendmusikbewegung ihren Beitrag zum Mythos des Volks- und Kindertümlichen geleistet und der Vereinnahmung durch die nationalsozialistische völkische Ideologie vor- und zugearbeitet.

Auf wunderliche Weise mischen sich in den zwanziger Jahren Tendenzen der Moderne mit ihren Forderungen nach Materialgerechtigkeit und -wahrhaftigkeit und konsequenter Funktionssichtbarkeit, vertreten durch Bauhaus und Werkbund, die um den Einfluß auf Kunst- und Werkunterricht konkurrieren, mit den Wiederbelebungsversuchen – oder der Erfindung? – einer am alten Handwerk orientierten sogenannten Volkskunst mit spezifischen Ornamenten, Materialien, Techniken. Neue Abstraktion und alte ornamentale Schlichtheit gehen eine seltsame Allianz ein. Wie in den meisten Feldern der Reformbewegung stehen auch hier die Willfährigkeit vieler ihrer Vertreter und die Vereinnahmung durch die Nationalsozialisten neben strikter persönlicher Integrität – als Beispiel für letztere sei Adolf REICHWEIN und seine Museumspädagogik in den späten dreißiger Jahren genannt. Dies Nebeneinander von Widerstand und Anpassung bei weitgehender Konvergenz der ästhetischen Präferenzen straft jede Vereinfachung Lügen.

Während im Bereich der bildenden Kunst die Nähe zu Tendenzen der Moderne auf wie prekäre Weise auch immer hergestellt wurde, ist die Musikpädagogik lange Zeit strikt antimodern und bis weit in die fünfziger Jahre hinein orientiert an ihren Lieblingsepochen, der spätmittelalterlichen und Renaissancemusik bis zur Barockzeit, die die unüberschreitbare Grenze darstellt. Die rückwärtsgewandte und die Moderne rigoros ausklammernde Epochenwahl hat dann eine wichtige Rolle gespielt in der Kritik Adornos, die das Ende der musischen Bewegung einleitete.

Verglichen mit den ästhetischen Sonderbereichen, die sich die Pädagogik des Jahrhunderts geschaffen oder gewählt hat, spielt die Konfrontation mit den großen Traditionen und mit der zeitgenössischen Kunst eine geringe Rolle. TOLSTOIS ernsthafte literarische Zusammenarbeit mit den Bauernkindern in Jasnaja Poljana, LICHTWARKS Gespräche mit Schülerinnen vor den Gemälden der Hamburger Kunsthalle und die mit Kindern in der Übungsschule von Georg TAPPERT (in einer Vorläuferinstitution der Hochschule der Künste Berlin, der Staatlichen Kunstschule in der Grunewaldstraße), gehören zu den wenigen noch heute richtungsweisenden Unternehmungen. Mit Blick auf die heutige Praxis kann man sagen, daß die großen Werke der Kunst nur zögernd in den Horizont der Grundschule rücken und daß diese einen eigenen inoffiziellen Kanon ausgebildet hat: Zu ihm gehören Paul KLEE als Maler, ein paar Gedichte aus dem 19. und frühen 20. Jahrhundert (Ute ANDRESENS romantisch und neuromantisch orientierte Anthologie „Im Mondlicht wächst das Gras“, 1991, bietet eine Fülle bisher für diese Altersstufe unbeachteter Texte und erweitert den lyrischen Kanon), in der Musik bleibt es bei PROKOFJEWS „Peter und der Wolf“, MUSSORGSKIS „Bildern einer Ausstellung“, SAINT-SAËNS „Karneval der Tiere“, abgesehen natürlich von den klassischen Werken wie der „Zauberflöte“ und der „Kleinen Nachtmusik“, VIVALDI und Leopold MOZART.

2. Spannungsfelder der ästhetischen Bildung in der Grundschule heute

Die ästhetische Bildung in der Grundschule heute bewegt sich in Spannungsfeldern, die in Beziehung stehen zu Tendenzen der Kunst und der Ästhetik, ebenso wie zu den allgemein gesellschaftlichen Prozessen, und die ich nennen möchte: Aisthesis und Kunst; Eigensinn der Künste und Integrationsbestrebungen; Heilserwartung und Modernisierungsanspruch.

Aisthesis und Kunst

Mit Beginn der achtziger Jahren rückt ein reformpädagogisches Thema wieder in den Mittelpunkt der Diskussion: die Forderung nach einer Schule, die ihre Kinder nicht dazu nötigt, Leib und Sinne an der Garderobe abzugeben. Als didaktischer Slogan setzt sich das *Lernen mit allen Sinnen* durch; in der überwiegend von Frauen dominierten Grundschule und im Studium wird es oft aufatmend als Absage an „Verkopfung“ und Verwissenschaftlichung begrüßt. In der Kunstszene korrespondieren neue sinnliche Qualitäten der Malerei und der Literatur. Die ästhetische Theorie drängt zu einer Erweiterung der auf Kunst konzentrierten Ästhetiken. Sie greift zurück auf den Aisthesisbegriff – *Aisthesis* bedeutet *Wahrnehmung, aisthanestai = durch die Sinne wahrnehmen.* Sie knüpft an große Traditionen an, an BAUMGARTENs „Aesthetica“ (1750-1758), an HERDERS sprachtheoretische und ästhetische Schriften, an Erwin STRAUS' „Vom Sinn der Sinne“ (1935), an PLESSNERs „Anthropologie der Sinne“ (entwickelt ab 1923), an MERLEAU-PONTYs „Phänomenologie der Wahrnehmung“ (1945). Rudolf zur LIPPE prägt 1987 den Begriff des „Sinnenbewußtseins“.

In die pädagogischen Schriften hinein wirken neben diesen Werken die 1980 erschienene deutsche Übersetzung von André LEROI-GOURHANs „Hand und Wort", Ashley MONTAGUs „Körperkontakt" (1971 dt. 1974)), die Wiederentdeckung Hugo KÜKELHAUS' mit seinen „Sinneserfahrungsfeldern", eine aktualisierte, nicht unkritische MONTESSORIlektüre. Eine emphatische Rehabilitierung der früher pejorativ als „niedere Sinne" bezeichneten Nahsinne des Tastens, Riechens und Schmeckens setzt ein. Wilfried LIPPITZ und Jutta PLAUM stehen dafür am Anfang des hier ins Auge gefaßten Zeitraums mit „Tasten, Gestalten, Genießen" (1981). Die deutsche Übersetzung von Didier ANZIEUs „Haut-Ich" (1991, frz.1985) markiert bestimmt nicht das Ende der Aufmerksamkeit für den Tastsinn.

Als entschiedene Gegenposition zur Aisthesis-Theorie gilt im pädagogischen Bereich die von Klaus MOLLENHAUER. (In der ästhetischen Theorie werden die Positionen zur Zeit von Wolfgang WELSCH – Aisthesis – und Karl Heinz BOHRER – Kunst – besetzt. Vgl. WELSCH 1993.) Wohl kaum ein anderer Erziehungswissenschaftler hat sich seit den frühen achtziger Jahren so hartnäckig und unanfällig für einfache Lösungen mit den komplexen Fragen der ästhetischen Bildung herumgeschlagen wie MOLLENHAUER. In zahlreichen Publikationen hat er zu ihnen Stellung bezogen, u.a. in Berlin 1993 mit seinem Vortrag beim Festakt, in dem ihm der Dr. hc. der FU verliehen wurde. MOLLENHAUER hat auch für die Studienreihe des DIFF in Tübingen zur „Musisch-ästhetischen Erziehung in der Grundschule" einen größeren Aufsatz als theoretischen „Grundbaustein" geschrieben, und da es unmöglich ist, in diesem Rahmen MOLLENHAUERS differenzierte ästhetische Schriften insgesamt zu diskutieren, beschränke ich mich für eine zusammenfassende Darstellung seiner Position auf diesen Text: „Ästhetische Bildung und Kultur – Begriffe, Unterscheidungen, Perspektiven" (MOLLENHAUER 1988).

MOLLENHAUER wendet sich gegen eine Ausweitung des Begriffs ästhetischer Bildung von einem an der Kunst orientierten Begriff des Ästhetischen zu einem didaktisch-begrifflichen Eintopf, der alles miteinander versöhnt und aus dem pädagogische Aufgaben hergeleitet werden, die freilich an anderen Orten des Fächer-Kanons ebensogut erfüllt werden könnten (MOLLENHAUER 1988, S. 23). Wilfried LIPPITZ, der in einer Einführung bemüht ist, die Leser auf die als provozierend verstandenen Thesen Mollenhauers einzustimmen, resümiert: „Orientierungspunkt für die ästhetische Bildung bleibt für Mollenhauer das klassische Konzept einer ästhetischen Theorie. Ihre Maßstäbe werden am Kunstschönen entwickelt." (LIPPITZ 1981, S. 8). Das ist sicher nicht falsch, aber MOLLENHAUERS Position ist subtiler. Er macht einen durchaus versöhnlichen Vorschlag: „ ‚Ästhetisch' sollen solche Eigenschaften von Objekten genannt werden, deren sinnliche Gestalt (Bild, Ton, Bewegung usw.) in uns jenes ‚Gewahrwerden' erzeugt, d.h. eine sinnliche Empfindung und zugleich die Reflexion auf diese Empfindung nahelegt" (MOLLENHAUER 1988, S. 27) und an anderer Stelle: „Insofern bedeutet ‚ästhetische Erziehung' nicht nur, daß hier Kunstverstehen gelernt werden solle, sondern auch, daß es um das Verstehen der eigenen Sinnestätigkeit geht." (MOLLENHAUER 1988, S. 34).

Hier kommt allerdings ein Begriff ins Spiel, der über die Aisthesis-Lehre hinausgeht: das Lernen von Kunstverstehen. Ich habe dargestellt, wie gering der Anteil solchen Lernens im Primarbereich der ästhetischen Bildung seit Beginn des Jahrhunderts ist. MOLLENHAUER bringt eine vernachlässigte Dimension ins Spiel, die ein weiteres Mal heute hinter dem Mit-allen-Sinnen-lernen zurückzustehen droht: die Aneignung der künstlerischen Tradition. Er präzisiert auch die pädagogischen Vorentscheidungen, die den einen oder den anderen Weg einschlagen lassen. Er stellt die Frage,

> *„ob die Ausgangspunkte einer Theorie der ästhetischen Bildung in der anthropologischen Beschaffenheit des Kindes (oder gar eines gleichsam vorhistorischen Zustandes der menschlichen Sinnlichkeit und ihrer möglichen ‚Bedeutungen') gesucht werden sollten oder in den kulturellen Formationen, in die das Kind hineinzuwachsen sich anschickt. Es kann ja kein Zweifel sein, daß etwa die ‚Sinnlichkeit' des Neugeborenen sich nicht nach den Regeln richtet, die im Verlauf der Kulturentwicklungen die Verschiedenheit der Künste hervorgebracht haben bzw. von dieser hervorgebracht wurden, daß die ‚Lebenswelt' des Kindes anders konstituiert ist als die an Kriterien der Analyse interessierte Wissenschaft oder die an Kriterien der Werk-Identität interessierte ästhetische Produktion. Andererseits gehört zur Charakteristik des neuzeitlichen Bildungsbegriffs die Vorstellung, daß die Bildungsbewegung des Kindes ein Aneignen von Welt ist, über Aufgaben, Problemstellungen, Vorwegnahmen in Gang kommt."* (MOLLENHAUER 1988, S. 39).

Diese Äußerung wirft die prinzipielle Frage auf, ob in einer Grundschulpädagogik, die sich wieder mit Entschiedenheit vom Kind aus definiert, Raum ist für eine an der Kunst orientierte ästhetische Bildung, z.B. für eine „ästhetische Alphabetisierung", um einen Begriff MOLLENHAUERS aufzugreifen (wie auch immer im einzelnen diese dann auszusehen habe) – ja noch grundsätzlicher, ob wir Erwachsenen noch ein Interesse daran haben, unseren Kindern die Welt der Kunst aus Vergangenheit und Gegenwart zu erschließen oder ob solche Bemühungen angesichts der drängenden Probleme der Epoche marginal und historisch obsolet sind und in die pädagogische Klamottenkiste gehören.

Eigensinn der Künste und Integrationsbestrebungen

In dieser Opposition wiederholt sich die vorige im pädagogisch-didaktischen Bereich als die zwischen einer fachlich ausgerichteten Didaktik und einer allgemeinen integrativen Grundschulpädagogik, die sich von den Fachdidaktiken der Musik und der Bildenden Kunst verabschiedet zugunsten eines Lernbereichs *Musisch-ästhetische Erziehung.* Das ist eine Entscheidung, die in Berlin mit der Einrichtung dieses Fachgebiets gefallen ist, ein wenig halbherzig, zugegeben, denn die *MAERZ* schwebt jedenfalls zur Zeit gewissermaßen über allen oder zwischen oder auch unter allen gewohnten Ordnungen. In Bielefeld ist sie kürzlich als der Not entsprungene Tugend institutionalisiert worden. Es gibt sie außerdem in Baden-Württemberg und in Bremen. Unschwer läßt sie sich als Erbe der Pädagogischen Hochschulen erkennen, neu gewendet unter dem Hang zur allseitigen Integration.

Auch diese Integrationslust ist nicht ohne Entsprechung in der Kunstszene und Kunsttheorie. Mit der aparten Ungelenkheit des subtilen Kunstkenners und -theoretikers hat Harald SZEEMANN seine Berliner Ausstellung von 1983 genannt: „Der Hang zum Gesamtkunstwerk“. Sie war eine Dokumentation der großen aufs Ganze gerichteten Entwürfe seit 1800, von Philipp Otto RUNGE bis zum BAUHAUS, von WAGNER bis SCHÖNBERG, von LUDWIG II. bis zu Rudolf STEINER, zu Joseph BEUYS und Anselm KIEFER. Deutlich wurde an der faszinierenden und erhellenden Ausstellung u.a. zweierlei: wie eng verzahnt diese ästhetischen Entwürfe mit pädagogischen Utopien waren und wie dicht die Integration der Künste am Dilettantismus vorbeischrammt, wenn sie nicht gar direkt sein Produkt ist.

Die Grundschule ist traditionell ein Spielfeld des Dilettantismus, und mit ihrer neuerlichen Absage an die Fachorientierung der Lernbereiche bekräftigt sie sich darin. Bedenklich ist diese Bestärkung, wenn sie unreflektiert und uneingedenk der Probleme quasi naiv-trotzig darauf besteht. Eine Chance kann sie sein, wenn sie sich ihrer bewußt ist und in der Auseinandersetzung mit den älteren Diskussionen zum Dilettantismus (GOETHE, LICHTWARK) eine eigene Theorie des Dilettantismus in der Moderne entwickeln würde.

Heilserwartung und Modernisierungsanspruch

Ein drittes Mal moduliert diese Opposition die bereits dargestellten Spannungsfelder, diesmal auf der Ebene von Ansprüchen und Bedürfnissen, die die Gesellschaft an ästhetische Bildung richtet. Die Sehnsucht nach Ganzheit des Lebens, nach einer heilen Welt, in der die Widersprüche und die Zerrissenheit des Daseins keinen Raum haben, begleitet die Geschichte der Moderne wie ihr Schatten, der umso dichter fällt, je schwieriger es wird, Kontingenzerfahrungen zu verdrängen und Sinngarantien zu finden. Ebenso eng verbunden mit der Geschichte der Moderne ist die Hoffnung, die Kunst könne diese Heilung bewirken, angesichts der Tatsache, daß die Religionen ihre Bindekraft verloren haben. (Die Geschichte der Gesamtkunstwerke gibt Auskunft zur Selbstüberschätzung der Künstler, die allzu gern die hohen an sie gerichteten Erwartungen zu erfüllen versucht haben.)

Das 20. Jahrhundert mit seinen gesteigerten Modernisierungsan- und -überforderungen hat solche Heilserwartungen reichlich produziert und auch die Heilsversprechen hervorgebracht, die darauf antworten. Daß sie ein ums andere Mal gescheitert sind, ja in ihrem Scheitern die ganze Welt in die Katastrophe gerissen haben, hat dennoch die Sehnsucht nach der Ganzheit und dem Heilen nicht zum Verstummen bringen können. Heute, nach dem abermaligen Scheitern eines faszinierenden Heilsversprechen, richten sie sich nur allzu gern wieder auf die Kunst und im pädagogischen Bereich auf die ästhetische Bildung. Ihre Faszinationskraft belegt hier besonders die Attraktivität der geschlossenen pädagogischen Systeme mit hohem ästhetischen Anteil, bei uns sind das zur Zeit die Montessori- und vor allem die anthroposophische Pädagogik. Die klassizistische Formstrenge der ersten, die veraltete Weltbilder synkretistisch aktualisierende zweite suggerieren eine Ordnung und Einheit der Welt, die es allerdings nur innerhalb ihrer Mauern gibt. Deshalb müssen sie die moderne Welt mit ihren grellen Disharmonien, ihren Widersprüchen und Abgründen ausschließen. Ihre Einheitlichkeit und Geschlossenheit und die Entlastung von den Anforderungen der Moderne, die sie versprechen, erkaufen sie mit entschiedener Ab- und Ausgrenzung und nicht selten mit dem autoritären Gestus der Sekte.

Ausgeschlossen wird nicht anders als in der musischen Bewegung die Kunst der Moderne. Der Grund für die auffällige Zurückhaltung auch anderer Konzepte ästhetischer Bildung der Kunst gegenüber ist in deren radikaler Absage an die Forderungen nach Heilung und Heiligung, nach Erfüllung der Ganzheitssehnsucht und nach Sinngebung zu suchen. Klaus MOLLENHAUER hat die Probleme, die für die Pädagogik und vor allem für das Bildungsziel Ich-Identität daraus folgen, in seinem Aufsatz „Die ästhetische Dimension der Bildung“ (MOLLENHAUER 1990) dargestellt, auch hier versöhnlich und nicht mit der ganzen Schärfe, die ihrerseits nicht ohne Berechtigung wäre. Die Kunst der Moderne ist allemal fragmentarisch und disharmonisch. Ihre Würde liegt in der Luzidität, mit der sie den zerbrochenen Kosmos in ihren eigenen Scherben spiegelt, in der Ehrlichkeit, mit der sie auf die Suggestion von Sinn verzichtet, bis hin zur Verweigerung jeder Bedeutung.

In der Pädagogik steht zur Diskussion eine Schonraum-Erziehung, die die Kinder so lange wie möglich in einer freundlichen Illusionswelt hegen möchte, gegen ein Konzept ästhetischer Bildung, die sich der Herausforderung durch die Kunst der Moderne stellen und mit ihr das Fragmentarische, das Unabgeschlossene, das Diskontinuierliche, das Schmuddlige dem Vollkommenen, Abgerundeten, Einheitlichen und Reinen vorziehen würde. Ich halte eine solche ästhetische Bildung bereits in der Grundschule für möglich und nötig. Sie würde Verzicht leisten auf den Anspruch und auf die Anforderung, als Sinngebungsinstanz zu fungieren. Sie wäre ein Schritt auf jene pädagogische Bescheidenheit hin, die ich für unbedingt nötig halte und die Rainer SCHMITT für die Musikdidaktik formuliert hat:

> *„Wir sollten endgültig Abschied nehmen von der Versuchung, den Menschen durch Musik zu erziehen. Zeigen wir ihm stattdessen, welche Befreiung er durch selbstbestimmten Umgang mit der Musik erlangen kann."* (SCHMITT 1993, S. 314).

Ich möchte zum Abschluß auf einige Aufgaben hinweisen, die ästhetische Bildung ohne Selbstüberschätzung und mit der wünschenswerten pädagogischen Bescheidenheit zu leisten in der Lage sein sollte:

Übergangsphänomene, intermediärer Bereich

Zeichnet man die Linien, die Donald WINNICOTT in seinem berühmten Aufsatz über „Übergangsobjekte und Übergangsphänomene" (WINNICOTT 1969) – zugleich eine Spiel- und Kulturtheorie in nuce – für die erste Lebensphase vorgibt, weiter aus bis ins Grundschulalter, so folgt daraus: Wir können und sollen das Grundschulkind, das im lebenslangen Prozeß der Vermittlung von innerer und äußerer Realität noch am Anfang seines Weges steht, auch wenn es längst – im ersten Lebensjahr – entscheidende Schritte darauf hin gemacht hat, unterstützen in der Bildung eines stabilen, lebensnotwendigen Zwischenreichs, indem wir einerseits einen Bruchteil der ursprünglichen mütterlichen Anpassung an seine Bedürfnisse leisten, dem Kind emotionale Geborgenheit geben, und andererseits den Prozeß seiner Desillusionierung, die Entwicklung seiner Realitätstüchtigkeit weiter voran treiben; indem wir ihm elementare Spielmöglichkeiten öffnen, seine sinnliche Wahrnehmungsfähigkeit und ihre sprachliche Artikulation fördern, es in dem Vermögen stärken, ästhetischen Schein von der Wirklichkeit zu unterscheiden, und indem wir ihm die Sphäre des ästhetischen Zwischen im produktiven und rezeptiven Umgang mit Kunstwerken erschließen. Wir erweitern zugleich die Grenzen des geselligen Miteinanders, indem wir die Kinder durch eine flexible und lustvolle Sprachbildung immer besser in die

Lage versetzen, ihre „Zwischenbereiche“ einander zur Kenntnis zu geben und sie gemeinsam zu genießen.

Kunsttraditionen

Ich halte es für eine Aufgabe schulischer Bildung, allen Kindern Zugänge zu öffnen zu den großen Kunsttraditionen der Menschheitsvergangenheit. Dabei geht es nicht um einen Bildungsbesitz, der zu vermitteln wäre, sondern um die Bereitstellung und Anregung zur Aneignung und zum Genuß dieser Traditionen. Schon früh kann das Kind in ein Gespräch mit Menschen früherer Jahrhunderte verwickelt werden; gefördert werden die Anfänge historischen Denkens und Verstehens und die Fähigkeit, sich Fremdem aufzuschließen. Es werden aber auch Bilder, Texte, Musik bereitgestellt, unter denen das Kind diejenigen finden und wählen kann, die ihm bedeutsam erscheinen und die in der Ausgestaltung des eigenen Lebensentwurfs wirksam werden können.

Gespräch

Die Konfrontation mit alten und neuen Kunstwerken vollzieht sich pädagogisch im Gespräch: im individuellen Selbst- und Zwiegespräch mit dem Werk, schreibend und auch in nicht-verbalen Aneignungsverfahren, und im Gespräch mit den anderen. Anders als die traditionellen gelenkten Unterrichtsgespräche stehen bei den Gesprächen über Kunstwerke und mit Kunstwerken Ergebnisse nicht von vornherein fest. Sie sind gemeinsame Annäherungen an den Gegenstand, ein wechselweise sich bereicherndes Verständnis, ein Austausch von Informationen, Perspektiven und Deutungsansätzen. Sie sind unabschließbar, weil Kunstwerke nicht übersetzt werden können in diskursive Sprache und alle Deutungen nur Annäherungen sein können. In solchen Gesprächen geht es nicht darum, irgend einen vorgegebenen Sinn des Werks zu ermitteln, sondern die Sinne dafür zu öffnen und in der gemeinsamen Anstrengung des Beschreibens und Verstehens sich in „die Richtung auf Sinn tragen zu lassen“, wie GADAMER sagt (GADAMER 1990, S. 173).

Werksinn

In der eigenen ästhetischen Produktivität der Kinder, im Malen und Zeichnen, Modellieren und Erzählen, Musizieren und Theaterspielen, wird ihr „Werksinn“ gefordert und gefördert, den Erik H. ERIKSON als wichtige Komponente seelischer Gesundheit im Grundschulalter beschrieben hat. Damit ist eine Hinwendung zur Sache angesprochen, eine Auseinandersetzung auch mit den Widerständen des Materials, deren Nicht-Beachtung ich als eine der großen Gefahren des grundschulpädagogischen Dilettantismus ansehe: Wer selbst von keiner Sache wirklich gründliche Kenntnisse hat, neigt dazu, Sachgerechtigkeit als unwesentlich abzutun. Dies sehe ich auch als eine der großen Anforderungen an die Frauen, die ja in der Grundschulpädagogik überwiegend tätig sind – zu den vielen Beziehungstugenden, die sie besitzen mögen, doch auch Wissen, Können, Sachlichkeit zu entwickeln.

Gestalt

Wie die Sprache immer *Richtung auf Sinn* nimmt, so die Kunst Richtung auf Gestalt. Sie gibt kein Ganzes und sie macht nicht uns und nicht die Welt ganz, weder wenn wir sie hervorbringen, noch wenn wir sie rezipieren. Und dennoch ist sie nicht das Chaos und nicht der Wirbel unzusammenhängender Bruchstücke, wie wir sie in der Realität erleben. Kunst ist etwas dazwischen, zwischen einer Ordnung, wie sie die alten Kosmologien sich vorstellten, und dem Chaos.

Indem Kunst selbstverständlicher Lerngegenstand wird, wird sie gerade als fragmentarische, experimentelle, zum Spielraum eigener ästhetischer Produktion. Daß etwas nicht vollkommen sein muß, um den Charakter eines kleinen Werks zu haben, kann man Kindern früh vermitteln, indem man sie selbst schreiben, malen, komponieren, Tänze erfinden läßt. Die moderne Kunst bietet dafür aufgrund ihres experimentellen und unabgeschlossenen Charakters die reichsten Anregungen. Und sie gibt keine Vorbilder, keine Normen. Nur Anregungen und Impulse.

Was bedeutet es, ein solches kleines Werk hergestellt zu haben? Ganz werden wir nicht daran – aber dem Flüchtigem, Vergänglichen, Bedeutungslosen gewinnen wir eine Gestalt ab, wie fragil auch immer sie sein mag: eine kleine Geschichte, die keine Pointe und kein besonders abgerundetes Ende haben muß, um eine Geschichte gleichwohl zu sein. Ein Gedicht, in dem sich unsere inneren Bilder entfalten, sprunghaft, mit großen Lücken darin, wie wir es aus der Lyrik der Moderne kennen, – ohne Folgerichtigkeit und dennoch – eine Gestalt gegen das Chaos. Vielleicht schreiben wir es sorgfältig auf und drucken es:

> *„Das unvermittelte Erscheinen des schönen bedruckten Blattes ruft ein Gefühl des Triumphes hervor, das ansteckend wirkt und für das die Erklärungen anscheinend zu oberflächlich sind. Man hat oft den Eindruck, daß nicht nur einfach ein Blatt bedrucktes Papier entsteht, sondern daß dabei der Verfasser selbst zu neuem Leben erwacht."* (VASQUEZ/ OURY 1976, S. 79).

Verweilen, vita contemplativa

Kunst, ob wir sie rezipieren oder selbst – wie unvollkommen auch immer – hervorbringen, ist eine Möglichkeit, das „Glück des Verweilens“ zu erfahren, von dem Michael THEUNISSEN in seiner „Negativen Theologie der Zeit“ spricht. (THEUNISSEN 1991, S. 292f). Sie ist keine pädagogische Insel, und sie setzt die rasende Zeit nicht außer Kraft. Aber sie erlaubt uns, für Augenblicke innezuhalten, sie fordert uns einer Aufmerksamkeit und Stille auf, die in der oft sehr betriebsamen und geschäftigen Institution Schule selten ist. Neben Handlung und Tätigkeit setzt ästhetische Bildung, ohne diese gering zu schätzen, den Anspruch auf Raum und Zeit für die vita contemplativa.

Jörg Ramseger

Das Dilemma von Integration und Differenzierung

Ausgeführt am Beispiel der gemeinsamen Unterrichtung von Kindern mit und ohne Behinderungen in der allgemeinen Schule

Die zunächst eher simpel klingende Frage lautet: „Was heißt eigentlich ‚gemeinsame Schule für alle' pädagogisch?"[1]

Diese Frage stellt sich in Deutschland seit der Einführung einer gemeinsamen allgemeinen Grundschule für alle Kinder des Volkes im Jahre 1920. Sie stellt sich für die Sekundarstufe spätestens mit der Einführung konkurrierender Schulsysteme – hier Gesamtschule, dort dreigliedriges Schulsystem – in den sechziger und siebziger Jahren. Und sie stellt sich unter den Bedingungen einer Einwanderungsgesellschaft unter dem Aspekt der Integration von Menschen unterschiedlichster nationaler, ethnischer und kultureller Herkunft heute in jeder Schule.

Der radikale Fall, an dem ich das meines Erachtens für *jegliches* pädagogische Bemühen konstitutive Dilemma zwischen Integration und Differenzierung erhellen will, ist die gemeinsame Beschulung von Kindern mit und ohne Behinderungen in der allgemeinen Schule. Ich behaupte mithin, daß das für jegliches pädagogische Handeln konstitutive Dilemma der notwendigen *Gleichzeitigkeit* von Integrations- und Differenzierungsbemühungen am Beispiel der Bemühungen um die Integration von Kin-

1. Wesentliche Gedanken der folgenden Ausführungen wurden bereits veröffentlicht. Vgl. Jörg RAMSEGER: „Was heißt ‚gemeinsame Schule für alle'? oder: Die Grenzen der Integration", in: Rainer LERSCH/ Monika A. VERNOOIJ (Hg.) 1992, S. 53-65. In diesem Sammelband finden sich noch zahlreiche weitere sehr wichtige Beiträge anderer Autoren zum Thema. Vgl. ferner Hermann SCHWARZ 1989.

dern mit besonderem Förderbedarf in die allgemeine Schule besonders gut sichtbar wird. Mehr noch: Ich behaupte, daß eine Pädagogik, die an *dieser* zweifellos schwierigen Aufgabe scheitert, *überhaupt* versagt, ja, sich nicht einmal guten Gewissens „Pädagogik" nennen dürfte.

Zur Erläuterung zunächst eine kurze Praxisschilderung:

„Meine Angst als Lehrerin

Ich „kannte" Rüdiger seit zwei Jahren von der Pausenaufsicht her und aus Erzählungen und Diskussionen während unserer regelmäßigen Arbeitskreise im Kollegium.

Da saß er nun in unserer Klasse (einer Integrationsklasse mit 16 Kindern und zwei Erwachsenen); als Lehrerin fürchtete ich mich vor ihm. Ich hatte Angst vor den täglichen Auseinandersetzungen, die ich auf mich zukommen sah. Angst vor dem Kraftaufwand, den mich die Auseinandersetzungen kosten würden – obendrein ohne Chance, Wesentliches an den Ursachen der „Verhaltensstörungen" ändern zu können. Angst vor meinem Frust, Angst vor der geladenen Atmosphäre in der Klasse, Angst vor der ständigen Schimpferei.

Rüdiger erfüllte alle Erwartungen – und zwar ausreichend. Verständlich, denn das war nun sein drittes Jahr in der Schule, und alles fing noch mal von vorne an. „Alles Bäppsi-Kram!". Zudem war er älter und größer als die anderen. Also: Füße auf den Tisch, reinschreien, furzen und gekonnt rülpsen, wenn es gerade ganz leise ist. Er hatte „die Nase täglich restlos voll"! Und sie lief ihm tatsächlich ständig, das verstärkte die Mauern, mit denen er sich umgab. Er gehört ohnehin nicht zu den blondgelockten, niedlichen Jungs, die einen charmant um den Finger zu wickeln versuchen. „Affe" hatten sie ihm schon in der Vorklasse nachgerufen.

Die Gespräche mit ihm waren mühsam, wir redeten auf ihn ein, und er drehte den Kopf und pfiff sich eins. Welch eine Erleichterung, daß wir jederzeit zu zweit waren! Wobei sich mein Kollege Walter mit Rüdiger besser verständigen konnte als ich. Er war weniger rigide und ließ des öfteren fünfe gerade sein. Konsequenterweise ignorierte mich Rüdiger ziemlich. Walter konnte zudem Flieger falten und tat das bestimmt ein halbes Jahr lang zweimal am Tag – für jede Pause einen. Und dann – last not least – etwas später: Meine Angst vor dem Umgang mit seiner Behinderung. Wie spricht man mit ihm oder in der Kindergruppe über die Tatsache, daß er manche Sachen langsamer lernt, wenn er das mit allen Mitteln vor sich und den anderen verstecken muß. Wie soll er auch sich selbst akzeptieren, wenn die Eltern, besonders die Großeltern und auch die Lehrpläne seine individuellen Voraussetzungen zum Lernen nicht akzeptieren." (WALTHER-NARTEN 1989, S. 12 - 13)

Rüdiger ist zwar sicher ein schwerer, aber doch noch ein verstehbarer Fall, insofern seinen Handlungen eine von uns allen nachvollziehbare Logik unterliegt. An solche Logik – hat man sie erst erkannt – kann man noch anknüpfen und kann leicht Behandlungspläne entwickeln, die Rüdiger am Ende doch noch in die Klassengemeinschaft einfügen – wenn man nur genügend Zeit und Personal hätte. Aber was wäre beispielsweise mit einem geistig behinderten Kind oder einem solchen, das nicht nur geistig behindert, sondern auch kommunikationsunfähig ist?

Viele Eltern, viele Lehrerinnen und Lehrer und auch die meisten Bildungspolitiker können sich eine integrative Beschulung von Kindern mit schweren Behinderungen, insbesondere mit geistiger Behinderung in der allgemeinen Schule noch immer nicht vorstellen. Man stelle sich einmal die Frage, ob man beispielsweise ein Kind, das nicht hören, nicht sprechen und sich auch nicht bewegen kann, und von dem man mangels differenzierter Kommunikationsmöglichkeiten gar nicht weiß, was es denkt, ja, ob es überhaupt etwas denkt, ob man ein solches Kind in die gymnasiale Oberstufe führen könnte –und ob das Sinn machen könnte.

Grenzziehungen hinsichtlich der Integration behinderter Kinder

Man sollte diese Frage nicht vorschnell beantworten. Sie ist keineswegs rhetorisch gemeint und schon gar nicht lächerlich. Wo immer Eltern oder Pädagogen für eine integrative Beschulung von Kindern mit Behinderungen in der allgemeinen Schule eintreten, taucht nämlich sogleich die Frage nach den Grenzen der Integration auf – bei dem kleinen, kaum merklichen Sprachfehler ebenso wie bei der schweren Mehrfachbehinderung. Integration wird nämlich von pädagogischen Laien, aber auch von vielen Lehrerinnen und Lehrern und den meisten Bildungsplanern und Bildungspolitikern nicht als ein universelles, d.h. für alle Menschen in gleicher Weise gültiges Prinzip begriffen, sondern verschiedenen Kindern und Erwachsenen je nach dem Grad ihrer Behinderung in ganz unterschiedlichem Ausmaß zugebilligt.

Diese Verweigerung der Anerkennung der Integration als universellem Prinzip, als „Menschrecht" sozusagen, steht in deutlichem Widerspruch zu offiziellen Verlautbarungen der Schulpolitik. Zwar gibt es auch in Deutschland unverkennbar Euthanasietendenzen insbesondere in der pränatalen medizinischen Diagnostik und unter manchen Abtreibungsbefürwortern. Gleichwohl ist zumindest in den offiziellen Verlautbarungen unserer Schulministerien die möglichst weitgehende Integration von Kindern mit Behinderungen in die Gesellschaft noch immer offizielles Organisationsziel aller Schulformen einschließlich der Sonderschulen.

Über das *Ziel* herrscht mithin Einigkeit. Integration *als Weg* der pädagogischen Förderung ist dagegen noch weithin umstritten. Es gibt vielfache Ausschlußversuche. Ich nenne nur vier:

- Es ist heute eine gängige Auffassung, daß technisch kompensierbare Sinnesdefekte, z.B. einfache Hörstörungen oder Sehbehinderungen, nicht mehr zum Ausschluß vom Besuch der allgemeinen Schule führen, sondern durch Bereitstellung entsprechender technischer Mittel und sonderpädagogischer Hilfen in der Regelschule ausgeglichen werden sollten. Die Beschulung von Kindern mit *geistigen* Behinderungen in allgemeinen Schulen wird demgegenüber oft für unmöglich erachtet und in einzelnen Bundesländern, z.B. Bayern und BadenWürttemberg, bislang strikt verweigert.[2] (*Ausschluß geistig behinderter Kinder.*)

- Viele Lehrerinnen und Lehrer sind durchaus bereit, genügsame und „pflegeleichte" Kinder mit geistigen Behinderungen in ihren allgemeinen Grundschulklassen „mitlaufen" zu lassen, lehnen aber mit Rücksicht auf die vermeintlich „normalen" Schüler die Aufnahme von neurotischen oder gar schwer verhaltensgestörten Kindern ab. Oder sie weigern sich, Schüler in die Grundschule aufzunehmen, die einer besonderen hygienischen Betreuung während des Schultages bedürfen. (*Ausschluß nach Kriterien der persönlichen Zumutbarkeit.*)

- Weit verbreitet ist auch die Auffassung, daß die Integration von schwerst- und mehrfach behinderten Kindern in die allgemeine Grundschule kaum möglich sei oder doch „wenig Sinn" mache, da diese Kinder ohnedies kaum förderbar seien und in Spezialeinrichtungen besser betreut werden könnten. (*Ausschluß schwerst- und mehrfach behinderter Kinder.*)

- Schließlich gibt es mitunter Begrenzungen auf bestimmte Altersstufen. Danach wird die Integration beispielsweise als eine durchaus richtige Maßnahme für den Vorschul- oder den Grundschulbereich erachtet und gefördert. Wenn aber nach der Grundschule *alle* Kinder auf verschiedene Schullaufbahnen verteilt werden, müsse auch das Kind mit Behinderungen ein den traditionellen Schulformen gemäßes Leistungsniveau erreicht haben oder aber in eine Spezialeinrichtung für

2. Zur Begründung des Ausschlusses geistig behinderter Kinder von der Integration siehe paradigmatisch LAURIEN 1986, S. 30-31.

behinderte Kinder und Jugendliche überwechseln. Integration wäre danach keine Aufgabe der Sekundarstufe mehr; deren Selektionsfunktion und Selektionsberechtigung wird vielmehr bekräftigt, der Integrationsanspruch mit dem Festhalten an einem vertikal gegliederten Schulsystem vollständig fallengelassen. (*Zeitliche Begrenzung der Integrationsbemühungen.*)

Entwicklung eines Begriffs integrativer Pädagogik

Unterzieht man die genannten Ausschlußversuche einzelner Behindertengruppen einer pädagogischen Kritik, erweisen sie sich meines Erachtens allesamt als willkürlich. Keine dieser Einteilungen wird der Individualität behinderter Kinder und Jugendlicher gerecht, keine ist pädagogisch zwingend oder gar empirisch ausreichend erhärtet. Man kann vielmehr mit einiger Plausibilität den Standpunkt vertreten, daß bereits die Frage nach den Grenzen der Integration – so naheliegend sie auf den ersten Blick erscheint - nicht nur den Integrationsgedanken völlig verfehlt, sondern mit jeglichem Begriff pädagogischen Denkens und Handelns inkompatibel ist.

Ich will diese kühne Behauptung sofort erläutern: Pädagogisches Handeln meint in der Tradition der Aufklärung stets eine *Aufforderung des Schülers zur Selbsttätigkeit.* Pädagogik ist die systematische Ermöglichung und Förderung von Selbstbildung, denn es gibt gar keine andere Form der Bildung als die Selbstbildung des lernenden Subjektes. Pädagogisches Handeln setzt in jedem Fall das Vertrauen in die Bildsamkeit des Individuums *und* die *Mitwirkung* des lernenden Subjekts bei der Bestimmung und Überwindung seiner persönlichen Grenzen voraus. Wenn ich die Bildsamkeit eines Individuums verneine, enden meine pädagogischen Handlungsmöglichkeiten. Gerade in der *Überwindung* (und nicht in der Festschreibung) der jeweils gegebenen Grenzen eines Individuums findet pädagogisches Handeln also überhaupt erst seinen Zweck.

Begreift man pädagogisches Handeln als die systematische Ermöglichung und Förderung von Selbstbildung, dann begäbe sich die Pädagogik ihrer ureigenen Aufgaben und Voraussetzungen, wenn sie die Grenzen der Förderbarkeit ihrer Zöglinge vorab bestimmen und festlegen wollte. Grenzen der Integration lassen sich, so meine Behauptung, immer nur ex post facto, also im Rückblick auf vergangene Bildungsanstrengungen *und* immer nur in Bezug auf die konkrete Entwicklung eines bestimmten Individuums benennen, jedoch niemals im vorhinein und – von ganz wenigen Ausnahmen abgesehen – niemals pauschal für ganze Gruppen von Individuen.

Integration ist – so die Maxime ihrer profiliertesten Vertreter (z.B. Jakob MUTH 1988, S. 17, oder SCHÖLER 1988) – schon dem Grunde nach unteilbar. Sie muß ohne Ausnahme für *jedes* Kind beansprucht werden oder sie wird der Sache nach mißverstanden. Denn die gemeinsame Förderung der Verschiedenen ist in den Augen der Integrationisten gar nicht primär als Problem, sondern primär als eine Chance zu begreifen, die es für *alle* Kinder, mit oder ohne Behinderung, zu erkennen und zu ergreifen gilt – die Chance eines erweiterten Bildungsangebotes in einer bewußt heterogenen Lerngemeinschaft. Erst mit der Anerkennung des Prinzips der offenen Aufnahme für grundsätzlich *jedes* Kind aus dem jeweiligen Schulbezirk in jede beliebige Grundschulklasse und Bereitstellung der nötigen Förderbedarfe für jedes Kind in jeder Klasse werde daher dem Anspruch der Grundschule Genüge getan, die eine gemeinsame Grundschule für alle Kinder des Volkes zu sein. Integration heißt: jedes Kind mit seinen persönlichen Eigenarten annehmen und die Selbstbildung der Individuen in der Gemeinschaft der Verschiedenen ermöglichen. Integration ist gewollte Heterogenität.

Drei Ebenen der Integration

Auch für die Pädagogik gilt nun aber das bekannte englische Sprichwort, wonach sich die Qualität eines Puddings erst bei seinem Verzehr erweist. Wie sieht denn, wenn man die Integration als Chance für alle Kinder betrachtet und für jede Grundschulklasse zu verwirklichen fordert, eigentlich deren Praxis aus? Wie verwirklicht man die Aufforderung zur Selbsttätigkeit bei einem schwerst behinderten Kind in Koedukation mit einer Vielzahl anderer Kinder, die gar nicht oder nur in einem geringen Maße behindert sind, ohne die einen zu überfordern und die anderen zu unterfordern? Was heißt „gemeinsame Schule für alle" *praktisch*?

Bevor ich auf diese Fragestellung eine Antwort gebe, möchte ich, zu heuristischen Zwecken drei verschiedene Ebenen der Integration unterscheiden, die sich in der Praxis allerdings vielfach wechselseitig durchdringen, indem die komplexeren Formen stets die einfacheren Formen der Integration voraussetzen und mit beinhalten. Man kann sich diese Ebenen als konzentrische Kreise denken:

- Voraussetzung aller integrativen Bemühungen und gleichsam deren erste Form ist das räumliche Beisammensein von Menschen mit und ohne Behinderungen. *Räumliches Beisammensein* findet immer dann statt, wenn sich behinderte und nichtbehinderte Menschen ein Klassenzimmer oder wenigstens ein Gebäude teilen, so daß es zumindest äußerliche Kontakte zwischen behinderten und nichtbehinderten Menschen geben kann. Wo es keine räumliche Nähe gibt, kann es nicht einmal lockere soziale Kontakte zwischen behinderten und nicht-behinderten Menschen geben.

- Auf der nächsten Ebene werden die Kontakte intensiviert. Sie bekommen Regelmäßigkeit und umfassen über den gelegentlichen Austausch von Mitteilungen und Äußerungen hinaus den Aufbau konstanter Beziehungen zwischen einzelnen Individuen. Ich nenne dies die Ebene ***intensivierter sozialer Kontakte.*** Dieser kommunikative Austausch in sozialen Kontakten zwischen behinderten und nichtbehinderten Menschen kann zeitlich oder thematisch begrenzt bleiben, wenn sich beispielsweise behinderte und nicht-behinderte Menschen nur in einzelnen Veranstaltungen treffen, oder aber beständiges Prinzip werden, wenn die behinderten und die nichtbehinderten Menschen eine stabile Gruppe wie z.B. eine Schulklasse bilden.

- Schulisches Handeln zielt jedoch in der Regel nicht bloß auf soziale Kontakte ab, sondern dient primär der Durchführung von Unterricht, d.h. dem inhaltlichen Austausch über gemeinsame Fragen, Probleme oder Lerngegenstände in einem kollektiven Prozeß der Erkenntniserweiterung. Wo behinderte Kinder und Jugendliche mit nichtbehinderten Kindern zum Zwecke der Erkenntnis- oder Kompetenzerweiterung in einen solchen inhaltlichen Austausch über ein Unterrichtsthema verwickelt sind, könnte man daher von Integration in der *unterrichtsbezogenen Kommunikation* sprechen:

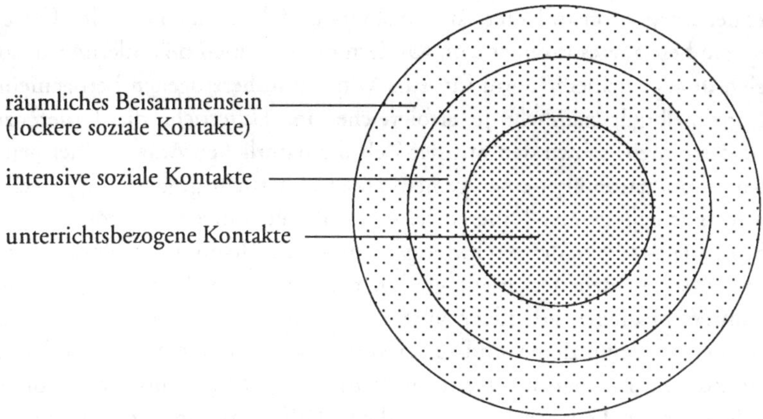

Das zentrale Dilemma integrativer Pädagogik

Wenden wir uns mit diesem Gliederungsraster im Hinterkopf nun wieder der Frage zu, was denn „gemeinsame Schule für alle“ *pädagogisch-praktisch* bedeutet, so finden wir, daß die Ansprüche der Praktiker in Integrationsklassen und die Darlegungen in der einschlägigen Literatur meistens über ein räumliches Beisammensein und soziale Kontakte hinausweisen und die Integration der behinderten Kinder auch auf der Ebene der unterrichtsbezogenen Kommunikation anstreben, d.h. die Auseinandersetzung über ein gemeinsames Thema zur Voraussetzung haben.

Gehen wir nun aber mit einer solchen Vorstellung in eine konkrete Integrationsklasse, stoßen wir anscheinend sofort wieder auf Grenzen der Integration. Denn die Möglichkeiten einen, wenn auch vielleicht bescheidenen, so doch irgendwo thematisch passenden Beitrag zu einem gemeinsamen Thema zu liefern, scheinen für einige Kinder mit besonders schweren Behinderungen minimal, wenn nicht gar gleich null zu sein. Es gibt nun einmal Menschen, deren besonderes Schicksal beispielsweise eine verbale Kommunikation mit den Mitschülern ausschließt und die in Ermangelung differenzierter motorischer Ausdrucksmöglichkeiten auch keine non-verbalen Beiträge zu einem gemeinsamen Thema liefern können. Mehr noch: Einige schwerst behinderte Kinder sind offenkundig nicht einmal in der Lage, wahrnehmen zu können, welches Thema jeweils Gegenstand der gemeinsamen Beschäftigung in der Lerngemeinschaft ist, ja, überhaupt nur wahrzunehmen, daß sie sich in einer Unterrichtssituation befinden.

Was sich hier am Beispiel extremer Behinderung als Problem und als scheinbare Grenze der Integration andeutet, ist nun aber – und das ist meine zweite These – keineswegs ein besonderes Problem von Kindern mit extremen Behinderungen, sondern stellt sich in allgemeinerer Form für *jedes* Mitglied in heterogenen Lerngemeinschaften. Prinzipiell gilt nämlich: Je erfolgreicher im Unterricht die Differenzierung gelingt, desto mehr schwinden mit der Zeit die natürlichen Anlässe einer gemeinsamen Kommunikation über einen gemeinsamen Unterrichtsgegenstand. Je weiter sich – als Ergebnis gelingender Differenzierung! – die kognitiven Horizonte der Kinder auseinander entwickeln, desto schwieriger wird es, überhaupt noch Unterrichtsvorhaben zu finden, in denen sich Integration ereignen kann, Situationen nämlich, in denen unterschiedliche Individuen über ein gemeinsames Unterrichtsthema sinnvoll miteinander kommunizieren und dabei wechselseitig voneinander profitieren können. Irgendwann hat man sich nichts mehr zu sagen. Oder in unserem zuvor entwickelten Schema: Je besser die unterrichtliche Differenzierung gelingt, desto mehr schwinden die Möglichkeiten einer unterrichtsbezogenen Kommunikation und verlagert sich der integrative Anspruch auf die Ebene sozialer Kontakte oder gar auf ein bloßes räumliches Beisammensein von behinderten und nichtbehinderten Menschen. Integration und Differenzierung erweisen sich als widerstreitende Prinzipien. Hierin besteht das didaktische Dilemma integrativer Pädagogik.

Auswege aus dem Dilemma

Aus diesem Dilemma zwischen Integration und Differenzierung gibt es meines Erachtens zwei Auswege. Den einen beschritt noch vor kurzem der nordrhein-westfälische Kultusminister, der bis 1989 die Integrationsversuche tendenziell auf die Grundschulzeit beschränkt hat und den Besuch einer allgemeinen Sekundarstufenschule nur solchen Kindern gestatten wollte, die den dort üblichen Leistungsnormen und Leistungsforderungen gerecht werden.[3] Er hat diese Position inzwischen aufgegeben, während sie nach meinem sicher nur oberflächlichen Eindruck nach wie vor einen Grundpfeiler der Schulpolitik in anderen Bundesländern auszumachen scheint. Ich nenne dies eine mechanistische Lösung. Sie ist Ausdruck von Ungeduld und mangelnder didaktischer Phantasie und resultiert vermutlich aus der zweifellos berechtigten Furcht, mit einer Ausdehnung der integrativen Beschulung auf die Sekundarstufe dem herrschenden System der Leistungsbeurteilung in der Schule und Chancenzuweisung durch die Schule jegliche Legitimation zu entziehen.

Der zweite Ausweg aus dem genannten Dilemma ist weitaus komplizierter. Er hält an der Unteilbarkeit der Integrationsaufgabe fest, ohne die Differenzierungspflicht der Schule zu mißachten. Die Lehrerinnen und Lehrer sind nach diesem Ansatz gehalten, die *konkreten Möglichkeiten* und das *richtige Ausmaß* von integrierenden und differenzierenden Maßnahmen in jedem einzelnen Unterrichtsvorhaben neu auszumitteln und den Versuch der thematischen Einbindung auch der Kinder mit schweren Behinderungen in die unterrichtsbezogene Kommunikation so lange wie irgend möglich durchzuhalten.

3. „Der Schulversuch (zur Integration behinderter Kinder in allgemeine Schulen - J.R.) ist auf die Grundschulzeit der Schüler und Schülerinnen begrenzt. Da sich der Klassenverband generell nach der Klasse 4 auflöst, können behinderte Schülerinnen und Schüler im allgemeinen nach Abschluß der Grundschule eine allgemeinbildende Schule der Sekundarstufe I nur dann besuchen, wenn abzusehen ist, daß sie mit Erfolg am Unterricht teilnehmen und die vorgegebenen Lernziele der jeweiligen Schulform erreichen können" (Runderlaß des Kultusministers von Nordrhein-Westfalen II A 3.70-20/0 Nr. - 2013/89 vom 1. August 1989, S. 5).

Das Erfolgskriterium eines solchen Unterrichts, der immer Integration und Differenzierung gleichzeitig zu realisieren versucht, ohne jemals das eine zugunsten des anderen zu vernachlässigen, besteht nun nicht mehr darin, daß im Prinzip alle Schüler alle Lernziele gemeinsam erreichen sollen. Vielmehr gibt es, wie Jörg Schlömerkemper kürzlich ausgeführt hat, jetzt *zwei* immer aufeinander zu beziehende und immer nur miteinander gültige Erfolgskriterien:

- Der Unterrichtserfolg bemißt sich jetzt nämlich zum einen danach, „ob *alle nach ihren je spezifischen Voraussetzungen optimal gefördert* worden sind und sich möglichst weit entfalten konnten";
- er bemißt sich gleichzeitig aber auch danach, *„in welchem Maß die sich unterschiedlich entfaltenden Kompetenzen aufeinander bezogen"* wurden und „die Schülerinnen und Schüler über die ‚Grenzen' ihrer (individuellen)[4] Qualifikationen hinweg miteinander interagieren" konnten (SCHLÖMERKEMPER 1989, S. 325).

Dieses doppelte Erfolgskriterium für unterrichtliches Handeln ist nun aber gar keine sonderpädagogische Spezialität, die nur in der Arbeit mit behinderten Kindern zu beachten wäre, sondern wiederum eine allgemeinpädagogische Forderung, die an jeglichen Unterricht zu richten ist. So formuliert der Hamburger Schulreformer Hermann SCHWARZ die Antwort auf unsere Frage, was denn „gemeinsame Schule für alle" *pädagogisch* bedeute, wie folgt: Integrative Pädagogik sei gar keine neue Pädagogik, sondern nur eine *vertiefte* Pädagogik, die nur alle ohnedies für schulisches Lernen zu fordernden Prinzipien – wie beispielsweise die Prinzipien der Anschaulichkeit, der Lebensnähe, der Individuumsgerechtheit und andere mehr – *in besonderem Maße* beachtet und *allen* Schülern zu bieten versucht.

Dabei empfiehlt SCHWARZ, verstärkt die besonderen Lernqualitäten von *Vorhaben und Projekten* auszunutzen, in denen alle Kinder um eine gemeinsame Fragestellung versammelt sind, aber zugleich allen Kindern ganz unterschiedliche Zugänge und Beiträge zu der gemeinsamen Aufgabe zugebilligt und ermöglicht werden. Die Konzentration auf ein gemeinsames Ziel und die wechselseitigen Beziehungen der Lernenden untereinander bei der gemeinsamen Bearbeitung des gemeinsamen Problems wirken – so SCHWARZ – integrierend und individuumsfördernd zugleich. Darüberhinaus erfahren die integrativen Bemühungen durch den – im Vergleich zum Lehrgangsunterricht – meist größeren Lebensbezug solcher Projekte eine weitere Stärkung (vgl. SCHWARZ 1989).

---

4. Parenthese von mir ergänzt - J.R.

SCHWARZ geht jedoch *nicht* davon aus, daß immer alle Kinder um ein gemeinsames Thema vereint werden können. Er plädiert daher für ein vielfältig gemischtes Lernsystem aus individuellen, gruppenbezogenen und gemeinsamen Lernformen, die noch um behindertenspezifische Aktivitäten und sonderpädagogische Fördermaßnahmen ergänzt werden sollen.

SCHWARZ konkretisiert dies am Beispiel eines ersten Schuljahres, wobei er drei typische Situationen unterscheidet, deren *Zusammenwirken* erst die ganze Komplexität einer integrativen Didaktik sichtbar werden läßt:[5]

„a) Rainer (stark lernbehindert), Sophie (geistig behindert) und Alexandra (sprachbehindert) nehmen grundsätzlich – mit Ausnahme der unter b) genannten Fälle und wenn nicht im Einzelfall andere Lösungen sinnvoller sind – an allen gemeinsamen Lernsituationen der Klasse teil:

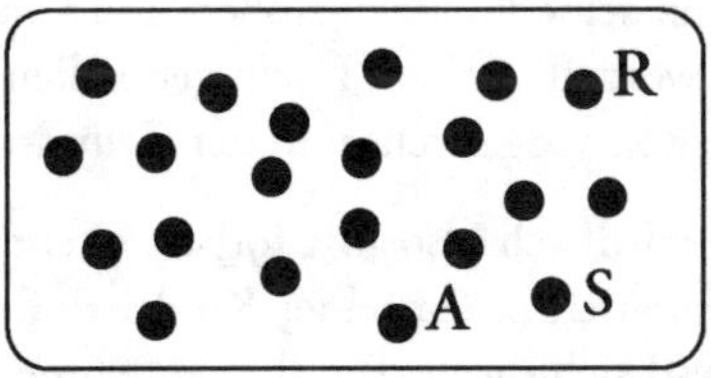

b) Rainer und Sophie nehmen an gemeinsamen Ein- und Weiterführungen in Mathematik, Lesen, Schreiben und Sprachlehre nur dann teil, wenn das von den Pädagoginnen für alle Kinder als sinnvoll eingeschätzt wird; in der Regel erhalten sie in dieser Zeit gesonderte Weiterführungen:

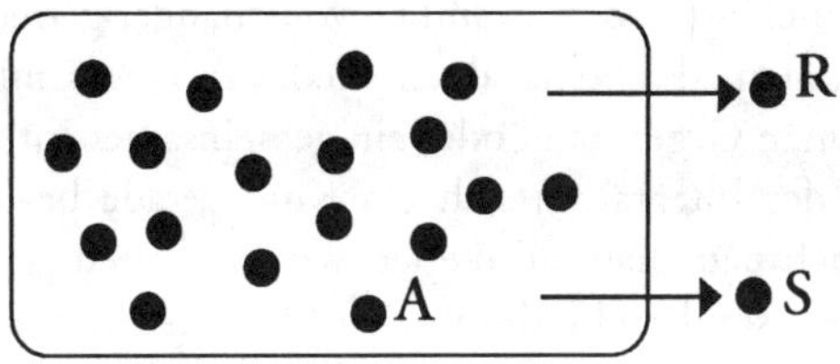

5. SCHWARZ 1989, S. 12f. Graphiken ergänzt – J. R.

c) In den Übungsphasen der unter b) genannten Bereiche (also Mathematik, Lesen, Schreiben und Sprachlehre – J.R.) hat sich für alle Schüler eine kontinuierliche Niveau-Differenzierung (in Form von... Wochenplanarbeit) als nützlich erwiesen:"

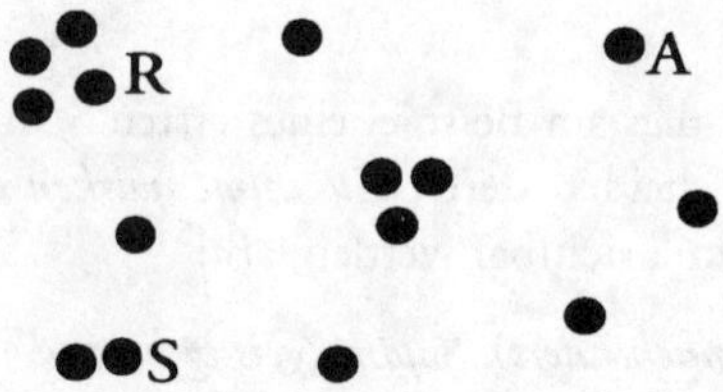

Freilich wird auch hier mit fortschreitender Entwicklung der Heranwachsenden für *alle* Kinder irgendwo und irgendwann das für die Grundschule typische Prinzip der inneren Differenzierung an seine Grenzen stoßen und von Maßnahmen der äußeren Differenzierung abgelöst werden müssen. In einigen Fällen – siehe Rainer und Sophie – wird das zumindest zeitweise sogar schon in der Grundschule der Fall sein.

Auch bei diesem Ansatz wird sich also mit fortschreitendem Alter der Schüler eine unterrichtsthematische Separierung einzelner Kinder und Lerngruppen voneinander nicht vermeiden lassen und sich die Integration zunehmend auf gemeinsame Aktivitäten und Veranstaltungen im Rahmen eines hoch entwickelten außerunterrichtlichen Schullebens konzentrieren. Die Integration wird sich, je älter die Kinder werden, mehr und mehr auf die Ebene außerunterrichtlicher Kontakte und über weite Strecken sogar nur mehr auf ein räumliches Beisammensein verlagern. *Aber sie wird immer variabel erfolgen!* Während die Schüler zeitweise nur mehr räumlich miteinander zusammen oder sogar räumlich voneinander getrennt sind, finden sie in einzelnen gemeinsamen Aktivitäten doch wieder zu einem inhaltlichen Austausch über einen gemeinsamen Gegenstand oder ein gemeinsames Interesse zusammen. Und auf welcher Ebene der Integration sich ein Kind gerade bewegt, wird nicht mehr auf Jahre hinaus nach pauschalen Etiketten wie „verhaltensgestört" oder „geistig behindert" entschieden, sondern bestimmt sich für jedes einzelne Kind, ob behindert oder nicht, in Abhängigkeit von seiner individuellen Entwicklung *und* von den jeweils anstehenden Unterrichtsvorhaben jeden Tag neu. Das ist eine für das deutsche Schulwesen völlig neuartige Situation.

Konsequenzen

Was hier am Beispiel der Kinder mit besonderem Förderbedarf entwickelt wurde, gilt in einer modernen Schule und einer modernen Gesellschaft grundsätzlich für *jedes* Kind: Für jedes Kind muß die Schule immer wieder einen individuellen Lernweg in der Gemeinsamkeit der Verschiedenen finden. Für jedes Kind muß – wenn wir den allgemeinen Förderauftrag der allgemeinen Schule weiterhin ernst nehmen – jeden Tag und in jeder Unterrichtssituation neu bestimmt werden, welches die angemessenen Anforderungen, die angemessenen Ziele und die angemessenen Wege für gerade dieses Kind sind. Integration und Differenzierung müssen immer zugleich realisiert werden.

Denkt man diesen Ansatz konsequent zu Ende, kann es zunächst einmal keine gleichzeitigen Schullaufbahnentscheidungen für unterschiedliche Kinder und Jugendliche eines Jahrgangs mehr geben. Vielmehr muß das Schulsystem *jedem einzelnen* Kind, sei es behindert oder nicht,

1. eine individuelle Durchlaufzeit durch die verschiedenen Bildungsabschnitte und
2. eine individuelle Verweildauer im Bildungssystem insgesamt ermöglichen.

Die eine gemeinsame Schule für alle Kinder des Volkes kann nur eine hochdifferenzierte und hochflexible Schule sein, die jedoch zugleich ein hohes Maß an gemeinsamen Aktivitäten der Schülerinnen und Schüler bieten muß, damit sich integrative Prozesse entwickeln können.

Für die Grundschule könnte dies die Einführung flexibler Einschulungstermine und die Preisgabe der Jahrgangsklasse zugunsten jahrgangsübergreifender Familiengruppen bedeuten, in welchen die Kinder je nach persönlichem Fortschritt unterschiedlich lang verweilen. Entsprechende Modelle werden sowohl in britischen Primary Schools als auch von verschiedenen Jena-Plan-Schulen sowie in der Eingangsstufe der Bielefelder Laborschule seit Jahrzehnten erfolgreich praktiziert. Es käme darauf an, diese Modelle weiter zu verbreiten.

Die Konsequenzen für die Sekundarstufe erscheinen weitaus komplexer und können hier nicht mehr im einzelnen entfaltet werden. Soweit erkennbar, läuft der Anspruch, die Integration der behinderten Kinder in der Sekundarstufe I durchzuhalten, auf ein hochdifferenziertes Kurssystem mit einer großen Wahlfreiheit für die Schülerinnen und Schüler und umfassenden therapeutischen und sonderpädagogischen Förderangeboten im Rahmen einer integrativen Gesamtschule hinaus.

„Integrative" Gesamtschule meint dabei – im Gegensatz zu den real existierenden Gesamtschulen – eine Sekundarschule, die wirklich *alle* Kinder, ohne jede Ausnahme, aufnimmt und in einem gemeinsamen Bildungsgang zusammenführt. Weil aber auch hier mit fortschreitender Differenzierung die altershomogene Gruppe als grundlegende Gliederungsform immer fragwürdiger wird, müßte vielleicht auch hier eine individuelle Verweildauer der Schüler im Gesamtsystem und damit die Möglichkeit flexibler Schulabschlüsse, und das hieße in letzter Konsequenz: die Abkoppelung der Schulabschlußprüfungen von der Dauer des Schulbesuchs in Erwägung gezogen werden.

Eine solche integrative Sekundarschule mit einem solchen System flexibler Schulabschlüsse existiert meines Wissens bislang nirgendwo und bedürfte erst noch der experimentellen Erprobung in einem auf die Sekundarstufe ausgedehnten Modellversuchsprogramm zur Integration behinderter Schüler. Sie wäre zweifellos ein utopischer Vorgriff auf eine andere Gesellschaft als die, in der wir zur Zeit leben. Denn mit der Einrichtung solcher Schulen müßte zwangsläufig eine vollständige Revision und Neuformulierung des Leistungsprinzips in der Schule einhergehen. Wie in der Gesellschaft im allgemeinen müßte auch in der Schule die Frage, was eigentlich heute unter „Leistung" zu verstehen ist, differenzierter und anspruchsvoller durchdacht werden als es das pädagogisch primitive selektive Schulsystem bislang tut.

Ob es eine solche Schule einmal geben wird, möchte ich hier nicht beurteilen. Soviel ist deutlich: Die Grenzen der Integration liegen nicht primär bei den vermeintlichen „Defiziten" der Menschen mit Behinderungen, sondern in erster Linie beim beruflichen Selbstverständnis und beim didaktischen Können der Pädagoginnen und Pädagogen sowie bei den konkreten Rahmenvorgaben, die die Gesellschaft im allgemeinen und die Bildungspolitik im besonderen den Pädagoginnen und Pädagogen für ihre Arbeit zur Verfügung stellen. Integrationsfähigkeit ist keine Variable der Kinder mit besonderem Förderbedarf, sondern eine Variable des Schulsystems, seiner Träger und Repräsentanten.

Daraus folgt auch: Der Beruf der Lehrerin oder des Lehrers wird anspruchsvoller und aufwendiger. Die Ansprüche an unser didaktisches Können und an die Qualität der Lehrerbildung steigen. Wir sind aufgefordert, diesen Ansprüchen gerecht zu werden!

Erika Wolf

Was wissen wir über das Spannungsfeld von Unterricht und Erziehung?

Mit diesem Thema stehen wir vor der Aufgabe, das Verhältnis von Familie und Schule, von Unterricht und Erziehung vor dem Hintergrund von Denkgewohnheiten, Rechtsvorgaben und divergenten Theorieansätzen zu Fragen der Erziehung zu betrachten, zu analysieren und Konsequenzen für die Grundschule heute als Schule der Kindheit aufzuzeigen.

1. Denkgewohnheiten, Traditionen, Rechtsgrundlagen und wissenschaftliche Theorien bestimmen die Erziehungspraxis in Familie und Schule.

Nach dem Grundgesetz für die Bundesrepublik Deutschland sind „Pflege und Erziehung der Kinder ... das natürliche Recht der Eltern und die zuvörderst ihnen obligende Pflicht. Über die Betätigung wacht die staatliche Gemeinschaft.“ (Artikel 6 (2)).

Elterliche Erziehungsgewalt ist als deren Recht und Pflicht eine feste Größe. Beispielsweise zählen die Eltern nach dem Schulverfassungsgesetz für Berlin §1 zu „den am Schulleben Beteiligten“, und nach §39 haben sie das Recht, bei der Arbeit zur Erfüllung der Unterrichts- und Erziehungsaufgaben mitzuwirken und mitzubestimmen. Mit diesen Vorgaben sind die Rechte und Pflichten definiert, die voller Chancen sind, die aber auch obsoleten tradierten Vorstellungen und Praktiken Tür und Tor öffnen und sie legitimieren können.

„Uns hat es ja auch nicht geschadet!“ so sagen gerade diejenigen, die besonders harte Erziehungsmaßnahmen glauben praktizieren zu müssen, und unter der Begründung „Mein Kind soll es besser haben!“ wird Druck ausgeübt, wird normativen Vorgaben Priorität gegeben.

Hier ist an das BRECHT-Gedicht zu denken „Was ein Kind gesagt bekommt“, dessen Botschaft in immer neuen Varianten noch heute gültig ist (BRECHT 1967, S. 585).

„Was ein Kind gesagt bekommt
Der liebe Gott sieht alles.
Man spart für den Fall des Falles.
Die werden nichts, die nichts taugen.
Schmökern ist schlecht für die Augen.
Kohlentragen stärkt die Glieder.
Die schöne Kinderzeit, die kommt nie wieder.

Man lacht nicht über ein Gebrechen.
Du sollst Erwachsenen nicht widersprechen.
Man greift nicht zuerst in die Schüssel bei Tisch.
Sonntagspaziergang macht frisch.
Zum Alter ist man ehrerbötig.
Süßigkeiten sind für den Körper nicht nötig.
Kartoffeln sind gesund.
Ein Kind hält den Mund.“

An welche Gebote/ Verbote aus unserer Kindheit erinnern wir uns heute selbst noch? Selbst heute noch? Welche Bedeutung hatten und haben sie für unsere Entwicklung, für unser Leben? Hier seien Beispiele aus Seminaren genannt, deren Teilnehmer sich behindert, geprägt, gebrandmarkt fühlten, wenn sie als Kinder immer wieder hören mußten:

Halte dich da raus!
Sei endlich still!
Glaube nicht, daß die auf Dich warten!
Träume nicht schon wieder!
So etwas tut man nicht!
Sei nicht so neugierig!
So gehst Du mir nicht aus dem Haus![1]

Dennoch haben Kinder und Jugendliche über Generationen hinweg das Gewaltverhältnis als rechtens internalisiert. Sie haben sich schuldig gefühlt, wenn ihre „unkulti-

1.Hier wird durch den dativus ethicus die Dringlichkeit des Gebotes noch unterstrichen.

vierte", diffuse Vitalität, Kreativität, Individualität, Spontaneität auf Ungeduld, Verärgerung, Enttäuschung stießen.

Der Generationenvertrag wurde von beiden Seiten eingehalten – schichtenübergreifend! Die Dynamik des Umgangs zwischen den Generationen ist alt. Überlieferungen reichen bis in die klassische Antike zurück. SCHLEIERMACHER (1768 – 1834) faßt die Problematik in der Frage zusammen: „Was will denn eigentlich die ältere Generation mit der jüngeren?" Und Bernhard SCHWENK, nach dem SCHLEIERMACHER hier zitiert ist, fährt fort:

> *„Was denn wollen die Generationen miteinander, wie können, wie wollen Erwachsene und Heranwachsende sich zueinander in Beziehung setzen, wie wollen sie mit sich selbst und miteinander leben? Die Antwort ist nicht aus einem vorgegebenen Erziehungsbegriff ableitbar. Sie ist Teil der Selbstdefinition der Gesellschaft."* (SCHWENK 1989, S. 438f)

2. Gängige Erziehungsvorstellungen sind Teil der Selbstdefinition der Gesellschaft.

Wie bildet unsere Gesellschaft sich ab? Wie definiert sie sich? Die Antwort verlangt nach Tiefgang. In seinem Aufsatz „Gewalt – ein Bildungsproblem?" nennt Georg RÜCKRIEM wesentliche Aspekte einer möglichen Antwort. (RÜCKRIEM 1993) Hier nur so viel: Wie unsere Gesellschaft sich in ihren Zielsetzungen, in ihren Wertorientierungen, im Verdrängungswettbewerb, im Kampf um Märkte und um Fortschritt definiert und welcher Methoden sie sich dabei bedient, wird von der heranwachsenden Generation aufgenommen und gespiegelt. Jugend als Symptomträger! Das stört, das irritiert, der Spiegel zeigt Unbewußtes, Verdrängtes, Ungeliebtes, auch Ungelebtes. Und so wird jugendliches Verhalten nicht in seinen Ursachen analysiert, es werden Symptome bekämpft.

Jugendliche sollen sich an traditionellen Wertvorstellungen orientieren, sollen einlösen, was ihnen meist nicht überzeugend vorgelebt wird. Erziehung wird ideologisiert. Ihre Konzepte wechseln, konkurrieren miteinander, folgen Moden und Trends. Eltern und Lehrer kooperieren oder begeben sich zueinander in Opposition. Erziehung als Einführung ins Leben ist – je nach confessio der Erziehenden –: demokratisch, autoritär, kompensatorisch, kritisch, sozial-integrativ, emanzipatorisch, proletarisch, frei, antiautoritär, antinomisch. Entsprechend breit gefächert sind in Elternhaus und Schule die Erziehungsmethoden.

Im gesellschaftlichen, im politischen Raum werden der Familie und der Schule ihre Positionen zugewiesen. Familienpolitik und Schulpolitik verdeutlichen gesellschaftliche Orientierungen durch Rangplätze in der Prioritätenfolge öffentlicher Aufgaben und Ausgaben, sie belegen in ihren inhaltlichen Begründungen zugleich Entscheidungsgrundlagen politischer Willensbildung.

In der Schulpolitik, die verantwortlich ist für den Rechtsraum und die Institution Schule, wird die Einheit von Unterricht und Erziehung festgeschrieben. Lehrerbildung hat die Aufgabe, das für die Ausübung eines Lehramts erforderliche Wissen zu vermitteln und das erzieherische Können zu entwickeln. Was ist erzieherisches Können? Gibt es da einen Konsens? Wie divergent und fragwürdig sind häufig die Rat-„Schläge", die Berufsanfängern im Hinblick auf das, was unter Disziplin verstanden wird, helfen sollen.

Mit ihren Zielorientierungen zeigt die Schulpolitik in allen Bundesländern sich traditionellen Denkgewohnheiten verpflichtet, die davon ausgehen, daß das Kind, der Jugendliche zur Mündigkeit zu führen seien. Wie groß dürfen die Schritte beim „schrittweisen Hinführen" sein? Wer bestimmt die Geschwindigkeit der Schrittfolge? Nach dem Selbstverständnis der Grundschule sind Erziehung und Unterricht untrennbar miteinander verbunden.

Über Unterrichtsinhalte und variable Lern- und Arbeitsformen sollen Schlüsselqualifikationen erworben werden, die für das Leben in einer Industriegesellschaft unerläßlich sind. Schule und Lehrerausbildung sind damit herausgefordert. Wie lassen sich solche Postulate vor dem Hintergrund restriktiver Bildungspolitik realisieren? Wir werden auf diese Frage zurückkommen.

Rechtsvorgaben in den Bundesländern sind weitgehend identisch. Ich verweise hier auf Jörg RAMSEGER, der in seinem Buch „Was heißt ‚durch Unterricht erziehen'?" Positionen der Bundesländer Baden-Württemberg, Nordrhein-Westfalen, Bayern und Niedersachsen referiert und feststellt, daß seit Beginn der achtziger Jahre „die Formel vom ‚erziehenden Unterricht' ... zum Leitbegriff staatlicher Schulplanung" geworden ist, die „sogar in die amtlichen Richtlinien und Lehrpläne einzelner Bundesländer Eingang findet und damit normative Bedeutung für den Schulalltag beansprucht." (RAMSEGER 1991, S. 10).

3. Die Vorstellung der Einheit von Unterricht und Erziehung geht auf eine lange Tradition zurück.

Wie kommt es bei der Kulturhoheit der Bundesländer und bei deren unterschiedlichem politischen Selbstverständnis – denken wir nur an NRW und Bayern – zu einer solchen Übereinstimmung?

Zunächst hat die Vorstellung von der Erziehungsbedürftigkeit des Menschen eine lange Tradition: So beschreibt COMENIUS (1592 – 1670) den Menschen als „ein der Zucht zugängliches Lebewesen, da es ja ohne Zucht nicht zum Menschen werden kann." (COMENIUS 1954, S. 45). KANT (1724 – 1804) sieht im Menschen „das einzige Geschöpf, das erzogen werden muß." (KANT 1922, S. 45f). Und HERBART (1776 – 1841), der Nachfolger KANTS auf dessen Lehrstuhl in Königsberg, sieht die Aufgabe der Erziehung darin, den Menschen zur sittlichen Selbstbestimmung zu befähigen. „Zucht" soll der Einübung guter Gewohnheiten und Sitten dienen, und „ich gestehe gleich hier, keinen Begriff zu haben von Erziehung ohne Unterricht, sowie ich... keinen Unterricht anerkenne, der nicht erzieht." (HERBART 1806, S. 22).

Hier liegen heutigen schulpolitischen Entscheidungen Denktraditionen zugrunde, Grundvorstellungen, die auch bei Eltern und Lehrern bis heute etabliert sind und bei denen es vielfach nur noch um die Frage geht, ob denn Unterricht und Erziehung additiv oder integrativ zueinander zu stehen haben. Weithin besteht Einmütigkeit über die Einheit von Unterricht und Erziehung, so daß die Frage zu stellen ist, warum Unterricht und Erziehung in einem Spannungsfeld zu sehen sind oder inwiefern sogar möglicherweise von einem Dilemma von Unterricht und Erziehung zu sprechen sein wird.

Oberflächlich gesehen herrscht in unserer Gesellschaft im Erziehungsdenken und -handeln weithin Übereinstimmung zu folgenden Auffassungen:

- Der Mensch ist erziehungsbedürftig.
- Insbesondere sind Kinder und Jugendliche erziehungsbedürftig.
- Erziehung hat als intentionaler, planmäßig auf das Kind als Objekt gerichteter Prozeß dessen Emanzipation und Mündigkeit zum Ziel.
- Im Erziehungsvorgang entsteht eine unumgängliche Subjekt-Objekt-Spannung.
- Machtverhältnisse, die sich in Erziehungsmaßnahmen im Elternhaus und in einem Katalog von Ordnungs- und Erziehungsmaßnahmen für die Schule manifestieren, sind für Erziehungsprozesse konstitutiv. Erziehungsmaßnahmen der

Schule, die durch die Schulkonferenz geregelt werden, sind: mündlicher und schriftlicher Tadel und Nachsitzen. Ordnungsmaßnahmen sind: Schriftlicher Verweis, Ausschluß von freiwilligen Schulveranstaltungen, vom Unterricht sowie Umsetzung in Parallelklassen, Umschulung, Schulausschluß.

Festzustellen ist, daß Autoritätsverluste der Erwachsenengeneration Spannungen verschärfen. Spannungen führen in Subjekt-Objekt-Beziehungen zu Druck. Druck führt nicht immer zu Einsicht, häufig dagegen zu Unterwerfung oder zu Resignation oder oft auch zu Widerstand. Die Spirale von Gewalt beginnt.

4. Anthropologische Grundannahmen sind divergent:

Die Vorstellung der Erziehungsbedürftigkeit des Menschen als Defizit geht von Machtverhältnissen in der Erziehung aus.

Die Vorstellung von Erziehungsbedürftigkeit als Lernbedürfnis, als Chance, sieht im Erziehungsprozeß ein dialogisches Verhältnis, die Begegnung, die Begleitung als gemeinsamen Weg.

4.1. Erziehungskonzepte, die von Herrschaft, Macht und Zwang ausgehen, sind noch heute gültig.

Ausgehend von der Erziehungsbedürftigkeit des Menschen, die als Defizit verstanden wird, konstatiert z.B. Hermann GIESECKE: „Das erste Lernen des Kindes ist gewissermaßen Unterwerfung unter das, was die Eltern sind und fordern... Man muß sich das totale Ausgeliefertsein des Neugeborenen an seine Eltern und andere Erwachsene in vollem Ausmaß vorstellen, um ermessen zu können, in welchem Maße in der ersten Zeit Lernen identisch ist mit Unterwerfung." (GIESECKE 1969, S. 48). Beschützender, verstehender Umgang mit dem Kind, vermittelndes, erkennendes Zusammenleben als Möglichkeit zwischen den Generationen werden hier nicht mitgedacht. Das erzieherische Verhältnis wird als Gewaltverhältnis, nicht als Vertrauensverhältnis beschrieben und legitimiert, wenn es bei GIESECKE weiter heißt:

> *„Die einzige Legitimation von Herrschaft in der Erziehung besteht heute in der schon genannten ontogenetisch bedingten Unmündigkeit. In dem Maße aber wie die Erziehung selbst diese Unmündigkeit abbaut, muß sie die jungen Menschen auch von Herrschaftsobjekten zu mitbeteiligten Herrschaftssubjekten machen."* (GIESECKE 1969, S. 77).

Auch in der Neuausgabe von 1990 (2. Auflage bereits 1991) bleibt dieser Tenor neben vielen Streichungen und Modifizierungen bestehen:

> *„Im Unterschied zum Begriff Lernen impliziert Erziehung immer auch ein Gewaltverhältnis von Menschen über Menschen, in der Regel bestimmter Erwachsener (Eltern, Lehrer) über bestimmte Kinder und Jugendliche. Dieses Gewaltverhältnis rechtfertigte sich zunächst einmal durch die Notwendigkeit der Fürsorge. Solange das Kind nicht selbständig handeln und sein Leben nicht selbst verantworten kann..., muß jemand an seiner Stelle handeln und es zur Not auch zwingen, dem zu folgen. Insofern gibt es einen notwendigen Zusammenhang zwischen Lernen, Fürsorge und Gewalt.“* (GIESECKE 1990, S. 70f).

Damit geht GIESECKE über eine Bestandsaufnahme hinaus und nimmt akzeptierend Stellung.

Unterwerfung, Zwang, Objektrolle und Entlassung aus dieser Rolle zu einem zu definierenden Zeitpunkt – das ist im weitverbreiteten Verständnis der Weg zur Mündigkeit, und Erziehung soll diesen Weg bereiten. Hartmut von HENTIG setzt das Lebensalter, zu dem Selbständigkeit „gewährt“ werden muß, mit spätestens 14 Jahren an. Die Erziehungs- und Unterrichtspraxis in unseren Schulen bis hin zur gymnasialen Oberstufe stellt sich vielfach anders dar. Lerninhalte und Lernwege werden bis zum Ende der Schulzeit vorbestimmt. Fremdbestimmte gelenkte Unterrichtsprozesse werden unter (Zensuren-) Druck realisiert. Derartige Schulstrukturen gehen von einem Menschenbild aus, das der Revision bedarf. Indem sie sich an unterstellten Erfahrungsdefiziten von Kindern und Jugendlichen orientieren, verlieren sie die Chance, deren Kompetenzen zu nutzen und damit Farbe und Leben in die Schule und den Unterricht zu holen.

Obsolet und doch aktuell ist das Modell von Erziehung als handwerklicher Tätigkeit, dem Lehrer noch heute anhängen: der Lehrer als Dompteur, als Bildhauer (Pygmalion), als Gärtner. Er lenkt mit handwerklicher Kunst Wachstumsprozesse, er gestaltet, er formt, konditioniert, gleicht Unterschiede aus. Ein Märchen bildet solchen Vorgang ab:

> *„Es war einmal ein Gärtner. Eines Tages nahm er seine Frau bei der Hand und sagte: „Komm, Frau, wir wollen einen Baum pflanzen.“ Die Frau antwortete: „Wenn du meinst, mein lieber Mann, dann wollen wir einen Baum pflanzen.“ Sie gingen in den Garten und pflanzten einen Baum. Es dauerte nicht lange, da konnte man das erste Grün zart aus der Erde sprießen sehen. Der Baum, der eigentlich noch kein richtiger Baum war, erblickte zum ersten Mal die Sonne. Er fühlte die Wärme*

ihrer Strahlen auf seinen Blättchen und streckte sich ihnen hoch entgegen. Er begrüßte sie auf seine Weise, ließ sich glücklich bescheinen und fand es wunderschön, auf der Welt zu sein und zu wachsen. „Schau", sagte der Gärtner zu seiner Frau, „ist er nicht niedlich, unser Baum?" Und seine Frau antwortete: „Ja, lieber Mann, wie du schon sagtest: Ein schöner Baum!" Der Baum begann höher und höher zu wachsen und reckte sich immer weiter der Sonne entgegen. Er fühlte den Wind und spürte den Regen, genoß die warme und feste Erde um seine Wurzeln und war glücklich. Und jedes Mal, wenn der Gärtner und seine Frau nach ihm sahen, ihn mit Wasser tränkten und ihn einen schönen Baum nannten, fühlte er sich wohl. Denn da war jemand, der ihn mochte, ihn hegte, pflegte und beschützte. Er wurde lieb gehabt und war nicht allein auf der Welt. So wuchs er zufrieden vor sich hin und wollte nichts weiter als leben und wachsen, Wind und Regen spüren, Erde und Sonne fühlen, lieb gehabt werden und andere lieb haben. Eines Tages merkte der Baum, daß es besonders schön war, ein wenig nach links zu wachsen, denn von dort schien die Sonne mehr auf seine Blätter. Also wuchs er jetzt ein wenig nach links. „Schau", sagte der Gärtner zu seiner Frau, „unser Baum wächst schief. Seit wann dürfen Bäume denn schief wachsen und dazu noch in unserem Garten? Ausgerechnet unser Baum! Gott hat die Bäume nicht erschaffen, damit sie schief wachsen, nicht wahr, Frau?" Seine Frau gab ihm natürlich recht. „Du bist eine kluge und gottesfürchtige Frau", meinte daraufhin der Gärtner. „Hol' also unsere Schere, denn wir wollen unseren Baum gerade schneiden." Der Baum weinte. Die Menschen, die ihn bisher so lieb gepflegt hatten, denen er vertraute, schnitten ihm die Äste ab, die der Sonne am nächsten waren. Er konnte nicht sprechen und deshalb nicht fragen. Er konnte nicht begreifen. Aber sie sagten ja, daß sie ihn lieb hätten und es gut mit ihm meinten. Und sie sagten, daß ein richtiger Baum gerade wachsen müsse. Und daß Gott es nicht gern sähe, wenn er schief wachse. Also mußte es wohl stimmen. Er wuchs nicht mehr der Sonne entgegen. „Ist er nicht brav, unser Baum?" fragte der Gärtner seine Frau. „Sicher, lieber Mann", antwortete sie, „du hast wie immer recht. Unser Baum ist ein braver Baum." Der Baum begann zu verstehen. Wenn er machte, was ihm Spaß und Freude bereitete, dann war er anscheinend ein böser Baum. Er war nur lieb und brav, wenn er tat, was der Gärtner und seine Frau von ihm erwarteten. Also wuchs er jetzt strebsam in die Höhe und gab darauf acht, nicht mehr schief zu wachsen. „Sieh dir das an", sagte der Gärtner eines Tages zu seiner Frau, „unser Baum wächst unverschämt schnell in die Höhe. Gehört sich das für einen rechten Baum?" Seine Frau antwortete: „Aber nein, lieber Mann, das gehört sich natürlich nicht. Gott will, daß Bäume langsam und in Ruhe wachsen. Und auch unsere Nachbarin meint, daß Bäume bescheiden sein müßten, ihrer wachse auch schön langsam." Der Gärtner lobte seine Frau und sagte, daß sie etwas von Bäumen verstehe. Und dann schickte er sie die Schere holen, um dem Baum die Äste zu stutzen. Sehr lange weinte der Baum in dieser Nacht. Warum schnitt man ihm einfach die Äste ab, die dem Gärtner und seiner Frau nicht gefielen? Und wer war dieser Gott, der angeblich gegen alles war, was Spaß machte? „Schau her, Frau", sagte der Gärtner, „wir können stolz sein auf unseren Baum." Und seine Frau gab ihm wie immer recht. Der Baum wurde trotzig..." (KÖRNER 1984, S. 10ff).

Das Wachsen-, Fragen-, Spielen-, das frei Assoziieren-Dürfen, das in seinen individuellen Lebens- und Lernbedürfnissen Ernst-genommen-Werden des Kindes setzt beim Erwachsenen eine innere Haltung voraus, die die Würde des Kindes anerkennt. Eine solche Haltung ermöglicht erst die Begleitung von Wachstums- und Entwicklungsprozessen, das ernsthafte, nachdenkliche Eingehen auf fragendes Staunen von Kindern, das Akzeptieren von Weltaneignung im Spiel, sie verhindert das Belächeln kindlicher Versuche der Welterklärung. Eine solche Haltung macht Kinder nicht mundtot.

Aus der Fülle von Arbeitskonzepten, die solchen Ansprüchen gerecht werden, seien hier die Veröffentlichungen von Ute ANDRESEN, Iris MANN und Martin WAGENSCHEIN genannt. Sie zeigen Wege, auf denen kindliches Fragen nicht erstickt wird.

Warum werden in der Schule Öffnungsmöglichkeiten wenig erprobt und genutzt? Offene Lernsituationen setzen neben methodischem (also kognitiv erlernbarem) Können eine spezielle Haltung zum Kind voraus. „Offen sein, dem anderen Raum bei mir (in mir) geben", das ist eine Frage meines Vertrauens in den anderen und zu mir selbst. Der Hamburger Pädagoge Hermann SCHWARZ, der hier zitiert ist, nennt drei Öffnungstendenzen als leitend: Offenheit zum Kind, Offenheit zwischen den Kindern und Offenheit zum Leben (SCHWARZ 1989, S. 3). Das schließt in Erziehung und Unterricht hierarchisches Denken, das schließt Machtverhältnisse aus. Das erfordert den Dialog, das Begleiten, das ermöglicht die Begegnung.

4.2. Erziehungsvorstellungen, die von der Würde, der Autonomie und der Verantwortlichkeit des Kindes ausgehen, haben eine lange Tradition.

Nieman kan mit gerten	*Niemand vermag mit Ruten*
kindes zuht beherten.	*Kindes Erziehung zu erzwingen.*
den man z'êren bringen mac,	*Den man zu Ehrenhaftigkeit erziehen kann,*
dem ist ein wort als ein slac.	*dem ist ein Wort wie ein Schlag.*
dem ist ein wort als ein slac,	*dem ist ein Wort wie ein Schlag,*
den man z'êren bringen mac.	*den man zu Ehrenhaftigkeit erziehen kann.*
Kindes zuht beherten	*Kindeserziehung erzwingen*
nieman kan mit gerten.	*kann niemand mit Ruten.*

(Walter von der VOGELWEIDE 1962, S. 66)

Das (erziehungsbedürftige) Kind hat Ehre, soll sie bewahren und entwickeln können – ohne Entwürdigung. Über Jahrhunderte legen Darstellungen in der Literatur und in der bildenden Kunst Zeugnis ab von restriktivem Erziehungshandeln und der Notwendigkeit einer Revision. Dem Bild vom Kind als „unvollständigem Erwachsenen" werden im 20. Jahrhundert andere Sichtweisen hinzugefügt: Spezifisches Anderssein wird anerkannt, das Kind als unverzichtbares Brückenglied in die Zukunft erfährt Würdigung.

Dichter, Philosophen, Psychoanalytiker, Anthropologen legen neue Fundamente für veränderte Positionen. Der libanesische Dichter Khalil GIBRAN (1883 – 1931) schreibt 1926 in diesem Sinne:

Eure Kinder sind nicht eure Kinder.
Sie sind die Söhne und Töchter der Sehnsucht des Lebens nach sich selber.
Sie kommen durch euch, aber nicht von euch,
Und obwohl sie mit euch sind, gehören sie euch doch nicht.
Ihr dürft ihnen eure Liebe geben, aber nicht eure Gedanken,
Denn sie haben ihre eigenen Gedanken.
Ihr dürft ihren Körpern ein Haus geben, aber nicht ihren Seelen,
Denn ihre Seelen wohnen im Haus von morgen, das ihr nicht besuchen könnt, nicht einmal in euren Träumen.
Ihr dürft euch bemühen, wie sie zu sein, aber versucht nicht, sie euch ähnlich zu machen.
Denn das Leben läuft nicht rückwärts, noch verweilt es im Gestern...

(GIBRAN 1987, S. 16f).

Der gleiche Respekt kennzeichnet die Gedanken Martin BUBERS (1878 – 1965). Anläßlich der dritten Internationalen Pädagogischen Konferenz 1925 in Heidelberg hielt Buber mit seiner Rede „Über das Erzieherische" den Hauptvortrag. Er widmete sich insbesondere der „Entfaltung der schöpferischen Kräfte im Kinde" und führte aus:

> *„Das Menschengeschlecht fängt in jeder Stunde an... In dieser Stunde, wie in jeder, (bricht) in die Schichtung des Vorhandenen das noch Ungewesene ein..., mit zehntausend Antlitzen, von denen keines bisher erschaut worden war, mit zehntausend noch ungewordenen, werdebereiten Seelen... Die kommende Geschichte steht nicht schon vom Griffel eines Ablaufgesetzes auf eine Rolle geschrieben, die nur noch aufzurollen ist. Ihre Zeichen werden von den noch unvorhersehbaren Entscheidungen der werdenden Geschlechter mitgeprägt. Unabmeßbar ist der Anteil jedes heute Lebenden, heute Erwachsenden, heute noch Kindhaften daran, gar unabmeßbar der unsere, wenn wir Erzieher sind. Taten der jetzt nahenden Generationen können das graue Gesicht der Menschenerde licht machen, können es verfinstern."* (BUBER 1984, S. 93f).

Aus solchen Worten klingt Ehrfurcht, Achtung. Das schließt Unterwerfung, Machtverhältnisse, die Zuweisung von Objektrollen aus. „Wonach das Kind verlangt, ist der eigene Anteil am Werden der Dinge; es will das Subjekt des Produktionsvorgangs sein." (BUBER 1984, S. 16). Über Erfahrungen im kreativen Prozeß, im Herstellen von Dingen hinaus muß die Erfahrung des Du-Sagens gemacht werden, und zu dieser Erfahrung bringt das Kind „der Trieb nach Verbundenheit." (BUBER 1984, S. 20). „Vertrauen, Vertrauen zur Welt, weil es diesen Menschen (die Mutter; d. Verf.) gibt – das ist das innerliche Werk des erzieherischen Verhältnisses." (BUBER 1984, S. 40). Verbundenheit ist nach Buber der Gegenpol zu Zwang, und für ihn beginnt das Erzieherische (nicht die Erziehung, ein Begriff, den er weitgehend vermeidet!) mit der Erfahrung der Gegenseite, einer Erfahrung, die dem Erzieher den anderen (das Kind) für alle Zeit gegenwärtig macht. „Das erzieherische Verhältnis ist ein rein dialogisches", so lautet BUBERS menschliches Credo (BUBER 1984, S. 40), und „das Grundwort Ich-Du kann nur mit dem ganzen Wesen gesprochen werden." (BUBER 1986, S. 7). BUBER beschreibt das erzieherische Verhältnis als Annäherung, der die Verpflichtung zugrundeliegt, mit dem Verstand und mit dem Herzen zu hören. BUBERS Grundannahme vom Wesen des Erzieherischen, die bestimmt ist von seinem Menschenbild, findet interdisziplinär vielfältig Bestätigung, Unterstützung, Erweiterung.

Im folgenden sollen Positionen der Psychoanalyse, der Pädagogik und der pädagogischen Anthropologie vorgetragen werden, Positionen, deren Beachtung über das Erzieherische hinaus nach Veränderung unterrichtlicher Konzepte verlangt. Ihre Vertreter repräsentieren das weite Spektrum heutiger Diskussion zum Thema Erziehung und Unterricht. Die Auswahl erscheint mir weitgehend repräsentativ.

Carl Rogers

Die Vorstellung des dialogischen Prinzips findet sich bei Carl ROGERS u.a. unter dem Stichwort „Aktives Zuhören". ROGERS beschreibt in seinem Buch „Entwicklung der Persönlichkeit" als Hauptsperre für wechselseitige Kommunikation die verbreitete Tendenz, Aussagen anderer zu beurteilen, zu bewerten, zu billigen oder zu verurteilen. Zum Auflösen von Blockaden empfiehlt ROGERS ein Zuhören ohne Wertung – vom Standpunkt des anderen aus (vgl. ROGERS 1979, S. 322). Als Hindernis einer Kommunikation in Augenhöhe nennt er fehlenden Mut zur eigenen Veränderung und fehlende Empathiefähigkeit.

Schüler Sigmund Freuds

In den zwanziger Jahren unseres Jahrhunderts schufen Schüler von Sigmund FREUD, der den Zusammenhang von Kinderschicksalen und seelischer Krankheit aufgedeckt hatte, die Grundlage für eine psychonanalytische Erziehungswissenschaft. Doch erfolgreiche oder erfolgversprechende Ansätze blieben durch nationalsozialistische Gewalt auf der Strecke.

Horst-Eberhard Richter

Erst viele Jahre nach dem Zweiten Weltkrieg konnte Unterbrochenes fortgesetzt werden. Populärwissenschaftliche Publikationen machten Wissensbefunde der Psychologie einer breiten Öffentlichkeit zugänglich: Defizite nicht von Geburt an, sondern verursacht durch die soziale Umwelt. Zu nennen sind hier: „Eltern, Kind und Neurose" und „Patient Familie" (RICHTER 1969 u. 1970).

Alice Miller

Seit der Veröffentlichung „Das Drama des begabten Kindes" (MILLER 1979) hat Alice MILLER Fragen der Erziehung zum Leitthema ihres Arbeitens gemacht. Die Janusz-Korczak-Preisträgerin erklärt sich aufgrund ihrer Forschungsergebnisse zur Antipädagogin und fordert Begleitung auf dem Weg ins Leben, getragen von Achtung vor dem Kind, Respekt für seine Rechte, Toleranz für seine Gefühle und Bereitschaft, aus seinem Verhalten zu lernen.

Hans Joachim Maaz

In seinen Vorträgen und Aufsätzen ebenso wie in seinem Buch „Der Gefühlsstau. Ein Psychogramm der DDR“ (MAAZ 1991) lehnt MAAZ Erziehung im herkömmlichen Verständnis ab. In seinen Analysen der DDR und ihrer Menschen kommt er zu dem Schluß, daß Erziehung defizitäre gesellschaftliche Verhältnisse zu kompensieren trachtet. „Erziehung muß in der Regel als ein schädigendes Verhalten Erwachsener gegen Kinder angesehen werden.“ Sich einfühlen in die Bedürfnisstruktur der Kinder, sie anregen, ermutigen und das ohne Zwang, das beschreibt MAAZ als Voraussetzung für die Förderung ihres natürlichen Strebens, ihrer Entdeckungsfreude, ihres ursprünglichen Wissensdrangs (vgl. MAAZ 1993).

Heinrich Kupffer

Unter Hinweis auf den konventionellen Bewußtseinsstand in unserer Gesellschaft faßt KUPFFER Erziehung als Angriff auf die Freiheit. „Erziehung (ist) immer Bearbeitung des Schwächeren durch den Stärkeren“ (KUPFFER 1980, S. 49). Der Erzieher darf / soll / muß sich „für den anderen verantwortlich fühlen, was praktisch heißt: Er darf ihn beobachten, ermahnen, gängeln, verändern, schlechtmachen...“ (KUPFFER 1980, S. 48). Nach dem Schulverfassungsgesetz für Berlin liegen die Aufgaben des Lehrers darin, die ihm anvertrauten Schüler zu unterrichten, zu erziehen, zu beurteilen, zu beaufsichtigen (§10). Solche nüchterne Begrifflichkeit ist immer wieder in ihrem Sinngehalt zu durchleuchten und zu definieren, damit sichergestellt ist, daß Erziehung die Eigenheit und die Würde des Kindes schützt.

KUPFFER zielt nicht darauf ab, Pädagogik abzuschaffen, aber er will „ein statisches und unfruchtbares Denken auf dem Erziehungsfeld vermieden“ wissen,... „eine Pädagogik, die planvoll Ziele verfolgt und den Menschen mit Beschlag belegt, die in alle noch freien Nischen schlüpft und den Lebensweg jedes Individuums mit Hinweisschildern umstellt.“ (KUPFFER 1980, S. 13f). Vermieden wissen will er eine scheinliberale Erziehung, die mit Mitteln der Suggestion in Scheinfreiheit Erziehungsziele erreicht und „dem Adressaten die Pädagogik ins Gesicht bläst.“ (KUPFFER 1980, S. 20). Die Zuweisung der Objektrolle des Heranwachsenden und die Entlassung aus dieser Rolle zu einem zu definierenden Zeitpunkt greift KUPFFER auf, wenn er vom „chronisch zu fördernden Menschen“ schreibt, der „immer schon als das lenkungsbedürftige, zu beratende, formbare Objekt“ erscheint (KUPFFER, 1980, S. 25). KUPFFER sieht in solcher Erziehungspraxis die Gefahr, daß der Zeitpunkt des Erwachsenwerdens überspielt wird, daß Verantwortungsbereitschaft und Entscheidungsfähigkeit nicht entwickelt werden können und daß daraus eine lebenslange Anspruchshaltung entsteht: Das Kindsein hört nicht auf. Derartiges unterrichtliches Handeln wird primär am Erfolg, am Ergebnis gemessen. Dazu muß der Prozeß störungsfrei, das Produkt perfekt sein. Hindernisse, Störungen, Irrtümer als Chance, als Lerngelegenheit, als Grundlage von Reflexion und Metakommunikation anzuerkennen, gehört zu den Lernaufgaben von Lehrern und Schülern.

Ekkehard von Braunmühl
Gegen Erziehung, die auf Unterwerfung aufbaut, die den Anspruch vertritt, „andere Menschen in ihrem Grundstrukturen zu formen, ihnen Ziele der Lebensgestaltung, den Kurs fürs Leben zu setzen", wendet sich die Antipädagogik. Sie klassifiziert Erziehung solcher Art ihrem Wesen nach als intolerant, mißtrauisch, totalitär und auf Entselbstung zielend, ... als kinder-, menschen-, lebensfeindlich, als verbrecherisch..." (von BRAUNMÜHL 1988, S. 78).

Antipädagogik stellt die Frage, ob die Erziehungsbedürftigkeit die Voraussetzung oder die Folge von Erziehung sei. Dabei wendet sie sich nicht gegen Bildung und Unterricht. Sie geht von einer Vorstellung vom Lernen aus, bei dem das Kind vom Beginn des Lebens an eine autonome, unverwechselbare Persönlichkeit ist, die im Dialog, in der Kommunikation mit den Eltern und anderen Erwachsenen ihre eigene Erlebniswelt erfahren, gestalten, modifizieren können muß. Grenzen sind dort, wo die Gefühle der anderen kompromittiert werden, wo Abstimmungen erfolgen, Bedürfnisse koordiniert, Kompromisse gefunden werden müssen. Als Voraussetzungen dafür werden eine veränderte Eltern-Kind-Beziehung und eine Verbesserung der Rechtsstellung des Kindes genannt. Der heranwachsende Mensch wird nicht als erziehungs-, wohl aber als lernbedürftig beschrieben. Dabei wird die Subjektrolle betont, die Lernen als aktiven und selbstgesteuerten Prozeß ermöglicht. Antipädagogen gehen davon aus, daß bereits Säuglinge ein Autonomiestreben haben, das mißachtet und unterdrückt wird, daß ihre Bedürfnisstruktur auf Akzeptanz – BUBER spricht vom Trieb nach Verbundenheit – ziele, nicht auf unvorstellbare Sollensforderungen, denen mit Überlegenheit Nachdruck verliehen werde.

Otto Friedrich Bollnow
Aus der Sicht der pädagogischen Anthropologie beschreibt BOLLNOW die Erziehungsbedürftigkeit des Menschen nicht als Defizit, sondern als lebenslange Chance. D.h. die Fragerichtung wird umgedreht: „Welcher besondere Vorzug kommt in der Erziehungsbedürftigkeit zum Ausdruck?" (BOLLNOW 1983, S. 40). BOLLNOW sieht „biologische Konstitution und Kultur als von vornherein einander zugeordnet und als komplementäre Glieder einer Einheit." (BOLLNOW 1983 S. 41). Seine Unvollkommenheit läßt den Menschen zu einem der unendlichen Vervollkommnung fähigen Wesen werden. Erziehung wird in diesem Denken als lebenslang notwendiger Prozeß

nicht auf das Kind / den Heranwachsenden begrenzt: „Wir müssen erkennen, daß der Mensch grundsätzlich und immer erziehungsbedürftig bleibt, weil er sein ganzes Leben hindurch sich zu immer neuen Stufen entwickelt, in denen sich immer neue Aufgaben ergeben." (BOLLNOW 1983, S. 42). Das bedeutet: Über die Generationen hinweg hat Erziehung stattzufinden und findet statt – Erziehung der Jüngeren durch die Älteren und umgekehrt sowie Erziehung unter Gleichaltrigen.

Diese Einschätzung erinnert an die Worte von Erich FROMM: „Die Geburt ist nicht ein augenblickliches Ereignis, sondern ein dauernder Vorgang. Das Ziel des Lebens ist es, ganz geboren zu werden, und seine Tragödie, daß die meisten von uns sterben, bevor sie ganz geboren sind. Zu leben bedeutet, jede Minute geboren zu werden. Der Tod tritt ein, wenn die Geburt aufhört."

Unter Berufung auf HERBART nennt BOLLNOW die „Bildsamkeit" des Menschen als wesentlich für den Erziehungsprozeß. Aber: Bezugnehmend auf geistige Strömungen in den zwanziger Jahren unseres Jahrhunderts (KAFKA, RILKE), auf die Existenzphilosophie, auf Ergebnisse genetischer Forschung wie auch der Psychoanalyse und der Soziologie weist er auf die Polarität des Menschen hin. Das Gute im Menschen, das durch Erziehung freizulegen ist, steht in Polarität zu einem durch Aggressivität, Destruktivität sich äußernden Bösen im Menschen. Innere Gestörtheit, Verstörtheit, Verlassenheit drängen nach außen, führen zu Krisen. Nach BOLLNOW entsprechen solchen „plötzlich und unstetig eingreifenden Ereignissen" unstetige Formen der Erziehung: Ermahnung, Appell, „die schicksalhaft über das ganze spätere Leben entscheidende Begegnung" (BOLLNOW 1983, S. 59f). Existentielle Erfahrungen, einschneidende, bedrohliche Veränderungen, die Härte der Wirklichkeit, die den Erwartungen, Hoffnungen und Wünschen des Menschen nicht entspricht, erfordern ein Sich-Stellen, erfordern Auseinandersetzung, sie machen Begegnung aus, Begegnung als Form der Erziehung. „Der Mensch wird in solchen Begegnungen in seinem innersten Kern auf die Probe gestellt. In ihnen entscheidet sich, was an ihm echt und was unecht ist." (BOLLNOW 1983, S. 61). In dem Film „Der Club der toten Dichter" von Peter WEIR findet in einer Internatsschule mit starren Traditionen Begegnung in diesem Sinne statt. Alles ist plötzlich anders, als der neue Englischlehrer mit Impulskraft und Ausstrahlung die bisher ausschließlichen Rezeptions- und Gedächtnisleistungen der Schüler an die zweite Stelle setzt hinter die Autonomie ihres Denkens und Fühlens, die Lebendigkeit der Phantasie und die Einmaligkeit ihres jugendlichen Empfindens. Die Begegnung ist nicht planbar, sie läßt sich unterrichtlich nicht inszenieren. Mit unerwarteter Kraft trifft sie das Individuum, selten die Gruppe, und veranlaßt zum Umdenken, Umlenken, zur Umkehr.

Die hier vorgelegte Montage von Gedanken und Positionen von Künstlern, Psychologen und Wissenschaftlern, die Komposition von anthropologischen Grundannahmen, die sich gegenseitig ergänzen, vertiefen, kommentieren, hat Verweischarakter. Sie muß unvollständig bleiben, vermittelt jedoch die Deutungsabsicht. Andere Namen, z.B. René SPITZ, Bruno BETTELHEIM, Ruth COHN, Thomas GORDON, wären gleichermaßen belegkräftig für eine Sichtweise, die pädagogisch Verantwortliche sich zu eigen machen müßten.

5. Die Grundschule als Schule der Kindheit ist auf Professionalisierung angewiesen.

Zur Frage nach der Dialektik von Erziehung und Entwicklung gibt Heinrich ROTH in seiner „Pädagogischen Anthropologie“ (ROTH 1976) umfassende, konkrete und interdisziplinär fundierte Antworten. Nach Roth ist das Ziel der Erziehung Mündigkeit, deren Voraussetzungen drei einander bedingende Kompetenzen sind: Sachkompetenz, Sozialkompetenz und Selbstkompetenz. Wie ROTH anhand interdisziplinärer internationaler Forschungsergebnisse belegt, entwickeln diese drei Kompetenzen sich bereits vom Lebensbeginn an. Sie sind im Dialog mit der dinglichen Welt, in der Interaktion mit Menschen und in der Versprachlichung von Welt zu fördern. Von früh an muß der heranwachsende Mensch ausreichend Gelegenheit finden können, verantwortliches Handeln zu üben und einzuüben. Gegen eine Konditionierung durch Erziehung setzt ROTH das Bereithalten von Lerngelegenheiten, in denen über Lernprozesse Erfahrungen gemacht werden können, die den Menschen „zu sich selbst befreien“ (ROTH 1976, S. 227). Welche Konsequenzen zieht ROTH aus diesen Befunden für die Arbeit in der Schule?

ROTH postuliert:

- wissenschaftsorientierte Lernprozesse, die problemlösendes Verhalten und Handeln fördern,
- Aufgabe des Primats gedächtnismäßiger Reproduktion des Gelernten zugunsten der Fähigkeit, Gelerntes in neue, andere Bezüge zu übertragen,
- Vermittlung von Methoden und Verfahren, die Selbständigkeit von Anbeginn fördern – das Lernen lernen.

Gegen die Idee des abwartenden Reifenlassens setzt ROTH die Vorstellung des Lernens durch Lernaktivitäten, die „zum Denken anregen und der intellektuellen Spontaneität geistige Nahrung geben und das Kind neugierig und wißbegierig machen.“ (ROTH 1976, S. 472). Dazu sind Teamfähigkeit, Steigerung der kommunikativen

Fähigkeiten durch Demokratisierung der Lernprozesse, Exemplarizität und Transfereignung der Lerninhalte und Individualisierung Voraussetzung (vgl. ROTH 1976, S. 472ff).

Zur Entwicklung sozialer Kompetenz muß Schule den Ausgleich finden zwischen Leistungsorientierung, Leistungsforderung, Leistungsmotivation einerseits und sozialer Kontaktfähigkeit, Teamarbeit, Kooperation, Einfühlungsfähigkeit, Empathie andererseits (vgl. ROTH 1976, S. 507).

Anthropologische Grundannahmen, die von Egozentrik, Aggressivität, Destruktivität des Menschen ausgehen, befürworten harte Erziehungsformen. Heinrich ROTHS Arbeitsergebnisse zeichnen ein positives Menschenbild. Nach diesem werden Erziehungsmaßnahmen „weniger hemmend, verbietend, strafend, Angst erzeugend sein, sondern mehr ermunternd, erlaubend, lockend, Angst reduzierend" (vgl. ROTH 1976, S. 509). ROTHS didaktische Konsequenzen sind schulische Lernprozesse, die zu sozialen Gruppenprozessen werden durch gemeinsame Arbeit an Experimenten, größeren Unterrichtsvorhaben, Projekten, durch Rollenspiele, Plan- und Simulationsspiele (vgl. ROTH 1976, S. 526). Als untrennbar verbunden mit der Selbstkompetenz nennt ROTH die moralische Entwicklung des Kindes: „Moralische Entwicklungsförderung... ist weitgehend ein Problem der kognitiven Förderung." (ROTH 1976, S. 577). Probleme müssen in größeren Zusammenhängen gesehen werden können, müssen analysiert werden. Ebenso wie BOLLNOW sieht ROTH die Möglichkeiten der Erziehung in „der Begegnung mit dem moralisch signifikanten historischen oder literarischen Modell" (ROTH 1976, S. 578), mit Identifikationsfiguren. Hier ist aus heutiger Sicht an die Wirkung von Persönlichkeiten wie KENNEDY, Albert SCHWEITZER, GORBATSCHOW zu denken. Schon 1975 sieht ROTH die moralische Entwicklungsförderung in den Schulen brachliegen, „weil die notwendige Auseinander-setzung zwischen den Generationen nicht erfolgt. Die Schüler bilden u.a. eine Submoral der Selbstverteidigung gegen für sie scheinbar undurchsichtige Abhängigkeitsverhältnisse im Lernprozeß. Sie bleiben nach ihrer Auffassung im unklaren über die Gründe für die Stoffauswahl, meinen, nicht die wahren Kriterien für die Benotung zu erfahren... Die Lehrer bilden umgekehrt eine Moral der Besserwissenden, die in sich selbst kreist, weil sie nicht einmal in die harte tägliche Konfrontation mit Kollegen gerät..." (ROTH 1976, S. 578).

Schule heute ist auf Professionalisierung angewiesen! Die Lern- und Erziehungsziele, die zu verwirklichen sind, müssen auch für Lehrer gelten. Lehrerprofessionalität setzt ihre Mündigkeit, setzt die drei Kompetenzen in ihnen voraus. Sie baut auf identitätsfördernden Fähigkeiten auf, wie Lothar KRAPPMANN sie zusammenfaßt: Rollendistanz, Empathie, Ambiguitätstoleranz und Identitätsdarstellung (KRAPPMANN 1975). Erst solche Qualifikationen ermöglichen die gebotene Nähe und Distanz im Bezugsfeld Schule, ermöglichen das Aushalten von Antinomien, die Begegnung, das Transparentmachen von Positionen und Entscheidungsprozessen.

Befunde und Perspektiven, wie Heinrich ROTH sie schon vor zwanzig Jahren richtungsweisend formuliert hat, sind ausbaubar, müssen in unterrichtliches Handeln umgesetzt werden. (Auf die vielen weiterführenden Arbeiten der letzten zwanzig Jahre kann hier nicht eingegangen werden.) Das bedeutet jedoch, daß Lehrerprofessionalität sich nicht nur aus der Verwaltung von Unterrichtsfächern herleitet, daß Lehrer mehr sind als Unterrichtsbeamte, die sich über das Beibringen, das Vermitteln, das Belehren, über „ihren" Unterricht definieren.

Lehrer, die die Interdependenz der Individualität des einzelnen Schülers mit seiner Zugehörigkeit zur Gruppe und ihres engeren und weiteren Lebensumfelds anerkennen, finden von dieser Position aus zu Arbeitsformen, wie ROTH sie als didaktische Konsequenzen anthropologischer Forschungsergebnisse nennt (s.o.). Die Koordination von Unterrichtsinhalten mit der Individualität des einzelnen Schülers sowie Lernbedürfnissen der Klasse setzt Diagnosefähigkeit, Lernberatung, Individualisierung, Differenzierung voraus. Sie erfordert ein Methodenrepertoire, das grundlegend und ganzheitlich ist, das über das Verwenden unzusammenhängender Techniken hinausgeht, das Schüler nicht vordergründig sozial konditioniert, sondern sie ihre Verantwortlichkeit erfahren läßt.

Das Spannungsfeld von Unterricht und Erziehung drückt sich aus in der Konfrontation des Individuums Schüler mit der Institution Schule, im Verändern-Wollen und Tradieren, Bewahren, im Unterschied, im Sich-zusammen-Setzen und in der Auseinandersetzung. Diese dialektische Spannung muß ausgehalten, aufgegriffen und im Dialog, in der Begegnung fruchtbar gemacht werden. Wenn „Erwachsene und Heranwachsende sich zueinander in Beziehung setzen" (Bernhard SCHWENK, s.o.), wenn „die notwendige Auseinandersetzung zwischen den Generationen" erfolgt (Heinrich ROTH, s.o.), haben Kinder von heute die Möglichkeit, sich auf ihr Leben von morgen vorzubereiten.

Lehrer brauchen Unterstützung auf diesem Weg. Das Lehrerstudium und die Lehrerfort- und -weiterbildung stehen im Grunde genommen vor derselben Aufgabe wie die Schule. Studenten, Lehramtsanwärter und Lehrer müssen in ihrem eigenen Lernen die Wirkung solcher Prozesse, solcher Umgangsformen, solcher Arbeitsatmosphäre selber handelnd erfahren können, um sie mit Sicherheit und Vertrauen anzuwenden.

Vor welchem Hintergrund stehen solche Gedanken? Das Dilemma von Unterricht und Erziehung liegt gegenwärtig wesentlich in der Strukturkrise des Bildungswesens, die sich zeigt in:

- der Reduzierung der Bildungsaufgaben,
- der Erhöhung der Klassenfrequenzen,
- der Kürzung der Stundentafeln mit Einbußen auch im Bereich musisch-ästhetischer Erziehung,
- einer Vielfalt von Privatisierungstendenzen im schulischen Raum zu Lasten benachteiligter Kinder,
- der vom Wissenschaftsrat empfohlenen Dequalifizierung der Grundschullehrer und der Abschaffung der wissenschaftlichen Lehrerbildung für die Grundschule.

Näheres hierzu stellt RAMSEGER dar: „Gesellschaft im Umbruch. Was wird aus der Grundschule?“ (RAMSEGER 1994). Wir fragen weiter: Wie sollen die Zielvorstellungen der Schule unter solchen Bedingungen eingelöst werden?

Noch ist nicht festgeschrieben, wohin die Grundschule als Schule der Kindheit sich entwickelt. Noch ist zu hoffen, daß Eltern und Lehrer einer restriktiven Bildungspolitik nicht wort- und tatenlos zusehen. Noch gibt es viele Pädagogen, die über ihre tägliche Arbeit hinaus im bildungspolitischen Diskurs Wege aufzeigen und die politisch Verantwortlichen beraten. Noch gibt es Politiker, die Rat suchen.

„Wo die Mächtigen
auf vernünftige Worte hören
dort sind die Klugen
gegeneinander gerecht
dort schwimmen die Steine
und retten ertrinkende Fische
dort können die Alten
und Jungen einander verstehn“

Erich FRIED: Inschrift (FRIED 1963, S. 144).

Helga Meißner

Was wissen wir über Allgemeinbildung und Multikulturalität?

1. Annäherung an das Thema

Die immense Inhaltlichkeit und die Fragen vernehmend, wäre sicher zu wünschen, das Ziel anzustreben: „Dein Ausdrucksziel sei: Das Knappere. Der Inhalt: „Aude sapere!“ (Wage es, weise zu sein!)“.

Angesichts der Fülle von Erfindungen, Akkumulationen, des Austausches und der Anpassungen (vgl. OGBURN 1969), womit Kultur beschrieben sei, ein fernes Ziel, ist doch die Vortragende reichlich unfertig und hat Schwierigkeiten, eine angemessene Auslese zu treffen. Gleichwohl gehören Unfertigsein, Weltoffenheit und Bewegung zum Wesen des Menschen (vgl. GEHLEN 1958, S. 22), sind Kennzeichen von Allgemeinbildung und Multikulturalität.

Zum „Stil“ des Menschen gehöre das Handeln. Ein so verfaßtes Wesen wie der Mensch sei nur als handelndes lebensfähig, er werde sich „selbst Zweck und Ziel der Bearbeitung“ (vgl. HERDER, in: GEHLEN 1958, S. 34).

Weltoffen sei der Mensch, nicht festgestellt, Leben werde zur Aufgabe und auch Belastung durch vielfältige Situationen. Durch produktive Akte und Symbolisierungen ist es dem Menschen möglich, sich zu entlasten von Situationsdruck und Lebensdienliches zu erarbeiten. Kultur ist dann der Inbegriff der von Menschen spielend und arbeitend, bewältigten, veränderten und verwerteten Bedingungen (vgl. LIPPE 1987), die Orientierung und Distanz schaffen. Obwohl Unmittelbarkeit ein Faktum ist, ist zugleich vonnöten, den „Bannkreis der Unmittelbarkeit“ (vgl. LIPPE 1987) zu überwinden in Prozessen, die beschrieben werden durch Situationen und die Haltung, den Habitus beteiligter Personen. So formen und formulieren Menschen Entlastungs- und Veränderungssysteme in einer grundsätzlichen Einheit von Erfahren, Wissen und Miteinanderleben.

Zum Gescheitwerden sollen uns die Wissenschaften verhelfen, besonders hic et nunc, an einem Ort, an dem die Menschheitsfragen Inhalt der Erziehungswissenschaften sind.

„Die Wissenschaften blühn, die Geister regen sich, es ist eine Lust zu leben." (vgl. KAUTSKY 1888, S. 4), rief Ulrich von HUTTEN schon im 16. Jahrhundert aus, im tiefen Vertrauen auf die Wissenschaften.

Anzunehmen wäre, hier würden Ergebnisse der „Lust" an den Wissenschaften im Dienste der Menschen – und auch des eigenen Selbst und der anderen Beteiligten – an den Beginn der Ausführungen um Allgemeinbildung und Multikulturalität gestellt, auf daß in wohlbesonnenen Abwägungen, in Thesen und Antithesen, Definitionen gar, sich die Begrifflichkeit kläre.

Erwartungsgemäß mag das so sein, doch der Erwartung wird nicht entsprochen.

2. Etymologische Recherche

Da Bildung und Kultur von Menschen abhängig sind, sich im Zusammenwirken von Situation und Haltung der beteiligten Menschen ereignen und somit auch in der Sprache leben und wirken, sei hier die Begrifflichkeit zunächst von seiten der Sprache eingekreist, die sinnhaftes Erkennen möglich machen könnte. Zuvor ist festzustellen, daß die Reflexionen der Erziehungswissenschaftler über eine zeitgemäße Auslegung des Begriffs Allgemeinbildung „zur Zeit noch nicht bündelungsfähig seien" und auch die Vertreter außerschulischer Interessengruppen in ihren Ansprüchen an Allgemeinbildung „weder untereinander einig (...) noch (...) ihre Argumente für Pädagogen hinreichend überzeugend" (SCHULZE 1989, S. 17) seien.

Diese Aussage erfolgte 1989, indessen gibt es weitreichendere Aussagen, trotzdem zur Etymologie:

Das Wort „allgemein" – so heißt es im Herkunftswörterbuch der deutschen Sprache, dem Duden Band 7 (1963, S. 19) – meine „ausgewachsen, vollständig, gesamt". Man findet die Silbe „all" in „Allgewalt" und „Allgegenwart", in „allmächtig" und in „Weltall". Die Bedeutung von „alle" im Sinne von „nicht mehr vorhanden", „zu Ende" oder „allesein", „allewerden", „allemachen" beruht wahrscheinlich auf Ellipse, d.h. „alle sein" steht für „alles verbraucht".

Zu „gemein“ steht „gemeinsam“, ein Begriff, dem gemeinschaftlich innewohnt. Dic indogermanische Wurzel „mei“ verweise auf tauschen/ wechseln und bedeute „mehreren abwechselnd zukommen“, woraus sich die zuerst genannte Bedeutung „gemeinsam“, gemeinschaftlich, allgemein“ entwickelte. Da nun das, was vielen gemeinsam ist – diese Tendenz ist zu beobachten – sich abnutzt, nicht wertvoll sein kann, erlangte das Wort den Nebensinn von „unheilig, alltäglich, gewöhnlich, roh und niederträchtig“.

Zu folgern wäre: „allgemein“ kommt in Auseinandersetzung mit Gegenwart, Wahrnehmung zustande, mit Wechsel und Auswahl aus Vielheit; gemeinsam, vieles betrachtend, erhalte sowohl eine Mächtigkeit/ Gewalt wie in der Bewegung, im Gebrauch den Verbrauch.

Verdichtend – und hoffentlich nicht verwirrend – erinnern wir an den überall und überaus hilfreichen GOETHE:

> *„Was ist das Allgemeine?*
> *Der einzelne Fall.*
> *Was ist das Besondere?*
> *Millionen Fälle.“*

Zum Wort „Bildung“:
„Bildung“ enthält im Mittelhochdeutschen „Bilde, Bild, Gestalt“ und die Wurzel „heil“, „Wunderkraft“, die in der Bedeutung „Gestalt“, die offenbar hier mit Wundersamen in Verbindung ist, weiterlebt.

„Bilden“ wird also als „einer Sache Gestalt und Wesen geben“ bezeichnet, zunächst bezogen auf handwerkliche und künstlerische Arbeit, also auf Arbeit.

Als pädagogische Begriffe treten „bilden“ und „Bildung“ erst im 18. Jahrhundert auf, vorbereitet durch die mittelalterliche Mystik, in der „ein-“ und „ausbilden“ Schlüsselbegriffe waren.

Menschen bilden sich, sie werden gebildet in Auseinandersetzung mit ihrer Umgebung und Vergangenheit. Selbst das Partizip „gebildet“ mit Adjektivqualität verweist auf das bewegende Verb „bilden“, ein wunderschönes, wundersames Verb, Verb heißt Wort, hier haben wir es mit dem Wort der Wörter zu tun.

„Bilden“ führt weiterhin zu Einbildungskraft – vis imaginationis –, zu Einbildungen, eingebildet, Bildungsbereichen, Bildungspolitik, Bildungslücke, Bildungsnotstand. Klar wird, daß Bildung und Einbildung – immer gibt es das andere – auch zu einer

Erstarrung der Möglichkeiten werden können. So schreibt Robert MUSIL: „Jede Ordnung ist irgendwie absurd und wachsfigurenhaft, wenn man sie zu ernst nimmt, jedes Ding ist ein erstarrter Fall seiner Möglichkeiten." (MUSIL 1952, S. 1369).

Da „allgemein" und „bilden" sich in Wahrnehmung und Dialog mit vielen und anderen vollziehen, schauen wir auf die Begrifflichkeit „multi"/„Multi". Diese Form von „multum" mit der Bedeutung „viel"/„viele" ist ein nur in Zusammensetzungen auftretendes Bestimmungswort; es ist im deutschen Sprachraum nur in Verknüpfung, Verbindung, Zeichen von Wirklichkeit, dazu folgende Sammlung: multidimensional; vielschichtig; multidisziplinär: viele Disziplinen umfassend und betreffend; multifaktoriell: durch viele Einflüsse bedingt; multifunktional: vielen Funktionen gerecht werdend, viele Bedürfnisse befriedigend; multilinear: in verschiedenen Richtungen verlaufend; multilingual: zwei oder mehr Sprachen betreffend; multimedial: die Verwendung verschiedener Medien betreffend, viele Medien betreffend, berücksichtigend, für viele Medien bestimmt, aus vielen Medien bestehend; multipel: vielfältig; multiplex: vielfältig; multivalent: mehrwertig, vielwertig (vgl. DUDEN, Fremdwörterbuch 1974, S. 480).

Das Fazit der etymologischen Recherche mag sein: Allgemeinbildung, Bildung, Kultur und Multikulturalität haben gerade nicht allein Wissen, einen Vorrat zum Inhalt; sie sind gekennzeichnet durch Bewegung, Beweggrund, Begründung, Dialog und Verknüpfung, durch Gerichtetheit, Intensität, durch Interesse und deren Ausdrucksformen, durch ein Movens in Motiven. Allgemeinbildung und Multikulturalität enthalten also eine Vielzahl von Möglichkeiten, die in der Anwendung ihren Sinn erfahren und Suchen beinhalten.

3. Das Wesen von Allgemeinbildung und Multikulturalität

Allgemeinbildung ist entsprechend dem Gesagten mit den 80er Jahren zu einem Suchbegriff geworden, da Grenzüberschreitungen in vielfältigen Prozessen evident werden und somit die Wertigkeit von Überlieferungen hinterfragt werden mußte und muß. Wenn Allgemeinbildung Bewegung und Grenzüberschreitung ist, müssen Spezialisierungen, Vorratsdenken und Besitzdenken, welches zu häufig noch mit der Begrifflichkeit verbunden ist, Grenzen haben. So werden Relativität und Relationen betont, das zu Erschließende wird Thema und damit eine Besinnung auf die vielen Ausdrucksmöglichkeiten des Menschen, ihre vielfältige und auch subjektive Produktivität angeregt.

Wenn Bildung sich in einer individuellen Lebensgeschichte ereignet, vollzieht sie sich doch in einer kollektiven Geschichte. Allgemeinbildung muß also ihrem Anspruch gemäß – zumal in heutiger Zeit – den Gegebenheiten entsprechend Partikulares vereinen, grenzüberschreitend, universal sein, d.h. sie muß Verständigung, Vermittlung mehr zu ihrem Inhalt machen als je zuvor und die sozialen Funktionen in den Mittelpunkt rücken.

Dieser Sachzusammenhang der Allgemeinbildung ist Thema von Pädagogik, Philosophie und institutionellen Arrangements – heute würde man Bildungspolitik sagen – seit Jahrhunderten. Das Prinzip Hoffnung, diese zu erstreben, äußert sich in Aussagen, Forderungen, Zielsetzungen, als optima omnia, als ein Wunsch, als gutes Omen.

Die Dimensionen des Allgemeinen im Zusammenhang mit der Spurensuche nach Allgemeinbildung formulierte Johann Amos COMENIUS wie bekannt als Omnes omnia omnino. Zu fragen ist, ob dieser vermeintlich leicht lesbare Text sich nicht interpretatorisch erweitern ließe. Er ist überliefert als: „Alle Menschen durch das Ganze von Grund auf“ (vgl. KLAFKI 1985, S. 15). Ergänzen möchten wir die Inhaltlichkeit von omnino mit Hilfe des lateinisch-deutschen Wörterbuches von K.E. GEORGE, Leipzig 1985 (S. 1767). Dort finden wir zu omnino:

> *„I. Zur Bezeichnung der weitesten Ausdehnung eines Zustandes: im ganzen, in allen, gänzlich, ganz, überhaupt;*
> *a) wenn man vom einzelnen zum ganzen übergeht, überhaupt im allgemeinen;*
> *b) wenn eine Steigerung der Begriffe stattfindet, überhaupt nur, sogar nur;*
> *c) bei Zahlen, überhaupt, im ganzen, in allem;*
> *II. Zur Bezeichnung des höchsten Grades eines Zustandes oder einer Eigenschaft: gänzlich, ganz und gar, durchaus, in jeder Hinsicht vollständig;*
> *III. Zur Bezeichnung der allgemeinen Gültigkeit einer Aussage: überhaupt, allerdings."* (GEORGE 1985, S. 1767)

Ante omnia, vor allen Dingen, könnte man die Interpretation erweitern, nicht um das Gegenteil alia omnia zu erreichen, aber in dem Sinne: auf guter Interpretation beruht alles.

In der Übersetzung „von Grund auf“ fehlt mir die auch wichtige – wohl gemeinte – Aussage von „in jeder Hinsicht“, die in dem Synonym von omnino, omnibus rebus: auf alle mögliche Weise, enthalten ist, womit ich auf Verfahren verweise.

Hervorgehoben sei außerdem: quod autem sine sensu sit: was aber nicht in der Empfindung wäre, erreicht uns letztlich nicht – id nihil ad nos partinere omnino.

Soviel zum Habitus des Menschen und der Allgemeinbildung, die also – conclusio – sogenannte Multikulturalität umfassen.

4. Herausforderungen an die Schule durch das Zusammentreffen von Menschen verschiedener Herkunft

Von Multikulturalität kann bei gleichzeitiger Existenz eines weiten Kulturbegriffs nur sehr zurückhaltend gesprochen werden, sie kann allenfalls als Beschreibung einer Zuständlichkeit im Verlauf einer sich wandelnden gesellschaftlichen Situation prozeßorientiert Geltung haben.

So ist Multikulturalität auch eine Folge von Migrationsprozessen und Zeichen der Gesellschaft. Dagegen könnte interkulturelle Erziehung auf die dauerhafte Koexistenz kulturell bzw. ethnisch heterogener Bevölkerungsgruppen einschließlich der daraus folgenden Interaktionsprozesse bezogen werden (vgl. NIEKRAWITZ 1991).

Zu beachten ist also – wie aus dem Gesagten hervorgegangen sein möge –, „daß es vielleicht kein einziges „ausländer"-typisches pädagogisches Problem geben könne, das nicht auch innerhalb des kategorialen und begrifflichen Rahmens der nichtausländer-thematischen Pädagogik hinreichend und zugänglich erörtert werden könnte." (RUHLOFF 1991, S. 32).

So dürfte es Territorialismus in der Bildung – in der Allgemeinbildung zumal – nicht geben, da die Bedürfnisse, Aufgaben und Ansprüche des Menschenwesens grundsätzlich gleich, wenn auch von unterschiedlichen Interessenlagen bestimmt sind. Ist aber die Gesellschaft wie derzeitig kulturell durch Multikulturalität und ebenso Subkulturalität besonders gekennzeichnet, müssen Gesellschaft und Schule dieser Tatsache Rechnung tragen. Schließlich könne sich am Orte Schule erweisen, was es bedeutet, wenn täglich Menschen verschiedener Daseinsweise, verschiedenen Geschlechts, unterschiedlicher Traditionen und Lebensformen, auch Kulturen, zusammenkämen. Hinzuzufügen ist, daß den an Schule Beteiligten der Blick auf die Vielfalt des Kulturellen, auf unterschiedliche Prozesse und Individuen nicht fremd sein dürfte.

Kinder kommen zunächst meist als Fremde, Unbekannte, andere zwangsweise in die Schule. Manche unterscheiden zudem dennoch „unsere Kinder" und „anderer Leute Kinder", die „Kinder der Fremden" (vgl. ELSCHENBROICH/ MÜLLER 1981). In dieser Situation, begleitet von vielfältigen Begründungszusammenhängen, auch von professionseigenen Spezialisierungsprozessen, konnte sich interkulturelle Pädagogik, zuvor „Ausländerpädagogik", zuvor „Gastarbeiterpädagogik" genannt, etablieren.

Nunmehr wird betont – und daran ist zu arbeiten –, daß interkulturelle Pädagogik und Erziehung sich auf alle Menschen – Kinder und Jugendliche eingeschlossen – bezöge, da sie auf einem erweiterten Kulturbegriff basiere und möglichst alle Aspekte kollektiven Zusammenlebens sowohl auf der konkret-materiellen wie auch der abstrakt-ideellen Ebene unter Kultur fasse. Für education in a society sollte der FOSTERsche Satz gelten: „Only connect!" Von diesen Worten mit Satzqualität sagt der englische Erzähler selbst, es seien die wichtigsten Wörter, die er je geschrieben habe.

Auch ist zu beobachten, daß in einer kleiner werdenden Welt, in der die Bedürfnisse der Menschen verschiedener Kulturen, Überzeugungen und Gesinnungen aufeinandertreffen, zugleich die selbstverständlichen Wünsche nach Einsicht in Zusammenhänge und nach Verbundenheit wachsen und entsprechend eo ipso begründete Konsequenzen intensiver gefordert werden, in dem Sinne: Jede Schule sei eine internationale Schule.

Da alle Kinder in deutschen Landen in die Allgemeinbildende Schule gehen, deren Aufgabe es ist, „alle wertvollen Anlagen der Kinder und Jugendlichen zur vollen Entfaltung zu bringen, und ihnen ein Höchstmaß an Urteilskraft, gründliches Wissen und Können zu vermitteln (§1 Schulgesetz für Berlin), müßte jede Schule eine internationale Schule sein. Zu fragen ist, ob eine Allgemeinbildende Schule nicht gleichzeitig eine internationale Schule ist, ob die Formel „internationale Schule" nicht eine Tautologie ist.

Schließlich erfordern die Tatsachen heutigen Lebens eine Balance zwischen lokalem, regionalem und globalem Denken. Diesen Zusammenhang hat jüngst Al GORE in seinem „Marshallplan für die Erde" (GORE 1994) als „focus of attention" eindringlich dargestellt und zugleich die Bedeutung einer allgemeinen Bildung beschrieben, die letzlich Urteilskraft und Entscheidungsfähigkeit anstrebt.

5. Tradierte Konzepte und aktuelle Wandlung von Allgemeinbildung

Erörterungen um „Allgemeinbildung" im eigentlichen Sinne und als Gedankengebäude, mit Fragen nach dem Wesen des Menschen und seiner Lern- und Gestaltungsfähigkeit, mit Fragen nach dem zu Überliefernden sind jahrhundertealt; sie erhielten Aufschwung zu Beginn der Neuzeit: auf COMENIUS wurde verwiesen, Thomas MORUS ist zu nennen. Die Neu-Humanisten HERDER, HUMBOLDT, SCHLEIERMACHER widmen sich intensiv Fragen der Bildung, der Menschwerdung, vollständiger oder allgemeiner Menschenbildung für alle, an öffentlichen Schulen.

Allgemeinbildung wird das, was an öffentlichen Schulen gelehrt wird; Alphabetisierung wächst zu Ungunsten allgemeiner, außerschulischer Einflüsse; Literalität, orale Überlieferungen, Zeichenverständnisse schwinden im gleichen Maße wie Wissenschaftsorientierung, Spezialisierung, Fächerung, kognitive Ausrichtung, Formalisierung und Hierarchisierung zunehmen. Allgemeinbildung omnes omnia omnino omnibus rebus werden zur Fata Morgana, Halb- oder Nichtbildung werden beklagt, die „humane Schule" wird wieder zum bewegenden Motiv des Nachdenkens, die Erkenntnis wächst in heutiger Zeit, daß Inhaltlichkeiten andernorts erfahren werden können und LehrerInnen nicht die einzigen Vermittler sind. Auch werden die Suche nach Inhalten für Kopf, Herz und Hand, Sinnenbewußtsein, Handeln, Verantwortung und Freude angemahnt.

6. Bildungstheorie und Allgemeinbildung: Klafkis Position zum Thema

In der gegenwärtigen Diskussion wird zwischen Allgemeinwissen, Allgemeinbildung und allgemeiner Bildung unterschieden. In „Konturen eines neuen Allgemeinbildungskonzeptes" sieht Wolfgang KLAFKI das „Allgemeine" allgemeiner Bildung als „Möglichkeit und Anspruch aller Menschen" (KLAFKI 1985, S. 12ff.). Sie sei bezogen auf Ziele, die im „Insgesamt der menschlichen Möglichkeiten, sofern sie mit der Selbstbestimmung und der Entwicklung aller anderen Menschen vereinbar sind", liegen (KLAFKI 1985, S. 12ff.). Sie habe also allgemeine Wertfragen zu stellen, und schließlich äußere sich das Allgemeine darin, daß „Bildung sich zentral im Medium des Allgemeinen vollzieht oder vollziehen solle, d.h. in der Auseinandersetzung mit dem die Menschen gemeinsam Angehenden" (KLAFKI 1985, S. 12ff.).

Der bisherige Bildungskanon der Schule als Ansammlung von Kulturinhalten, die zu vermitteln für wert erachtet würden, sei zu ersetzen durch die zentralen Probleme der Gegenwart. Gleichwohl steht die allseitige Bildung des Erziehungssubjektes im Mittelpunkt (Kopf, Herz und Hand), allen jungen Menschen sei Allseitigkeit zu ermöglichen, auf Gesinnung und Verantwortung abzuzielen, Allgemeinbildung müsse heute Grundzüge internationaler Erziehung tragen (vgl. KLAFKI 1993, S. 21ff.).

Dazu schlägt KLAFKI vor, daß in den Lehrplänen aller Schulen international bedeutsame Themen festzulegen seien, die der jeweiligen Entwicklung gemäß fortzuschreiben wären, und „epochaltypische Schlüsselprobleme der modernen Welt (...) müßten den gemeinsamen inhaltlichen Kern internationaler Erziehung bilden." (vgl. KLAFKI 1993, S. 21ff.). Das Verständnis von Bildung als Allgemeinbildung wird wie folgt beschrieben:

1. Bildung werde als selbsttätig erarbeiteter und personal verantworteter Zusammenhang folgender Grundfähigkeiten verstanden: als Fähigkeit zu Selbstbestimmung, als Mitbestimmungsfähigkeit; als Solidarfähigkeit;
2. Bildung sei demokratisch, Bildung für alle. Sie müsse einen verbindlichen Kern haben, um Bildung im Medium des Allgemeinen zu sein. Der Horizont sei Welt-Horizont. Sie müsse sich in allen Grunddimensionen vollziehen: der kognitiven Möglichkeiten, der handwerklich-technischen Produktivität, der Sozialität der Menschen, der ästhetischen Wahrnehmungs- und Gestaltungsmöglichkeiten, der ethischen und politischen Entscheidungs- und Handlungsfähigkeit.

Schlüsselprobleme der Menschheit seien:
1. Krieg und Frieden;
2. Sinn und Problematik des Nationalitätenprinzips, des Kulturprinzips und der Interkulturalität;
3. die Umweltfrage und ökologische Fragen;
4. Wachstum der Weltbevölkerung;
5. gesellschaftliche produzierte Ungleichheit;
6. Gefahren und Möglichkeiten der neuen technischen Steuerungs-, Informations- und Kommunikationsmöglichkeiten;
7. die Subjektivität des einzelnen und das Phänomen der Ich-Du-Beziehungen.

Bei der exemplarischen, fächerübergreifenden Bearbeitung der Schlüsselthemen ginge es auch um die Aneignung von Einstellungen und Fähigkeiten, die über die Schlüsselthemen hinausreichen: Kritikbereitschaft, Argumentationsbereitschaft und -fähigkeit, Empathie, Standortwechsel, vernetztes Denken.

Eine Denkhaltung sei zu erstreben, die Folgen bedenke. Sowohl der „Problemunterricht" als auch der übrige Unterricht müsse nach Unterrichtsprinzipien gestaltet werden als da sind: exemplarisches Lernen, medienorientiertes Lernen, handlungsorientierter Unterricht.

Der pädagogische Bezug zu jungen Menschen erfordere Kontinuität und Überschaubarkeit der Klassengröße. Auch müsse auf die Mehrdimensionalität menschlicher Aktivität und Rezeptivität abgezielt werden, Freizeitbeziehungen müßten in den Blick kommen und Berufsfeldbezüge gesehen werden. Und schließlich betont KLAFKI abschließend, sein „Beitrag mußte freilich fragmentarisch bleiben" (vgl. KLAFKI 1993, S. 27): So könne die Revision des Leistungsverständnisses, die Kritik an der Wissenschaftorientierung des Unterrichts und die Frage nach der Vermittlung und Sicherung von Grundkenntnissen nur gestreift oder indirekt angesprochen werden. Der Ort, an dem Bildungsreform konkret erfolgt oder aber mißlingt, sei die Schule. Empfohlen wird der Mut zu kleinen Schritten auf dem Wege der Allgemeinen Bildung mit der Perspektive: internationale Erziehung.

Mit Verwunderung könnte man feststellen, daß diese Position keine grundsätzliche Revisison des Zugangs zur Allgemeinbildung verdeutlicht. Multikulturelle Strukturen bedürfen einer Veränderung heutiger Denkmuster. Zu fragen ist, ob „Schlüsselthemen“, die zwar als Hilfskonstruktionen gedacht sind, nicht Gefahr laufen, statisch zu werden durch die Fiktion zu durchlaufender, meßbarer Gebiete und Strecken.

Vergegenwärtigen wir uns, daß Bewegung auch zur „Strecke gebracht“ (zur LIPPE 1987, S. 18) werden kann. Inhalte werden zu relevant gesetzt, letztlich doch stark der kognitiven Bearbeitung anheim gegeben; auf den alten Propf kommt ein neuer, „internationale Erziehung“ genannt. Vermißt wird hier auch ein Plädoyer für die Erstsprache (Muttersprache) der Kinder ohne die Bildung als Fähigkeit der Selbstbestimmungs-, bzw. Mitbestimmungs- und Solidaritätsfähigkeit schwer denkbar ist. Zu fragen ist, wie geurteilt, entschieden, gehandelt werden kann, wenn Möglichkeiten der Sprachverwendung prinzipiell ausgeschlossen sind.

7. Alternative Vorstellungen zu Klafki aus philosophischer Sicht

Bedenken wir die Auswirkungen dieser „Schlüsselprobleme der Menschheit“ in Verbindung mit Problemen der Menschen, die jeweilig auch wesentliche, jeweils andere, individuelle Situationen betreffen, die jetzt bereits bekannte Auswirkungen haben, die zur Sorge und Fürsorge ebenso Anlaß geben wie zum Entwickeln von Strategien und verantwortlichem Handeln.

„Bewältigungsstrategien deutscher und ausländischer Jugendlicher“ ist ein Beitrag in der Zeitschrift für Sozialisationsforschung und Erziehungssoziologie (JUVENTA, 1. VJ. 1994) benannt. Welche Probleme junge Menschen auf der Suche nach Identität haben, wie hoch Belastungen und der Anspruch nach Bewältigungen ist, wird hier in einer Pilotstudie an 110 Jugendlichen dargestellt. Festgestellt wird, daß objektiv erkennbare Belastungen Realität sind: Trennungen, der Widerspruch von Traditionen und Werten, Beziehungslosigkeiten, Rückkehrillusionen und -ängste, Krieg, Verfolgung, Arbeitslosigkeit, Verlust von Bindungen und gleichzeitig von der eigentlichen Befindlichkeit losgelöste Bildungsanforderungen, das Defizit in Bereichen verbaler und emotionaler Auseinandersetzung, fortwährender Bedürfnisaufschub, Diskriminierungserfahrungen, weil das eigenen Schicksal schicksalhaft kein Argument ist. Kennzeichen der Situation in der Schule sind oft Anonymität, Stereotypen, Langeweile und Desinteresse. Weil Lebensqualität und Lebenssehnsucht so auseinanderklaffen, gibt es die Notwendigkeit, sowohl Belastungs- als auch Bewältigungsparadigmen zu erforschen.

Es geht um das Erkennen der verschränkten Belastungs- und Bewältigungsstrategien von Menschen in einer widersprüchlichen Wirklichkeit und um die Erforschung der „every day hassles“ von Kindern und Jugendlichen. Das Dilemma von Ansprüchen und Wirklichkeiten wird thematisiert von LAZARUS u.a. (1974), die Problemlösungen beschreiben als „problem solving efforts by an individual when the demands he/she faces are highly relevant to his/her welfare“.

Kinder von Menschen, die wir als Migranten bezeichnen, sind wie alle Kinder, diese aber in besonderem Maße, unterschiedlichen Sozialisationseinflüssen, Ungleichzeitigkeiten und Erfahrungen, prinzipieller und faktischer Unsicherheit und Sprachlosigkeit ausgesetzt, die auf das Individuum bezogen zu erhellen sind. Also ist zu fragen, welche Bewältigungsstrategien die Schule für Kinder und Jugendliche bereitzustellen hat, um zum konstruktiven Umgang mit aktuellen und spezifischen Lebenslagen beizutragen und so den Weg zur Bewältigung internationaler allgemeiner Schlüsselprobleme gangbar zu machen.

In Schulen ist gegenwärtig ein Prozeß im Gange, in dem die Beteiligten an Schule diese zunehmend als Teil von Kultur begreifen, als Leben, das sich im Materiellen, auf dem Gebiet der Moral, in der Entwicklung des Geistes und des Künstlerischen, insgesamt in jedwedem Inhalt, in unzähligen Facetten widerspiegelt.

Zu beobachten ist die Tendenz, Kultur sowohl als „Insgesamt von Leben“ zu sehen, als auch die Thematik von Kultur dergestalt zu betrachten, daß sie ein Mischungsthema per se darstellt, die sogenannte Interkulturalität eine Selbstverständlichkeit, d.h. der Kultur immanent ist.

> *„Auf dem Grande Place in Brüssel braucht man sich nur einmal umzudrehen und man hat ein Halbjahrtausend Überzeugungen. Kein anderer Platz, der wie dieser mit Fassaden und Giebeln prunkt und unter goldener Fortuna das unbeschädigte Bild flandrischer Stadtkultur überliefert (nur wer sich erinnert oder nachgelesen hat, weiß, hier regierten Burgunder, Habsburger, Spanier, Franzosen, Österreicher und wieder Franzosen, hier war einmal der Niederlande Hauptstadt, dies alles ging nicht ohne Krieg und Brand, auch nicht in den jüngsten anderthalb Jahrhunderten des belgischen Königreiches). Einmal nur den Kopf gewendet: und hinten, über gotischen Türmen und Giebeln steht die Skyline der neuen Euro-Architektur am Brüs-*

seler Himmel, sie verkleinert das prachtvolle Geviert des Grande Place zur Oase.“ (GYÖRY 1981)

So findet die im Titel dieses Beitrags anklingende und oft expressis verbis gestellte Frage: Wie wird man ein Europäer oder Weltbürger? mit Cees NOOTEBOOMS Worten ihre lapidare Antwort: „Indem man einer ist, und zwar an vielen Schauplätzen“ – auch in unserer Stadt.

Deutlich sollte werden, daß Kulturvermittlung und Kulturerwerb mit dem Ziel Allgemeinbildung als Information wenig ist, wenn nicht die Sensibilität hinzukommt für das, was menschliche Kultur vor allem ist, nämlich der friedliche Umgang untereinander und der Diskurs, zu dem Zeichen anregen. Wohl wissend: „Die Welt ist dem Menschen zwiefältig nach seiner zwiefältigen Haltung. Die Haltung des Menschen ist zwiefältig nach der Zwiefalt der Grundworte, die er sprechen kann. Die Grundworte sind nicht Einzelworte, sondern Wortpaare.“ Das eine Grundwort ist das Wortpaar Ich und Du. Das andere Wortpaar ist das Wortpaar Ich und Es (BUBER 1979, S. 7).

Zu folgern ist: Subjektivität kann kreativ sein und demzufolge auch ästhetische Welterkenntnis. Das Ich ist auch in seinem scheinbar kontemplativ zuschauenden (rezeptiv-theoretischen) Verhalten schöpferisch aktiv, denn es verfügt über ein genuin produktives Moment der Wahrnehmung. So erschien schon LEIBNIZ das Bewußtsein als ein „Abzwecken von der Allgemeinheit“, begrenzt durch Maßgabe intuitiver Evidenz und die individuellen Gegebenheiten (vgl. LEIBNIZ 1982, S. 37, zit. nach DÖHRING 1992).

Veränderungen können nur eintreten, wenn etwas der Aufmerksamkeit des Bewußtseins relevant ist: „Das: Ich denke, drückt den Aktus aus, mein Dasein zu bestimmen.“ (KANT 1905, S. 190, zit. n. DÖHRING 1992, S. 67).

Das Dasein ist also gegeben, aber die Art, es zu bestimmen, das Mannigfaltige in mir selbst, zu anderem, auch zu demselben Gehörigen zu sehen, nicht. Dazu verhilft nur die Ausrichtung der Aufmerksamkeit, eine isolierte Absicht des Ich, das auf bestimmte und bewußte Zuständlichkeiten seiner selbst aufmerksam und darum von Inhalten und Vorgängen, die zur Zeit relevant sind, absieht. Das: „Ich denke“ schließt eine a priori mögliche Verknüpfungsleistung ein, jedoch nicht in beliebiger Hinsicht. Orientierung durch die vollzogene Einheit von Ansehen und Absehen ist möglich, aber nur subjektabhängig. Subjektunabhängige Realitäten führen nicht zu attentio und nicht zu abstractio, da sie pragmatischer Plausibilität für den einzelnen entbehren, wenn ein Zusammenhang mit dem Wirklichen, nach den Bedingungen der Erfahrungen des Menschen nicht ersichtlich ist.

Explizite Inhalte und Kategorien im Rahmen von Allgemeinbildung, Bildung und Kultur können also als eine „Physik der Macht", als Finitisierungsversuche zur Tilgung von Fraglichkeiten gelten, ja um der Tilgung von Fraglichkeiten willen eingesetzt werden, Ansinnen ohne Gewähr auf Bewährung in Korrelationen und Situationen sein.

Wir haben in Schule einen starken Rationalitätsbegriff anzustreben, der darin bestehen muß, daß jemand sich mit einer Prinzipienmenge identifiziert, nicht nur, weil er es will, auch nicht, weil es faktische Normen sind, sondern weil es in seinem wirklichen Interesse ist, was immer das heißen mag.

Rational zu sein, bedeutet demnach, danach zu streben, in den gegebenen Umständen das Bestmögliche wohlbegründet zu tun. Damit wird auch ein Motiv genannt, warum es für jeden gut oder nützlich ist, rational zu sein. Das wohlbegründete Eigeninteresse verweist zugleich auf den Diskurs mit anderen, schließt Reflektion, Dialog mit sich selbst ein. Dies sei eine bessere Methode als alle anderen, seine eigenen Ziele und Vorstellungen zu verwirklichen (vgl. GOSEPATH 1992).

So wäre Bildung möglich, die ein veränderbares Verknüpfungsresultat ist, wobei die Regeln des Verknüpfungsnetzwerkes durch jedes Individuum verantwortlich zu bestimmen sind, durch seine Mutmaßungen mitgetragen werden und zu Dispositionen, die zu gewissen Regelmäßigkeiten im Verhalten führen. Dazu könnte den Initiatoren von Bildungsprozessen ein poietischer Wissenschafts- und Bildungsbegriff verhelfen, der „als das Schaffen betreffend" bezeichnet wird, unter Hintanstellen des koinzidentiellen Wissenschafts- und Bildungsbegriffes, der auf das Zusammenfallen von Gegensätzen ausgerichtet ist.

„Denn was an den Gegenständen als zweckmäßig beachtet wird, haben diese nicht (als Objekte) von sich aus, sondern nur vom Subjekt des Urteils her, in welchem Verstand und Einbildungskraft auf zweckmäßige Weise verkoppelt sind", so daß sich eine „temporär" widerspruchsfreie Theorie ergibt, die als „artifizielle Kompositionsleistung bezeichnet" werden kann (vgl. DÖHRING 1992).

Indem Ursprünglichkeit vergessen, das Moment des Produktiven bzw. der subjektive Faktor verdrängt wird, kann die seltsame Vorstellung von subjektunabhängigen Realitäten entstehen. In statu nascendi entwickeln sich Realitäten, bildliche Übertragungen, Vergleiche werden möglich und führen konkrete Gegebenheiten auf eine abstraktere Ebene. Im nächsten Abstraktionsschritt entstehen Gesamtperspektiven. Von dieser Gesamtperspektive her muß es jederzeit möglich bleiben, den Blick zurückzurichten auf deren konkrete realitätsbedingte Herkunft. Dazu gehört „Der dritte Zustand“ als täglich zu erreichendes Ziel: Unter diesem Titel veröffentlichte der israelische Schriftsteller Amos OZ im Jahre 1992 ein Buch, dessen Titel und seine Inhaltlichkeit Metaphern für unsere Suchbegriffe sind (OZ 1992). Im Klappentext heißt es:

> *„Mit der Frage nach sich selbst wird der Rabulist Fima trotz all seiner Theorien über die Welt und Gott, die er jederzeit parat hat und die sein tägliches Leben in die stärksten Turbulenzen stürzen, schließlich konfrontiert. Er gelangt zu dem Ergebnis, daß seine allzeit bereite Suche nach Pointen und Wortspielen nur ein Vorwand ist, um seine eigene elementare Unfähigkeit zu verdecken, die Unfähigkeit nämlich, ohne zu allem und jedem direkt eine Meinung zu haben, die Menschen so wahrzunehmen, wie sie sich zeigen. Eine solche Wahrnehmung, in der die Sinne wacher als im wachsten Zustand und träumerischer als im kühnsten Traum sind, bezeichnet Fima als den dritten Zustand.“* (OZ 1992)

Zu folgern ist, daß hier – im dritten Zustand – der Horizont entdeckt wird, eine Perspektive, die Endlichkeit und Standortbezug ins Blickfeld rückten. So bezeichnet schon Kant den „Privathorizont“ des Subjektes als eine Setzung.

> *„Die Bestimmung des Privathorizontes hängt von mancherlei empirischen Bedingungen und speziellen Rücksichten ab, z.B. des Alters, des Geschlechts, des Standes, der Lebensart und dergleichen mehr. Jede besondere Klasse von Menschen hat also in Beziehung auf ihre speziellen Erkenntniskräfte, Zwecke und Standpunkte ihren besonderen Kopf, nach Maßgabe der Individualität seiner Kräfte und seines Standpunktes seinen eigenen Horizont.“* (KANT 1905, zit. n. DÖHRING 1992, S. 83).

Deutlich wird, daß Menschen zu temporären, pragmatisch enstandenen und wirksamen Urteilen, Verdeutlichungen finden. Die subjektive Zweckmäßigkeit, die das zu Begreifende begleitet, findet auch eine philosophische Begründung, die nicht auf wechselnde Landesgrenzen und darin zufällig anzufindende Menschen bezogen ist. Sie beschreibt Menschsein schlechthin. So sei hier erwähnt, daß diese Sichtweise Grundlage allen demokratischen Denkens ist, und so heißt es unvergleichlich am Beginn der amerikanischen Unabhängigkeitserklärung der Verkündung der Menschenrechte von 1776, ins Deutsche übersetzt und zwischen dem 6. und 8. Juli 1776 gedruckt als Flugblatt für deutschsprachige Einwanderer: „Wir halten diese Wahrheiten für ausgemacht.“ (TAGESSPIEGEL, 13.7.1994).

Diese Gedanken müßten unsere Beurteilung der Allgemeinbildung und der ihr zugrundeliegenden Multikulturalität und ihrer Chancen fragend begleiten. Wenn Bildung Veränderung zum Inhalt hat, die Beachtung der Menschenwürde, der Persönlichkeit eines jeden, der in dieser oder jener Zeitlichkeit und Situation lebt, in unzeitlichen kulturellen Bezügen, in Lebenssphären im Widerspruch, und doch im Menschsein auf einer Welt vereint, dürfte Multikulturalität kein Problembegriff und kein Ausgrenzungswort sein.

Wenden wir uns der Pragmatik des Bildungsprozesses aufgrund der vorgestellten Gedanken zu, stellen wir fest, daß Vorstellungen und Muster von kategorial eingegrenzten Themen, Inhaltlichkeiten nur eingeschränkt sinnvoll sind. Von „Schlüsselproblemen“ (vgl. KLAFKI u.a.) wäre nach den hier vorgestellten Meinungen oder Theorien so lange abzusehen, als sie nicht dem Gedanken subjektiver, entwerfender, konjunkturaler Einbildungskraft grundsätzlich untergeordnet werden. Es geht um die Reduktion von Weltkomplexität zugunsten der Steigerung von Eigenkomplexität; dafür Strukturen herauszubilden, erscheint als das „Schlüsselthema“ (vgl. HABERMAS/LUHMANN 1971, S. 152ff).

Allgemeinbildung und sogenannte Multikulturalität erfordern einen Wandel der Sichtweise, der immer noch zu selbstverständlich auf Stofflichkeiten und kollektive Vertretungen gerichtet ist. Er ist zu erweitern und zu intensivieren auf interaktive Prozesse, Vermittlungen, in denen individuelle und geschichtliche Entscheidungsprobleme in der Perspektive des Zusammenhandelns eingeschlossen sind. Sieht man die Leistung und die Problematik sinnvermittelnder Reduktion von Schlüsselthemen, muß die oben beschriebene Perspektive ausgebaut werden und damit auch ein aufgeklärter Institutionalismus, der Aus- und Einschließungstendenzen überwindet. Die kulturelle Dimension der Zivilgesellschaft ist mit Sozialbewegungen verbunden. Die Weltbürgergesellschaft hat also die Frage nach einer neu zu bestimmenden Solidarität zum Inhalt (vgl. DAHRENDORF 1992). So ginge es weniger um die Suche nach „Schlüsselthemen“, sondern um eine Schlüsselfrage, die nach Wegen oder nach „Hebeln“. Vermittelnde Institutionen könnten dabei helfen, diese Widersprüche zu lösen, gleichsam in einer strategischen Reform. Da aber Gesellschaft und folglich auch die im Bildungswesen Tätigen eine Umkehr dieses Standpunktes oft nicht vollziehen, gibt es den vielfältigen Aufschrei über Lebensverlust von jungen Menschen. Trotzdem finden sich Hoffnungen, Kooperationen an Schulen, die im Interesse der Beteiligten Veränderungen tätigen und Multiplikationschancen in sich bergen.

8. Realisierungsbeispiele aus Berliner Schulen – Hoffnungen und Beschränktheiten

Offenbar erkennen die an Schule beteiligten und verantwortlichen Menschen diese Situation, erkennen Kultur und Bildung als allgemein und widersprüchlich, suchen nach Wegen der Veränderung, erkennen die Bedeutung von Zeitlichkeit, Örtlichkeit, der Stärkung von Verantwortlichkeiten und Gerichtetheiten, die Notwendigkeit individuellen, subjektgerichteten und autonomen Handelns, entdecken Langsamkeit und Geduld, Zeichensysteme, die über den leistungsbezogenen Alphabetisierungskanon hinausreichen, sensibilisieren sich und andere zunehmend für unterschiedliche Ausdrucks- und Eindrucksqualitäten, entdecken das dialogische Prinzip und den Diskurs, wohl wissend, daß das andere/ der andere zu eben diesem Verfahren gehören und damit auch Öffentlichkeit.

„Das Fremde hört nicht auf, Schule als Ort gesellschaftlicher Weichenstellung" ist ein Beitrag von Hildburg KAGERER (1991, S. 576) bezeichnend benannt. H. KAGERER stellt die Daseinsthematik vornehmlich von jugendlichen Menschen heraus, die im sogenannten Exil leben, deren Leben von Entwurzelung, Sprachlosigkeit, Beziehungslosigkeit, Widersprüchlichkeit, ja oftmals Bedeutungslosigkeit bestimmt ist. Diese Befindlichkeit haben viele Menschen, auch scheinbar gesicherte junge Menschen. Leider reagieren Erwachsene, auch LehrerInnen, häufig gleichgültig, haben „Krisen der Wahrnehmung". So sei – und dem folgen wir – eine allgemeine Krise des Gesprächs zu beobachten und Unvermögen im „Zusammenhandeln".

Zur Überwindung des vermeintlich Fremden schlägt Kagerer das Aufmerken für den „Dialog als lebenswichtiges Element" vor (vgl. KAGERER 1991, S. 586). Zudem könnten „menschliche Brücken" im Zuge der Öffnung von Schule Vermittler sein, innovativ wirken und Kreativität fördern. Schule sei ein Ort gesellschaftlicher Weichenstellung, und darum sei ein Appell an die Verantwortung aller vonnöten.

Ich füge hinzu: Im Gespräch, im Dialog zeigt sich das Interesse an Sinnwahrnehmungen der verschiedenen Menschen, Reflexion wird zum Habitus, ein Tenor gegen die Starrheit des Aufhörens von Fraglichkeiten, des Endgültigen wird hörbar. Im Dialog ereignet sich die Wahrnehmung des Differenten, und die Sprache hat ein aufklärerisches Moment. Im Dialog entstehen Referenzen mit der Natur der Dinge, mit dem Selbst und dem anderen, durch Öffentlichkeit entsteht sowohl Offenheit wie Verbindlichkeit.

Dieser vielfältig geäußerte Appell ist von Lehrenden und der Schulverwaltung aufgenommen worden, und viele Schulen sind ins Gespräch und in Bewegung geraten.

„Innovation von unten“ heißt es. Mit diesem Motto werden das wachsende Selbstverständnis und die Kooperation von Schulen bezeichnet, deren Motivation, Engagement und Handlungsbereitschaft dazu führen, nötige Realisierungen, Antworten auf die komplizierten Lebensfragen der jeweiligen Schüler zu finden im Dialog mit den an Schule Beteiligten, in Teamarbeit untereinander, durch Öffnung nach innen und außen.

Innovation ist indessen auch ein Ansatz von Schulverwaltung und Schulaufsicht, die hier einen wichtigen Handlungsspielraum sieht und in Colloquia anregen will (vgl. GAUDE/ LEISCHULTE 1994). Gleichzeitig erkannte man die Wichtigkeit der Erkundungen vor Ort. Seit 1991 werden vom Berliner Institut für Lehrerfort- und Weiterbildung und Schulentwicklung (BIL) Veränderungsbemühungen verschiedener Schulen beobachtend begleitet und der Öffentlichkeit zugänglich gemacht. Ein Prozeß gegenseitiger Verstärkung und grundsätzlicher Veränderung hat begonnen. BIL stellt sieben Schulen vor, die durch unterschiedliche Verwirklichungen das ihnen gemeinsame Ziel, welches Schule kennzeichnen sollte, anstreben, „Schule als Lernzusammenhang zu erkennen, zu strukturieren und zu bearbeiten“ (LEISCHULTE 1994, S. 3). Unterricht und Erziehung werden als Handlungsraum verstanden, der allen beteiligten Schülern, Eltern und Lehrern offensteht.

Einige dieser Berliner Schulprojekte sollen im Folgenden vorgestellt werden. Wir beginnen mit dem Projekt „Kids – Kreativität in die Schule“ an der Ferdinand-Freiligrath-Schule (vgl. KAGERER 1994, S. 12ff.).

Die Ferdinand-Freiligrath-Schule ist eine multinationale Hauptschule, sie wird zu 70% von ausländischen Schülern besucht, kommend aus der Türkei, Bulgarien, China, Griechenland, Italien, Jordanien, dem Libanon, Sri Lanka und anderen Ländern. Die Schüler sind zwischen 13 und 17 Jahre alt. Die Beteiligten stellen fest, das seien emotionale Krisen, Urteil und Vorurteil lebensbestimmend seien, der Schulalltag im „Muster“ herkömmlicher Schule zunehmend schwieriger werde. So entsteht im Schuljahr 1989/90 das Projekt: „Künstler verschiedener Nationalitäten arbeiten mit Jugendlichen verschiedener Nationalitäten in der Schule“. Die Anschubfinanzierung für Kids und die Finanzierung des Zeitraumes von 1990-1994 übernimmt die Robert-Bosch-Stiftung.

In Wahlpflichtfächern im Rahmen der regulären Unterrichtszeit arbeiten Künstler verschiedener Nationalitäten, also auch als Sprach- und Identitätsmittler, begleitet von einem Lehrer/einer Lehrerin. Folgende Kurse gibt es: Akrobatik, Fotografieren,

Musik, Schablonen-Graffitti, Schreibwerkstatt, Türkischer Folkloretanz, Video und Bildhauerei.

Dazu gibt es offene Projekte, die auf Grund der Vorschläge und der Interessen der Schüler geplant werden; die Ergebnisse werden öffentlich gemacht, präsentiert und diskutiert, schulfremde Fachkräfte werden an den Projekten beteiligt. Außerdem werden Arbeitsgemeinschaften angeboten: Computer-AG, Back-AG, Musik-AG, Schach-AG, Bau von Motoren, Textiles, Theater, Breakdance. Selbstverständlich ist die Schule nachmittags geöffnet, ein kleiner Speiseraum wird eingerichtet, und ein Ort der Begegnung für Junge und Alte geschaffen, wie er in jeder Kultur üblich, in unserer Schulkultur unüblich ist.

Die pädagogische Konzeption des Projektes „Kids" wird bezeichnet als Sichern der Interessen an der Welt. Gegenstand der menschlichen Kreativität sei schlicht die eigene Existenz und Kreativität. So sagt Mohamed beim Malen: „Kreativität, das ist doch, wenn meine Gefühle und Gedanken in meine Hand gehen und die anderen das dann mitkriegen" (vgl. KAGERER 1991, S. 9). Kreativität hat Mohamed beschrieben und ebenso rationales Handeln, er suchte sich die Hand aus, ein anderer das Bein und ein dritter vielleicht eine andere Sprache. Eines malen sich die Schüler zunächst nicht aus, die Lösung eines Problems, das alle Menschen gemeinsam angeht, eine Stunde im Rahmen des „Problemunterrichts" zur Lösung internationaler Fragen. Am 22./23. April 1994 wird das Projekt in Chicago vorgestellt während der Konferenz „Education in Three World Cities at the End of the 20th Century – Berlin, Chicago, Mexico-City".

Das Schulprojekt SO 36, Skalitzer Straße, an der sogenannten „Kiezschule" initiiert stadtteilorientiertes Lernen. Direkte Wahrnehmung, Auseinandersetzung und Zeichensetzung sind Ziele des Projektes (vgl. PLANUNGSGRUPPE DER KIEZSCHULE, in: BIL, 1994, S. 15ff). Sächliche Ausstattung und personale Vielfalt der Schule, LehrerInnen, Hausmeister, Sozialbereiche sind außergewöhnlich und ermöglichen Lebensintensität.

Die Mitglieder der Heinrich-von-Stephan-Oberschule arbeiten nach dem Konzept „Die Schule neu denken und verändern" (vgl. H. von HENTIG). Alles, was eine andere Schule ausmacht, scheint hier getan zu werden. Bildungsinhalte werden überdacht, man hatte erkannt: „(...) mit traditionellen Inhalten und Methoden unterrichten wir an den Schülern vorbei" (GROSSPIETSCH/ FEHMERS 1994, S. 30ff). Hier gibt es individuelles zielgerichtetes Lernen, mastery learning, stundenweise gemeinsamen Unterricht, Klassenarbeiten werden nach individuellem Zeitplan gefertigt. In Klassenversammlungen wird die Schüler Bewegendes ausgetauscht. Treffen, in denen die Schüler sich mit ihren Arbeitsergebnissen darstellen, Ausstellungen, Disco-Veranstaltungen, Sportfeste, Essens- und Getränkeangebote durch die Schüler sind dort übliche Aktivitäten.

Die Paul-Löbe-Oberschule (HOCHSCHILD 1994, S. 48ff) praktiziert die schülerbezogene thematische Ergänzung des Regelunterrichtes mit Themen wie Alltagsökologie, kreatives Kochen, Freilandbiologie und Segeln. Ein besonderer Stellenwert wird gestalterischen Themen eingeräumt wie der Wandmalerei, dem plastischen Gestalten, dem Fotografieren. Die Motive der Schülerinnen zulassend, verbessert sich das soziale Klima: Austausch und Vermittlung sind die üblichen Verhaltensweisen.

Die B.-Traven-Gesamtschule, eine Nachbarschaftsschule im Falkenhagener Feld, betont ihr ganzheitliches Verständnis von Unterricht, sie will expressis verbis die „Lebenswelt“ und „Alltagskultur“ der Schüler einbeziehen (vgl. H. KUHN, in: BIL, 1994, S. 60ff), kooperiert mit Freizeiteinrichtungen, Trägern von Jugendarbeit, möchte Handlungskompetenz und Verantwortung steigern, Eltern und andere Bezugspersonen in das schulische Leben einbeziehen. Man arbeitet mit Erziehungswissenschaftlern und Institutionen zusammen, hier mit Jürgen ZIMMER und K. OPITZ von der FU Berlin, mit dem Ziel, den Modellversuch „Nachbarschaftsschule“ in die Bund-Länder-Kommission für Bildungsplanung einzubringen und einen landesweiten Modellversuch zu starten. StudentInnen werden einbezogen, ein Besuch des Community-Education-Centers in Coventry, dem nationalen Zentrum für englische Nachbarschaftsschulen, findet statt. Verstärkt finden Kiez-Kooperationen und die Zusammenarbeit mit Institutionen statt. Im Jahre 1992 diskutieren Schüler, Eltern, Lehrer und Öffentlichkeit mit den Stadträten „ein neues Modell gegen Jugendgewalt“. Was situationen- oder gelegenheitsbezogenes Lernen sein kann, ebenso allgemeinbildend wie die Thematik internationaler Erziehung, zeigt das Projekt „Sternwarte“. Kooperationspartner ist die Bürgel-Sternwarte, deren wissenschaftlicher Leiter zugleich Physiklehrer an der B.-Traven-Schule ist: In Vorträgen und Diskussionen treffen sich Schüler, Eltern, LehrerInnen und interessierte Öffentlichkeit. Ein drei Tonnen schweres und im Durchmesser 2,5 m großes Radioteleskop wird gemeinsam auf dem Schulgebäude installiert. Eifrig und interessiert wird Hand angelegt, um die Sonnenstrahlung zu beobachten und auszuwerten.

Ein Diskussionspapier der Martin-Buber-Oberschule lautet: „Wider das Feigenblatt“ oder „Weiter mit Vogel Strauß“. Im Jahre 1988 wurde es im Rahmen der geplanten Interessendifferenzierung dieser Schule, der zweitältesten Gesamtschule Deutschlands, entwickelt. Ohne „Leidensdruck“ wollten die Mitglieder der Schule personelle und sachliche Ressourcen stärker ausloten und nutzen, obwohl Differenzierung und Orientierung an den Schülern seit jeher Schwerpunkte waren. „Grundsätzliche Schülerfreundlichkeit“ (vgl. BIL 1994: KAMPMANN, S. 74ff) und die Gespräch, Austausch und Lernen fördernde Struktur heterogener und kooperativer Zusammenhänge in Richtung Corporate Identity wurden und werden angeregt nach dem Motto: „Look for ways to make new ideas work – not for reasons they won´t!“

In der Peter-Petersen-Grundschule in Neukölln – einer Schule auf dem Weg zum Jenaplan – leben und arbeiten 380 SchülerInnen aus fünfzehn Nationen (vgl. BIL 1994: WEBER, S. 93ff). Sie haben den bekannten soziokulturellen Hintergrund und die spezifischen kulturellen Bedingungen des Kindseins heute. Durch gemeinsames Tun wird die Schule zu einem vielgestaltigen ästhetischen Ort, der Schulhof wurde umgestaltet, bewegend zu sehen und nachzulesen. Ein Schulwald wird zusammen mit einer Treptower Nachbarschaftsschule angelegt, auf ehemaligen Ödland werden 10. 000 Bäume gepflanzt; eine Patenschaft über das Rudower Fließ wird übernommen, Einsicht, Umsicht und Voraussicht, tatsächlich ein Zusammenwirken von Kopf, Herz und Hand. Kooperation, Akzeptanz, Handlungsbereitschaft und Verantwortung kennzeichnen die Mitglieder dieser Schule, die nach den Maßgaben des ökologischen Prinzips gestaltet und ausgebaut wird. Ein rhythmisierter Wochenplan entsteht, angepaßt an die Bedürfnisse der Beteiligten. Freies Arbeiten der Schülerinnen ist ein wesentlicher Bestandteil, d.h. die Arbeit und Zeiteinteilung einer Woche geschieht in Selbstbestimmung; Differenzierung und Lernen in heterogenen Gruppen wird hier zunehmend wichtig. Projekte und AGs werden von Kindern verschiedener Altersstufen getragen; Feste und Feiern gehören zum Schulleben. Bildung und Lernen soll zunehmend in Stammgruppen geschehen, nicht in Jahrgangsklassen, die es jedoch auch gibt. Kinder haben somit wechselnde Bezugspersonen, sie sind selbst einmal „Große“ oder „Kleine“, vollziehen einen Wandel des Standortes und Standpunktes, lernen verschiedene Rollen, sich einfühlen, akzeptieren, sprechen, diskutieren, orientieren, Interessen herausfinden, verhelfen sich und andern zu Identität. Mit Schuljahresbeginn 1994/95 soll dieser Schulverbund in Stammgruppen beginnen.

Ziehen wir ein Fazit der Innovationen „von unten“. Gemeinsam ist den vorgestellten Projekten, daß die Beteiligten sich kooperativ einem Grundproblem von Allgemeinbildung und allgemeinbildender Schule in einer demokratischen, pluralistischen, kulturell vielgestaltigen Gesellschaft gestellt haben. Gleichermaßen wesentliche Normen, Inhalte, Werte gibt es – wie dargestellt und hier erfahren – der Sache gemäß weniger. So wurde die immer nötige Reduktion von Weltkomplexität durch sinnvermittelnde Selektionen erreicht. Das Suchen und Bereitstellen von situationsabhängigen Möglichkeiten führt zur Steigerung von Eigenkomplexität in zeitlichen Lebens-, Spiel- und Arbeitsräumen. Ohne dieses Verfahren – so beschreiben die VerfasserInnen die Ausgangslage ihres Denkens und Handelns – wäre Bildung in unserer Gesellschaft nicht möglich. Die übliche Sinngrenze von Schule als letztlich grenzerhaltendes System wird hier zu Teilen aufgebrochen. Wissensmonopole und Schein-Autoritäten werden abgebaut in der Erkenntnis, daß Menschen sich in einem sozialen und materialen Umfeld bewegen, das neben dem kulturell und historisch Allgemeinen zugleich subkulturelle, soziokulturelle, sehr individuelle Bestandteile hat, die zur Profilierung gehören. Gespannt und hoffnungsvoll sind diese Innovationen zu verfolgen, da hier Beiträge zur Lehrplanrevision und zum veränderten Institutionenverständnis vorliegen.

Weitere Projekte zur Veränderung von Schule finden sich bei den innovativen Konzepten zur zweisprachigen Alphabetisierung und zum Fremdsprachenunterricht. „Alle Gespräche sind schließlich überflüssig, wenn keine Handlung möglich ist oder erfolgt." Auf dieser Prämisse von J. HABERMAS bauen Modelle zur zweisprachigen Alphabetisierung auf und betonen selbstverständlich die Bedeutung des Erlernens der Muttersprache/Erstsprache als eines Zeichensystems mit verbalen und nicht-verbalen Mitteln. Außerdem wird festgestellt, daß es soziolinguistisch belegt sei, daß das Erlernen einer Zweitsprache vom Grad der Kompetenz in der Muttersprache abhinge (vgl. STEINMÜLLER 1981; NEHR et al. 1986). VertreterInnen des „Kreuzberger-Nürtingen-Modells", der Trift-Grundschule in Wedding sowie der Spreewald-Grundschule in Schöneberg ermöglichen einen zweisprachigen Kooperationsunterricht für türkische und deutsche SchülerInnen und einen Unterricht für türkische SchülerInnen in der Muttersprache, der für diese eine ausgeglichene Zweisprachigkeit anstrebt. Über das Anstreben einer ausgeglichenen Zweisprachigkeit sind diese beachtlichen Ansätze in unserer Gesellschaft noch nicht hinausgekommen. Folgende Übersicht über den Fremdsprachenunterricht in Berlin verdeutlicht dies.

Fremdsprachenangebot und Nutzung in Berlin im Jahre 1993 (vgl. SENATSVERWALTUNG FÜR SCHULE, BERUFSBILDUNG UND SPORT, II C 3, 1994)

Teilnehmer am Fremdsprachenunterricht an öffentlichen und privaten Schulen im Schuljahr 1992/1993 insgesamt in Prozent:

Englisch: 94,4%; Französisch: 24,4%; Russisch: 20,0%; Latein: 9,0%; Alt-Griechisch: 2,0%; Spanisch: 1,4%; Türkisch: 0,7%; Italienisch: 0,3%; Japanisch: 0,1%; Chinesisch: 0,03%; Neu-Griechisch: 0,008%.

Ein Kommentar erübrigt sich weitgehend und weicht hier tatsächlich der Betroffenheit und der Frage: Wie ist dergleichen Minderausstattung in unserem Land, in dieser Stadt möglich?

Obwohl die Notwendigkeit für den Menschen, das Bild der Welt in einer von Kultur geprägten Sprache handlungsmächtig, erinnernd und zukunftsweisend zu leben, die Notwendigkeit von vielfältiger Sprachverwendung in einer grenzüberschreitenden Gesellschaft vehement dargestellt wird, ist diese Mangelsituation, dieses Versagen festzustellen. Bereits 1979 hieß es in einer der ersten Broschüren der EG zu diesem Thema, was heute modifiziert, in der Tendenz aber verstärkt, gilt:

> *„Es sind 60 Millionen. Sie sind voller Ideen und Hoffnungen und dennoch wählen sie im Jahre 1979 nicht ihre Abgeordneten ins Europäische Parlament. Sie protestieren auch nicht, denn sie sind zwischen null und fünfzehn Jahre alt, die kleinen Bürger Europas."* (KOMMISSION DER EUROPÄISCHEN GEMEINSCHAFT 1979, S. 1).

Noch heute ist feststellbar, daß „weder in den Lehrplänen noch in der Fremdsprachenlehrerausbildung (zumindest für die Region Berlin und Brandburg) bisher allzuviel Sensibilität für die sprachlich-kommunikativen Bedürfnisse (...) zu spüren ist." (ZYDATIS 1993, S. 15). Das gleiche gilt für den bilingualen Unterricht.

Die beschriebene Mangelsituation in Sachen Zweisprachigkeit und Fremdsprachigkeit – trotz der Innovationen vieler – verweist auf die außerordentlich stabilen Grenzen, Sinngrenzen und Bestandserhaltungstendenzen der Systeme Schule und Gesellschaft. Vergegenwärtigen wir uns, daß es zwei Formen der Kommunkation und der Rede gibt, „kommunikatives Handeln auf der einen Seite (Interaktionen) und Diskurs auf der anderen Seite" (vgl. HABERMAS 1971, S. 115).

Im Diskurs werden Sinnzusammenhänge vorausgesetzt, um Informationen auszutauschen und problematisierte Geltungsansprüche vorzubringen. Das ist selbstverständlich nur möglich, indem der Sprechsituation eine annähernd symmetrische Verteilung von Chancen zugrundeliegt. Zur Zeit kann es also kaum wirkliche Diskurssituationen geben, da eine annähernd symmetrische Verteilung von Chancen nicht gegeben ist. Damit können Handlungen nur unzureichend erfolgen. Die Frage ist zu stellen, wie das politische, demokratische System es hält mit seiner Grundlage, der Durchsetzung eines auf dem Individuum und seinen Rechten basierenden Systems.

Warum sind Schule und Gesellschaft in weiten Teilen undemokratisch, unwürdig, nicht bildend? Warum sind sie es trotz vielfältiger Anstrengungen, zahlloser Initiativen? Erinnern wie uns: Nach HABERMAS sind Gesellschaften kulturell definiertes Leben, sind also ein Syndrom vieler Symptome. Zu einem Symptom unserer Gesellschaft, Kultur und Schule, gehört also letztlich Ausgrenzung, wie hier ersichtlich.

Wenn Bildung die Ausstattung für das Verhalten in der Welt ist, aber die Sprach-, Dialog-, Diskurs- und Kommunikationsfähigkeiten derartig eingegrenzt werden, hat Schule häufig also einen besonderen Geist, einen, den Charles PEIRCE nicht gemeint haben kann, als er Geist definierte: „Geist ist die Fähigkeit zur kontinuierlichen Veränderung von Gewohnheiten anläßlich der verschiedenen Gegebenheiten der Ausübung und in Beziehung zu anderen Vorhaben und Gewohnheiten" (PEIRCE 1983, S. 12).

Geistesgeschichtliche, soziale und demokratische Strömungen seit dem 19. Jahrhundert haben offensichtlich nicht dazu geführt, mancherlei Gegensätze grundsätzlich zu überwinden, trotz vernehmbarer wissenschaftlicher und öffentlicher Interessen.

Ob zutrifft, was Carl STERNHEIM schrieb:

> *„Im heutigen Vaterland dürfen wir auf wenig stolz sein, können aber eines für uns behaupten (...), daß trotz ins Riesige gewachsener, alles würdigender Geistlosigkeit eben dieses Juste milieu (...) noch Bewußtsein von der gegenwärtigen Zeit Unerträglichkeit lebendig ist."* (STERNHEIM 1973, S. 127).

9. Notwendige Perspektiven

So stellt sich abschließend die Frage nach dem Politischen, die in Schule immer präsent ist und die in der steten Frage kumuliert: Stimmen unsere Lehrpläne noch? Schließlich heißt es seit langem und erneut: „So kann es nicht bleiben!" Daß die Wissenschaften an Frage und Antwort beteiligt sind, ist offensichtlich und zwar viele Disziplinen; daß Lebensweltorientierung zu Schule gehört, ist ebenfalls hinlänglich ausgeführt; besonders nötig ist sie, da Gesellschaften grundsätzlich nicht mehr auf traditionellen Mustern basieren und stattdessen die Interessenlagen vieler in differenzierten, pluralistischen Gesellschaften durch Diskurse in zu gestaltende Konsensus zu bringen sind. Beteiligt an diesem Prozeß sind Individuen und Institutionen, Administrationen und Bürokratie. Die letztgenannten in unserem Fall, die Schuladministration, hat prinzipiell nicht die Legitimation für die Auswahl von kulturellen Möglichkeiten, die sie dann administrativ bestätigt und somit diesen Auswahlkatalog verstärkt. Diese Situation führt verbreitet zu Unbehagen, „Schule, wie sie ist, wird verordnet, aber nicht mehr akzeptiert" (HEURSEN 1993, S. 51).

Wenn wir bürokratische Organisationen, die letztlich auf die Durchsetzung von Vereinheitlichung auf allen Gebieten abzielen, nicht verändern, dürften wir beteiligt sein an den Schrecken des Jahres 2000.[1]

„Denn: Die Wahrheit, die Wirklichkeit, das Leben bricht sich in unzähligen Facetten, deren jede sich einem Individuum entgegenwendet. Bleibt dieses seinem Blickpunkt treu, widersteht es der ewigen Versuchung, sein Auge mit einem imaginären zu vertauschen, so wird das von ihm gesehene ein wirklicher Aspekt der Welt sein" (ORTEGA Y GASSET 1978, S. 161).

Bevor wir jedoch die Schrecken des Jahres 2000 erleben oder nicht, bleibt zu klären, was Aufgabe von Institutionen ist. Das Sachwörterbuch der Politik definiert Institution als „eine zur regelmäßigen Erfüllung bestimmter Funktionen auf Dauer geschaffene, in der Verfassung oder im sonstigen öffentlichen Recht des betreffenden Staates verankerte Einrichtung" (BECK 1977, S. 337).

Weiterhin werden auch bestimmte soziale Gruppen und Einrichtungen als Institutionen beschrieben. Im Lexikon „Gesellschaft und Staat" heißt es: Institutionen seien „Einrichtungen, mit deren Hilfe die Gesellschaften bestimmte Aufgaben (Funktionen) in verbindlicher, meist rechtlich geregelter Form wahrnehmen." (DRECHSLER/ HILLIGEN/ NEUMANN 1989, S. 336).

Diese grundsätzlich hilfreichen Beschreibungen sagen wenig darüber aus, wer denn die Institutionen auszufüllen habe. Also ist der Hinweis vonnöten, daß es ein auszubalancierendes Verhältnis von individueller Subjektivität und sozialer Objektivität in demokratischen Gesellschaften geben muß, weswegen Institutionen grundsätzlich „Bewegungsinstitutionen" sein müßten (vgl. NULLMEIER 1989, S. 3ff.). Klar wird, daß Institutionen zwar auf Dauer angelegt sind, notwendigerweise starr zu sein, ist aber grundsätzlich nicht intendiert. Sie werden es zu oft durch das auf Dauer angelegte Selbstverständnis der Beteiligten, manifestiert durch Administrationen und Bürokratien, die in hoheitsvoller Amtsführung Kooperation mit Beteiligten und Öffentlichkeit wegen reibungslosen Zustandserhalts ablehnen, obwohl sie geradezu die Pflicht hätten, Kooperationen einzuwerben. Zu ihren Aufgaben gehört originäres kooperatives Zusammenwirken verschiedener Kräfte; in Schule gäbe es folgerichtig keine Innovation „von unten".

1. Gewählt wurde die Formulierung nach dem Titel von José ORTEGA Y GASSET: Die Schrecken des Jahres Eintausend, Leipzig 1992, Ersterscheinen 1904.

Derzeitig wird Lehrplanung administrativ, nicht von ungefähr meist als von „oben" gemacht empfunden, praktiziert unter Ausschluß vielfältiger Öffentlichkeit. Das Muster normativer Didaktik und oberster Sinn-Norm gilt, das „Planungsbüro Individuum" (vgl. BECK 1986) wird selten genutzt. Ein auf die Zukunft angelegtes „Bildungsideal" habe sich generell in der Gegenwart zu bewähren und bezöge Schüler und Lehrer mit ein, heißt es. Da es aber Gegenwart allgemein nicht gibt, wird auf Lebenswirklichkeit der Kinder und Jugendlichen abgestellt, die zwar unterschiedlich sei, aber dennoch strukturelle Gemeinsamkeit habe.

Da in Schule individuelle Lebenswirklichkeit in der Regel ausgeschlossen bleibt, stellen Lehrpläne, auch „kritisch-konstruktive Didaktiken", erfahrene allgemeine Sinnbeziehungen her, die so imaginär sein können, daß sie keine Realität sind. Es könnten aber Lehrpläne grundsätzlich – wie in den hier vorgestellten Innovationen – auf die jeweiligen Schüler, Lehrer, Eltern, Bezugspersonen und -orte und deren Lebens- und Schulsituationen bezogen werden, wofür es wiederum in einem zu erreichenden aufgeklärten Institutionalismus gute Chancen gäbe, der auf „herrschaftsfreiem Diskurs" (HABERMAS 1971) beruht, der Kommunikation und Konsens anstrebt. Dieses scheint idealistisch, aber nach Habermas müßten wir „kontrafaktisch immer wieder so tun, als sei dieses Modell wirklich – auf dieser Fiktion beruht die Humanität des Umgangs mit den Menschen." (HABERMAS 1971, S. 114ff.).

Die Kommission Schulrecht, die – unterstützt vom Deutschen Juristentag – einen Gesetzesentwurf vorgelegt hat, argumentiert, daß Transparenz, Begründungszwang, Beteiligung der Öffentlichkeit, die Koppelung von Entscheidungen an Diskurs, also die Mitbestimmung der Beteiligten verankert werden und zu einer partizipativen Lehrplanstrategie gehören (vgl. GEIGER 1993, S. 45ff.). Daß Bildung als Verhalten in der Welt hier sowohl eingebracht wie auch durch diese Entwürfe möglich gemacht wird, mag zutreffen. Veränderungen zulassend und bewirkend, wäre sie dann chancenreich und in diesem Sinne allgemein und interkulturell.

Literaturverzeichnis

ADOLPHS, C. (1972): Industrielle Kinderarbeit im 19. Jahrhundert, Duisburg

AGAHD, K. (1907): Gewerbliche Kinderarbeit, in: A. Schreiber (Hrsg.), Das Buch vom Kinde, Berlin, Leipzig

AGAHD, K. (1906): Kinderarbeit und Gesetz betr. Regelung der Kinderarbeit in gewerblichen Betrieben. - Kinderarbeit in der Landwirtschaft, in: W. REIN (Hrsg.), Enzyklopädisches Handbuch der Pädagogik, Bd. IV, 2. Auflage Langensalza, S. 821 - 866

AGAHD, K. (1902): Kinderarbeit und Gesetz gegen die Ausnutzung kindlicher Arbeitskraft in Deutschland, Jena

ALPERT, J. (1991): Psychoanalyse der Frau jenseits von Freud, Berlin, Heidelberg, New York

AMENT, W. (1904): Fortschritte der Kinderseelenkunde 1895 - 1903, in: Archiv für die gesamte Psychologie, 2, S. 69 - 136

ANDERS, G. (1984): Die Antiquiertheit des Menschen. Erster Band: Über die Seele im Zeitalter der zweiten industriellen Revolution. Zweiter Band: Über die Zerstörung des Lebens im Zeitalter der dritten industriellen Revolution, München

ANDRESEN, U. (1992): So dumm sind sie nicht. Von der Würde der Kinder in der Schule, Weinheim, Basel

ANDRESEN, U. (Hrsg.) (1991): Im Mondlicht wächst das Gras, Ravensburg

ANWEILER, O. (1978): Geschichte der Schule und Pädagogik in Rußland vom Ende des Zarenreiches bis zum Beginn der Stalin-Ära, Berlin, 2. Auflage

ANZIEU, D. (1991): Das Haut-Ich, Frankfurt am Main

ARJAMOV, I. A. (1927): Grundlagen der Pädologie (russ.)

ARNOLD, K. (1980): Kind und Gesellschaft in Mittelalter und Renaissance: Beiträge und Texte zur Geschichte der Kindheit, Paderborn

ASH, M. (1985): Die experimentelle Psychologie an den deutschsprachigen Universitäten von der Wilhelminischen Zeit bis zum Nationalsozialismus, in: ASH/ GEUTER (Hrsg.), Geschichte der deutschen Psychologie im 20. Jahrhundert, Opladen

ASH, M./ GEUTER, U. (1985): Geschichte der deutschen Psychologie im 20. Jahrhundert, Opladen

BAACKE, D./ SCHULZE, T. (1993): Aus Geschichten lernen. Zur Einübung pädagogischen Verstehens, Weinheim, München

BAER, A. (1901): Der Selbstmord im kindlichen Lebensalter, Leipzig
BALDWIN, M. (1895): Mental development in the child and the race; deutsch: Die Entwicklung des Geistes beim Kind und bei der Rasse, Berlin 1898
BALLAUFF, T. (1987): Bildung und Sozialisation in ihren Institutionen: Schule, Erwachsenenbildung, Medien, in: KECK/ THISSEN (Hrsg): Medien zwischen Kultur und Kult. Festschrift für Heribert Heinrichs, Bad Heilbrunn
BARTOLOMÄI, F. (1871): Psychologische Statistik, in: Allgemeine Schulzeitung, 48, S. 249 - 252
BASOV, M. J. (1931): Allgemeine Grundlagen der Pädologie (russ.), Moskau, Leningrad
BECK, R. (1977): Sachwörterbuch der Politik, Stuttgart
BECK, U. (1988): Gegengifte. Von der organisierten Verantwortungslosigkeit, Frankfurt am Main
BECK, U. (1986): Risikogesellschaft. Auf dem Weg in eine andere Moderne, Frankfurt am Main
BECKER, E. (1986): Pädagogischer Universalismus in den neuen sozialen Bewegungen? in: TENORTH (Hrsg.), S. 251 - 266
BEHNKEN, I./ ZINNECKER, J. (1989): Soziale Entwöhnung der Straßenkinder oder Härtetests für junge Stadtbewohner, in: Lebensräume für Kinder. Jahrbuch der Kindheit. Bd.6, Weinheim, Basel
BEHNKEN, I./ du BOIS-REYMOND, J./ ZINNECKER, J. (1989): Stadtgeschichte als Kindheitsgeschichte, Opladen
BENDELE, U. (1984): Krieg, Kopf und Körper. Lernen für das Leben – Erziehung zum Tod, Frankfurt am Main, Berlin, Wien
BENJAMIN, J. (1990): Die Fesseln der Liebe. Psychoanalyse, Feminismus und das Problem der Macht, Frankfurt am Main
BERNSTEIN, D. (1993): Weibliche genitale Ängste und Konflikte, in: Psyche 47, 6
BERTRAM, H. (Hrsg.) (1991): Die Familie in Westdeutschland. Stabilität im Wandel familialer Lebensformen, Opladen
BERTRAM, H. (1991): Einstellung zu Kindheit und Familie, in: BERTRAM, H. (Hrsg.): Die Familie in Westdeutschland. Stabilität im Wandel familialer Lebensformen, Opladen, S. 429 - 460
BERTRAM, H. (1991): Familie und Soziale Ungleichheit, in: BERTRAM, H. (Hrsg.): Die Familie in Westdeutschland. Stabilität im Wandel familialer Lebensformen, Opladen, S. 235 - 273
BINET, A. (1912): Die neuen Gedanken über das Schulkind, Leipzig
BINET, A./ SIMON, T. (1908): Le développement de l'intelligence chez les enfants, in: Années psychologiques, XIV
BINET, A./ SIMON, T. (1905): Méthodes nouvelles pour le diagnostic des niveaux intellectuels des anormaux, in: Années psychologiques, XI
BLEIDICK, U. (1991): Über das Versprechen der Didaktik, alle Menschen alles zu lehren, in: Die Deutsche Schule, 83/ 4, S. 461 - 473
BLOCH, E. (1985): Das Prinzip Hoffnung. Kapitel 1 - 32, Frankfurt am Main

BLONSKIJ, P. P. (1925): Pädologie (russ.), Moskau
BLUM, E. (1901): Le mouvement pédologique et pédagogique, in: Revue philosophique de la France et de l'étranger, III, S. 78 - 98
BLUM, E. (1898-1899): La pédologie. L'idée, le mot, la chose, in: L'Année psychologique, V, S. 303 - 315
BOBAN, I./ KÖBBERLING, A. (1992): Der Weg wird, indem wir ihn gehen, in: Behinderte in Familie, Schule u. Gesellschaft, 14/ 5, S. 5 - 21
BOLLNOW, O. F. (1983): Anthropologische Pädagogik, Bern, Stuttgart
BORNEMANN, E. (1985): Das Geschlechtsleben des Kindes, München
BOURDIEU, P. (1991): Zur Soziologie der symbolischen Formen, Frankfurt am Main
BRÄUER, G. (1989): Zugänge zur ästhetischen Elementarerziehung, in: Musisch-ästhetische Erziehung in der Grundschule. Grundbaustein1, Hrsg.: Deutsches Institut für Fernstudien, Tübingen
BRAUNMÜHL, E. v. (1988): Antipädagogik. Studien zur Abschaffung der Erziehung. Reihe Pädagogik Bd 5, Weinheim, Basel
BRAUNMÜHL, E. v. (1986): Der heimliche Generationenvertrag. Jenseits von Pädagogik und Antipädagogik, Reinbek bei Hamburg
BRECHT, B. (1967): Was ein Kind gesagt bekommt. in: Gesammelte Werke Bd 9, Frankfurt am Main
BRODDEK (1993): Wenn Kinder Trauer tragen, in: Greenpeace-Magazin, Sept-Nov., S. 58 - 63
BROWN, L. R. (Hrsg.) (1992): Zur Lage der Welt 1992. Daten für das Überleben des Planeten, Frankfurt am Main
BRUNS, K. (1985): Kindheit in der Stadt, München
BUBER, M. (1986): Reden über Erziehung, Heidelberg
BUBER, M. (1984): Das dialogische Prinzip, Heidelberg
BÜHLER, Ch./ HETZER, H. (1929): Zur Geschichte der Kinderpsychologie, in: Festschrift zu Karl Bühlers 50. Geburtstag, Jena
BUROW, O. (1993): Gestaltpädagogik. Trainingskonzepte und Wirkungen, (darin: Tschernobyl - ein exemplarischer Workshop, S. 139-165,) Paderborn
BUROW/ GUDJONS (1992): Mit Phantasie und Kreativität. Lernen in Zukunftswerkstätten. Themenheft der Zeitschrift „Pädagogik" 6/ 92, Hamburg
BUROW/ NEUMANN-SCHÖNWETTER (Hrsg.) (1995): „Danach hat mir Schule wieder Spaß gemacht..." Mit Zukunftswerkstätten Schule und Lernen verändern, Hamburg
BUROW/ RENNER (1993): Zukunftswerkstatt: Denken und Handeln für ein ökologisches Europa, Berlin

CHISHOLM, L. (1992): Paradise lost - lost in paradise. Ist die deutsche Kindheitsforschung zur Entromantisierung fähig? in: ??? 25 (1992), S. 98 - 111
CHODEROW, N. (1985): Das Erbe der Mütter. Psychoanalyse und Soziologie der Geschlechter, München
CLAPARÈDE, E. (1912): Kinderforschung

CLAPARÈDE, E. (1909): Psychologie de l'enfant et Pédagogie expérimentale, , 2. Aufl., Genf
CLUB OF ROME (Hrsg.) (1990): Die Herausforderung des Wachstums. Globale Industrialisierung: Hoffnung oder Gefahr, Bern
CLUB OF ROME (Hrsg.) (1988): PESTEL, E.: Jenseits der Grenzen des Wachstums, Stuttgart
COHN, R. C. (1981): Von der Psychoanalyse zur themenzentrierten Interaktion: Von der Behandlung einzelner zu einer Pädagogik für alle, Stuttgart
COMENIUS, J. A. (1954): Große Didaktik. Hrsg.: A. FLITNER, Düsseldorf
COMPAYRÉ, G. (1893): L'évolution intellectuelle et morale de l'enfant, deutsch: Die Entwicklung der Kinderseele, Altenburg 1900
CRAMER, F. (1994): Das Schöne, das Schreckliche und das Erhabene. Eine chaotische Betrachtung des lebendigen Formprinzips, in: BIEN/ GIL/ WILKE (Hrsg): „Natur" im Umbruch. Zur Diskussion des Naturbegriffs in Philosophie, Naturwissenschaft und Kunsttheorie, Stuttgart, Bad Cannstatt
DAHRENDORF, R. (1992): Der moderne soziale Konflikt. Essay zur Politik der Freiheit, Stuttgart
DANNMEYER, D. H. (1897): Gewerbliche Kinderarbeit in Hamburg, in: Pädagogische Reform, 21, Nr. 44, 1. Beilage zu Nr. 45, 47
DEBESSE, M. (1970): L'enfance dans l'histoire de la psychologie, in: GRATIOT-ALPHANDERY, H./ ZAZZO, R. (Hrsg.): Traité de la psychologie de l'enfant, Paris, S. 5 - 77
DEPAEPE, M. (1993): Zum Wohl des Kindes? Pädologie, pädagogische Psychologie und experimentelle Pädagogik in Europa und den USA, 1890 - 1940, Weinheim und Leuwen
DEPAEPE, M. (1987): The International Organization of Paidology before World War I, in: S. KOMÓSI (Hrsg.): History of educational relations in education, T.I. Pécs, S. 129 - 138
DER GROSSE HERDER (1955): Bd. 7, 5. Auflage, Freiburg
DESSOIR, A. (1911): Abriß einer Geschichte der Psychologie, Heidelberg
DEUTSCHES KINDERHILFSWERK (Hrsg.) (1993): Parlament der Kinder. Eine Arbeits- und Argumentationshilfe zur Schaffung von Kinderparlamenten in Gemeinden und Städten, Berlin
DEUTSCHES JUGENDINSTITUT (Hrsg.) (1992): Shell-Jugendstudie
DEVEREUX, G. (1974): Normal und Anormal. Aufsätze zur allgemeinen Ethnopsychiatrie, Frankfurt
DE WITT, J. (1982): Pedologie: een woord of een begrip? in: K. J. KAUFFMAN (Hrsg.), Pedologische Instituten in Nederland, Groningen, S. 1 - 39
DÖHRING, E. (1992): Zufall Forschung, Aspekte der Kunst der Erkenntnis, Bad Langensalza
DORNES, M. (1995): Gedanken zur frühen Entwicklung und ihrer Bedeutung für die Neurosenpsychologie, in: Forum der Psychoanalyse, Bd. 11, Heft 1
DORNES, M. (1993): Der kompetente Säugling, Frankfurt am Main

DORSCH, F./ HÄCKER, H./ STAPH, K. H.(Hrsg.) (1987): Psychologisches Wörterbuch, Bern, Stuttgart, Toronto 11. Auflage

DORSCH (1963): Geschichte und Probleme der angewandten Psychologie, Bern, Stuttgart

DRECHSLER, H./ HILLIGEN, W./ NEUMANN, F. (1989): Gesellschaft und Staat, Baden Baden

DUDEK, P. (1989): W. Stern und das Projekt „Jugendkunde", in: Zeitschrift für Pädagogik, 35/ 2, S. 157

DUDEN, Fremdwörterbuch, 3. Aufl., Mannheim 1974, S. 480

DYROFF, A. (1914): Kinderpsychologie, in Lexikon der Pädagogik, Bd. 3, Freiburg i. Br., Sp. 1218 - 1224

DYROFF, A. (1911): Über das Seelenleben des Kindes, 2. Aufl.

EHLICH, K. (Hrsg.) (1984): Erzählen in der Schule, Tübingen (darin u.a.: L. HOFFMANN: Berichten und Erzählen. S. 55 - 67; A. FUCHS: Erzählen in der Schule und spontanes Erzählen. S. 176 - 202; L. HOFFMANN: Zur Ausbildung der Erzählkompetenz: eine methodische Perspektive. S. 202 - 223; FLADER, D./ HURRELMANN, B.: Erzählen im Klassenzimmer - Eine empirische Studie zum ‚freien' Erzählen im Unterricht. S. 223 - 249)

ELLBRACHT, W. (1967a): Art.: Einziges Kind, in: Lexikon der Pädagogik, Bd. 1., S. 866-868, 5. .Aufl., Freiburg

ELLBRACHT, W. (1967b): Art.: Familie als Umwelt, in: Lexikon der Pädagogik, Bd. 1., S. 1143 - 1147

ELLBRACHT, W. (1967c): Art.: Geschwister, Geschwisterreihe, in: Lexikon der Pädagogik, Bd. 2., S. 404 - 406

EL'KONIN, D. (1980): Psychologie des Spiels, Köln

ELSCHENBROICH, D./ MÜLLER, H. (1981): Die Kinder der Fremden, in: Kindheit, Oktober 1981

EPPLER, E. (1981): Wege aus der Gefahr, Reinbek

ERIKSON, E. (1961): Kindheit und Gesellschaft, Stuttgart

ERNST, O. (1912): Laßt uns unseren Kindern leben, Leipzig

EULENBURG, A. (1907): Kinderselbstmorde, in: SCHREIBER, A.: Das Buch vom Kinde, Leipzig und Berlin

EWERT, O. (1979): Zum Selbstverständnis der Pädagogischen Psychologie im Wandel der Geschichte, in: BRANDSTÄTTER, J./ REINERT, J. G./ SCHNEEWIND, K. A. (Hrsg.), Pädagogische Psychologie. Probleme und Perspektiven, Stuttgart , S. 15 - 28

FAST, I. (1991): Von der Einheit zur Differenz, Berlin, Heidelberg, New York

FELDKIRCHEN, W. (1981): Kinderarbeit im 19. Jahrhundert, in: Zeitschrift für Unternehmensgeschichte, 26, S. 1 - 41

FEUSER, G./ MEYER, H.(1987): Integrativer Unterricht in der Grundschule. Ein Zwischenbericht, Oberbiel

FLITNER, A. (1982): Konrad, sprach die Frau Mama ... Über Erziehung und Nichterziehung, Berlin
FÖLLING-ALBERS, M. (1992): Schulkinder heute. Auswirkungen veränderter Kindheit auf Unterricht und Schulleben, Weinheim, Basel
FRANCK, P. (o.J.): Das schaffende Kind, darin: Bildbetrachtung. Übungsschule Georg Tappert, Berlin
FREUD, S. (1940): Analyse der Phobie eines fünfjährigen Knaben, in: GW VII (1906-9), London
FREUD, S. (1940): Das Ich und Das Es. Jenseits des Lustprinzips, beides in: GW XIII (1920-24), London
FREUD, S. (1940): Drei Abhandlungen zur Sexualtheorie, in: GW V (1904-5), London
FREUD, S. (1940): Neue Folgen der Vorlesungen zur Einführung in die Psychoanalyse, in: GW XV (1932), London
FREUD, S. (1940): Vorlesungen zur Einführung in die Psychoanalyse, in: GW XI (1916-17), London
FRIED, E. (1963): Inschrift, in: Reich der Steine. Zyklische Gedichte, Düsseldorf
FRIEDMANN, R. M./ LERNER, L. (Hrsg.) (1991): Zur Psychonanalyse des Mannes, Berlin, Heidelberg, New York
FRITZSCH, Th. (1906): Zur Geschichte der Kinderforschung und Kinderbeobachtung, in: Zeitschrift für Philosophie und Pädagogik, 13, S. 497 - 506
FRITZ HOMANN A.G. Margarinewerke (1952): Das schöne Deutschland. 200 Bilder, Dissen
FRITZ HOMANN A.G. Margarinewerke (1952): Technik und Verkehr. Bildbuch des Fortschritts. Ein Sammelalbum von 200 Bildern, Dissen
FROMM, E. (1985): Anatomie der menschlichen Destruktivität, Hamburg
FROMM, E. (1981): Haben oder Sein?, München

GADAMER, H.-G. (1990): Gedicht und Gespräch, Frankfurt
GEHLEN, A. (1958): Der Mensch und seine Natur und Stellung in der Welt, Bonn
GEIGER, W. (1993): Das Lehrplanverfahren. Ein vernachlässigtes Thema, in: Brennpunkt Lehrerbildung, FU Berlin, 12/ 93, S. 45 ff.
GEORGE, K. E. (1985): Lateinisch-deutsches Wörterbuch, Leipzig
GERHARDT, O. (1909): Über die Schülerselbstmorde, Berlin
GEULEN, D. (Hrsg.) (1989): Kindheit. Neue Realitäten und Aspekte, Weinheim, Basel
GEUTER, U. (Hrsg.) (1986/ 87): Daten zur Geschichte der deutschen Psychologie, Bd. 1 und 2, Göttingen, Toronto, Zürich
GIBRAN, K. (1987): Von den Kindern, in: Der Prophet, Olten, 22 , S. 16
GIESECKE, H. (1990/ 1991): Einführung in die Pädagogik, München
GLÄSER, J. (Hrsg.) (1920): Vom Kinde aus, Hamburg/ Braunschweig
GLÄSS, Th. (Hrsg.) (o.J.): Pädagogik vom Kinde aus, Weinheim
GLINZER, Karl (1868): Elementar-Zeichenunterricht nach Diktaten. Kassel.
GOETHE, J. W. von: Wilhelm Meisters Lehrjahre

GORE, A. (1992): Wege zum Gleichgewicht. Ein Marshallplan für die Erde, Frankfurt am Main

GOSEPATH, S. (1992): Aufgeklärtes Eigeninteresse. Eine Theorie theoretischer und praktischer Rationalität, Frankfurt am Main

GOTTSCHALCH, W. (1995): Gewalt und Männlichkeit, unveröffentliches Manuskript

GOTTSCHALCH, W. (1984): Geschlechterneid, Berlin

GAUPP (1914): Psychologie des Kindes, Leipzig, 4. Aufl.

GREENFIELD, P. M. (1987): Kinder und neue Medien. Die Wirkungen von Fernsehen, Videospielen und Computern, München,Weinheim (Harvard 1984)

GREENPEACE (Hrsg.) (1993): Umweltängste - Zukunftshoffnungen. Beiträge zur umwelt?pädagogischen Debatte, Hamburg

GREFE, C./ JERGER-BACHMANN, I. (1992): Das blöde Ozonloch. Kinder und Umweltängste, München

GROEBEN,N./ VORDERER, P. (1988): Leserpsychologie: Lesemotivation - Lektürewirkung, Münster

GROHMANN, J. Ch. A. (1817): Ideen zu einer Geschichte der Entwicklung des kindlichen Alters, Elberfeld

GROOS, K. (1908): Das Seelenleben des Kindes. Ausgewählte Vorlesungen, 2. umgearbeitete und vermehrte Auflage, Berlin (1. Aufl. 1904, 6. Aufl. 1923)

GROßER BROCKHAUs (1955): Band 8, Wiesbaden, 16. Auflage

GROßPIETSCH, J./ FEHMERS, H. (1994): in: BIL, Berlin, S. 30ff.

GRUBITSCH, S. / REXILIUS, G. (Hrsg.) (1987): Psychologische Grundbegriffe, Reinbeck

GSTETTNER, P. (1981): Die Eroberung des Kindes durch die Wiossenschaft, Reinbek

GURLITT, L. (1908): Schülerselbstmorde, Berlin

GVÖRY, J. (1981): WM Schauplatz/ Kolloquium Brüssel, in: Westermanns Monatshefte, 10/ 1981

HABERMAS, J. (1971): Vorbereitende Bemerkungen zu einer Theorie der kommuniaktiven Kompetenz, in: HABERMAS, J./ LUHMANN, N.: Theorie der Gesellschaft oder Sozialtechnologie, Frankfurt am Main, S. 114ff.

HABERMAS, J./ LUHMANN, N. (1971): Theorie der Gesellschaft oder Sozialtechnologie. Was leistet die Systemforschung?, Frankfurt am Main

HAECKEL, E. (1900): Die Welträtsel: Gemeinverständliche Studien über monistische Philosophie, Bonn

HALL, G. S. (1904): Adolescence, 2 Bde., New York

HALL, G. S. (1902): Die ideale Schule, gegründet auf die Kinderforschung, in: G. S. HALL, Ausgewählte Beiträge zur Kinderpsychologie und Pädagogik, hrsg. von XY STIMPFL, Altenburg , S. 227 - 247

HARMS/ PREISSING/ RICHTEMEIER (1985): Kinder und Jugendliche in der Großstadt, Berlin

HEHLMANN, W. (1974): Wörterbuch der Psychologie, Stuttgart

HEHLMANN, W. (1967): Geschichte der Psychologie, Stuttgart 2. Aufl.

HELMKE, A./ RENKL, A. (1993): Unaufmerksamkeit in Grundschulklassen. Problem der Klasse oder des Lehrers? in: Zeitschrift für Entwicklungspsychologie und Pädagogische Psychologie (ZEPP) 3/ 93

HENTIG, H. v. (1984): Das allmähliche Verschwinden der Wirklichkeit. Ein Pädagoge ermutigt zum Nachdenken über die neuen Medien, München, Wien

HENTIG, H. v. (1975): Vorwort zu: Philippe ARIÈS: Geschichte der Kindheit, München,Wien (Paris 1960)

HERBART, J. F. (1806): Allgemeine Pädagogik aus dem Zweck der Erziehung abgeleitet, Göttingen

HERDER (1958): in: GEHLEN, A.: Der Mensch und seine Natur und Stellung in der Welt, Bonn 1958

HERLYN, U. (1990): Leben in der Stadt, Opladen 1990.

HERLYN, U.(Hrsg) (1980): Großstadtstrukturen und ungleiche Lebensbedingungen in der Bundesrepublik, Frankfurt am Main

HERLYN, U./ BERTELS, H. (Hrsg) (1990): Lebenslauf und Raumerfahrung, Opladen

HERRMANN, U. (1982): Die Rolle der Psychologie in der Entwicklung der modernen Erziehungswissenschaft, in: Geschichte der Psychologie, hrsg. von H. BALMER, Bd. 2, Entwicklungslinien zur wissenschaftlichen Psychologie, hrsg. von H. BALMER, Weinheim/ Basel, S. 329 - 342

HERREWEGHE, van G. (1905): Een nieuwe wetenschap, in: De Nationale School I, S. 79-80

HEURSEN, G. (1993): Stimmen unsere Lehrpläne schon wieder nicht? Über die Notwendigkeit autonomer und dezentraler Bildungsarbeit, in: Brennpunkt Lehrerbildung, FU Berlin, 13/ 93, S. 51ff.

HILLEBRAND, M. J. (1959):Begriffsbestimmung und geschichtliche Entwicklung der pädagogischen Psychologie, in: H. HETZER (Hrsg.), Pädagogische Psychologie, Handbuch der Psychologie, Bd. 10, Göttingen, S. 44 - 59

HÖHN, Ch. (1989): Demographische Trends in Europa seit dem 2.Weltkrieg, in: NAVE-HERZ, R./ MARKEFKA, M.: Handbuch der Familien- und Jugendforschung. Band 1: Familienforschung, Neuwied und Frankfurt am Main, S. 195 - 209

HÖHN, E. (1959): Geschichte der Entwicklungspsychologie in wesentlichen Ansätzen, in: Ph. LERSCH, Handbuch der Psychologie, Band III, Göttingen, S. 21 - 45

INSTITUT FÜR ZUKUNFTSSTUDIEN UND TECHNOLOGIEBEWERTUNG (Hrsg.) (1993): in: Die Triebkraft Hoffnung. Robert Jungk zu Ehren, Weinheim

IRIGARAY, L. (1977): Das Geschlecht, das nicht eins ist, Berlin

JACOB, J. (1987): Kinder in der Stadt. Freizeitaktivitäten, Mobilität und Raumwahrnehmung, Pfaffenweiler

JACOB, J. (1984): Umweltaneignung von Stadtkindern, in: Zeitschrift für Pädagogik, 5/ 1984, S. 687 - 697

JAEGER, S. (1985): Zur Herausbildung von Praxisfeldern dei Psychologie bis 1933, in: M. G. ASH/ U. GEUTER, Geschichte der deutschen Psychologie im 20. Jahrhundert, Opladen , S. 83 - 112
JONCKHEERE, T. (1909): La science de l'enfant, Bruxelles, 2. Aufl.
JOTEYKO, J. (1912): L'enseignement de la pédologie aux instituteurs et aux médecins, in: 1er Congrès international de pédologie, Bd. II, Brüssel, S. 28 - 30
JOTEYKO. J. (Hrsg.) (1912): 1er Congrès international de pédologie tenue à Bruxelles, du 12 au 18 Août 1911, sous le haut patronage de S. M. Albert 1er, le roi des Belges, 2 Bde, Brüssel
JOTEYKO, J. (1910): Mensurations, instruments, méthodes, resultats, in: Études de l'enfance. Pédologie. Rapports présentés à la 1re section du IIIe congrès international d'éducation familiale tenu à Bruxelles en 1910, Brüssel
JOTEYKO, J. (1907/ 1908): La pédologie, in: Revue de l'Université des Bruxelles XIII/ 1907/ 08
JUNCK, R. (Hrsg.).(1993): Delphin-Lösungen. Das Jahrbuch 93 der kreativen Antworten, Frankfurt am Main
JUNCK, R. (Hrsg.) (1990): Katalog der Hoffnung. 51 Zukunftsmodelle, Neuwied
JUNCK, R./ MÜLLERT, N. (1989): Zukunftswerkstätten. Mit Phantasie gegen Routine und Resignation, München

KAGERER, H. (1994): in BIL, Berlin, S. 12ff.
KAGERER, H. (1991): Das Fremde hört nicht auf. Schule als Ort gesellschaftlicher Weichenstellung, Neue Sammlung, Heft 7
KANITZ, O. F. (1925): Das proletarische Kind in der bürgerlichen Gesellschaft
KANT, I. (1922): Kant. Werke. Hrsg.: CASSIRER, E., Bd. 8, Berlin
KANT, I. (1905): Akademie Ausgabe Bd. 2, Berlin
KARSTEN, M.-E./ THUNEMEYER, B. (1983): Kinder zwischen Stadt und Land, in: PREUSS-LAUSITZ u.a.: Kriegskinder, Konsumkinder, Krisenkinder, Weinheim, Basel
KAUTSKY, K. (1888): Thomas More und sein Utopie, Stuttgart
KEMP, W. (1976): Die Geschichte des Zeichenunterrichts vor 1870 als Geschichte seiner Methoden, in: Kind und Kunst, Berlin.
KEMSIES, F. (1902): Die Entwicklung der Pädagogischen Psychologie im 19. Jahrhundert, in: Zeitschrift für Psychologie, Pathologie und Hygiene, 4/ 1902 , S. 197 - 202, S. 342 - 355, S. 473 - 484
KERBS, D. (1978): Die ästhetische Erziehung und das niedere Volk, in: Zeitschrift für Pädagogik, 24 , S. 729ff
KERBS, D. (1977): Kind und Kunst, Berlin
KEY, E. (1902): Das Jahrhundert des Kindes, Berlin
KIND UND KUNST (1976): Eine Ausstellung zur Geschichte des Zeichen- und Kunstunterrichts, veranstaltet vom Bund Deutscher Kunsterzieher, Berlin.
KIRKPATRICK, E. A. (1903): Fundamentals of Child-Study. A Diskussion of instincts and other factors in human development with practical applications, New York

KLAFKI, W. (1993): Allgemeinbildung heute – Grundzüge internationaler Erziehung, in: Pädagogisches Forum, 1/ 93, S. 21 - 28

KLAFKI, W. (1986): Die Bedeutung der klassischen Bildungstheorien für ein zeitgemäßes Konzept allgemeiner Bildung, in: Zeitschrift für Pädagogik, 32/ 4

KLAFKI, W. (1985): Konturen eines neuen Allgemeinbildungskonzeptes, in: KLAFKI, W.: Neue Studien zur Bildungstheorie und Didaktik, Weinheim, Basel

KNEPLER, G./ WERNER, M. (1992): Entwurf eines Vorläufigen Rahmenplans für das Fach ästhetische Erziehung/ 1. Phase Grundschule (unveröffentlicht).

KÖBBERLING, A. (1991): Wie es weitergehen kann: Integrationsklassen auf der Sekundarstufe, in: Die Grundschulzeitschrift 5/ 50, S. 50 - 54

KOHUT, H. (1989): Wie heilt die Psychoanalyse? Frankfurt am Main

KOHUT, H. (1979): Die Heilung des Selbst, Frankfurt am Main

KOMMISSION DER EUROPÄISCHEN GEMEINSCHAFT (1979): Die Kleinen Bürger Europas, Brüssel

KÖRNER, H. (1984): Märchen, in: E. BORNEMANN: Zur Genealogie der Eifersucht, Fellbach

KRAPPMANN, L. (1975): Soziologische Dimensionen der Identität. Strukturelle Bedingungen für die Teilnahme an Interaktionsprozessen, Stuttgart

KREIBICH/ KANZLER/ BURMEISTER (Hrsg.) (1991): Zukunftsforschung und Politik, Weinheim

KRÜGER-POTRATZ, M. (1987): Absterben der Schule oder Verschulung der Gesellschaft? Die sowjetische Pädagogik in der zweiten Kulturrevolution 1928 - 1931, München

KÜKELHAUS, H./ zur LIPPE, R. (1982): Entfaltung der Sinne. Ein "Erfahrungsfeld" zur Bewegung und Besinnung, Frankfurt.

KUPFFER, Heinrich (1980): Erziehung - Angriff auf die Freiheit. Essays gegen Pädagogik, die den Lebensweg des Menschen mit Hinweisschildern umstellt, Weinheim, Basel

KUZYNSKI, J. (1968): Die Geschichte der Lage der Arbeiter unter dem Kapitalismus, Bd. 19, Berlin

KUSSMAUL, A. (1859): Untersuchungen über das Seelenleben des neugeborenen Menschen, Leipzig

KUTTER, P. (1992): Übersicht über die psychoanalytische Triebtheorie und ihre Weiterentwicklung, in: SCHÖTTLER/ KUTTER (Hrsg.): Sexualität und Agression, Frankfurt am Main
KUZYNSKI, J. (1968): Die Geschichte der Lage der Arbeiter unter dem Kapitalismus, Bd. 19, Berlin

LADYGINA-KOTS, N. N. (1935): Schimpansenkind und Menschenkind in ihren Instinkten, Emotionen, Spielen, Gewohnheiten und Ausdrucksbewegungen, Moskau

LANDAUER, G. (1921): Selbstmord der Jugend, in: ders. (Hrsg.): Der werdende Mensch, Potsdam

LANGE, K. (1904): Kunst und Spiel in ihrer erzieherischen Bedeutung, in: Kind und Kunst 1/ 1
LANGE, K. (1901): Das Wesen der Kunst. Grundzüge einer illusionistischen Kunstlehre, Berlin.
LAURIEN, H. (1986): Integration zur Diskussion, in: Zusammen, 6/ 3, S. 30 - 31
LANGEVELD, M. J. (1964): Die Vorgeschichte unseres heutigen Bildes vom Kinde, in: ders., Studien zur Anthropologie des Kindes, Tübingen 2. Aufl., S. 9 - 39
LARCHER, A. und D. (Hrsg.) (1975): Der Mythos vom Schonraum Schule, Wien/ München
LAZARUS u.a. (1974): The Psychology of Coping, New York
LEHWALD, G. (1993): Umweltkontrolle, Kontrollverlust und Angst, in: GRENNPEACE (Hrsg.), S. 43 - 53
LEIBNIZ, G. W. (1982): Monadologie, Hamburg
LEISCHULTE, D. (1994): Berliner Institut für Lehrerfort- und Weiterbildung und Schulentwicklung, Berlin
LEONTJEV, A. N. (1985): Der Schaffensweg Vygotskijs, in: Lev Vygotskij. Ausgewählte Schriften, Bd. 1, hrsg. von J. LOMPSCHER, Köln
LEROI-GOURHAN, A. (1980): Hand und Wort, Frankfurt.
LERSCH, R./ VERNOOIJ, M. A. (Hrsg.) (1992): Behinderte Kinder und Jugendliche in der Schule. Herausforderungen an Schul- und Sonderpädagogik, Bad Heilbrunn
LEXIKON DER PSYCHOLOGIE (1980): Bd. 2, Freiburg i. Br., S. 1542
LICHTENBERG, J. D. (1991): Psychoanalyse und Säuglingsforschung, Berlin, Heidelberg, New York
LICHTENBERG, J. D. (1992): Haß im Verständnis der Selbstpsychologie. Ein motivationssystemischer Ansatz, in: SCHÖTTLER/ KUTTER: Sexualität und Aggression, Frankfurt am Main
LICHTWARK, A. (1902): Übungen in der Betrachtung von Kunstwerken, Berlin.
LIFTON/ MARCUSEN (1992): Die Psychologie des Völkermordes. Atomkrieg und Holocaust, Stuttgart
LIPPE, R. zur (1987): Sinnenbewußtsein – Grundlegung einer anthropologischen Ästhetik, Reinbek bei Hamburg
LIPPITZ, W./ PLAUM, J. (1981): Tasten, Gestalten, Genießen, Königstein.
LÖBISCH, J. E. (1851): Entwicklungsgeschichte der Seele des Kindes, Wien
LOBSIEN, M. (1899): Aufgaben, Quellen und Methoden der Kinderforschung, in: Die Deutsche Schule (1899), S. 99
LOFFL-HAAG, E. (1991): Hört ihr die Kinder lachen? Zur Kindheit im Spätmittelalter, Pfaffenweiler
LOHAUS, A./ LARISCH. H.(1993): Altersbezogene Veränderungen der Personenwahmehmung, in: Zeitschrift für Entwicklungspsychologie und Pädagogische Psychologie (ZEPP) 3/ 93
LOMBROSO, P. (1909): Das Leben der Kinder, Leipzig
LÜCK, H. E. (1991): Geschichte der Psychologie. Strömungen, Schulen, Entwicklungen, Stuttgart, Berlin, Köln

LÜCK, H. E./ GRÜNWALD, H./ GEUTER, U./ MILLER, R./ RECHTIEN, W. (1987): Sozialgeschichte der Psychologie. Eine Einführung

LÜCK, H. E./ MILLER, R./ RECHTIEN, W. (Hrsg.) (1984): Geschichte der Psychologie. Ein Handbuch in Schlüsselbegriffen, München, Wien, Baltimore

LYPP, M. (1984): Einfachheit als Kategorie der Kinderliteratur, Frankfurt am Main

MAAZ, H.-J. (1993): Erziehen oder Begleiten - Zum autoritären Prinzip im „Osten" und „Westen" Deutschlands. BAK - Mitteilungen, Rinteln

MAAZ, H.J. (1991): Der Gefühlsstau. Ein Psychogramm der DDR, Berlin

MACY, J: (1986): Mut in der Bedrohung. Psychologische Friedensarbeit, München

MAHARENS W./ STUIK H. (Hrsg.) (1992): „Und sie dreht sich doch..." Umgehen (mit) der Endzeitstimmung. Gesellschaftliche und pädagogische Konzepte gegen die Resignation, Mühlheim an der Ruhr

MAHLER, M. u.a. (1978): Die psychische Geburt des Menschen, Frankfurt am Main

MANN, I. (1984): „Ich war behindert an Hand der Lehrer und Ärzte." Beispiele für Nicht-Aufgeben, Reinbek

MANN, I. (1981): Schlechte Schüler gibt es nicht. Initiativen für die Grundschule, München, Wien, Baltimore

MANN, I. (1978): Die Kraft geht von den Kindern aus. Eine stufenweise Befreiung von der Lehrerrolle, Behenbach

MERLEAU-PONTY, M. (1966): Phänomenologie der Wahrnehmung, Berlin.

MERTENS, W. (1994): Entwicklung der Psychosexualität und der Geschlechtsidentität, Bd. 1 (Geburt bis zum 4. Lebensjahr) und Bd. 2 (Kindheit und Adoleszenz), Stuttgart, Berlin, Köln

MEUMANN, E. (1914): Abriß der experimentellen Pädagogik, Leipzig und Berlin

MEUMANN, E. (1907): Vorlesungen zur Einführung in die experimentelle Pädagogik und ihre psychologischen Grundlagen, Bd. 1, Leipzig

MEYER-ABICH, K.M. (1988): Wissenschaft für die Zukunft. Holistisches Denken in öko?logi?scher und gesellschaftlicher Verantwortung, München

MEYERS LEXIKON (1940): Bd. 8, 8. Auflage, Leipzig

MICHEL, K. M./ SPENGLER, T. (1993): Kursbuch Deutsche Jugend, Berlin

MILLER, A. (1979): Das Drama des begabten Kindes und die Suche nach dem wahren Selbst, Frankfurt am Main

MITSCHERLICH, A. (1965): Die Unwirtlichkeit unserer Städte. Anstiftung zum Unfrieden, Frankfurt

MITTERAUER, M. (1989): Entwicklungstrends der Familie in der europäischen Neuzeit, in: NAVE-HERZ, R./ MARKEFKA, M.: Handbuch der Familien- und Jugendforschung. Band 1: Familienforschung, Neuwied und Frankfurt am Main, S. 177-194

MOLLENHAUER, K. (1990): Die ästhetische Dimension der Bildung, in: Zeitschrift für Pädagogik, Heft 4

MOLLENHAUER, K. (1988): Ästhetische Bildung und Kultur - Begriffe, Unterscheidungen, Perspektiven, in: Musisch-ästhetische Erziehung in der Grundschule. Grundbaustein 2, Hsrg.: Deutsches Institut für Fernstudien, Tübingen

MOLLENHAUER, K. (1986): Anmerkungen zu einer pädagogischen Hermeneutik, in: Mollenhauer, K.: Umwege. Über Bildung, Kunst und Interaktion, Weinheim, München, S. 120 - 136

MONTAGU, A. (1974): Körperkontakt. Die Bedeutung der Haut für die Entwicklung des Menschen, Stuttgart.

MUCHOW, H./ MUCHOW, M. (1935): Der Lebensraum des Großstadtkindes, Hamburg

MÜLLER, H.-U. (1991): Familie und Wohnen – Wohnung und Wohnumfeld, in: BERTRAM, H. (Hrsg.): Die Familie in Westdeutschland. Stabilität im Wandel familialer Lebensformen, Opladen, S. 311 - 349

MUNDT, J. W. (1983): Grundlagen lokaler Sozialpolitik, Weinheim, Basel

MUNDT, J. W. (1980): Vorschulkinder und ihre Umwelt, Weinheim, Basel

MUNKER, J. (1985): Die Welt in hundert Jahren: Wie Kinder die Zukunft verstehen. Ein Bilderbuch für Erwachsene, Düsseldorf

MUTH, J. (1988): Nichtaussonderung als gesellschaftspolitischer Auftrag, in: Hans Eberwein (Hrsg.): Behinderte und Nichtbehinderte lernen gemeinsam. Handbuch der Integrationspädagogik, Weinheim, S. 11 - 18

MUTHESIUS, K. (1899): Kindheit und Volkstum, Gotha

NAUCK, B. (1991): Familien- und Betreuungssituationen im Lebenslauf von Kindern, in: BERTRAM, H. (Hrsg.): Die Familie in Westdeutschland. Stabilität im Wandel familialer Lebensformen, Opladen, S. 389 - 428

NAVE-HERZ, R./ MARKEFKA, M. (1989): Handbuch der Familien- und Jugendforschung. Band 1: Familienforschung, Neuwied und Frankfurt am Main

NEUKÄTER-HAJNAL, I. (1977): Ideologische Wurzeln der Kunsterziehung. Herausbildung von irrationalen Tendenzen und ihre Wirkung, Kastellaun

NEYER,F.J./ W.BIEN (1993): Wer gehört zur Familie, in: Psychologie heute, H. 3, S. 26 - 29

NIETZSCHE, F. (o.J.): Die Geburt der Tragödie, in: Nietzsches Werke, Montinari

NULLMEIER, F. (1989): Institutionelle Innovationen und neue soziale Bewegungen, in: Politik und Zeitgeschichte, Bd. 26, S. 3 - 16

OEVESTE, H. zur (1987): Kognitive Entwicklung im Vor- und Grundschulalter: Eine Revision der Theorie Piagets, Göttingen

OGBURN, W. T. (1969): Kultur und sozialer Wandel, ausgew. Schriften, hrsg. von Otis D. Duncan, Neuwied, Berlin

ORIENTALISCHEN CIGARETTEN COMPAGNIE "Yosma" G.m.b.H. Bremen (Hrsg.) (o.J.): Alles für Deutschland. 2000 Jahre deutsche Geschichte und deutsches Heldentum; Textbearbeitung von Gutewort, M/ Oberstleutnant Hänichen, Dresden (vermutlich 1934)

ORTEGA Y GASSET, J. (1992): Die Schrecken des Jahres Eintausend, Leipzig, Ersterscheinen 1904

ORTEGA Y GASSET, J. (1978): Wahrheit und Perspektive, in: Gesammelte Werke Bd. 1, Stuttgart

OZ, A. (1992): Der dritte Zustand, Frankfurt am Main, Leipzig

PALLASCH/ REIMERS (1990): Pädagogische Werkstattarbeit. Eine pädagogisch-didaktische Konzeption zur Belebung der traditionellen Lernkultur, Weinheim

PEIRCE, C. (1983): Phänomen und Logik der Zeichen, Frankfurt a.M.

PEREZ, B. (1886): L'enfant de trois à sept ans, Paris

PEREZ, B., (1878): Les trois premières années de l'enfant, Paris

PERSIGOUT, G. (1908): Essais de pédologie générale, Paris

PERSON, E. S. / OVESEY, L. (1993): Psychoanalytische Theorien zur Geschlechtsidentität, in: Psyche 47/ 6

PETRI, H: (1993): Vergiftete Kindheit, in: Greenpeace (Hrsg.), S. 54 - 62

PETRI, H. (1992): Umweltzerstörung und die seelische Entwicklung unserer Kinder, Zürich

PETROVSKIJ, A. V. (1978a): Pedology, in: Great Soviet Encyklopedia. A Translation of the Third Edition, Bd. 19, S. 386, London

PETROVSKIJ, A. V. (1978b): Geschichte der sowjetischen Psychologie (russ.), Moskau

PETROVSKIJ, A. V. (1977): Entwicklungspsychologie und pädagogische Psychologie, Berlin

PFEIFFER, V. (1993): Zur Geschichte der Vorschulerziehung in der SU zwischen 1918 und 1929, Dissertation, Berlin

PFEIL, E. (1972): Großstadtforschung, Hannover

PIAGET, J. (1969): Das Erwachen der Intelligenz beim Kinde, Stuttgart

PIAGET, J. (1969): Nachahmung, Spiel und Traum, Stuttgart

PLESSNER, H. (1970): Philosophische Anthropologie, Frankfurt.

POSTMAN, N. (1983): Das Verschwinden der Kindheit, Frankfurt a.M.

PREUSS-LAUSITZ (1993): Die Kinder des Jahrhunderts. Zur Pädagogik der Vielfalt im Jahr 2000, Weinheim

PREUSS-LAUSITZ, U. (1988): Die Sonderschule und die Zukunft sonderpädagogischer Arbeit, in: Pädagogik, 40/ 2, S. 33 - 37

PREUSS-LAUSITZ, U. u.a. (1983): Kriegskinder, Konsumkinder, Krisenkinder, Weinheim, Basel

PREYER, W. T. (1889): Stand und Ziele der Schulreformbewegung, in: Die neue Deutsche Schule, 1, S. 73 - 85

PREYER, W. T. (1887): Naturforschung und Schule, Stuttgart

PREYER, W. T. (1882): Die Seele des Kindes. Beobachtungen über die geistige Entwicklung des Menschen in den ersten Lebensjahren, Leipzig

RAMPHALS, S. (1992): Das Umweltprotokoll. Partnerschaft zum Überleben, Berlin

RAMSEGER, J. (1994): Gesellschaft im Umbruch. Was wird aus der Grundschule? in: Die Grundschulzeitschrift, 71/ Januar

RAMSEGER, J. (1991): Was heißt „durch Unterricht erziehen"? Reihe Pädagogik, Weinheim, Basel
RANSCHBURG, P. (1908): Der kindliche Geist, Budapest
RICHTER, D. (1987): Das fremde Kind: Zur Entstehung der Kindheitsbilder des bürgerlichen Zeitalters, Frankfurt am Main
RICHTER, H.E. (1993): Aus der Angst zur Ermutigung, in: Grennpeace (Hrsg.), S. 31 - 42
RICHTER, H.E. (1986): Der Gotteskomplex. Die Geburt und die Krise des Glaubens an die Allmacht des Menschen, Hamburg
RICHTER, H.-E. (1970): Patient Familie, Reinbek
RICHTER, H.-E. (1969): Eltern, Kind und Neurose, Reinbek
ROGERS, C. R. (1979): Entwicklung der Persönlichkeit, Stuttgart
ROGGE, J.-U. (1990): Kinder können fernsehen. Vom sinnvollen Umgang mit dem Medium, Reinbek bei Hamburg
ROHDE-DACHSER, Ch. (1991): Expedition in den dunklen Kontinent. Weiblichkeit im Diskurs der Psychoanalyse, Berlin, Heidelberg, New York
ROSS R. (1899): Die Kinderpsychologie und ihre Bedeutung für die Pädagogik, in: Pädagogische Reform, 23/ 33, 34 u. 35
ROTH, H. (1976): Pädagogische Anthropologie, Bd. II, Hannover
RÜCKRIEM, G. (1993): Gewalt - ein Bildungsproblem? Zur Bedeutung von Gewalterscheinungen für Diskussion der Bildungsinnovation im vereinten Deutschland, in: LAMPRECHT, L./ TSCHURENEV, E. M. (Hrsg.), Geschichtliche Welt und menschliches Wesen. Beiträge zum Bedenken der conditio humana in der europäischen Geistesgeschichte, Frankfurt am Main
RÜHLE, O. (1925): Die Seele des proletarischen Kindes, Dresden
RÜHLE, O. (1906): Kinderelend. Proletarische Gegenwartsbilder, München
RÜHLE, O. (1903): Die Volksschule wie sie ist, Berlin
RÜHLE, O. (1903): Die Volksschule wie sie sein soll, Berlin
RUHLOFF, J. (1991): Zur Diskussion der interkulturellen Pädagogik, in: NIEKRAWITZ, C.: Interkulturelle Pädagogik im Überblick, Frankfurt am Main

SACHS,W. (1981): Geschwindigkeiten und Lebenschancen, in: Vorgänge, 53/ 1981, S. 82 - 85
SCHILLER, J. (1992): Schülerselbstmorde in Preußen, Frankfurt am Main, Berlin, Bern, New York, Paris, Wien
SCHLESIER, R. (1981): Konstruktion der Weiblichkeit bei Sigmund Freud, Frankfurt am Main
SCHLEY, W./ BOBAN, I./ HINZ, A. (1989): Integrationsklassen in Hamburger Gesamtschulen. Erste Schritte zur Integrationspädagogik im Sekundarbereich, Hamburg
SCHLÖMERKEMPER, J. (1989): Pädagogische Integration. Über einen schwierigen Leitbegriff pädagogischen Handelns, in: Die Deutsche Schule, 81/ 3, S. 316 - 329
SCHMIDTHEINY, S. (1992): Kurswechsel, München

SCHMITT, R. (1993): Musikunterricht in der Grundschule - Konzepte, Verhaltensweisen, Vermittlungsebenen., in: HAARMANN, D. (Hrsg.): Handbuch der Grundschule, Bd.2, Basel
SCHMITZ-PEICK, M. (Hrsg.) (1993): Wenn der Welt die Luft ausgeht und Kinder Angst vor der Zukunft haben, Düsseldorf
SCHOENEBECK, H. v. (1989): Antipädagogik im Dialog. Eine Einführung in antipädagogisches Denken, Weinheim, Basel
SCHONIG, B. (1973): Irrationalismus als pädagogische Tradition, Beltz
SCHÖLER, J. (1988): Nichtaussonderung von "Kindern und Jugendlichen mit besonderen pädagogischen Bedürfnissen". Auf der Suche nach neuen Begriffen, in: EBERWEIN, H. (Hrsg.): Behinderte und Nichtbehinderte lernen gemeinsam. Handbuch der Integrationspädagogik, Weinheim, S. 83 - 90
SCHÖTTLER, Ch./ KUTTER, P. (Hrsg.) (1992): Sexualität und Aggression aus der Sicht der Selbstpsychologie, Frankfurt am Main
SCHREIBER, A. (1907): Das Buch vom Kinde, Leipzig und Berlin
SCHREIBER, A. (1902): Kinderarbeit und Gesetz gegen die Ausnutzung kindlicher Arbeitskraft in Deutschland, Jena
SCHULGESETZ FÜR BERLIN, (1990): in: Schulrecht Berlin, Erg.-Lfg. 57, Neuwied
SCHULZE Th. (1989): Das Allgemeine der Bildung und das Spezielle der Fächer, in: Mitteilungen des Bundesarbeitskreises der Seminar- und Fachleiter e.V. (BAK), Rinteln
SCHURIG, V. (1975): Naturgeschichte des Psychischen, Bd. 1, Frankfurt am Main
SCHUYTEN, M. C. (1913): De paedologische Wereldbeweging chronologisch saamtgevat tot einde 1912, in: Paedologisch Jaarboek, VIII, S. 94 - 108
SCHUYTEN, M. C. (1911): La pédologie (Synthèse), Gent
SCHWABE, H./ BARTOLOMÄI, F. (1870): Inhalt und Methode einer Berliner Schulstatistik, in: Berliner Städtisches Jahrbuch, 4, S. 1 - 77
SCHWARZ, H. (1989): Was heißt „gemeinsame Schule für alle pädagogisch"?, Typoskript, Hamburg: Arbeitskreis Grundschule e.V. 1989. Bezugsanschrift: Arbeitskreis Grundschule e.V., Landesverband Hamburg, p.A. R. Kühl, Blomeweg 39, 22147 Hamburg
SCHWARZ, H. (1989): Zur Offenheit des Grundschulunterrichts. Arbeitskreis Grundschule, Sektion Hamburg
SCHWENK, B. (1989): Erziehung, in: LENZEN, D.: Pädagogische Grundbegriffe. Rowohlts Enzyklopädie, Bd. 2, Reinbek
SENATOR FÜR JUGEND UND FAMILIE (1987): Familienbericht. Bericht über die Situation der Familien in Berlin, Berlin
SENATSVERWALTUNG FÜR SCHULE, BERUFSBILDUNG UND SPORT, II C 3 (1992): Schuljahr 1992/ 93, Berlin
SHAY, D./ DUNCAN, J. (1993): Jurassic Park. Wie aus dem Bestseller DINO PARK der Kinoerfolg von Steven Spielberg wurde. Das offizielle Buch zum Film, München

SHINN, M. W. (1905): Körperliche und geistige Entwicklung eines Kindes, Langensalza
SIEBEL, W. (1989): Wohnen und Familie, in: NAVE-HERZ, R./ MARKEFKA, M.: Handbuch der Familien- und Jugendforschung. Band 1: Familienforschung, Neuwied und Frankfurt am Main, S. 265 - 285
SIKORSKI, J. A. (1902): Die Seele des Kindes, nebst kurzem Grundriß der weiteren psychischen Evolution, Leipzig
SÖLLE, D. (1986): Ein Volk ohne Vision geht zugrunde, Wuppertal
SPECK/ WEHLE (1970): Handbuch pädagogischer Grundbegriffe, München
STARY, J./ KRETSCHMER, H. (1994): Umgang mit wissenschaftlicher Literatur. Eine Arbeitshilfe für das sozial- und geisteswissenschaftliche Studium, Frankfurt am Main
STATISTISCHES BUNDESAMT (Hrsg.) (1992): Statistisches Jahrbuch 1992 für die Bundesrepublik Deutschland, Wiesbaden
STATISTISCHES BUNDESAMT (Hrsg.) (1995): Statistisches Jahrbuch 1995 für die Bundesrepublik Deutschland, Wiesbaden
STERN, D. (1992): Die Lebenserfahrung des Säuglings, Stuttgart
STERN, W. (1916): Die Jugendkunde als Kulturforderung, Leipzig
STERN, W. (1914): Psychologie der frühen Kindheit bis zum 6. Lebensjahr mit Benutzung ungedruckter Tagebücher von Clara Stern, Leipzig,
STERN, W. (1900): Die psychologische Arbeit des neunzehnten Jahrhunderts, insbesondere in Deutschland, in: Zeitschrift für Pädagogische Psychologie und Pathologie, II / 6, S. 413 - 422
STERNHEIM, C. (1973): Essays, Bd. 4, Detmold/ Neuwied
STRAUS, E. (1935): Vom Sinn der Sinne, New York.
STRÜMPELL, L. (1844): Die Verschiedenheit der Kindernaturen, Dorpat
SULLY, J. (1912): Handbuch der Psychologie für Lehrer, Leipzig
SULLY, J. (1897): Untersuchungen über die Kindheit, Leipzig
SUTTON-SMITH, B. (1981): The Folkstories of Children, Philadelphia
SUTTON-SMITH, B. (1979): Die Dialektik des Spiels, Schorndorf
SUTTON-SMITH, B. (1979): Presentation and Representation in Childen's Fictional Narrative, in: New Direction for Child Development, 6, S. 53 - 65
SZEEMANN, H. (1983): Der Hang zum Gesamtkunstwerk, Aarau, Frankfurt.

TAGESSPIEGEL (1994): Eine Erklärung, erschienen am 13.4.94, Berlin
TENORTH, H. E. (1994): „Reformpädagogik". Erneuter Versuch, ein erstaunliches Phänomen zu verstehen, in: Zeitschrift für Pädagogik, 40 / 3, S. 585 - 604
TENORTH, H. E. (1992): Geschichte der Erziehung, Weinheim/ München 2/ 1992
TENORTH, H. E. (1989a): Kulturphilosophie als Weltanschauungswissenschaft. Zur Theoretisierung des Denkens über Erziehung, in: Kultur und Kulturwissenschaften um 1900, Hrsg. von R. vom BRUCH, F. W. GRAF und G. HÜBINGER, Stuttgart, S. 133 - 154

TENORTH, H. E. (1989b): Zur Rezeption und Gestalt der empirischen Erziehungswissenschaft der Jahrhundertwende, in: ZEDKER, P. / KÖNIG, E. (Hrsg.): Rekonstruktionen pädagogischer Wissenschaftsgeschichte, Weinheim

TENORTH, H. E. (1989c): Deutsche Erziehungswissenschaft im 20. Jahrhundert, in: ZEDKER, A./ KÖNIG, E. (Hrsg.), Rekonstruktionen pädagogischer Wissenschaftsgeschichte, Weinheim, S. 117 - 140

TENORTH, H. E. (Hrsg.) (1986): Allgemeine Bildung. Analysen zu ihrer Wirklichkeit. Versuche über ihre Zukunft, München

TENORTH, H. E. (1985): Zur deutschen Bildungsgeschichte 1918 - 1945, Köln, Wien

THEUNISSEN, M. (1991): Negative Theologie der Zeit, Frankfurt.

TIEDEMANN, D. (1787): Memoiren eines zweijährigen Sohnes

TOLSTOI, L. N. (1911): Sollen die Bauernkinder bei uns schreiben lernen, oder wir bei ihnen? in: Pädagogische Schriften Bd.1, Jena.

TRACY, F. (1899): Psychologie der Kindheit, Leipzig

UFER, C. (1897): Literaturverzeichnis der Kinderpsychologie, in: D. TIEDEMANN, Beobachtungen über die Entwicklung der Seelenfähigkeiten bei Kindern (1787), hrsg. von Chr. UFER, Altenburg, S. 43 - 56

UNTERBRUNNER, U. (1991): Umweltangst - Umwelterziehung. Vorschläge zur Bewältigung der Ängste Jugendlicher vor Umweltzerstörung, Linz

VAN DER VEER, R./ VALSINER, J. (1991): Understanding Vygotskij: A Quest for Synthesis, Cambridge, Kapitel 13, S. 328ff.

VASQUEZ, A./ OURY, F. (u.a.) (1976): Vorschläge für die Arbeit im Klassenzimmer, Reinbek

VESTER, F.(1990): Leitmotiv vernetztes Denken. Für einen besseren Umgang mit unserer Welt, München

VIRILIO, P. (1993): Augen zu, aufgepaßt! in: Psychologie heute, 5, S. 54 - 57

VOGELWEIDE, W. v. d. (1962): Nieman kan mit gerten ... in: Gedichte, ausgewählt und übersetzt von Peter Wapnewski, Frankfurt am Main

VOS, J. F. (1979): Onderwijswetenschap en marxisme. De methodenstrijd in de sovjetonderwijswetenschap, Groningen

VROEDE, M. de (1977): Die Anfänge der 'wissenschaftlicher Pädagogik' (Pädologie) in Belgien von etwa 1895 bis 1914, in: Zeitschrift für Pädagogik, 14. Beiheft

VYGOTSKIJ, L. S. (1985): Ausgewählte Schriften, Bd. 1, hrsg. von LOMPSCHER, J., Köln

VYGOTSKIJ, L. S. (1930): Pädologie des Jugendlichen (russ.), Bd. 1, Moskau 1929, Bd. 2, Moskau

VYGOTSKIJ, L. S. (1928): Pädologie des Schulalters (russ.), Moskau

WAGENSCHEIN, Martin (1990): Kinder auf dem Wege zur Physik, Weinheim

WAGENSCHEIN, Martin (1988): Naturphänomene sehen und verstehen. Genetische Lehrgänge, Stuttgart

WALPER, S. (1991): Finanzielle Belastungen und soziale Beziehungen, in: BERTRAM, H. (Hrsg.): Die Familie in Westdeutschland. Stabilität im Wandel familialer Lebensformen, Opladen, S. 351 - 386

WALTHER-NARTEN, E. (1989): „Gewitterbursche", in: Die Grundschule 3/ 27, S. 12 - 13

WARD, C. (1978): Das Kind in der Stadt, Frankfurt am Main

WARDETZKY, K. (Hrsg.) (1990): Ins Tiefe springen. Gespräche mit Kindern, Berlin

WARDETZKY, K. et al. (1992): Märchen - Lesarten von Kindern, Berlin, Bern

WASSERMANN, O. (1993): Provozierende Bemerkungen zur Rolle der Naturwissenschaften, in: GRENNPEACE (Hrsg.), S. 143-156

WAYENBURG, G.A.M. van (1916): Paedologische Schetsen, in: Kinderstudie I, S. 50 - 66

WEIDACHER, A.. (1991): Einkommen in ausgewählten Altersphasen unter Gesichtspunkten der Familienentwicklung, in: BERTRAM, H. (Hrsg.): Die Familie in Westdeutschland. Stabilität im Wandel familialer Lebensformen, Opladen, S. 275 - 310

WEIZSÄCKER, U.v. (1992): Erdpolitik, München

WELSCH, W. (Hrsg. 1993): Die Aktualität des Ästhetischen, München

WILKENDING, G. (1980): Volksbildung und Pädagogik ‚vom Kinde aus', Weinheim, Basel

WINGEN, M./ CORNELIUS, I. (1989): Einkommenssituation und Konsumverhalten unterschiedlicher Familientypen, in: NAVE-HERZ, R./ MARKEFKA, M.: Handbuch der Familien- und Jugendforschung. Band 1: Familienforschung, Neuwied und Frankfurt am Main, S. 241 - 264

WINKEL, Rainer (1986): Antinomische Pädagogik und kommunikative Didaktik. Studie zu Widersprüchen in Erziehung und Schule, Düsseldorf

WINNICOTT, D. W. (1969): Übergangsobjekte und Übergangsphänomene. Eine Studie über den ersten, nicht zum Selbst gehörenden Besitz, in: Psyche 23. (Zuerst als Vortrag 1951, engl. 1953)

WOLF, E. S. u.a. (1989): Selbstpsychologie. Weiterentwicklungen nach Heinz Kohut, München, Wien

WULFFEN, E. (1913): Das Kind. Sein Wesen und seine Entartung, Berlin

WYGOTSKI, L.S. (1980): Das Spiel und seine Bedeutung in der psychischen Entwicklung des Kindes, in: ELKONIN, D., Psychologie des Spiels, Berlin

ZALKIND, A. B. (1927): Grundfragen der Pädologie, (russ.)

ZEDLER, P. / KÖNIG, E. (Hrsg.) (1989): Rekonstruktionen pädagogischer Wissenschaftsgeschichte, Weinheim

ZEIHER, H. (1989): Modernisierungen in den sozialen Formen von Gleichaltrigenkontakten, in: GEULEN, D. (Hrsg.): Kindheit. Neue Realitäten und Aspekte, Weinheim, Basel

ZEIHER, H. (1983): Die vielen Räume der Kinder, in: PREUSS-LAUSITZ u.a.: Kriegskinder, Konsumkinder, Krisenkinder, Weinheim, Basel

ZINNECKER, J. (1979): Straßensozialisation. Versuch, einen unterschätzten Lernort zu thematisieren, in: Zeitschrift für Pädagogik, 5/ 1979, S. 727 - 747

ZYDATIS, W. (1993): Europa ab 1993: Fremdsprachenunterricht quo vadis? Sprachenpolitische Konsequenzen der Niederlassungsfreiheit, in: Brennpunkt Lehrerbildung, FU Berlin, Zentralinstitut für Fachdidaktiken, 13/ 93, S. 15

Autorenverzeichnis

AUSTERMANN, Dr. Anton, Professor für Medienpädagogik und Erziehungswissenschaft, Institut für Schulpädagogik/ Allgemeine Didaktik und Medienpädagogik, Leiter der Medienwerkstatt, Hochschule der Künste Berlin

BUROW, Dr. Olaf-Axel, Privatdozent für Psychologie, Institut für Philosophie und Sozialwissenschaften, Hochschule der Künste Berlin

DAMMER, Karin, Dipl. Psychologin, Institut für Philosophie und Sozialwissenschaften, Hochschule der Künste Berlin

ERDMANN, Dr. Johannes Werner, Erziehungswissenschaft und Erwachsenenbildung, Institut für Allgemeine Pädagogik, Leiter der Arbeitsstelle für Weiterbildung, Hochschule der Künste Berlin

MATTENKLOTT, Dr. Gundel, Professorin für Grundschulpädagogik und Musisch-Ästhetische Erziehung, Institut für Grundschulpädagogik und Lernbereichsdidaktik, Hochschule der Künste Berlin

MEISSNER, Helga, Professorin für Grundschulpädagogik, Institut für Grundschulpädagogik und Lernbereichsdidaktik

NEUMANN-SCHÖNWETTER, Dr. Marina, Professorin für Psychologie, Institut für Philosophie und Sozialwissenschaften, Hochschule der Künste Berlin

PARSON, Dr. Dorit, Erziehungswissenschaft und Grundschulpädagogik, Institut für Allgemeine Pädagogik, Institut für Grundschulpädagogik und Lernbereichsdidaktik, Hochschule der Künste Berlin

RAMSEGER, Dr. Jörg, Professor für Grundschulpädagogik, Institut für Grundschulpädagogik und Lernbereichsdidaktik, Leiter der Arbeitsstelle Bildungsforschung der Primarstufe, Hochschule der Künste Berlin

RÜCKRIEM, Dr. Georg, Professor für systematische Pädagogik, Institut für Allgemeine Pädagogik, Leiter der Arbeitsstelle Visualisierung von Erziehungs- und Schulgeschichte, Leiter der Werkstatt Computer und Bildung, Hochschule der Künste Berlin

WOLF, Dr. Erika, Honorarprofessorin für Grundschulpädagogik, Institut für Grundschulpädagogik und Lernbereichsdidaktik, Institut für Allgemeine Pädagogik, Hochschule der Künste Berlin

Hochschule der Künste Berlin
Postfach 12 67 20
10595 Berlin